세계체제이론으로 본

북한의 미래

지은이 서재진

이수훈 · 신상진 · 조한범 · 양문수

황금알

세계체제이론으로 본

북한의 미래

세계체제이론으로 본
북한의 미래

1판 1쇄 | 2004년 9월 17일
1판 2쇄 | 2004년 10월 15일

지은이 | 서재진
　　　　이수훈 · 신상진 · 조한범 · 양문수
펴낸이 | 김영복
펴낸곳 | 도서출판 황금알

주　간 | 김영탁
편집실장 | 조경숙
표지디자인 | 칼라박스
주　소 | 서울시 중구 필동2가 124-11 2F
전　화 | 02)2275-9171
팩　스 | 02)2275-9172
이메일 | chomool@goldegg21.com
홈페이지 | http://goldegg21.com
출판등록 | 2003년 03월 26일(제10-2610호)

값 15,000원

ISBN 89-953948-7-0-93340

서 문

나는 통일연구원에 취업 인터뷰를 갔을 때 「사회비평」 4호(1990)에 발표한 "세계체제이론과 소련사회의 변동"이라는 글을 가지고 갔던 적이 있다. 그 글의 요지는 세계체제이론에서 볼 때 사회주의 국가들이 걸어온 변화의 궤적은 공통적으로 자본주의 세계체제로부터의 이탈, 자본주의 세계체제로부터의 봉쇄 및 고립, 자본주의 세계체제에의 재편입의 길을 차례로 걷는 다는 것이다. 가령, 사회주의국가들은 사회주의혁명으로 자본주의 세계체제로부터 분리·이탈하였으며, 이후 자본주의 세계체제의 봉쇄전략 때문에 고립되었으며, 봉쇄와 고립으로 사회주의 국가들의 경제가 침체되어 체제붕괴의 위기에 직면하자 활로를 자본주의 세계체제에의 재편입에서 찾았다는 논리로서, 당시 소련의 페레스트로이카를 그런 시각에서 설명할 수 있다는 것이다. 당시 이병용 초대원장께서 그 글에 퍽 흥미를 보이면서 통일연구원에 입사해서 북한을 그런 이론적 시각으로 연구해 보라고 하였다. 이것이 내가 북한연구를 시작하게 된 계기이다. 나의 북한연구는 세계체제이론과 더불어 시작된 셈이다. 하와이대학 시절 엘빈 소 교수와 구해근 교수에게서 전수받은 이론이 아직까지 나의 북한연구의 뿌리가 되고 있음을 새삼 느끼게 된다.

세계체제이론에 관한 나의 첫 글을 다듬어 「또 하나의 북한사회」에서 사회주의 변화의 일반적인 이론으로 발전시킨 적이 있고, 미국과 북한의 관계에 관한 글을 쓴 적은 있지만 아직은 세계체제이론으로 북한 변화의 궤적을 본격 분석한 적은 없다. 너무나 방대한 일이기 때문에 혼자의 힘으로 감당하기 어렵기 때문이다.

그런데 최근 북한의 경제난이 심화되면서 미국과의 관계 정립을 위해 핵무기 개발 게임을 하는 북한의 모습을 보면서 이를 이론적으로 명쾌하게 설명하고 향후 북한의 변화 방향을 설명해야겠다는 지적 흥분을 더 크게 느끼고 이 책을 시작하게 되었다.

세계체제이론가인 이수훈 교수, 러시아전문가 조한범 박사, 중국전문가 신상진 교수, 그리고 일본전문가 양문수 교수가 뜻을 같이 하여 공동연구를 하게 되었다.

이 책은 북한체제의 형성과정에서부터 현재의 핵문제를 둘러싼 갈등에 이르기까지 미국, 중국, 일본, 러시아와 같은 한반도 주변 4국의 영향이 컸다는 가정으로 접근한다. 북한은 정권 초기에는 소련과 중국의 영향을 가장 많이 받았지만 탈냉전기에 들어서는 미국의 영향권으로 들어왔다. 지난 10여 년 간의 경험이 보여주는 대로 북한의 행보에 가장 결정적인 역할을 하고 있는 것이 미국이다. 북한이 경제난 해결을 위하여 갈망하고 있는 국제통화기금(IMF), 세계은행(IBRD), 아시아개발은행(ADB) 등의 국제금융기구에 대한 가입에 결정권을 가진 것도 미국이다.

그런 미국은 탈냉전기에 단극적 헤게모니 국가로 되었다. 단극적 헤게모니의 지위를 달성한 미국은 네오콘(신보수주의)들의 논리대로 일방주의적 외교정책(unilateralism)을 추진하고 있다. 북한에 대하여 선제공격이니 외과수술적 공격이니 하는 정책수단들이 쏟아져 나왔던 것이다. 이러한 거대국 미국을 상대로 북한은 핵무기개발 게임을 하고 있다. 단순히 핵무기를 비밀리에 개발하는 것이 아니라 핵무기 개발을 하고 있다고 매단계마다 중계방송을 하면서 미국을 상대로 게임을 벌이고 있는 것이다.

핵문제의 본질은 북한과 미국이 핵문제를 매개로 서로 게임을 하고 있다는 사실이다. 사회주의권 붕괴 이후 생존전략으로써 미국을 중심으로 한 자본주의 세계체제에 편입하고자 하는 북한의 전략과 세계지배의 일환으로 한반도에서의 영향력을 지속하고자 하는 미국의 전략이 갈등하는 게임인 것으로 볼 수 있다.

미국은 동북아 지배 전략에서 한반도에서 현상유지(status quo)를 목표로 하고 있기 때문에 가능하면 남북한의 분단이 현 상태대로 유지되기를 희망하며, 북한이 '악의 축'과 같은 냉전적 이미지를 유지한 채로 미국의 개입을 위한 빌미를 제공해주는 대상으로 남아있어야 하는 것이다.

그에 반해서 북한은 국제사회에 편입하여 국제사회의 금융지원이나 기술지원과 교역관계의 확대가 없이는 경제난을 해결하기 어렵기 때문에 미국의 현상유지 전략을 깨뜨리기를 희망하고 있다.

그런데 북한이 자본주의 세계체제에 편입하기 위하여 더욱 적극적인 개혁·개방을 추진한다면 상황이 달라질 수 있겠지만 개혁·개방은 가능한 한 지연하면서 자본주의 권에 발을 담가보고자 하는 소극적인 태도를 가지고 있다는 것이 문제이다. 북한은 미국과의 핵개발 게임을 국내적으로 선군정치를 정당화하는 데 적극 활용하여 지난 10여 년 간 체제위기를 극복하는 통치수단으로 재미를 보았다. 북한이 잘못된 생존 전략을 고집하고 있기 때문에 미국의 동북아 지배 전략에 빌미로 잡혀 이용당하고 있는 측면도 있는 것이다. 미국에게 불량국가와 악의 축의 빌미를 제공하고 있는 셈이다.

또 하나의 문제는 북한이 핵개발 카드라는 하나의 카드로 미국과의 관계 개선을 이루어내고자 하는 성급한 욕심을 부리고 있다는 점이다. 자본주의 세계체제의 현실을 제대로 이해하지 못하고 있다는 증거이기도 하다. 북한이 미국과 국교정상화를 이루어내기 위해서는 국제사회의 게임의 법칙을 익히면서 적응훈련을 받는 과정을 밟아야 할 것이다. 중국이 미국과 수교하는 데도 닉슨의 1972년 중국 방문 이후 7년이 걸렸다는 사실을 북한은 참고해야 할 것이다.

미국과 북한의 이러한 상반된 구조적 이해관계 때문에 북한의 핵문제는 계속해서 해결되지 않고 있다. 미국은 북한과의 대화를 서두르지 않고 있으며 다자대화라는 비효율적인 구도를 만들어 놓고 있는 등 문제의 해결을 지연하고 있는 반면, 북한은 핵개발 카드 하나로 너무 많은 것을 얻고자 문제해결을 지연하고 있다.

세계체제이론은 세계체제가 중심국, 반주변국, 주변국가로 나뉘어져 있으며 중심국이 주변국과 반주변국에 힘의 지배력을 행사한다고 본다. 그런 점에서 세계체제이론은 기본적으로 국제관계의 현실을 비판적으로 조명해주는 이론이다. 세계체제이론은 한반도를 둘러싼 동북아 지역에 적용해 볼 때 미국과 북한의 관계를 잘 드러내주는 측면이 많다는 것을 이 책에서 부각하게 될 것이다. 세계체제이론은 북한 핵문제의 배경을 이론적으로 설명해준다고도 볼 수 있다.

세계체제이론에서 개발된 명제를 따라서 이 책의 결론 장에서는 북한의 미래에 대한 궤적을 제시하였다. 세계체제이론에서 본 북한의 변화의 궤적은 명백하다. 소련을 비롯한 다른 사회주의 국가들의 경우와 마찬가지로, 북한도 사회주의정권을 수립하면서 자본주의 세계체제에서 이탈하였고, 그 이후 지속적으로 자본주의권의 경제봉쇄를 받아왔으며, 이제는 경제침체를 해결하는 길로써 자본주의 세계체제에 재편입할 수밖에 없다는 것이다. 미국과 일본과의 관계 개선이 북한의 갈 길 이며, 지난 10년 간의 북한의 행보를 그런 맥락에서 볼 수 있다.

그런데 북한이 다른 사회주의 국가들의 경우와 다른 점이 몇 가지 있다. 첫째, 북한은 아직도 자본주의 세계체제에 편입은 하되 사회주의 국가의 원형은 유지하고자 한다는 점에서 다른 사회주의 국가의 경우와 차이가 있다. 남북한이 자본주의와 사회주의로 대치하고 있기 때문일 것이다.

둘째, 다른 사회주의국가들이 자본주의 세계체제에 편입할 때와 조건이 다르다는 점이다. 중국 및 소련이 미국과 수교하게 된 것은 미국의 필요에 의하여 자본주의 세계체제에 초대된 측면이 많은데 비하여, 북한의 미국과의 수교는 미국의 동북아 지배전략에 의하여 지연되고 있는 측면이 많다고 볼 수 있다.

세계체제의 논리는 북한으로 하여금 자본주의 세계체제에 편입하지 않으면 안 되게 하고 있지만, 동시에 북한이 자본주의 세계체제에 편입하는 조건도 결정하고 있는 셈이다. 북한은 자본주의 세계체제의 힘을 거역하기가 어려울 것이다. 개혁·개방으로 자본주의 세계체제에 참여하는 것도 참여하지 못하는 것도 북한의 선택이 아니라 자본주의 세계체제의 선택으로 남아있는 측면이 많다.

북한을 분석하고 이해하는 데는 많은 접근법이 있지만, 이 책은 그 동안 북한 내부 변수들로써 설명하고자 했던 많은 시도들에도 불구하고 북한의 과거와 현재와 미래의 길을 설명하는 로드맵이 없었던 점을 아쉬워하면서 세계체제이론에서 아이디어를 빌어서 새로운 시도를 해본 것이다. 이 책이 북한의 미래에 대한 전망과 핵문제를 둘러싼 국제적 갈등을 새롭게 이해하는 데 미력이나마 기여할 수 있기를 기대해 본다.

이 책은 서재진, 이수훈, 신상진, 조한범, 양문수 5인이 각 전공분야별로 나누어 집필하였다. 미국과 관련된 부분은 이수훈, 중국과 관련된 부분은 신상진, 소련 및 러시아와 관련된 부분은 조한범, 일본과 관련된 부분은 양문수, 북한 관련 부분 및 서론, 이론, 결론의 장은 서재진이 각각 집필하였다.

이 책을 출판하기까지 과정에 기여한 많은 분들의 지원과 수고에 감사를 드리고 싶다. 일일이 거명하기 어려울 정도로 많은 사람들의 도움이 있었기에 이 책의 발간이 가능했음을 밝히고 싶다. 특히 조야한 초안을 깨끗이 다듬는데 수고하여 준 김태균 군, 박정란 양에게 감사를 표하고 싶으며, 이 책의 가치를 인정하여 출판을 결심하여 준 황금알의 김영탁 사장님께 큰 감사를 드린다. 끝으로 이 책의 초고 작성 과정에 연구비를 지원해준 미래인력연구원의 이진규 원장님과 송복 이 사장님께 깊은 감사를 드리고 싶다.

2004년 8월
서 재 진 씀

목 차

제3부 - 자본주의 세계체제에의 재편입의 시행착오와 진통

제1장
서론 : 미국의 단극적 체제의 등장과 북한 *

북한에 대한 기존의 연구는 북한을 고립 폐쇄된 체제인 것으로 전제하고 북한의 내적 요인들의 분석에 치중한 경향이 많았다. 즉, 북한 지도자의 특성, 지도부의 정책방향 등에 분석의 초점을 두고 변화 여부와 변화의 방향에 대하여 논의가 집중되었던 것이다.

그런데 실제로 북한은 정권의 형성과정에서부터 지금까지 어떤 나라보다도 외부 세계의 영향을 많이 받고 있는 나라이다. 가령, 김일성이 북한의 지도자가 된 것부터가 스탈린의 지명에 의한 것이며, 북한체제의 원형인 소비에트체제는 소련이 이식한 것이다. 북한에서 1958년경 소련파가 숙청되기 전까지 북한의 정치를 '통역에 의한 정치' 라고 규정되기도 한다. 소련에서 온 지시문을 통역하여 그대로 집행하였다는 뜻이다. 한국전쟁 이후에는 중국의 영향력이 확대되어 한국전쟁 이후의 북한의 사회주의 발전모델은 중국에서 이식한 것이 많았다고 볼 수 있다.

또한 소련과 중국의 영향은 북한 내 정치파벌의 형성으로도 나타났다. 소련파, 연안파 등의 파벌이 난립함으로써 김일성의 최우선 정치의 과제는 외세를 등에 업은 경쟁적인 파벌을 제거하는 것이었으며, 그러한 권력투쟁적 정치지형이 지금까지도 북한 지도부의 권력의 속성으로 남아 있는 셈이다. 뿐만 아니라 북한은 과

* 서재진

거 일제의 영향, 소련의 영향, 중국의 영향, 한국전쟁 이후에는 미국의 영향과 남한의 영향을 많이 받았다.

북한이 1980년대 후반 급격한 경제침체를 보인 것은 소련을 비롯한 동구 사회주의권이 붕괴함으로써 북한이 의존하고 있던 대외적 경제협력 체계가 무너졌기 때문이다. 북한의 경제가 소련을 비롯한 사회주의 국가들에 크게 의존하고 있었음을 알 수 있다. 북한은 사회주의권 붕괴 이후 새로운 국제협력 관계를 형성하기 위하여 안간힘을 쓰고 있으나 여의치 못한 상황에 있다. 북한의 핵문제가 세계적 관심으로 부상해 있는 현실 자체가 북한이 세계체제 영향의 한 가운데 있음을 보여주는 사례이다.

탈냉전 이후 북한에 가장 큰 영향을 미치고 있는 나라가 미국이다. 북한이 사회주의권 붕괴 직후 대외적 고립으로부터 탈피하고 경제협력의 새로운 파트너를 찾기 위하여 일본과 관계 개선을 모색하고 수교협상을 적극 추진하고 있었을 무렵인 1992년 11월에 미국이 북한의 핵개발 의혹을 제기함으로써 북한의 기도는 무산되었다. 이때부터 북한은 미국의 직접적인 영향력 하에 들어왔다. 과거의 북한은 사회주의 국가인 소련, 중국, 동구 국가들에 의하여 영향을 많이 받았지만 현재와 향후 북한은 미국의 영향을 더 많이 받게 되어 있다. 유일 초강국으로 부상한 미국의 영향을 받지 않을 나라는 별로 없지만, 북한은 자본주의 세계체제에 새롭게 진입해야 하는 상황에 있기 때문에 미국은 더욱 중요한 변수가 된 것이다.

미국의 단극적 세계체제의 도래와 북한

1980년대 말 사회주의권 붕괴 이후 지난 10년 간의 북한의 역사는 미국과의 관계 개선을 위한 시행착오의 역사라고 해도 과언이 아닐 만큼 북한에게는 미국이 중요하였다. 2002년 10월 이후 전세계의 이목을 끌고 있는 제2차 북한핵 문제는 북한의 운명이 미국에 달려있다는 것을 잘 말해주고 있다. 북한이 상대하고 있는 미국은 어떤 나라일까? 소련 붕괴 이후 10여 년 간의 조정기를 지나서 유일 초강국으로 부상한 미국은 어떤 나라일까?

소련이 건재했던 냉전기 동안 미국의 대외정책의 줄기는 크게 두 가지이다. 하나는 소련을 봉쇄하여 고사시키는 것이었으며, 다른 하나는 유럽과 아시아의 동맹국들에게 안전보장을 해주고 미국시장과 기술에 접근하도록 하는 대가로 미국에 대하여 외교적·경제적·이데올로기적 지원을 하는 우방국이 되도록 하는 것이었다.

그런데 소련이 붕괴한 이후 유일강국으로 등장한 미국의 대외정책의 핵심은 신거대전략 (New Grand Strategy)이라고 일컬어지는 새로운 전략이다.[1] 이 전략의 기본 방향은 2001년 9·11테러사건 이후 구체화되었는데 그 전략의 핵심은 동맹국과 협력하기 보다는 테러 위협국과 대량살상무기(WMD)를 제거하는 데 중점을 둔다는 것이다.

신거대전략은 9·11테러 1주년에 발표된 2002년 9월의 「미국의 국가안보전략」으로 명문화되었다. 신거대전략의 특징을 아이켄베리는 다음과 같이 7가지로 규정하였다.[2]

- 미국은 단극적 세계를 유지하는 데 국력을 집중한다: 미국이 배제된 여타의 강대국 동맹이 헤게모니를 노리는 것을 허용하지 않는다.
- 테러리스트 국가나 단체는 대량살상의 파괴력을 가지고 있는데도 게임의 법칙을 따르지 않으므로 제거되어야 할 대상들이다.
- 냉전시대의 억지력의 개념은 낡은 개념이므로 선제공격, 예방적 공격을 활용해야 한다.
- 테러리스트는 국경이 없으므로 그에 대한 방어를 위해서도 주권 개념에 상관없이 언제 어디서나 공격할 수 있다.
- 새로운 위협에 대응하기 위하여 국제법, 조약, 안보파트너의 개념은 의미가 없다. 중요한 것은 위협을 제거하는 것이다.
- 위협에 대응하기 위하여 미국은 독자적이고 무제한적인 역할을 한다. 동맹국이 미

---

1) G. John Ikenberry, "American Imperial Ambition," *Foreign Affairs*(September/October 2002), p. 49.
2) G. John Ikenberry, "American Imperial Ambition."

국과 공동작전을 수행할 만큼 군사적 능력이 갖추어져 있지 않기 때문이다.
- 국제사회의 안정에 가치를 두지 않는다. 가령, 북한에 대한 강경책은 한반도를 불안
  정하게 할 수 있지만 그것은 평양에서 위험한 정권을 제거하기 위하여 지불해야할
  대가이다.

이러한 특징의 미국 대외정책의 변화는 흔히들 '신보수주의'(neo-con)의 입장
에서 나온 것으로 평가되고 있다.[3] 신보수주의는 1991년 소련이 붕괴하고 냉전이
종식되었을 때 유일한 초강대국으로 남은 미국의 단극체제를 영구화하는 방향의
정책을 제시하였다. 단극체제 영구화의 계획은 미국의 1992-1994년의 방위정책
지침에서 잘 드러났다. "미국은 어느 지역을 지배함으로써 그 자원을 발판으로 강
대국의 지위에 오를 수 있는 모든 적대적 국가를 저지하고, 미국의 리더십에 도전
하거나 기존 정치, 경제 질서를 무너뜨리려고 기도하는 선진산업국을 저지하며,
앞으로 등장할 수 있는 어떤 총체적 경쟁자도 사전에 방지한다"라고 규정하였다.
이러한 특징의 미국의 대외정책은 특히 2001년 9·11테러사건 이후 무적의 군사
력을 바탕으로 매우 공격적인 방향으로 변화되었다.[4]
미국의 네오콘에 대하여 반대하는 미국 내 진보진영의 사람들은 부시 행정부의
대외정책을 매우 신랄하게 비판하였다. 그들은 부시 행정부의 대외정책을 일방주
의, 제국주의, 신보수주의 등으로 평가하였다.[5] 가령, 진보진영의 미국 학자들은
미국의 대외정책의 부정적 특성을 다음과 같이 7가지로 지적하였다.[6]

- 무지: 미국인은 다른 나라의 지리와 역사와 상황에 대하여 잘 모른다.

---

3) neocon의 논리에 대해서는 Robert Kagan, *Of Paradise and Power: America and Europe in the New World Order*(New York: Alfred A.Knopf, 2003)를 참조할 것.

4) Loch K. Johnson, "Introduction: A New Foreign Policy for a Fragmented World," *PS*, vol. 36, no.1 (January 2003).; Stephen G. Brooks and William C. Wohlforth, "American Primacy in Perspective," *Foreign Affairs* (July/August 2002).

5) Ralph G. Carter, "Leadership at Risk: The Peril of Unilateralism," *PS*, vol.36, no.1, 2003; 김교환, "미국의 신보수주의," 「계간사상」, 2001년 가을호.

6) Loch K. Johnson and Kiki Caruson, "The Seven Sins of American Foreign Policy," *PS*, vol.36, no.1 (January 2003).

- 동정심의 결여: 미국인들은 가난한 나라, 힘없는 나라 등 다른 나라와 감정이입을 할 줄 모른다.
- 고립주의: 무역의 상호관계가 깊어짐에도 불구하고 미국인들은 고립주의를 고수한다.
- 일방주의: 국제적 사안을 우방과의 협의나 유엔의 승인없이 일방적으로 결정한다.
- 즉각적 군사행동: 미국은 세계의 119구조대라는 인식을 가지고 세계 어느 곳이든지 미국의 이해관계가 걸린 곳에는 즉각적 군사적 개입을 한다.
- 대통령 제국주의: 부시 대통령은 자기 아버지 부시 대통령과 마찬가지로 의회가 인준하든 않든 이라크전쟁을 추진할 기세로 전쟁에 열을 올리는 대통령이다.
- 오만: 이 모든 여섯 가지 죄악을 합치면 오만이다. 냉전종식 이후 미국이 다른 나라의 입장을 고려한 적이 없다.

'신거대전략'에 입각한 부시 행정부의 대외정책이 구체적 행동으로 나타난 것이 아프카니스탄전쟁과 이라크전쟁이다. 특히 이라크전쟁의 경우 유엔 안보리가 미국의 이라크전쟁을 거부하였고 전 세계가 미국의 이라크전쟁을 반대하였으며, 미국 내에서도 반전데모가 거세게 일어났다. 특히 프랑스와 독일의 반발이 컸다. 그럼에도 불구하고 미국은 2003년 3월 20일 이라크를 공격하였다. 그리고 3주일 만에 이라크를 점령하였다.

그런데 아무도 이렇게 조기에 전쟁이 미국의 승리로 끝나리라고 예견하지 못하였다. 전쟁을 개시하기 직전까지 프랑스, 독일, 러시아, 중국 등은 물론 이라크 후세인은 미국 국력의 실체에 대하여 정확히 인식하지 못한 셈이다. 전쟁의 경과가 미국에 결정적으로 유리하게 바뀌는 시점에서 이들 나라들은 기왕의 입장을 재빨리 번복하는 모습을 보이기도 하였다.[7] 미국은 이라크전쟁을 통해서 패권국의 지위를 공식적으로 인정받은 셈이다.

이라크전쟁에서 승리함으로써 미국은 향후 수십 년 간 세계를 독점적으로 지배할 정치적·경제적 토대를 마련하였다. 흔히들 미국이 이라크전쟁을 벌인 것은 대량살상무기 해체를 위해서라거나 이라크 석유를 확보하기 위해서라고 평가하

---

7) 이춘근, "미국 국력의 실체," *Opinion Leaders' Digest*, 자유기업원(2003.5.30), p. 2.

는 경향이 있다. 그러나 미국이 프랑스와 독일의 격렬한 반대와 유엔 안보리의 거부에도 불구하고 이라크를 점령한 것은, 더 깊고 원대한 단극체제 확립을 위한 '구상'이 작용하고 있기 때문이며, 이것이 바로 이라크 침공의 숨겨진 '동기'라고 봐야 할 것이다.[8] 이라크를 점령함으로써 중동의 석유와 정치적 헤게모니를 장악하고 이를 토대로 유럽의 팽창과 중국의 팽창에 연결될 석유 파이프라인을 장악한다는 것이다. 아직 미국의 이라크에 대한 점령의 성격은 유동성을 내포하고 있다고 볼 수 있다. 이라크인들의 미국에 대한 저항이 격렬하기 때문에 이를 극복하기 위하여 미국은 유엔안보리의 의결을 거쳐서 유엔산하 연합군 형태의 다국적군을 운용하고 있는 것으로 보아 미국의 일방주의 외교는 약화될 조짐은 있다.

어쨌든 미국이 이라크를 장악한다는 것은 미국이 국제 에너지 질서의 목줄을 쥐게 되었다는 것을 의미한다. 그 동안 국제유가를 통제해온 석유수출기구(OPEC)를 제치고 직접 세계 에너지 질서를 좌우할 수 있는 여건을 마련한 것이다. 석유 수출이 경제의 젖줄인 러시아나 고도경제성장을 위하여 안정적 석유공급이 절대적으로 필요한 중국이 이라크전 이후 미국에 큰 목소리를 내지 못하는 것도 이 때문이 아니냐는 평가도 있다. 폴 울포비츠 미 국방부 부장관은 이라크전쟁의 주목적이 석유라고 솔직하게 밝힌 바 있다. 그는 2003년 6월 4일 싱가포르에서 열린 제2차 아시아안보회의(ASC) 연설에서 "이라크는 석유의 바다에서 헤엄치고 있다"며 "경제적으로 미국은 이라크에 대하여 다른 선택이 없다"고 말한 바 있다. 딕 체니 당시 미국 국방장관이 주도한 1991년 「국가에너지 전략보고서」에서는 에너지 안보를 미국 외교순위의 최우선 순위에 둘 것을 제안한 바 있다. 이에 따라 조지 W. 부시 행정부는 미래 에너지원 확보를 위하여 주요 석유전략지역으로 꼽은 중동, 카스피해연안, 서남아프리카(나이지리아) 중 두 곳을 이미 장악하였다.

미국은 이라크에서 본격적인 석유 개발에 뛰어들면 안정적인 석유공급원을 확보하게 된다. 석유수출기구(OPEC)가 석유를 무기로 세계경제에 행사하였던 영향력도 미국이 이라크의 원유생산량을 조절해버리면 그 힘이 급격히 줄어들 가능성이 크다. 이라크 유전개발에 투자했던 유럽과 러시아, 중국도 기득권을 유지하게

---

8) 오진룡, "이라크전쟁에 대한 중국의 입장," 「국제이슈해설」, 자유기업원(2003.5.27).

위해 미국과 어떤 식으로든 타협해야 하게 되었다. 그래서 이라크는 미국에 그 자체로 새로운 석유 수급원일 뿐 아니라 '석유통제'를 통한 국제적인 주도권 확보의 지렛대라는 분석이 나온다.

결국 미국은 이라크전쟁에서 승리하여 이라크를 점령함으로써 냉전체제 붕괴 이후 군사력, 경제력의 우위에 더하여 세계의 에너지원을 장악하게 된 것이다.

소련 붕괴 이후 이라크전쟁 이전까지는 미국 혼자만의 힘으로 세계를 끌어갈 능력이 없다는 것이 보편적인 견해였다. 많은 이들이 탈냉전 후 세계를 미국의 일극 혹은 패권체제가 아닌 다극적 체제가 될 것이라고 생각하였다. 미국, 유럽, 중국, 일본 등 복수의 강대국이 서로 견제와 균형을 이루며 세계정치를 이끌어갈 것이라고 예상하였다.

그러나 탈냉전 이후 지난 10년 간 미국은 아시아와 유럽에서 경쟁국의 성장을 저지하고자 하는 전략과 국력성장의 전략이 주효하여 다른 어떤 강대국보다 빠르게 성장하였다. 1990년부터 1998년 사이 미국의 경제력은 27%증가한 데 비하여 유럽연합의 경우는 15%, 일본의 경우는 9%의 경제성장밖에 이룩하지 못하였다. 미국은 군사비 지출을 완만하게 줄이면서도 군사 기술 개발에 주력하였다. 미국은 유일강국의 지위를 기정사실화하여 다른 국가가 미국을 추격하는 것을 시도도 못하게 하고 있다. 흔히들 이것을 '포위돌파'(breakout)의 전략이라고 부르는데 미국은 로보트, 레이저, 위성, 정밀무기 등에서 재빨리 기술우위를 발전시켜 다른 어떤 국가나 동맹이 미국의 지위에 절대 도전하지 못하게 하고 있다.[9]

브룩스와 월포스는 이러한 미국을 따라잡을 국가가 새롭게 등장하기 위해서는 한 세대는 걸릴 것이라고 보았다. 그에 의하면 미국의 경쟁자로서 중국을 꼽는데 이것은 중국이 향후 수십 년 내 미국의 경제 규모에 근접할 수 있는 유일한 나라이기 때문이다. 그러나 중국이 GDP에서는 미국을 추격할 수 있을지 모르지만 기술, 군사, 지정학적인 측면에서의 간격은 여전히 남아있을 것이라는 것이다. 중국 정보기관의 최근 평가에 의하면 2020년까지 중국은 미국 국력의 3분의 1 내지 2분의 1 정도에 이를 것으로 보고 있다. 1990년대에 미국은 중국의 20배에 가까운

---

9) G. John Ikenberry, "American Imperial Ambition," p. 50.

돈을 기술개발에 투자하고 있다고 한다. 가시적인 미래에 지구상에 어떤 국가도 미국에 도전적인 국가로 부상하지는 못할 것이다. 어떤 국가도, 어떤 집단도 미국에 적대국으로 규정되어지는 상황에 놓여지는 것을 원하지도 않을 것이다.[10]

더욱 중요한 것은 미국의 이라크점령이 중국에 미친 영향이 심대하다는 점이다. 무엇보다도 미국에 대한 중국의 입지가 크게 약화되고 있다. 중국경제가 고도성장을 거듭하면서 석유소요량도 급증하였기 때문에 중동과 중앙아시아에 석유 확보를 위한 교두보 마련에 관심이 컸었지만 미국이 이라크를 점령하고 중앙아시아를 향해 본격적으로 진출하게 되면 이 지역 석유자원은 미국의 '패권' 하에 놓여지게 될 것이기 때문이다.[11]

이미, 이라크전쟁 이후 중국의 대미정책은 급속히 친미정책으로 변화하고 있다. 미국의 패권하에 놓인 석유를 얻기 위한 현실적인 전략이다. 그러나 중국이 철저히 친미노선을 추구하면서 어떻게 미-유럽, 미-러시아의 두터운 벽을 넘어서 중-유럽, 중-러시아 사이에 '독자적인 영역'을 구축할 수 있을 것인지는 여전히 미지수다. 아시아에서도 마찬가지다. 아시아의 세력기조는 미-일 관계에 있다. 미-일의 정치-경제-군사적 협력이 아시아 질서안정의 기조가 되고 있는 것이다. 그런데, 사회주의 국가로서 중국의 특수성, 중-파키스탄, 중-월남, 중-북한 사이의 전통적인 유대를 생각할 때, 중국이 아시아에서 독자성을 추구한다는 것 자체가 미-일의 '이익'에 배치될 가능성이 크다는 점이다.

따라서, 중국은 가능한 미국의 입장에 공동보조를 취하면서, 또 다른 반대급부를 요구하는 식의 행동을 드러낼 것이다. 이것이 이라크전쟁 이후 중국 외교행동의 가장 큰 변화다.

중국의 이러한 미묘한 입장변화가 한반도에서도 적지 않은 영향을 미칠 것이다. 과거와는 달리 중국은 미국의 남-북한 정책에 대해서 적극 협력하는 태도를 보일 것이다. 물론 중국은 대만, 북한 문제가 크게 '돌출' 되는 것을 꺼려하면서도

---

10) Stephen G. Brooks and William C. Wohlforth, "American Primacy in Perspective," *Foreign Affairs* (July/August 2002), pp. 25-27.
11) 오진룡, "이라크전쟁에 대한 중국의 입장," 「국제이슈해설」, 자유기업원 (2003.5.27).

미−일의 정책과는 크게 거리를 두려고 하지는 않을 것이라는 뜻이다.[12] 제2차 핵 문제 이전에는 중국은 북한에 대한 경제제재를 한사코 반대해왔으나 이제는 사정이 달라졌다. 중국 외교관계 소식통은 "미국이 무력공격에 나설 경우 한국전쟁 때처럼 중국이 파병을 통하여 북한을 지원하는 일은 두 번 다시없을 것"이라고 통고하고 대화를 하도록 설득했다고 한다. 중국은 지금까지 미국을 견제하고 북한을 지원하였으나 김정일 정권에 대하여 극도로 불신하는 등 태도를 급격히 바꾸고 있다. 이러한 중국의 정책 변화는 2002년 10월 북한의 핵개발 시인 이후의 일이며 후진타오체제의 특성이기도 하다.[13] 미국과의 양자회담을 고집하던 북한이 6자회담에 참여하고 결국은 핵을 포기할 수밖에 없는 까닭은 미국뿐만 아니라 중국의 압력을 견디기 어렵기 때문일 것이다. 과거 어느 때보다도 미국의 세계지배는 확고해졌으며, 아시아에서 중국의 영향력도 감소하게 되었다. 북한의 진로에 대한 미국의 결정권은 더욱 세어진 셈이다.

이러한 미국을 상대로 북한은 핵무기 개발 게임을 벌이고 있다. 미국의 네오콘 (신보수주의)은 미국이 제거해야할 대상으로서의 '악의 축'과 불량국가의 리스트에 북한을 포함하고 있다. 네오콘이 필요로 하는 가상의 적에 북한이 포함된 셈이다. 미국은 과연 북한에 대하여 네오콘의 이론대로 제거되어야 할 대상으로서의 악의 축으로 보는 것인지, 아니면 악의 축을 명분으로 미국의 네오콘의 대외정책을 관철하는 명분으로 북한을 활용할 것인지가 관심이다.

북한의 향후 미래는 미국의 대북정책에 크게 영향을 받을 것으로 보인다. 북한이 핵무기 카드로 미국과 협상을 추진하고 있지만 국제사회의 질서는 힘의 논리에 의해서 규정된다는 한스 모겐소의 고전적인 주장과 최근 미국 네오콘의 이론가인 케이건[14]의 주장을 볼 때 북한의 갈 길은 정해진 셈이다. 미국이 동아시아와

---

12) 오진룡, "이라크전쟁에 대한 중국의 입장," p. 5.
13) David Lamton, "China: Fed Up with North Korea," *Washington Post*, June 4, 2003.
14) Robert Kagan은 유럽이 미국보다 힘의 우위에 있던 시절에는 유럽이 힘의 논리와 전쟁의 수단으로 세계질서를 주도하였듯이 미국이 힘의 우위를 점하고 있는 현재는 미국이 힘의 논리와 전쟁의 수단으로 세계질서를 정립하는 것이 당연하다는 것이다. Robert Kagan, Of Paradise and Power: America and Europe in the New World Order (New york: Knopf, 2003).

한반도에서 안보와 경제의 이해관계를 크게 보고 있기 때문에 북한의 미래는 미국이 주도하는 세계질서에 의해서 규정될 가능성이 높다고 보여진다. 이미 지난 10여년 간의 북한의 행보는 미국과의 관계설정을 위한 시행착오의 역사였으며, 향후 북한의 미래는 미국과의 관계 설정의 내용에 따라서 결정될 것이다. 이 책은 이러한 관점에서 북한의 과거, 현재, 미래를 분석하고자 한다.

제2장
세계체제이론과 사회주의 국가들의 변화의 궤적 : 이탈, 고립, 재편입 *

사회주의 국가들의 변화의 궤적을 설명하는 데 유용한 이론이 세계체제이론이다. 세계체제이론의 가장 중요한 가정의 하나는 세계체제는 '하나의' 자본주의 세계체제라는 것이다. 월러스타인에 의하면 세계경제는 자본주의적 형태로 16세기 이후부터 지구의 한 부분에서 존재해오다가 오늘날에는 전 세계가 단 하나의 국제분업의 틀 속에서 작동하고 있는데 이것을 자본주의 세계체제라고 부른다.[1]

하나의 자본주의 세계체제는 중심국, 주변국, 반주변국으로 위계적으로 나누어져있는데 중심국가가 주변국과 반주변국에 정치적·경제적으로 지배력을 행사한다는 것이다. 소련과 같은 강대국은 자본주의 세계체제에서 반주변국에 해당되었고 북한과 같은 제3세계는 주변국에 해당되었다고 볼 수 있다.

세계체제이론은 종속이론에서 발전된 이론이기 때문에 중심국이 주변국에 미치는 영향력과 지배력의 속성을 중시한다. 세계체제이론에 의하면 세계경제(world-economy)에는 매우 복잡한 방식으로 조직화된 "시장"을 매개로 하여 상호 연결되고 통합된 생산, 유통, 소비를 중심으로 광범위하고 철저한 사회분업이

---

1) Immanuel Wallerstein, *The Politics of the World-Economy* (Cambridge University Press, 1984), p. 13.

* 서재진

형성되어 있다는 것이다. 하나의 세계체제에서 중심국가들은 자국들의 이해를 극대화하는 방향의 세계체제의 이념과 구조를 형성하고 있으며, 결국은 주변국에 침투하여 종속발전을 한다고 가정한다. 세계체제이론은 남미의 종속발전, 동아시아 국가들의 발전의 궤적, 사회주의권의 붕괴와 변화 등을 설명하는 데 효과적이었다.

사회주의 사회를 연구함에 있어서 강조되어야 할 것은 월러슈타인이 이미 1974년에 행한 다음과 같은 주장이다: 자본주의 세계체제내에서 국가소유제를 도입하는 국가가 형성된다는 것은 사회주의 경제를 도입하는 것을 의미하는 것이 아니라 국가자본주의를 도입하는 것이다.[2] 또한 사회주의 국가가 자본주의 세계경제의 시장에 참여하는 한, 사회주의는 생산수단을 국가가 소유하는 하나의 국가 자본주의가 되는 것이다. 다시 말해, 소련이 국내에서 생산한 산물을 미국이나 동구 시장에 수출하는 한은 자본주의적이라는 것이다. 월러슈타인에 의하면, 기존의 사회주의 국가는 자본주의 세계체제에서 반주변부(semiperipheral) 국가로서 자본주의적 세계시장에서 중심부 국가가 되기 위해 노력한다고 본다.[3]

또한 사회주의권이 별도의 체제를 구성하여 독자적인 세계를 구성하고 있는 듯이 보이기는 하지만 결국은 거대한 힘을 가진 자본주의 세계체제의 한 하위체계에 불과하다는 것이다. 세계체제론에 의하면 사회주의 국가들은 결국은 세계자본주의의 힘에 눌려 자본주의 세계경제를 재생산하는 역할을 담당하였으며 그 기능적 일부로서 통합되어 있었다고 본다.[4] 사회주의권이 하나의 독자적 체제로서 진영을 구축하여 자본주의 세계체제로부터 독립하고자 노력하기는 하였지만 자본주의 세계체제의 지배적 영향으로부터 자유로울 수가 없었다. 우선, 세계시장의 원유가격 변동이 소련에 미친 심각한 영향이 이를 말해 준다. 폴란드, 루마니아,

2) Georgi Arbatov and Willem Oltmans, "Dependence in and Interdependent World: The Limited Possibilities of Transformation within the capitalist World-economy," n Immanuel Wallerstein, *The Capitalist World-Economy* (New York: Cambridge University Press, 1979), p. 90.
3) Alvin So, Social *Change and Development* (Sage, 1990), p. 187.
4) 사회주의체제가 자본주의체제의 일부라는 주장에 대한 자세한 논의는 이수훈, 「세계체제론」 (서울: 나남출판, 1993), 제9장을 참조할 것.

유고슬라비아는 서방은행이 채무국들에게 설정한 고금리에 맞추기 위해 투자정책을 완화하고 긴축조치를 취해야 했다. 1970년대 중반에 있었던 OPEC(석유수출국기구)의 결정 후에 소련이 설정한 새로운 원유가격의 예에서 보듯이 사회주의 국가들 사이의 경제관계 조차 세계시장의 동향에 좌우되는 것이다. 요컨대 세계경제는 서방 자본주의가 지배적 위치를 점하는 위계체제를 이루고 있으며 그러한 지위 때문에 서방 자본주의는 세계시장에서 게임의 규칙을 강요할 수 있는 것이다. 사회주의 국가들이 주변적인 역할 밖에 할 수 없었던 것은 그들의 경제 및 금융 역량이 한정되어 있었기 때문이다.[5] 이러한 경향은 세계체제에서 자본주의 국가들의 경제력과 사회주의 국가들의 경제력 간의 차이가 클수록 더 강화되었다. 프랭크가 지적하는 대로 1930년대 초기에 자본주의를 괴롭힌 대공황기에 소련인이나 세계 각국의 공산주의 정당은 공황의 확대를 기대하고 있었지만, 이후에는 어떠한 사회주의도 일찍이 레닌이 기대하였던 것처럼 자본주의를 붕괴시키기 위해 자본주의의 위기를 이용하지는 않았다. 사회주의 국가들이 바라는 것은 "자본주의의 위기가 곧 회복되어 우리가 여느 때처럼 비지니스로 되돌아갈 수 있는 것"이었다.[6]

사회주의 국가들이 대부분 붕괴되었고 중국처럼 완벽하게 자본주의 세계체제에 재편입된 현재의 상황에서 본다면 세계체제이론의 '하나의 자본주의 세계체제'의 가정은 정당하다. 그러나 소련의 세력이 전성기를 구가하던 냉전기의 일정한 기간 동안은 사회주의 세계체제는 독자적인 체제를 구축하지는 못하였지만 독자적인 체제를 구축하기를 추구하였고 어느 정도의 독자성도 가지고 있었다. 이러한 점을 감안한다면 자본주의 세계체제 내의 국가들과는 달리 사회주의 세계체제는 자본주의 세계체제의 다른 국가들과 동일하다고 보기는 어렵다. 그런 점에서 최소한 사회주의 세계체제는 하위체제로서의 성격은 가졌다고 볼 수 있을 것이다.

5) Silviu Brucan, World Socialism at the Crossroads, An Insider's View (New York: Praeger, 1987), 이선희 역, 「기로에 선 사회주의」(서울: 푸른산, 1990), p. 26.
6) Andre Gunder Frank, "The political challenge of socialism," paper presented at Round Table, 1985; Brucan, World Socialism at the Crossroads, An Insider's view, 이선희 역, 「기로에 선 사회주의」, p. 113.

월러스타인의 이론과는 반대로 스탈린은 세계시장은 두 개의 세계시장, 즉 하나는 자본주의, 하나는 사회주의 시장으로 분열되어 있다고 주장하였다. 사회주의 진영은 특정한 시기에 block을 형성하여 자본주의 세계체제에 가장 완강하게 저항하고 심지어는 전복하고자 하였던 것이 역사적 사실이다. 그런 의미에서 본다면 사회주의 block에 대한 독자권을 주장하는 스탈린의 주장이 완전히 잘못된 것은 아니다.

특히 북한이라는 하나의 제3세계의 사례를 분석하고자 할 때는 사정이 좀 다를 수 있다. 세계체제이론이 주장한 대로 사회주의 세계체제는 자본주의 세계체제의 한 부분이었다. 그런데 또 북한은 사회주의 세계체제의 한 부분이었다. 자본주의 세계체제의 정치적·경제적 영향보다는 사회주의체제의 정치적·경제적 영향을 더 민감하게 받았던 것이 사실이다. 그런 점에서 본다면 북한은 이중적으로 세계체제의 영향을 받았다고 볼 수 있을 것이다.

1980년대말에 사회주의권이 붕괴했을 때 북한의 경제가 급격히 쇠퇴하였던 것은 북한이 사회주의권과 밀접한 경제협력관계를 맺고 있었다는 것을 의미하며 그것은 또한 자본주의 세계체제와 독립하여 존재하였던 사회주의 세계체제가 존재하였던 것을 의미한다.

그럼에도 불구하고 세계체제가 단일한 자본주의 세계체제라고만 주장하는 것은 북한을 설명하고자 할 때 세계체제에 대한 보다 정교한 설명을 하는 데 장애가 된다. 그러한 점에서 본다면 사회주의 세계체제가 자본주의 세계체제에서 독립하여 독자적인 체제를 구축하고자 시도하였던 역사적 사실을 인정할 필요가 있으며 자본주의 세계체제이론을 일부 수정할 필요가 있는 것이다.

이 연구는 북한 사례 연구를 통하여 세계체제이론에 대한 새로운 이론적 수정을 하고자 한다. 세계체제의 중심국가가 자본주의 국가와 사회주의 국가에 대하여 가지고 있는 관계의 차이 및 상호작용의 차이를 세분화하는 것이다. 즉, 자본주의 세계체제가 사회주의에 대하여 행하는 역할에 대해서는 봉쇄라는 방식으로, 자본주의 국가에 대해서는 종속 및 침투라는 방식으로 다르게 영향을 미치는 것으로 구분할 필요가 있다.

사회주의 세계체제가 자본주의 세계체제의 일부인 것은 사실이지만, 사회주의 세계체제 내의 국가들과 자본주의 세계체제 내의 개별국가들은 상호작용의 방식에서 차이가 있었다. 그러한 점에서 세계체제의 중심 국가가 자본주의 국가와 사회주의 국가에 대하여 가지고 있는 관계의 차이 및 상호작용의 차이를 세분화할 필요가 있다. 즉, 자본주의 세계체제가 사회주의에 대하여 행하는 역할에 대해서는 봉쇄라는 방식으로, 자본주의 국가에 대해서는 종속 및 침투라는 방식으로 다르게 영향을 미치는 것으로 구분할 필요가 있다.

〈그림 2-1〉중심국에의 편입방식에 따른 발전유형

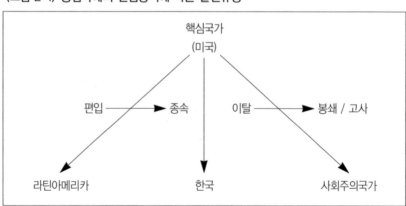

〈그림 2-1〉에서 보는 것처럼 개별국가의 관점에서 본다면 자본주의 세계체제에 편입되어서 적극적인 상호작용을 하는 제3세계는 종속적인 관계에 빠지게 되는 반면, 자본주의 세계체제에의 편입을 거부하고 독자진영을 구축하기를 추구하는 사회주의 국가는 자본주의 세계체제로부터 봉쇄당하는 관계에 있는 셈이다. 남미와 같은 국가는 일찍이 자본주의 종주국 미국에 의하여 편입되었기 때문에 미국에 의하여 종속적 지배를 당하고 있다. 반면에 사회주의 국가들은 제국주의와 관계를 유지하는 한에는 종속적 지배를 받을 가능성이 높다고 판단하고 제국주의를 추격 발전한다는 발전전략 하에 자본주의 세계체제로부터 이탈하였다. 그런데 자본주의 세계체제로부터 이탈한 사회주의권은 자본주의로부터 봉쇄를 당함으로써 경제는 점차 고사당하고 말았다.

즉, 자본주의 세계체제는 사회주의 국가에 대해서는 봉쇄라는 방식으로 영향을 미침으로써 세계체제 중심국가의 이해를 관철하고자 했던 것이다. 자본주의 세계체제가 사회주의 국가에 대해서 영향을 미치지 않는 것이 아니라 상이하게 작용했다는 뜻이다. 상호작용의 방식이 다르기는 하지만 영향을 전혀 받지 않는 것은 아니다. 영향을 받는 방식이 다르며, 영향의 정도가 다를 수 있다. 한국의 경우는 라틴아메리카와 같은 종속을 덜 당하고, 사회주의와 같은 봉쇄를 덜 당하는 방식으로 미국과 관계를 맺고 있다. 한국과 미국의 정치군사적 조건에 의하여 규정된 관계이다.

북한은 자본주의 세계체제에서 이탈하여 고립되어 있기 때문에 자본주의 세계체제에서 아무런 영향을 안받는 것이 아니라 자본주의 세계체제의 적대세력으로 규정되어 경제적 봉쇄를 받고 있으며, 경제적·정치적으로 엄청난 규제를 당하고 있는 것이다. 실제로 북한은 자본주의 세계체제에 편입되어 있는 이상으로 자본주의 세계체제의 영향을 받고 있는 셈이다. 북한은 사회주의권 붕괴 이후 자본주의 세계체제에 편입하기 위하여 몸부림치고 있지만 자본주의 세계체제의 이해관계에 의해서 아직도 봉쇄를 계속당하고 있는 것이다.

이 글에서 자본주의 세계체제라는 외부적 요인의 중요성을 강조하기는 하지만 그렇다고 해서 외부적 요인이 개별 국가의 내부 현상을 전적으로 결정한다는 식으로 세계체제이론을 이해해서는 안된다. 월러스타인의 이론이 시사하는 대로, 이 글에서 사용하는 세계체제이론은 자본주의 세계체제라는 외부적 조건이 사회주의 사회내의 내부적 요인들과 어떻게 상호작용하여 사회주의 사회를 어떻게 변동시키는가 하는 역동성을 강조한다. 세계체제이론에 기초한 이 글의 기본적 가정은 사회주의 체제가 사회주의의 내부적 역동성에 영향을 받는 측면도 있지만 세계체제의 동태적 변동에 의해서 더 많이 규정되어 왔다고 보는 것이다.

자본주의 세계체제와의 상호작용의 측면에서 본 사회주의 국가들의 변화의 궤적을 다음과 같이 세 단계로 나누어볼 수 있다: ①사회주의 체제가 형성되어 자본주의 세계체제로부터 분리·단절하는 이탈기, ②미국을 중심으로 하는 자본주의 중심국들의 봉쇄전략에 기인된 자본주의 세계체제로부터의 고립기, ③자본주의 세계체제에 복귀하는 재편입기가 그것이다.

1. 자본주의체제로부터의 이탈 *

1980년대 후반에 체제위기에 처한 사회주의 국가들이 왜 자본주의체제로 재편입하는 방식으로 위기를 치유하고자 했는지를 이해하기 위하여 먼저 자본주의 세계체제로부터의 이탈 배경을 이해할 필요가 있다.

사회주의혁명이라는 것은 흔히 이념적으로 이해되고 있지만 사실은 경제적인 이유와 민족적인 이유에서 이해되어져야 한다. 이것은 러시아와 마찬가지로 사회주의 혁명이 일어난 나라들은 공통적으로 매우 가난하며 경제적으로 낙후되어 있었던 나라라는 데서 근거를 찾을 수 있다. 이들 나라들은 2차 산업의 비중이 매우 낮은 농업사회였으며 인구의 대부분은 농민, 소작인들로 구성되어 있었다. 근대적 기술과 근대적 관리방식으로 운영되는 대기업으로 구성된 산업부문의 비율은 매우 낮은 것이 특징이다. 정치적으로는 의회민주주의를 발전시킨 나라는 하나도 없다. 선진자본주의 사회에서 사회주의 혁명이 일어난 경우는 하나도 없다.[7] 소련에 의해 사회주의가 강요된 대부분의 동구 국가를 제외하고 혁명이 내부에서 발생한 러시아, 중국, 베트남, 유고슬라비아, 쿠바, 니카라구아 등의 사회주의 국가들이 그러했고 1925년의 조선공산당 결성도 같은 맥락에서 이해될 수 있다.

사회주의 혁명은 월러스타인[8]이 지적하는 바와 같이 맑스가 예견한 것과는 반대로 반자본가 계급의 혁명으로 일어난 것이 아니라 경제적으로 낙후된 주변부[9] 국가의 반제국주의혁명으로 일어났다. 레닌에 있어서 사회주의의 의미는 제국주의의 침략에 대한 하나의 대안으로써 민족주의적 성격을 띠고 있었다. 레닌에 있어서 러시아 혁명은 착취당하는 식민지 국가와 착취하는 제국주의 국가 사이의 투쟁인 제1차 세계대전의 와중에서 감행한 민족해방투쟁의 의미를 지니고 있었던

---

7) Janos Kornai, *The Socialist System* (Princeton: Princeton University Press, 1992), pp. 22-23.

8) Immanuel Wallerstein, *The Politics of the World-Economy* (New York: Cambridge University Press, 1979).

9) 월러스타인은 세계체제를 中心部(core) - 半周邊部(semiperiphery) - 周邊部(periphery)로 나누어 각 체제 간의 경제적 정치적 관계를 설명했다. 중심부에는 선진자본주의 국가, 주변부에는 제3세계와 후진 사회주의 국가가 포함되며 중심부와 주변부 사이에 반주변부가 존재한다.

* [주] 이하의 제1절~제3절은 서재진, 「또 하나의 북한사회: 사회구조와 사회의식의 이중성 연구」(나남출판, 1995)의 제3장을 수정·보완한 것임.

것이다. 대부분의 경우 다른 나라의 식민지, 또는 반식민지이거나 군사적 점령 하에 있거나 경제적으로나 정치적으로 강대국에 점령되거나 종속된 상황에 있었다. 대부분의 경우 외적에 대항한 전쟁, 내전, 게릴라전, 또는 연이은 봉기 등을 경험한 나라에서 사회주의 혁명이 일어났다는 것이다.

이러한 관점들은 선진국을 추격발전[10]하고자 하는 후진 경제발전의 전략개념으로 사회주의의 생성을 설명하는 젱아스의 주장과 맥을 같이 한다. 종속이론의 관점에 서있는 젱아스는 경제적으로 낙후된 나라들이 선진국들의 경쟁력에 밀려 주변화의 상태에 빠져있다고 보았으며, 발전사적으로 볼 때 사회주의는 이제까지 주변부 자본주의적 환경 속에서 추격발전을 위한 발전전략의 지주적 역할을 했다는 것이다. 자본주의로부터 단절을 선언하는 사회주의는 자본주의가 실패한 조건 속에서 제국주의에 대한 종속을 방지하는 발전전략으로 채택되었다는 것이다. 자본주의 세계체제로부터의 주변화의 결과 제3세계는 대체로 독자적인 생산재와 기술을 발명하고 생산하는 능력, 그리고 다른 곳의 동일한 재화를 자국의 욕구에 적응시키는 능력을 상실한다. 파행된 성장과 확대되는 대중적 빈곤 간의 변증법으로 인하여 엄청난 사회적 갈등의 요소들이 생겨나며 이로 인해 대안적인 사회정책의 잠재적인 추종자와 집행자들이 생겨나게 된다. 이런 구도 속에서 사회주의자에게는 주변화 된 사회들을 계속적인 주변화로부터 보호하고 내생적인 생산성 향상을 통해 다시 가속화된 추격발전을 가능하도록 하는 과제가 제기된다. 사회주의는 자본주의가 실패한 조건 속에서 대안 없는 발전정책으로 된다. 여기서 사회주의는 생산력 향상을 위한 산파와 안내원의 기능을 한다. 사회주의가 뿌리를 내릴 수 있고 사회전체를 규정하는 힘이 되는 환경조건은 풍요가 아니라 결핍, 또는 대체로 전쟁을 통해 조건지어진 첨예한 위기 상황이라는 것이다.[11] 따라서 사회주의 혁명의 가장 중요한 목표는 경제적, 사회적, 문화적 후진성을 극복하여 추격

---

10) 사회주의적 추격발전이란 경제적으로 후진 사회인 사회주의가 선진 자본주의 국가를 따라 잡아 자기중심적 경제성장을 하는 것이다. 이런 측면을 강조하여 사회주의를 추격발전의 한 전략적 체제로서 파악한 사람은 젱아스이다. Dieter Senghaas, Von Europa lernen: Entwicklungsgeschichtliche Betrachtungen (Frankfurt: edition suhrkamp, 1982), 한상진 유팔무 역, 「유럽의 교훈과 제3세계」(서울: 나남, 1990).

11) 한상진 유팔무 역, 「유럽의 교훈과 제3세계」, p. 217.

발전(catching-up) 하는 것이었다.[12]

월러스타인과 젱아스의 추격발전 전략으로서의 사회주의 개념의 근원은 맑스와 레닌의 사회주의 우월론에 존재한다. 맑스-엥겔스는 자본주의는 점차 생산력 발전을 저해하지만, 오직 새로운 경제적 · 사회적 조건, 즉 사회주의적 조건만이 생산력의 발전을 지속시킬 수 있다고 주장함으로써 사회주의가 자본주의보다는 경제적으로 합리적이며 효율적이라고 가정하였다. 이러한 관점은 레닌에게 영향을 미쳐 자본주의를 폐지해야 생산력이 발전한다는 사회주의적 경제 합리성 이론을 더욱 발전시키게 되었다.[13] 사회주의 우월성의 논리는 사회주의적 생산관계가 자본주의적 생산관계보다 생산력을 발전시키는 데 있어서 더욱 유리한 조건을 제공해주며 경제적 효율성을 해치는 여러 가지 자본주의적 속성을 제거할 수 있다는 것이다. 시장에 의한 자원배분, 사적 소유에 의한 경쟁, 착취계급의 기생적 소비 등을 제거할 수 있기 때문에 사회주의 하에서는 계획, 사회적 소유 등에 의하여 효율성이 향상된다는 것이다.[14]

생산수단의 사회적 소유에 기초하여 경제행위의 개별적 단위를 범사회적 전체로 통합하는 것은 합리적 행위의 기준을 사적인 수준에서 사회적인 수준으로 격상하는 것이며 미시적인 수준에서 거시적인 수준으로 격상하는 것이라는 것이다. 미시 경제적 관점의 합리적 목표의 축에서 발생하는 비효율성을 제거하게 된다는 것이다. 경제행위를 거시적 차원에서 조정하는 중앙계획경제가 사회주의의 자연스러운 귀결로 되는 것이다.[15] 착취로부터 해방된 노동자는 착취당하는 노동자보다 더욱 열광적이고 양심적으로 일을 하기 때문에 생산성이 높을 뿐만 아니라 노동 감독의 비용이 낮아진다는 것이다.[16]

---

12) 사회주의를 추격발전 전략으로 파악하는 사람은 고전적인 사회주의자로서 마르크스-엥겔스, 레닌 이외에도 젱아스를 포함하여 다수이다. W. Brus and K. Laski, *From Marx to the Market* (New York: Oxford University Press, 1989), p. 22; Ota Sik, "Socialism: Theory and Practice," in Ota Sik, ed. *Socialism Today?: The Changing Meaning of Socialism* (New York: St. Martin Press, 1991), pp. 2–3; Kornai, The Socialist System, p. 18.

13) Sik, "Socialism," pp. 2–3.

14) Kornai, *The Socialist System*, pp. 50–51.

15) Brus and Laski, *From Marx to the Market*, pp. 4–5.

16) Kornai, *The Socialist System*, p. 50.

고전적 사회주의이론에서 사회주의 우월성의 또 하나의 측면으로 주장된 것은 도덕적 측면이다. 맑스주의의 시각에서 자본주의에 대한 사회주의의 도덕적 우월성은 곧 경제적 우월성과 병행하며 상호 작용하는 것으로 이해되었다. 억압과 불평등으로부터 인간을 해방하는 사회주의 하에서는 노후한 자본주의적 생산관계의 족쇄로부터 생산력 해방의 필수불가결한 조건이 된다는 것이다.[17] 사회주의는 사회적 정의와 평등을 보장하는 더욱 발전된 제도이기 때문에 인간들이 개인주의와 이기주의를 극복하고 공동의 복지를 추구하는 방향으로 스스로를 개조한다는 것이다.[18]

사회주의의 도덕적 경제적 우월성은 생산수단의 사회적 소유의 개념에 기초해 있다. 생산수단의 사회주의화는 임금노동에 의한 인간착취에 종언을 고할 뿐만 아니라 사회의 모든 경제행위를 합리적으로 조직화하는 길이라는 것이다. 생산수단의 사회적 소유는 생산수단이 적용되는 방식이나 생산의 과실이 분배되는 방식에 있어서 사회의 모든 성원에게 평등한 권리를 부여한다는 것이다. 이처럼 사회주의 이론에는 자본주의보다 우월한 사회주의체제를 도입하면 자본주의를 쉽게 따라 잡을 수 있다는 것이 가정되어 있다.

맑스의 예견과는 다르게 사회주의체제가 형성된 또 하나의 방식은 소련에 의하여 강제로 이식된 경우이다. 동구 사회주의 국가들은 대체로 소련에 의하여 강제 이식 되었다.[19] 동구 제국은 2차 대전 중에 독일의 점령 하에 들어감에 따라 반나찌 저항운동과 해방의 과정에서 소련에 점령되거나 또는 반나찌 민족해방운동의

---

17) V. I. Lenin, "Die Grosse Initiative," *Schriften*, vol. 29, Sik, "Socialism," p. 1에서 재인용; Brus and Laski, *From Marx to the Market*, p. 3.

18) Kornai, The Socialist System, p. 51.

19) 제2차 세계대전 동안 연합국의 공동의 적인 파시즘을 이기는 데 전념하면서 소련과의 협력관계를 중시했던 서방연합국측의 입장과는 대조적으로 소련은 동구지역의 소비에트화라는 부동의 정치적 목표를 가지고 전쟁에 임하였다. 스탈린의 입장에서는 단순히 독일이 패배하는 것만으로는 그들의 안전이 보장될 수 없으며 계속 이 지역에 대한 강력한 영향력을 행사할 수 있어야 한다는 논리였다. 스탈린은 전후 동구의 공산화를 직접 주도하기 위하여 대전중에 이미 이들 지역 내에서 소련의 통제 하에서 벗어나 독자적으로 움직이는 반나찌 저항세력을 견제하는 데 지대한 관심을 쏟았다. 소련은 대전중에 이미 동구의 공산화를 위해 일종의 청사진을 마련하고 있었다. 모스크바에서는 대전중에 이미 특수학교에서 동구출신의 '혁명의 아들'들을 다년 간 교육 훈련시켰다. 붉은 군대를 좇아 제나라에 돌아간 이들 모스크바파 공산당 간부들은 미리 마련된 정권인수계획과 그때 그때의 스탈린의 구체적 교시에 따라 움직여 결국 이들 나라의 공산화의 주역이 되었고 공산화가 성취된 후에도 권력의 핵심으로서 스탈린의 하수인 노릇을 하였다. 안병영, "동구제국의 역사적 형성: 전후 공산화과정," 안병영 오세철 공편, 「동구제국의 역사적 형성」(서울: 박영사, 1986), pp. 107-116.

결과로서 종전과 더불어 공산화되었다.

어떠한 형식으로 사회주의화 되었든 간에 사회주의 정권이 수립된 나라는 대부분이 스탈린주의적 체제를 모방하였다. 따라서 동구의 경우도 자본주의 세계체제로부터의 이탈과 추격발전 전략으로서의 사회주의로 간주될 수 있을 것이다. 어느 나라든 가난하고 후진적인 나라였기 때문에 대체로 사회주의 이데올로기는 인민들에게 추격발전을 약속하였다. 자본주의와 사회주의의 격차는 머지않은 시점에서 극복될 것이며 그것이 가능한 까닭은 사회주의체제의 우월성에 있다는 것이다. 자본주의를 추격 발전한다는 약속은 나라마다 형식은 달랐지만 모든 사회주의 국가에서 지배이데올로기의 핵심적인 내용이 되었다. 즉 사회주의 이데올로기는 체제우위에 대한 확고한 신념에 입각하여 현재의 어려움은 일시적인 것이며 보다 나은 삶이 머지않아 온다는 믿음을, 약속한 미래를 위하여 더욱 열심히 일하고 희생하도록 노력할 것을 주장하였다.[20]

2. 자본주의체제로부터의 고립

자본주의 세계체제의 관점에서 볼 때 사회주의체제의 등장은 자본주의 세계체제로부터의 이탈(breakaway)이요, 자본주의 세계체제에 적대적인 세력의 생성을 의미한다. 따라서 자본주의 세계체제의 사회주의 국가들에 대한 정책의 핵심은 사회주의권을 봉쇄하고 고립시켜 고사시키는 것이었다.

위에서 살펴본 것처럼 사회주의 국가들은 자본주의 제국주의의 경제적 종속과 침략을 끊고 경제적 추격발전을 위하여 사회주의 정권을 수립하였다. 그러나 그 결과는 매우 불리하게 전개되었다. 단지 종속을 피하기 위하여 사회주의를 선택하였는데 자본주의로부터의 고립과 봉쇄의 멍에가 씌워진 것이다.

---

20) Kornai, *The Socialist System*, pp. 53–54.

사회주의 국가들의 자본주의 세계체제로부터의 고립 및 봉쇄는 2단계에 걸쳐서 파악해 볼 수 있다. 제1단계는 제1차 세계대전과 더불어 등장한 러시아 사회주의 혁명에 대한 자본주의 국가들의 견제이고, 제2단계는 제2차 세계대전과 더불어 확대된 사회주의권에 대한 본격적인 통제의 단계이다.

사회주의 국가에 대한 봉쇄는 1917년 러시아 혁명 직후부터 시작되었다. 1917년의 혁명 직후부터 미국은 소련의 혁명을 억제하기 위해 14개국으로 구성된 연합군에 적극적으로 참가하였으며 미국군은 소련의 북부와 동부에 군대를 파견하였다. 더욱 중요한 것은 소련의 내전기간 중 미국이 러시아 혁명의 반대파들에게 융자제공과 무기 공여를 비롯한 대규모의 원조를 했다는 사실이다. 그러나 군사개입으로 목적을 달성하는 데 실패하자 서방측은 경제 보이코트와 외교적 불승인이라는 정책을 채택했다. 아르바토프와 올트만에 의하면 소련은 혁명 초기부터 미국을 비롯한 모든 나라와 경제관계를 발전시킨다는 것이 공식적인 정책이었다. 레닌이 특히 미국을 중시했던 데는 몇 가지 이유가 있었다. 미국 산업의 규모와 효율성을 중시해야 했으며 또한 그 당시 유럽과의 관계가 대미관계보다도 더욱 나빴다는 사정도 있었다.[21]

그러나 자본주의 세계체제는 소련의 사회주의 혁명을 자본주의에의 중대한 도전으로 간주하고 제재를 시작했다. 1920년 당시 콜비(Brainbridge Colby) 미국 무장관은 소련의 존재 그 자체는 다른 모든 위대한 문명국의 정부를 전복하지 않으면 성립할 수 없는 것이기 때문에 이러한 소련과 서방측 간에 공통의 기반이란 존재할 수 없다고 주장하였다. 콜비는 또한 이같은 적대국과 정상적인 관계를 유지할 이유는 없다고 말했다.[22] 콜비 장관의 이러한 언명에 대해서 당시 소련 외무 담당 인민위원 게오르기 치체린(Georgi Chicherin)은 다음과 같이 회답했다. "콜비는 소련에서 자본주의 제도가 지배적으로 되는 경우에만 두 나라 간에 정상적인 관계를 가질 수 있다고 믿고 있으나 이는 매우 그릇된 생각이다. 우리는 그러한 생각과는 반대로 두 나라의 사회 정치제도가 정반대임에도 불구하고 지금이라

---

21) G. Arbatov and W. Oltmans, *The Soviet Viewpoint* (London: Zed Books, 1983), pp. 78-79.
22) G. Arbatov and W. Oltmans, *The Soviet Viewpoint*, p. 79.

도 완전히 평화적이고 우호적인 관계를 수립하는 것이 러시아와 미국 양측의 이익에 불가결하다고 생각한다. 이러한 관계는 두 나라 간의 통상발전과 두 나라의 경제적 요구를 충족시킴에 있어 필요하다."[23] 그러나 이러한 애원에도 불구하고 소련은 혁명 후 3년 간 어느 자본주의 국가로부터도 승인과 국교를 맺지 못했다. 미국은 1933년까지 소련과 국교를 갖지 않았다. 자본주의 세계 속에서의 소련의 고립은 모스크바에서 고양되는 불안의 원천이 되었다.[24]

소련을 비롯한 사회주의권이 본격적으로 봉쇄당한 것은 미국이 세계체제에서 확고한 헤게모니를 장악하고 난 제2차 세계대전 직후부터이다. 1945년 봄, 제2차 세계대전이 종결되기 몇 주 전에 이미 미국의 정책변화가 있었다. 전쟁이 종식된 바로 그날 무기대여법에 기초한 무기원조는 갑자기 중단되었고 이미 소련으로 향하고 있던 몇 척의 선박은 도중에 되돌아갔다. 다액의 재건 차관을 제공하겠다는 약속도 깨졌다. 미국은 자본주의로부터의 이탈자에 대해 본격적으로 제재를 가하기 시작한 것이다. 미국은 대소정책의 기초로서 '봉쇄' 독트린을 채택한 것이다. 본질적으로 그것은 소련에 대해 모든 점에서 끊임없는 압력을 가함으로써 소련의 정치체제를 파괴하는 것을 목적으로 한 전략이었다.[25]

냉전이 본격적으로 심화되는 데 기여했던 미국의 소련에 대한 주요 조치들로써 봉쇄정책, NATO의 결성(1949년 결성), Marshall plan(1947년 결성), Truman Doctrine(1947), COCOM(대공산권수출통제위원회; 1949년 결성)을 들 수 있다. 가령 서방측의 코콤은 소련에 대한 수출 제한을 위해 설치된 기구이다. 코콤은 무기개발로 전용될 수 있는 민간부문의 첨단기술과 장비가 구소련 등 동구권으로 유출되는 것을 막기 위하여 나토의 산하기구로 탄생되었다. 코콤은 그동안 첨단기술 분야의 장비에 대한 수출 금지품목 리스트를 작성, 동구권에 대한 수출을 엄격히 규제하는 한편 서방의 기술우위를 지키는 데 일조해왔다.[26]

---

23) G. Arbatov and W. Oltmans, *The Soviet Viewpoint*, pp. 79-80.

24) Edward Hallett Carr, 나남편집부 역, 「러시아 혁명: 레닌에서 스탈린까지, 1917-1929」(서울: 나남출판사, 1983), p. 98.

25) Arbatov and Oltmans, *The Soviet Viewpoint*, pp. 84-88.

26) 11월 17일 아일랜드를 제외한 미국 등 북대서양조약기구 15개국과 일본 및 호주 등 17개 회원국은 헤이그에서 회담을 갖고 코콤의 해체를 결의하였다. 「中央日報」, 1993. 11. 17.

다른 여러 가지 압력들 가운데 군비경쟁은 소련을 고사시키는 중요한 방법으로 간주되었다. 군비경쟁 정책의 의도는 1950년에 작성되어서 1975년에 공표된 '봉쇄'의 공식 바이블이라고 할 만한 미국의 국가안전보장회의의 문서(NSC-68)에 잘 나타나 있다. "현존하고 있는 즉각 동원할 수 있는 우월한 종합적 군사력이 없다면 봉쇄정책은 한낱 정책상의 허세에 지나지 않는다"는 것이다.[27]

이러한 조치는 모두 최종적인 목표, 즉 소련의 영향력을 후퇴시켜 소련체제의 본질을 근본적으로 변화시키는 것이다.[28] 미국의 군비강화와 군비경쟁은 자본주의 세계체제의 이탈자에 대한 응징과 그들의 위협에 대응하기 위한 것이었다.

자본주의권의 사회주의권에 대한 고립과 봉쇄는 사회주의 체제에 큰 영향을 미쳤다. 많은 논자들이 주장하는대로[29] 겉으로는 레닌주의나 스탈린주의와 관련 된 것으로 보이는 많은 사회주의적 제도들이 실제는 외국 군대의 침략 및 그 이후의 자본주의 세계체제의 對사회주의권 전략에 대항한 사회주의 국가들의 내부적 적응의 산물이다. 즉 소련 체제가 탄생한 냉엄한 국제적 조건이 군국주의적 제도와 스탈린주의적 이데올로기를 형성하는데 기여했다는 것이다.[30] 브루칸은 이 점을 더욱 분명히 지적한다. 1917년 혁명 후의 러시아는 백군과 14개국 자본주의 국가의 간섭에 의해 포위되어 있었다. 스탈린 치하 수십 년에 걸친 급속한 공업화와 강제적 집단화의 시대는 자본주의에 의한 포위, 경제봉쇄, 신생 소비에트 공화국을 압살하려는 압력과 같은 적의에 가득찬 국제환경 속에서 전개되었다.[31] 고립된 가운데서 생존하기 위한 전략이 전시공산주의체제였으며 경제적으로 명령경제체제, 정치적으로 경찰국가로 나타난 것이다. 소련은 반자본주의 체제의 종주국이었기에 가장 철저하게 자본주의 세계체제의 견제와 위협, 봉쇄를 받았다. 동유럽

27) Thomas Etzold and John Lewis Gaddis, eds., *Containment: Documents on American Policy and Strategy, 1945-1950* (New York: Columbia University Press, 1978), pp. 435-446.
28) Thomas Etzold and John Lewis Gaddis, eds., *Containment: Documents on American Policy and Strategy, 1945-1950*, pp. 389, 434.
29) Sheila Fitzpatrick, *The Russian Revolution, 1917-1932* (New York: Oxford University Press: 1982); Jack Snyder, "Soviet Economic Crisis: The Most Immediate Stubling Block and the Next Step," *Monthly Review* (October 1989), p. 11.
30) Snyder, "Soviet Economic Crisis," p. 12.
31) Brucan, *World Socialism at the Crossroads*, An Insider's View, 이선희 역, 「기로에 선 사회주의」, p. 121.

을 포함한 중국, 북한 등 다른 사회주의 국가들도 같은 맥락에서 이해할 수 있을 것이다.

사회주의 경제가 실패한 까닭은 자본주의체제의 봉쇄에도 기인하지만 사회주의의 내재적 모순에도 기인한다. 콜라코프스키에 의하면[32] 사회주의 경제는 처음부터 실패였다는 것이다. 경제의 영역을 당과 국가의 명령으로 대체하여 버렸으며 국가의 주도와 명령에 의하지 않은 어떠한 형태의 경제행위도 금지되어버린 것이다. 즉, 경제를 폐기하고 정치만 강화하였다. 경제가 살아 움직일 수가 없는 것이다. 기술적 혁신을 할 수 있는 정신적 자원을 고갈시켜버린 것이다. 가격이 계획당국에 의하여 자의적으로 결정됨으로써 가격을 산출할 수 없게 되었다. 경제성장을 자극할 수 있는 동기유인이 말살되었던 것이다. 이 모든 경제적 요인을 물리적 강제로 대체하였다. 사회주의란 이름 하에 노예제와 농노제가 부활한 것이다.

오타 시크[33]도 현실사회주의는 잘못된 이론적 전제에서 출발하였기 때문에 사회주의체제의 실패는 필연적이라고 주장하였다. 사회주의는 노동자 및 관리자가 사회적 이익에 따라 행동할 것으로 가정되었다. 새로운 사회주의적 인간은 개인적인 이익을 전체 사회의 이익에 복종한다는 것이다. 그러나 여전히 사회주의는 개인의 이익이 사회전체의 이익에 우선하는 조건을 가지고 있었다. 분업체계가 존재하고 소비품의 부족현상이 지속되는 한 개인은 최소의 노동으로 최대의 대가를 바라게 되는 것이다. 또한 기업은 생산의 질적 개선이나 기술혁신보다는 형식적인 목표량 달성을 위한 방향으로 생산구조를 운용하는 것이다.

소련의 경제는 고르바쵸프가 등장하기 5-7년 전에 이미 성장을 멈추었다. 소련 정부의 공식 임금 통계에 의하면 1966-1970년 기간과 1981-1985년 기간을 비교해 볼 때 성장률이 50% 저하했다는 것이다. 1966-70년 기간에 연평균 성장률 7.8%에서 1981-1985년 기간에 3.6%로 저하한 것이다. 그러나 소련의 한 경제학

---

32) Lezek Kolakowski, "Mind and Body: Ideology and Economy in the Collapse of Communism," in Kazimierz Poznanski, *Constructing Capitalism* (Oxford: Westview Press, 1992), p. 9.

33) Sik, "Socialism," pp. 9-11.

자는 1981-1985년 사이의 3.6% 성장률이라는 것이 인플레 요인을 고려하지 않아 실제 상태는 훨씬 나쁘다는 것이다. 그래서 고르바쵸프의 경제 고문이기도 한 아간베기얀(Abel Aganbegyan)이 경상 가격지수로 다시 계산한 결과 1981-1985년 기간에는 경제성장이 완전히 정체했다는 것이다. 그는 덧붙여 말하기를 "1979-1982년 사이에는 전대미문의 경제 불황과 위기가 발생했다는 것이다. 이 기간동안 모든 산업에서 생산량의 40%가 감소했으며 농업도 1978년 수준의 생산고에 미달했다. 생산자원에 대한 사용이 저하되었으며 사회적 생산의 효율성의 모든 지표의 성장률이 저하했다"는 것이다.[34]

고르바쵸프에 의하면,[35] 사회주의의 잠재력을 활용하지 못하고 있으며, 노동자는 일에는 나태하면서 보드카만 마시며, 고도의 우주 및 항공기술을 생산에 활용하지 못하고 있는 것은 사회주의 계획경제체제의 모순 때문이라는 것이다. 기업별로 자원과 노동력을 매점매석하는 것도 사회주의 경제의 고질적인 병폐로 지적되고 있다. 상부에서 하달된 생산목표량을 달성하기 위해서 충분히 많은 원자재와 충분히 많은 노동력을 확보하고 숨겨 놓는 매점매석 현상이 발생한다. 어떤 곳에서는 원자재가 쌓여있는데 어떤 곳에서는 극심한 부족현상을 보이는 것이다.[36] 이것이 수요와 공급의 원칙에 기인하지 않기 때문에 생기는 비효율의 대표적인 예이다.

세계경제에서 차지하는 COMECON의 전략적 위치는 다음의 세 가지 백분비에 의해 특징지어진다. 세계 공업 총 생산고에서 차지하는 비율은 대략 36%이지만 세계무역에서의 비율은 11%이며, 세계금융거래고에서 차지하는 비율은 9%에 지나지 않는다. 이는 공업제품의 경쟁력 약화와 세계시장의 동향에 미치는 영향력의 한계로 나타나고 있다. 그렇지만 진실로 결정적인 사실은 세계경제생활이 컴

---

34) Abel Aganbegyan, *The Economic Challenge of Perestroika* (Bloomington and Indianapolis: Indiana University Press, 1988), p. 3.

35) Mikhail Gorbachev, *Perestroika: New Thinking for Our Country and the World* (New York: Harper & Row, 1987), 고명식 역, 「페레스트로이카」(서울: 시사영어사, 1988).

36) Howard J. Sherman, "The Second Soviet Revolution or the Transition from Statism to Socialism," *Monthly Review* (March 1990), p. 19.

퓨터화되고 나아가서 생산공정에서도 전자기기와 로보트의 대규모 도입을 의미하는 제3차 산업혁명이 도래했던 점이다. 이 영역에서는 서방진영의 발전에 비해 기술적으로 심각하게 낙후되었음이 분명해졌다. 세계경쟁에서 전개되고 있는 첨단기술 경쟁에서 소련과 그 동맹국이 차지하는 위치가 바로 이를 말해주고 있다.[37]

3. 자본주의 세계체제에의 재편입

자본주의에 대한 추격발전 전략으로서, 그리고 자본주의보다 경제적으로 효율적이고 도덕적으로 우월한 체제라고 주장하면서 자본주의 세계체제로부터 이탈했던 사회주의체제가 실패한 시점에서 당연한 대안은 자본주의 세계체제에로 재편입하는 것이다. 맑스 레닌주의 또는 스탈린주의, 마오이즘을 폐기하고 자본주의적 경제 질서를 재도입하는 것이 대부분의 사회주의 체제변화의 핵심인 것이다.

중앙계획경제체제의 실패에 직면한 사회주의 경제학자들과 개혁주의자들에게 있어서는 시장기제를 도입하는 것 이상으로 분명한 대안은 없는 것으로 인식되었다. 아울러 대외적으로는 미국을 비롯한 서방국가와의 교역, 투자를 포함한 모든 경제관계를 가지게 되는데 이것이 자본주의 세계체제에의 재편입의 핵심이다. 소련은 1917년 사회주의 혁명으로 자본주의 세계체제에서 분리된 이래 73년 만에 자본주의 세계체제에 재편입한 것이다.

고르바쵸프는 그의 개혁정책의 이론서 「페레스트로이카」에서 다음과 같이 주장했다. "고립은 죄악이다. 경제적인 교섭을 가져야만 정치적 우호관계를 쌓아올리기 위한 물질적 토대가 이루어진다. 경제적 교섭으로 생겨난 상호이익은 정치무

---

37) Brucan, *World Socialism at the Crossroads*, An Insider's view, 이선희 역, 「기로에 선 사회주의」, p. 15.

대에서 도움이 된다. 소 미의 경제관계를 강화하고 무역을 늘리고 현재 불충분하게나마 이루어지고 있는 문화교류를 계속해 나가면, 상호신뢰를 쌓아올릴 수 있을 것이다."[38] 고르바쵸프에게서 개혁의 본질은 고립에서 벗어나 자본주의 세계체제에 재편입 되는 것이다. 고르바쵸프는 더 이상 '따라잡고 추월하자' 는 대결적 슬로건에 부응하는 것이어서는 안 되고 경제발전의 전 세계적인 과정에 좀 더 유기적으로 편입되는 방향에 부응하는 것이어야 하며 소련이 이 영역에서 다른 한편과 대립하지 않고 그것과 협력해서 고유한 경제적인 문제들을 풀기위해 노력한다면 소련은 경제적 이득을 얻게 될 것이라고 주장하였다.[39]

고르바쵸프의 개혁은 페레스트로이카와 글라스노스트뿐만 아니라 가공할만한 군비경쟁을 종식하는 것이며 엄청나게 값비싼 비용을 치루는 이웃의 동구 사회주의 국가들에 대한 공산당 독재를 유지하는 책임을 포기하는 것이었다. 소련의 군사지원에 대한 언질이 없어지자 대중적 지지를 획득해 본 적이 없었던 동구 사회주의 국가의 정권들이 일시에 무너졌던 것이 그 증거이다.[40]

그렇다면 사회주의체제는 실제로 어떻게 자본주의 세계체제에 재편입 되었는가? 1989년 이후 소련 및 동구 사회주의 국가들은 모두 사회주의 이념의 포기, 사회주의체제의 해체 그리고 자유민주주의와 자본주의적 시장경제를 목표로 하는 체제이행을 추진하였다. 대외적으로 자본주의 세계에 대한 개방 또는 재편입을 정치적 이데올로기 및 무역관계의 두 가지 측면으로 나누어 살펴볼 수 있다. 무엇보다도 서구세계와의 모든 형식의 인적인 교류가 광범하게 확대되었다. 특파원 교환, 전화통화, 인적인 회합, 비즈니스, 과학 및 학술, 문화 등 공적 여행 및 사적인 여행도 개방하였다. 유학생, 연구원, 교사, 예술인들이 외국에서 수년씩 체류하는 것도 허용되었으며, 외국에서 직업을 가지는 것도 허용되었다. 서양의 라디오 방송 청취도 허용되었으며, 서방의 문학, 영화, 잡지가 유입되는 것도 허용되었다. 서방의 댄스뮤직, 의류패션, 소비풍토도 유입되었다. 대중들 특히 젊은층이

---

38) Gorbachev, *Perestroika*, 고명식 역, 「페레스트로이카」, p. 235.
39) Gorbachev, *Perestroika*, 고명식 역, 「페레스트로이카」, p. 34.
40) Paul Sweezy, "U.S. Imperialism in the 1990s," *Monthly Review*, vol 41. no.5 (October 1989), p. 6..

오랫동안 동경해오던 서방의 문화가 일시에 허용된 것이다. 이로써 국내의 정치 경제적 관심을 다른 곳으로 돌릴 수도 있었다. 이러한 개방들은 제한적이었지만 그 영향은 중단시킬 수가 없게 되었다. 지금까지 자본주의가 열등한 체제라는 이데올로기적인 신화가 완전히 깨어져버린 것이다. 이것이 개방의 가장 큰 결과인 것이다.[41]

대외교역 정책에 있어서도 근본적인 변화가 일어났다. 중국식의 표현을 빌면 서방에 대한 개방이다. 대외개방의 의도는 자본주의 국가와의 무역을 확대하고 금융관계를 강화하는 것이다. 첫째, 개방을 통하여 서방으로부터 수입을 기대하는 것은 기술 및 경영방법, 생산의 노하우이다. 둘째, 서방의 차관은 대외무역을 확대하고 내자의 부족을 메우는 것이다. 수입에 필요한 자본을 충당하는 것이다. 셋째, 자본주의 시장으로부터의 수입은 자본주의 시장에 대한 수출을 증대시키는 데 도움이 되는 것이다. 장기적으로 외자는 수출의 역량을 증대시키는 데 도움이 되는 것이다. 넷째, 이 모든 상호보완적인 효과는 시장사회주의에의 분권화를 통하여 더욱 가속화되었다. 기업의 자율성이 커질수록 자본주의 수출 및 수입시장에 대한 적응력이 더 커지는 것이다.[42]

4. 북한의 길

사회주의 국가들이 자본주의 세계체제에 편입하는 방식에는 차이가 있는데 이 것은 미국의 이해관계의 차이에 기인한다고 보아야 할 것이다. 중국이 미국 주도의 자본주의 세계체제에 편입하게 된 것은 냉전기 소련을 견제하고자 하는 미국과 중국의 연대전략에 기인한 것으로 볼 수 있다. 1969년 1월에 출범한 닉슨행정

---

41) Kornai, *The Socialist System*, pp. 424-25.
42) Kornai, *The Socialist System*, pp. 553-54.

부는 중·소 분쟁을 기회로 삼아 소련을 견제하기 위하여 중국과의 대화채널을 열기를 원했으며, 중국은 미국대신 소련을 제1의 가상적으로 간주하고 대소 전략상 미국과의 관계 개선을 시도하게 되었다. 이런 두 나라 간의 이해가 맞아서 1971년 4월 10일 미국 탁구선수 팀이 중국을 방문하게 되는 역사적인 '핑퐁외교'가 시작되었다. 이후 1971년 6월 10일 닉슨대통령이 대중국 금수 조치를 해제하고, 키신저가 중국을 방문해 실무적인 세부사항을 합의하였다. 닉슨은 1972년 2월 21일 중국을 방문하여 상해에서 중국 지도자들과 '상해공동성명'을 발표하였는데, 이 성명의 내용은 양국은 모든 국가의 이익에 합치되도록 국제관계를 유지하고 아태 지역에서 패권을 추구하지 않는다고 규정하고 있다. 또한 대만과 중국의 문제는 중국인 스스로가 외부의 간섭 없이 해결해야 하며, 대만은 중국의 일부분이라는 것을 인정한다고 되어있다. 이런 미국의 중국에 대한 유화정책은 1979년에 대만과 국교를 단절하고 대만주둔 미군을 철수시키게 했다. 아울러 미국의 회에서는 '대만관계법'이 제정되고 미·대만 공동방위조약이 정식 폐기되게 되었다. 그리고 1979년 1월 1일에는 미국·중국 간에는 정식 수교가 체결되었다. 이렇게 중국이 미국과 수교를 하게 된 것은 중국이 자본주의방식으로 개혁·개방하게 된 결정적 계기가 되었다고 볼 수 있을 것이다.

소련이 미국과 관계정상화를 하게 된 것도 양국의 이해관계가 합치하였기 때문이다. 소련은 자본주의 세계체제에서 고립된 상황에서는 더 이상 경제회생이 불가능하다고 판단하고 개방을 추진하였다. 소련의 자본주의체제에 대한 재편입에 있어서 미국이 끌어당긴 요인도 중요하다. 미 소 간의 과도한 군비경쟁은 소련경제를 붕괴시켰지만 미국에도 상당한 타격을 주었기 때문이다.[43] 사회주의를 봉쇄시켜 사회주의를 고사하고자 한 미국의 전략은 성공했으나 소련과 오랫동안의 이전투구 끝에 미국도 쇠퇴해 버린 것이다. 미국 경제의 쇠퇴가 결정적으로 가속화된 것은 레이건 시대(1981-1988)이다. 과거의 위대한 시대의 복원을 꿈꾸고 군비

---

43) Tim Luke, "The Other 'Global Warning': the Impact of Perestroica on the U.S.," *Telos*, no. 81 (Fall 1989); Andre Gunder Frank, "The Political Challenge of Socialism," paper presented at Round Table, 1985; Arthur MacEwan, "International Trade and Economic Instability," *Monthly Review* (February 1989).

강화를 더 가속화한 것이 경제를 더 악화시킨 것이다. 레이건이 대통령으로 취임할 무렵만해도 미국은 세계최대의 채권국이었으나 레이건이 대통령직을 떠날 무렵에는 세계최대의 채무국으로 뒤바뀌게 되었다. 당시 자본주의 세계체제는 미국 헤게모니의 독무대가 아니라 일본과 독일을 중심으로 하는 3두체제로 이행하고 있었던 것이다. 1970년대 초의 브레튼우드 체제의 붕괴와 OPEC의 등장, EC의 독자노선 이후 미국의 지위는 소련에 의해 위협받는 것 보다는 자본주의 국가들 간의 경제적 분열로 더 많은 위협을 받게 된 것이었다.[44] 이처럼 미국이 소련과 수교하게 된 것은 양국간의 이해가 합치했기 때문이다.

세계체제이론으로 소련사회의 변동에 관한 설명의 결과는 북한의 경우에도 매우 시사적이다. 북한은 소련 못지않게 미국으로부터 철저히 봉쇄를 당해왔다. 미국은 한국전쟁 발발 직후(1950.6.28) 북한에 대하여 경제관계 제재조치를 취한 이후 다양한 형태의 법적규정을 통하여 포괄적이고 엄격한 제재조치를 유지하고 있는데 구체적인 내용은 무역 및 금융거래의 금지, 미국 내 북한자산의 동결, 경제적 지원 및 원조제한, 최혜국대우 부정, 북한과의 무기거래 및 군수산업관련 수출입 금지 등이다.[45]

미국의 이러한 대북 봉쇄 정책에 대하여 미국의 영향권 하에 있는 다른 자본주의 국가들도 같이 동조하고 있다. 자본주의권의 봉쇄정책 하에서 고사를 당해온 북한은 최근 경제적, 국제정치적 측면에서 위기적인 상황에 처해 있다. 미국과의 관계에서 소련과 유사한 처지에 있던 북한이 미국과 관계 개선을 추구하고 있는 것은 소련의 고르바쵸프 시대에 미국과 데탕트를 추구했던 것과 유사하다. 그러나 북한이 자본주의 세계체제에 편입하기 위하여 보이는 접근법과 미국의 북한에 대한 접근법은 다른 사회주의 국가들의 경우와 많이 다르다.

세계체제이론을 통한 사회주의체제 변화의 분석은 북한의 미래의 변화방향에 대하여 중요한 이론적 예측을 제공해준다. 종속이론에서는 중심국과 주변국과의

---

44) Luke, "The Other 'Global Warming'," p. 51.
45) Congressional Research Service, "Korea: Procedural and Jurisdictional Questions Regarding Possible Normalization of Relations with North Korea," (Washington, D.C.: the Library of Congress, November 29, 1994), pp. 21-36 참조.

관계는 불평등관계로 구조화되기 때문에 필연적으로 주변국을 저발전의 상태로 몰락시킨다고 보고, 중심국 또는 자본주의 세계체제로부터의 이탈과 고립을 권장하였다. 그런데 실제는 소련사회와 동구의 사회주의 국가들의 경우에서 볼 때, 이들 나라들은 자본주의 세계체제로부터 이탈함으로써 오히려 그 밖의 중심부 자본주의 국가들로부터 집요한 봉쇄와 포위 때문에 고사(枯死) 당해왔다. 자본주의 세계체제로부터 이탈해 있음으로 해서 오는 봉쇄와 포위가 야기하는 경제적 정치적 왜곡은 자본주의 세계체제에 편입될 시 수반되는 불평등교환 관계로부터 오는 왜곡보다 더 클 수가 있다는 것이다. 사회주의 국가들이 경험한 집단적 경제위기는 이러한 사실을 입증하고 있다. 자본주의 세계체제로부터 이탈해 있는 것이 사회주의 국가들이 추구할 수 있는 이상적 대안이 아닌 것이다. 이러한 점에서 세계체제이론은 사회주의 국가들이 자본주의 세계체제에 재편입되지 않을 수 없는 논리적 근거를 제시해준다고 볼 수 있다.

북한의 미래도 같은 맥락에서 예측할 수 있다. 즉, 이제 북한의 선택은 자본주의 세계체제에 재편입하는 것이며, 또한 북한이 자본주의 세계체제에 재편입하는 것은 세계체제의 규정력인 것이다.

제 **1** 부

북한체제 형성기의
세계체제의 영향

제3장
북한 사회주의체제 형성에 있어서
세계체제의 영향 *

1. 문제제기

이 장은 북한의 체제형성에서부터 오늘에 이르기까지의 변화의 과정을 세계체제의 영향이라는 시각에서 분석하였다. 정권 초기의 소련의 영향, 한국전쟁 이후의 중국의 영향, 북한체제 출범 이전의 일본식민지배가 북한체제에 남긴 유산, 한국전쟁 이후 미국이 북한에 대하여 가한 경제제재 및 봉쇄정책, 그리고 제1차 북핵문제 이후 채택된 제네바합의 이후의 부분적 경제제재 완화에 이르기까지의 과정을 살펴보았다.

북한이 자본주의와 사회주의권으로 나뉘어진 세계체제의 영향으로부터 얼마나 직간접적인 영향을 받았는지의 측면에서 분석할 필요가 있다. 북한체제의 형성과정에서 소련을 정점으로 하는 사회주의는 다양한 형태의 지원으로 영향을 미쳤으며, 자본주의체제 역시 북한에 직간접적인 영향을 미쳤기 때문이다.

특히 북한 사회주의체제형성의 초기과정에서 소련은 북한이 추구해야할 모델로서의 의미를 지녔다. 따라서 북한체제의 형성 자체가 소련에 의하여 주도되었

*조한범, 신상진, 이수훈

다는 것과 북한정권의 최초 지도자 김일성을 소련의 스탈린이 선발하여 지명하였다는 사실은 잘 알려져 있는 사실이다. 그러나 이 장은 소련의 북한에 대한 정치, 경제적 영향과 아울러 새롭게 발굴된 구소련의 문서와 자료에 근거하여 문화적 차원의 소비에트화에 대한 새로운 사실들을 제시하였다. 또한 중국 역시 한국전쟁참전과 이후의 일련의 과정을 통해 북한체제의 형성과 발전에 있어서 상당한 영향력을 행사했다는 사실을 부각한다.

북한체제 출범 이전 북한은 일본의 식민지체제에 있었다는 점에서 식민지체제의 유산으로부터 자유롭지 못했다. 따라서 식민지 시대의 조선, 특히 1930·40년대의 조선과 해방 후의 북한은 정치체제나 지배구조의 측면에서 상당한 연속성을 지니고 있었다고 할 수 있다. 이와 같은 점에서 일본의 영향 역시 북한체제의 형성에 있어 규명되어야 할 변수라고 할 수 있다. 또한 미국 역시 냉전체제의 한 축으로서 북한에 외적인 규정력을 행사했다. 이 장에서는 한국전쟁 이후 미국이 북한에 대하여 가한 경제제재 및 봉쇄정책, 그리고 제1차 북핵문제 이후 채택된 제네바합의 이후의 부분적 경제제재 완화에 이르기까지의 과정을 살펴보았다. 이와 같은 미국의 외적인 압박은 북한체제 내부의 작동원리에 직간접적인 영향을 미쳤던 것이다.

이 장에서 분석되고 있는 소련과 중국, 일본과 미국의 영향은 북한체제 형성 과정에 작용한 세계체제 차원의 의미를 한층 더 명확하게 해 줄 수 있을 것이다.

2. 북한의 소비에트체제 이식

북한에 대한 소련의 개입과 영향력은 2차 세계대전 종전 시점까지도 명확한 계획이 수립되어 있지 않았다. 따라서 일본과의 전쟁참전 직전에 세운 1945년 6월 말 소련군의 작전계획에서도 한반도는 중점적인 대상이 아니었다. 당시 조선에서의 소련군의 작전은 단지 일본군의 퇴로를 끊는다고 하는 보조적인 차원에 불과했다. 따라서 당시 소련은 한반도에서 일본지배의 종식과 소련과 조선사이의 우호적인 관계형성 창출이라는 목표를 가지고 있었던 것으로 보인다.[1]

전 한반도에 대한 소련의 지배는 당시로서는 사실상 어려운 목표였으며, 따라서 소련군의 북한진주와 냉전체제의 형성이라는 새로운 관계가 북한에서 소련의 역할의 방향성을 제시해주는 새로운 변수였다고 할 수 있을 것이다. 제2차 세계대전의 종전과 아울러 세계는 소련과 미국을 중심으로 하는 냉전적 질서의 재편과정으로 접어들었고, 이에 따라 한반도는 미국과 소련의 대립이 심화되는 지정학적 공간으로 자리 잡기 시작했으며, 이는 한국전쟁과 아울러 고착되는 과정을 겪었다.

"북한은 소비에트연방 외부에서 공산주의 또는 소련식 '국가사회주의'를 실행한 최초의 정부"[2]라는 표현이 의미하는 바대로 북한은 사회주의체제 건설에 있어서 소련을 모델로 하고 있었으며, 실제로 소련은 이 과정에서 지배적인 영향력을 행사했다.

당시 소련의 관심은 북한의 사회주의체제의 이식이라는 프로젝트자체에만 놓여 있는 것은 아니었다. 전후 냉전적 질서의 태동과 아울러 동북아 지역에서 미국의 영향력을 차단할 수 있는 전초기지로서 북한의 중요성이 부각되었으며, 소련의 대 북한 정책은 이와 같은 당시의 국제정치적 조건에 일차적으로 기인하고 있었다. 태평양전쟁에서 일본의 패망 직후 소련은 한반도에 자신들을 위협하지 않을 우호정부수립을 최종목표로 설정하고 있었다. 그러나 전승국으로서 일본에 대한 영향력을 행사할 수 없게 되자 소련은 미국과 일본에 대항할 기지로서 북한에 주목하게 되었으며, 보다 적극적이고 구체적인 개입전략을 구사하게 되었다. 조선공산당의 북조선분국의 설립과 김일성의 옹립, 조선민주당의 와해, 신탁통치와 관련된 북한의 태도변화 등은 소련이 한반도를 동아시아정책 수립의 중요기지로 여기기 시작한 것을 반증하는 것이었다. 소련은 북한정권 창출을 위해 많은 수의

1) 와다 하루끼, "북한에서 소련군정과 국가형성," 「제2차 세계대전 후 열강의 점령정책과 분단국의 독립·통일」(서울: 건국대학교출판부, 1999)

2) 찰스 암스트롱, "북한문화의 형성, 1945~1950," 「현대북한연구」, 제2권 1호 (서울: 경남대 북한대학원, 1999), p. 123.

자국민을 북한으로 파견하였고, 소련국적의 한인들의 일부는 김일성의 요청으로 북한국적으로 전환시켜 북한체제 형성에 적극적으로 가담하게 하였다. 이들은 북한 정권창출과 한국전쟁 기간 중 중요한 역할을 담당했다.[3] 이와 같은 점은 사회주의권의 한 전선으로서의 북한의 자리매김이었으며, 북한 사회주의체제의 완성은 이와 연동된 문제로 인식되고 있었다.

북한이 1945년에 시작되어 1948년까지 지속된 소련의 군정체제하에 놓여있었다는 점과 한국전쟁 이후 북한의 사회주의경제체제 건설과정에서 소련의 개입과정은 소련의 영향력이 지배적일 수 있는 조건으로 작용했다. 따라서 초기 북한의 사회주의경제체제 건설에 있어서 소련은 매우 중요한 역할을 수행했다. 한국전쟁 이후 북한의 경제복구와 사회주의공업화 건설계획은 사실상 북한의 정부기구에 파견된 소련의 경제고문과 전문가들이 중심이 되어 입안되었다.[4]

가. 김일성 정권의 이식[5]

김일성이 자력에 의하여 북한의 최고지도자가 된 것이 아니라 스탈린에 의하여 선발되어 소련군함을 타고 북한에 들어와서 소련 군정의 주선 하에 1945년 10월 14일 평양에서 '김일성환영 군중대회'에서 인사를 함으로써 장래 북한의 최고지도자로 소개되었다는 것은 잘 알려져 있다. 그런데 얼마 전까지 김일성의 이러한 행적에 대하여 논란이 있었으나 당시 소련에서 김일성을 선발하여 스탈린을 면접하고 북한의 지도자로 내정된 과정에 참여했던 소련 측 인사들의 증언에서 이것이 사실로 밝혀졌다.

김일성이 스탈린에 의하여 지명 받았다는 사실에 대한 직접적인 증언은 당시

3) 이용권, "한국전쟁기 소련의 역할," 서대숙 편, 「한국과 러시아 관계: 평가와 전망」 (서울: 경남대학교 극동문제연구소, 2001), pp. 131-133.

4) 백준기, "소련의 한반도 안정화 정책의 기원과 전개," 서대숙 편, 「한국과 러시아 관계: 평가와 전망」 (서울: 경남대학교 극동문제연구소, 2001), pp. 191-197

5) 이 절은 서재진, 「북한의 맑스-레닌주의와 주체사상 비교연구」(서울: 통일연구원, 2002), pp. 36-38에서 전재한 것임.

소련 극동군 총사령관 바실레프스키 원수의 부관이었던 전 소련 공산당 중앙위원회 국제부 부부장 코바넨코 이반 이바노비치(1993년 당시 72세, 모스크바 거주)에 의하여 이루어졌다. 그에 의하면 1945년 8월 24일 대일전에서 승리한 소련은 북한 소비에트화의 조기 정착을 위한 지도자 후보 선정을 놓고 고심하던 중 1945년 9월 초순 극동군 총사령관 바실리에프 원수가 극동군에서 추천한 88정찰여단의 김일성 대위를 비밀리에 모스크바로 보내라는 스탈린의 긴급지시를 받고 하바로브스크에서 소련군 특별수송기 편으로 김일성을 모스크바로 보냈었다고 한다.[6]

김일성을 모스크바로 보내라는 스탈린의 지시를 받은 발실레프스키 사령관은 하바로브스크 인근에 있는 군용 비행장에 수송기를 대기시켜 놓고 88정찰여단의 김일성 대위를 불러온 후 KGB 극동본부 요원 2명에게 모스크바로 안내하도록 했다고 한다. 스탈린과 김일성의 면담은 식사를 겸해서 4시간 동안 진행되었다고 한다. 면담 후 스탈린이 김일성을 북한 정국의 최고지도자 후보로 내정하고, 소련군으로 하여금 그를 적극 지원하라고 지시했다고 한다.[7] 김일성이 1945년 9월 18일 북한에 들어오기 전에 이미 스탈린과 면담 후 북한의 지도자로 임명을 받은 것이 사실로 확인된 셈이다.

1945년 10월 14일 평양시 군중대회를 통하여 소련군정은 김일성을 북한의 지도자로서 공식적으로 지명한 것이다. 코바넨코의 증언에 의하면 김일성이 소련군정에 의하여 북한의 최고지도자로 선발될 수 있었던 것은 무엇보다도 항일투쟁 '김일성장군'으로 인민들에게 널리 알려진 지명도 때문일 것이라고 한다. 박헌영도 당시 김일성의 지명도를 인정하는 발언에 관한 기록을 남긴 바 있다. 소련은 그의 이 같은 '명성'을 최대로 활용해 양손에 당(조선공산당 북조선분국 책임비서)과 행정권(북조선임시인민위원회 위원장)을 쥐어준 후 '민주개혁'을 추진케 했다고 한다.[8]

---

6) 중앙일보특별취재반, 「비록 조선민주주의 인민공화국」, 하권 (서울: 중앙일보사, 1993), p. 202.

7) 중앙일보특별취재반, 「비록 조선민주주의 인민공화국」, 하권, pp. 202-204.

8) 중앙일보특별취재반, 「비록 조선민주주의 인민공화국」, 하권, pp. 298-299.

또 다른 증언이 있는데 이것은 상충되는 증언이 아니라 서로 보완적인 증언이다. 즉, 김일성과 박헌영의 관계에 관련 되는 부분이다. 북한 정권 초기 박헌영과 김일성 두 지도자는 지도노선 등에서 큰 차이를 보이면서 주도권을 다투게 되었다. 소련군정의 지원 속에 순탄하게 북조선을 장악한 김일성에 비하여 박헌영은 남한에서 어려운 싸움을 벌였으나 공산당의 흐름은 점차 북쪽으로 흐르기 시작하였기 때문인 것으로 보인다.

당시 소련 극동군 사령부 부관이었던 코바넨코는 "김일성에 대한 불만이 쌓일대로 쌓인 박헌영은 제1차 미소공위가 결렬된 1946년 5월 스탈린에게 보낸 편지에서 불만을 폭발했다"고 밝히면서 "이 편지는 의외의 효력을 발휘해 박헌영이 처음으로 김일성과 함께 스탈린을 면담하는 기회로까지 발전하게 되었다"고 증언하였다." 당시 총사령관 부관이었던 코바넨코의 자세한 증언은 다음과 같다.

1946년 5월 KGB 극동본부에서 박헌영이 보낸 편지를 가지고 사령관을 찾아왔습니다. 당시는 극동권 총사령부가 해체되고 극동군구로 바뀌어 사령관 역시 마리노프스키 원수로 교체되었습니다. 소련어로 된 장문의 편지는 일제 때 지하에서 항일 투쟁한 국내 공산주의자들을 무시하고 빨치산 활동을 했던 인사들만 앞세우는 등 독재가 많았으며, 중앙당을 무시하고 독자노선을 걸으면서 남한 실정에 맞지 않는 정책 등을 일방적으로 주장하고, 나(박헌영)를 추종하는 당원들을 배제하면서 당을 분열시키고 있다는 등 김일성을 원색적으로 비판하는 내용이었습니다. 또 이 편지는 소련군정 지도부가 당 총책임자인 자신을 따돌리고 일방적으로 김일성에게만 적극 협력하고 있어 당의 권위가 추락해 혁명사업에 차질이 예상된다는 등 소련군정에 대해서도 신랄하게 비판했습니다. 사령관은 한참동안 심사숙고 끝에 최종 판단은 스탈린 대원수께서 내릴 수 있도록 모스크바 당중앙에 보내라고 지시했습니다. KGB에서 보낸 이 편지를 놓고 중앙당에서도 한 때 고심했다는 말을 들었습니다. 결국 박헌영의 편지는 스탈린에게 보고되었지요. 스탈린은 이 편지를 읽고 박헌영의 주장 가운데 상당 부분이 근거가 있다고 보이니 평양의 25군과 김일성 진영에 지시하여 즉시 시정토록 하라고 KGB 본부에 강력히 지시했습니다. 스탈린의 지시는 여기에서 그치지 않았습니다. 당시 일부에서 강력히 주장했던 '박헌영지도자론'에 대한 소문을 듣고 "박과 김을 내가 직접

만나 볼테니 그들을 모스크바로 부르라"는 의외의 지시가 떨어졌습니다. 러시아어로 쓰인 박헌영의 편지는 당시 서울 주재 쏘련 총영사관 부영사 샤브신(KGB 소속)을 통해 하바로브스크의 KGB 극동본부에 전달되었던 것이다.[9]

당시 소련군정 정치사령관이었던 레베데프가 중앙일보를 통하여 밝힌 바에 의하면 1946년 7월 스탈린이 김일성과 박헌영을 면접한 후 김일성을 북한의 최고지도자로 선택했다고 한 증언이 나왔다.[10] 위의 당시 총사령관 부관이었던 코바넨코의 증언과 당시 소련군정 정치사령관 레베데프의 증언은 일치하는 것이다.

이러한 관련 인사들의 증언을 통하여 볼 때 김일성은 자력으로 북한의 최고 지도자가 된 것이 아니라 소련의 스탈린에 의하여 최고지도자로 선발되어 소련군정에 의하여 만들어진 것임을 알 수 있다.[11]

나. 북한의 소비에트화

북한체제 형성 초기 소련과 스탈린의 역할은 북한의 남침설과 결부되어 주로 정치·군사적 차원에서 논의되어 왔다. 예를 들어 한국전쟁과 관련, 스탈린이 세계 전략적 차원의 목적을 달성하기 위하여 한반도 내부의 문제를 이용하려 했다는 주장은 남침설과 스탈린의 의도를 동시에 설명하는 주장에 해당한다. 또한 북한군은 소련의 지원에 의해 군사력을 강화하고 전쟁을 준비했으며, 훈련과 통제를 받았다는 점, 따라서 김일성은 소련의 보호와 은밀한 원조아래 남한을 장악하고, 그 결과로 소련은 한국에 있어서의 안정적 지배권을 확보하려 했다는 주장 등이 설득력 있게 제시되어 왔다.[12]

소련의 북한에 대한 정치·군사적 개입을 논증하는 논의들은 다양하게 진척되어 왔다. 반면 지금까지 정치·군사적 측면 이외의 문화적 측면을 통한 소련의 북

---

9) 중앙일보특별취재반, 「비록 조선민주주의 인민공화국」, 하권, pp. 210–212.
10) 중앙일보특별취재반, 「비록 조선민주주의 인민공화국」, 하권, pp. 211–212.
11) 더 자세한 증언 내용은 중앙일보, 중앙일보특별취재반, 「비록 조선민주주의 인민공화국」, 하권을 참조할 것.
12) 라종일 편, 「증언으로본 한국전쟁」(서울: 예진, 1991), pp. 72–73.

한에 대한 개입과 영향력 행사에 대해서는 구체적으로 밝혀진 예가 드물다. 소련은 북한이 자신들이 원하는 형태의 체제를 구축하고, 친소적인 문화적 기반이 북한 내에 자리 잡기를 원했다. 따라서 소련은 소련군의 철수상황에서도 매우 적극적인 문화사업을 북한 내에서 전개했으며, 이는 비밀이 해제된 러시아 측 사료에 의해서 상당부분 확인되고 있다. 이 같은 소련의 노력은 한국전쟁 기간 중에도 지속적으로 이루어 졌으며, 인민군의 남한지역 점령상황에서 신속하게 자신들의 문화사업영역을 확대해나갔다. 따라서 이와 같은 점에 주목할 경우 북한체제 형성 초기에 소련은 북한에 대해 지배적인 문화적 영향력을 행사했다는 주장의 제기가 가능하다. 특히 최근 비밀 해제된 구소련 측 자료[13]들은 이와 같은 주장을 뒷받침하고 있다. 즉, 소련은 북한체제 형성 초기 북한의 소비에트화를 위한 다양한 차원의 문화적 개입을 시도했던 것이다.

소련은 한국전쟁 이전 이미 북한에서 자신들의 영향력 확대를 위해 활발하고도 다양한 문화 선전사업을 시도했으며, 이 같은 소련의 시도는 한국전쟁기간에도 계속되었다. 소련은 북한체제 형성 초기 북한 내 소련문화원을 중심으로 활발한 활동을 통해 북한의 친소화 및 소비에트 이데올로기 선전사업을 펼쳤다. 특히 소련은 한국전쟁으로 남한지역이 인민군의 수중에 들어가자 서울과 지방도시 한곳에 이례적으로 소련문화원의 신속한 개관을 준비했고, 인민군 점령 남한지역에서 다양한 문화 선전사업을 펼쳤다. 북한의 협조 하에 소연방대외문화교류협회에 의해 설립된 소련문화원은 소련과 북한 간의 문화교류를 통해 소비에트 이데올로기와 문화 선전사업을 수행하는 일종의 '이데올로기 문화센터'로 자리 잡았다. 당시 평양 소련문화원에서는 강연회, 보고회, 야회, 영화감상 등의 사업수단을 통하여 소련의 국가와 사회제도, 소비에트 이데올로기와 그 문화를 선전했으며, 소련은 북한 내 소련문화원을 통해 일반주민들에게 소련문화와 과학발전을 선전하였다.

한국전쟁 발발에도 불구하고 소련문화원은 지속적인 활동을 했다. 인민군에 의

---

13) 본 논문에서 인용된 구 소련의 자료들은 주로 '러시아연방국립문서보관소(ГАРФ)'와 러시아국립사회정치사문서보관소(РГАСПИ)' 소장자료들을 활용했다.

해 점령된 남한지역에 급속하게 늘어난 전쟁 초기 소련문화원은 남한지역에서의 새로운 사업을 다각도로 모색하였다. 전쟁 발발 불과 1개월 후인 1950년 7월에 이미 서울지역 소련문화원 개관을 위한 계획이 구체적으로 진행되었으며, 평양의 소련문화원은 남한 각 지방에서의 선전사업을 지원하기 위한 소련에 대한 강연과 좌담회자료의 인쇄 발송, 소련선전과 관련된 전시회의 서울 개최, 악단 파견 등 다양한 방법을 통한 문화사업을 펼쳤다.

특히 소련문화원기관지라 할 수 있는 '소비에트신보'의 경우 전쟁기간인 1951년 한해 약 300만부가 배포되어 노동신문이나 민주조선이 닿지 않는 곳까지 배포된 폭넓은 대중지로서의 역할을 수행했으며, 소비에트이데올로기의 전파와 북한의 친소화에 중요한 역할을 수행했다.

소련문화원의 중요한 과제는 소련과 북한 간의 문화교류활동을 촉진, 강화하고 소비에트 이데올로기와 그 문화를 선전선동하기 위한 중앙본부로 위치하는 데 있었다. 소련문화원에서는 소련의 국가체제나 사회제도와 관련한 강연회, 보고회, 좌담회, 야회 등의 정치선전사업이 조직되었고, 영화감상, 사진전람회, 써클활동, 음악회 등의 대중문화사업이 전개되었다. 또한 소연방대외문화교류협회는 북한의 소련문화원을 통하여 소련대외정책의 선전활동을 강화할 수 있었고, 한반도에서 미국식제국주의 영향력을 저지하기 위한 이데올로기 문화센타로써 활용하였던 것이다.

소련군의 북한 진주 이후에 소련의 정치적 영향력이 보장되었다면, 소련군 철수 이후 소련정부는 소연방대외문화교류협회 문화원과 조소문화협회의 활동을 통해 북한 내 자신들의 영향력을 유지, 강화할 의도를 가지고 있었다. 소련국가권력은 이와 같은 소련문화원과 조소문화협회를 통해 북한에서 그들의 정치적인 이익을 보장하는 데 적극 활용하였고, 북한정치지도부 역시 북한 내 미국식제국주의의 영향력을 저지하는 데 이용할 목적으로 이 같은 소련대외정책기구의 이데올로기, 문화 선전활동에 적극적으로 협력하였던 것이다. 그리고 이와 같은 기조는 한국전쟁기에도 지속적으로 이루어 졌다. 이와 같은 점들은 북한의 문화적 소비에트화를 입증하는 논거들이라 할 수 있다.

소련문화원의 활동

북한 내 소련문화원은 북한체제의 문화적 소비에트화에 있어서 거점의 역할을 수행했다. 1946년 1월 27일 소련정부의 결정에 따라 소연방대외문화교류협회는 북한지역내 평양, 함흥, 원산에 소련문화원의 개관을 계획했다.[14] 소연방대외문화교류협회는 소연방외무성 산하의 대외선전기구로써 소련과 관계를 맺고 있던 외국의 "문화협회"나 "친선협회"를 통해 대외 문화교류의 촉진과 소비에트 문화의 선전사업을 수행했다.[15] 소련정부는 북한 내 소련문화원을 설립하는 데 있어서 소연방대외문화교류협회와 아울러 북한 내 소련군사령부로 하여금 역할을 분담하도록 계획하였다. 소연방대외문화교류협회는 문화원 설립을 위한 예산안과 요원편성계획 및 활동에 필요한 선전 자료의 준비와 수송을 담당했으며, 북한 내 소련군사령부는 문화원 건물의 시설과 장비 등 필요한 물자의 공급 및 군요원 중 문화원에서 필요로 하는 전문요원을 지원하도록 하였다.[16] 1946년 말 이미 소연방대외문화교류협회에 의해 소련문화원의 설립에 필요한 예산안과 요원편성계획이 작성되었지만[17], 재정문제로 인가되지 않았으나 1947년 7월 21일에 문화원 설립에 관한 예산지출이, 1947년 10월 18일에 요원편성 계획안이 승인되었다.[18]

1947년 여름 소련정부에 의해 문화원 설립을 위한 예산 지출이 책정됨에 따라, 소연방대외문화교류협회의 극동국은 북한에 문화원의 설립을 위한 실질적인 활동을 시작하였다. 사실상 소련문화원의 설립을 위한 소연방대외문화교류협회의 구체적인 활동은 소련정부의 설립 결정이 있은 이후 1년 반 이상 지난 1947년 말에야 시작될 수 있었으며, 1948년 7월 25일 시급한 대로 건물보수작업을 마친 평양 소련문화원이 최초로 개관되었다. 소련정부는 북한과의 문화교류를 촉진, 강화하기 위해 소련문화원을 중요한 이데올로기문화센터로써 활용했다.

---

14) ГА рф(러시아연방국립문서보관소). ф.(문서군 고유번호) 5283, оп.(소문서군 분류번호)23, д.(문서철 번호)8, л.(쪽)55.
15) РГАСПИ(러시아국립사회정치사문서보관소). ф.17 оп.128 д.463 л.31.
16) ГА рф. ф.5283 оп.18 д.216 л.7.
17) ГА рф. ф.5283 оп.18 д.209 л.5-10.
18) ГА рф. ф.5283 оп.23 д.8 л.55.

이와 같은 맥락에서 소련대외문화교류협회는 북한지역의 소련문화원을 통해 강연회, 보고회, 야회, 영화감상 등의 사업수단을 활용, 소련의 국가와 사회제도, 소비에트 이데올로기와 관련된 문화 등을 선전함으로써, 대 북한주민 문화 선전 사업을 추진했다. 또한 소련의 발달된 사회주의 과학 분야의 소개도 중요한 수단 중의 하나였다. 예를 들어 1949년 8월 말에 개관된 원산문화원에서 진행된 강연 프로그램가운데는 원자에너지에 관한 내용도 포함되어 있었다. 이 같은 사실은 1950년 3월초 원산에 소재한 소련문화원장 뻬로프에 의해서 소연방대외문화교류 협회에 보고 된 1949년도 4/4분기 원산문화원 사업결산 보고서를 통해 확인된다. 이 보고서에서 확인되는 사실들은 당시 강연이 원산교원대학 소속의 이태현에 의 해 이루어졌고, 강연노트의 제목은 「원자에네르기」였다.[19] 남한에 있어 원자력분 야의 소개가 한국전쟁 이후라는 점과 비교했을 때 이례적으로 빠른 것이었으며, 소련이 사회주의의 과학발전을 북한에 소개하는 일에 적극적이었음을 보여주는 것이라 할 수 있다. 이는 소련이 사회주의의 우월성을 북한에 소개함으로써 북한 의 지식층과 주민들로부터 자발적인 동조를 유도하기 위함이었다고 할 수 있을 것이다.

소련문화원은 강연회, 보고회 등의 형태로 북한에서 정치교양문화사업을 전개 했다. 평양 소련문화원에서는 소련인의 생활, 그 문화, 정치와 경제 등에 관해 "목 요일 강연회"를 매주 실시하였다. 1948년 3/4분기에만도 25회에 걸쳐 다양한 강 좌가 실시되었는데, 300여명의 북한인테리들이 참석하여 청강하였다.[20] 소련문화 원에서는 소련의 정치나 과학에 관한 인식확대를 위한 강의록, 보고서, 자료, 소 논문, 사진, 그 밖의 정보자료 등을 조소문화협회에 보급하였다.[21] 당시 소련문화 원은 선전용 경축행사, 보고회를 실시하였으며, 도시의 기업소나 농촌의 부락 등 지에서 설명회를 포함한 영화상영을 통해 선전사업을 전개하였다.

한국전쟁의 발발 이후 북한 내 소련문화원의 활동은 그 이전과 동일하게 이루

19) ГА рф. ф.5283 оп.18 д.229 л.99–117.
20) ГА рф. ф.5283 оп.18 д.217 л.2.
21) ГА рф. ф.5283 оп.18 д.223 л.55.

어질 수 없었다. 전시상황 하에서 정상적이고 일상적인 활동이 어려웠기 때문이었다. 전쟁으로 인한 혼돈된 상황적 조건 때문에 소련문화원의 일상적 활동이 영향을 받았으며, 북한 문화활동가들과 소련문화원 간의 연락도 두절상태에 빠졌다. 전시라는 정세변화는 소련문화원의 활동에도 영향을 끼치지 않을 수 없었다. 그러나 전쟁이라는 새로운 상황적 조건에 따라 소련문화원도 곧 새로운 활동방향을 설정, 적극적인 역할을 모색하기 시작했다. 한국전쟁 발발이라는 상황적 변화에 따라 소련문화원의 활동에 있어서도 새로운 방향전환을 요구받게 되었던 것이다. 한국전쟁을 수행하는 북한에 대한 지원이 주요한 사업목표가 되었으며, 특히 인민군이 장악한 남한지역은 소련문화원으로서는 사업대상지역의 새로운 확대를 의미하는 것이었다.

개전 초기 전쟁의 주도권을 장악한 인민군의 빠른 남하과정과 발맞추어, 소련문화원은 인민군의 수중에 들어간 남한지역에서도 소련의 노동자 생활, 문화, 과학 등에 대한 정보를 유포하고 선전하는 사업을 신속히 전개하고자 노력했다. 전쟁 발발 1개월 후인 1950년 7월에 이미 평양의 소련문화원은 남한 각 지방에서의 조소문화협회 사업을 지원하기 위해서 다양한 문화 선전 자료들을 조소문화협회 측에 제공했다.[22] 남한지역에 대한 문화사업의 참여에 있어 소련문화원은 조소문화협회의 사업계획을 수립하는 역할까지도 담당했으며, 인민군 동원령을 지원하는 영화 상영 및 애국주의 고취에 관한 좌담회들을 개최했다.[23] 또한 소련문화원은 내무성 예술 공연단의 전선파견활동에도 관여했으며, 특히 조선인민군의 병사와 장교들을 위해 소련군가 활용방법과 연주악보 등을 지원했다.

전쟁 발발 이후 인민군에 의해 점령된 남한지역이 급속하게 늘어나자 소련문화원 지도부는 남한지역에서 새로운 사업을 다각도로 모색하였다. 또한 모스크바 소연방대외문화교류협회에 의해서도 새로운 과제들이 제기되었다. 따라서 당시 북한 내 소련문화원 활동의 정치적·문화적 영향력은 현저하게 증대되었고, 전시

---

22) 당시 제공된 자료들은 "레닌의 삶과 업적" "스탈린" "소련최고회의 선거제도" "고리끼의 삶과 업적" 등의 전시회 자료와 "레닌의 삶과 업적" "스탈린의 삶과 업적" "소련포병" "스탈린헌법-세계에서 가장 민주주의적인 헌법" "소련에서 사회주의적 소유" "조국전쟁과 청년동맹" 등 강연자료들을 포함하고 있었다. (ГА р ф. ф.5283 оп.18 д.238 л.36)

23) ГА р ф. ф.5283 оп.18 д.238 л.38.

상황에서도 국가차원, 문화적 영역의 문제 해결에 있어 적극적인 역할을 추구했다. 특히 평양의 소련문화원 지도부는 인민군에 의해 점령된 남한지역 즉, 서울을 비롯한 지방에 소련문화원의 건립추진을 계획하고 있었다. 당시 소련문화원은 남한주민의 반소인식이 미군정의 선전선동 결과라고 판단하고 있었으며, 따라서 이에 대응하기 위해 서울과 지방도시 한 곳에 소련문화원을 신속히 개관하려 했다. 특히 소련문화원은 서울지역에 대한 소련문화원 설립이 적합하다고 판단, 문화원 설립에 필요한 대내적 조건을 마련하는 데 관심을 기울었다.[24]

조소문화협회

해방국면에서 북한지역에 진주한 소련군사령부의 중요과제중 하나는 북한주민들에 대한 대중정치사업의 수행이었다. 1945년 9월 한 달만해도 12편의 영화와 8회의 음악회가 개최되었다.[25] 2차 세계대전의 종전과 해방으로 인한 상황에서 소련군과 북한주민들 사이 친선·우호관계의 강화는 북한 내 정치사업과 대중조직을 활성화하는 데 필요조건이었다.

1945년 9월 평양에서는 "붉은군대 환영위원회"가 조직되었으며,[26] 이 위원회의 구성원들은 학자, 교사, 예술가, 법률가, 종교인 등이었다. 이 위원회의 설립목적은 일반인들의 정서에서 일제의 청산, 새로운 선진문화의 확립, 소련인들 생활의 이해, 북한과 소련의 친선강화 등이었으며, 얼마 뒤 이 위원회는 "붉은군대 친선협회"로 명칭을 바꾸었다. 이후 1945년 11월 12일 평양에서 "조소문화협회"가 발족되었으며, 협회의 목표는 "우리의 문화로부터 일본제국주의 잔재를 일소하고 진보적 민주주의 문화를 창건하며, 조선 문화와 전 세계 각국 특히 소련문화를 연구하여 상호교류 함을 '일대기치'로 표방"하는 것이었다.[27]

사실상, 북한 내에 소련문화원이 설립되기 이전까지 소련정부의 문화교류활동

24) ГА рф. ф.5283 оп.18 д.238 л.41.
25) Освободительная миссия на Востоке(극동의 해방사절단). м, 1976. с.200.
26) РГАСПИ. ф.17 оп.128 д.86 л.49.
27) 「정로」, 1945. 11. 14.

은 주로 조소문화협회를 지원함으로써 전개되었다. 조소문화협회의 기본적인 활동방향은 그 협회 기관지인 "조소문화"의 창간사에서도 분명히 드러나는 것처럼 소련 문화의 수용에 있었다.[28] 이 같은 조소문화교류 활동은 1948년 전반기에 들면서 활발하게 진행되었다. 당시 소련 연주자의 순회공연, 문화원의 영사기들을 이용한 영화상영, 문화원 주도하에 경축기념일 행사사업 등이 진행되었으며, 소련문화원에 의해 직접 조소문화협회의 활동이 지원되었다. 또한 조소문화협회의 요청에 따라 문화공연단이 구성되어 38선 주변의 주민들을 대상으로 선전활동이 전개되었다. 당시 소련문화원의 요원들은 조소문화협회 문화선전부와 공동으로 이 문화공연단의 순회공연을 준비, 조직하였다. 조소문화협회는 소련과의 친선강화에도 주력했다. 예를 들어 조소문화협회는 북한주둔 소련군과 관련, 다양한 친선행사를 주관했다.[29]

1948년 말에 조소문화협회에 의해 소련에 관한 강연회와 좌담회는 60여 차례 개최되었으며, 이중 16차례의 강연회는 소연방대외문화교류협회에 의해 발송된 자료를 그대로 번역하여 이용되었다. 이 강연회의 주제는 "스타하노브 운동과 사회주의적 경쟁", "10월 사회주의 대혁명 31주년", "소련 전 세계의 평화와 안전의 보루"등 이었으며, 17,000여명의 북한 주민들이 참석하여 청강하였다. 라디오방송을 통해서도 소연방대외문화교류협회의 자료를 이용한 22회에 걸친 강연회와 좌담회가 전달되었고, 그 주제는 "10월 사회주의 대혁명 31주년", "스탈린 헌법세계에서 가장 민주주의적인 헌법", "위대한 작가 톨스토이"[30] 등 소비에트 이데올로기의 선전뿐만 아니라, 러시아 고전을 확대보급하기 위한 내용도 있었다.

소련문화원의 개관 이전까지 소연방대외문화교류협회의 모든 선전사업은 조소문화협회와 협력 하에 공동으로 전개되었다. 소련문화원은 주로 조소문화협회를 지원하는 방식으로 사업을 추진함으로써 항상 협회와 긴밀한 협조 관계를 맺고 있었다. 당시 조소문화협회는 소비에트 이데올로기와 그 문화를 선전하기 위한

28) 「조소문화」, No.1, 1946, p.3.
29) ГА рф. ф.5283 оп.18 д223 л.115.
30) ГА рф. ф.5283 оп.18 д.223 л.117.

대중조직으로써 자리 잡아 가고 있었다.

　전시상황 하에서 조소문화협회의 활동도 변화된 상황에 상응해 재조직될 필요성을 가지고 있었다. 이에 따라 일반대중을 상대로 한 정치선동의 확대 및 강화가 주된 조소문화협회의 주요활동으로 부각되었다. 이는 한국전쟁에서의 승리를 위한 대중사업의 강화라는 의미를 지니고 있었다. 정치선동의 기본방향은 2차 세계대전에서 소련을 수호하기 위해 소련인민이 보여준 영웅주의, 용맹, 자기희생 등에 대한 본보기를 제시하고 한국인에게 미국을 침략자로 각인, 증오와 적대감을 불러일으켜 애국주의를 고무시키는 것이었다.[31] 당시 조소문화협회 사업은 정세보고회, 강좌 및 강연회, 전시회, 영화상영, 러시아어강습, 그리고 조소반 활동 등의 방식을 통해 전개되었다. 예를 들어 1951년 개최된 강좌는 총 56,615회, 좌담회 284,508회를 기록하고 있는데, 이 같은 강좌 또는 좌담회에 연간 동원된 주민수는 4-5백만 명에 달했다. 1952년에도 개최된 강좌횟수는 96,275회, 좌담회는 248,693회에 달했다.[32] 또한 조소문화협회는 소련의 역사적 기념일 등을 계기로 다양한 사업을 추진했다. 예를 들어, 레닌서거 28주년을 기념하기 위해 북한지역에서 5,600여 개소 대소 군중집회를 조직하여 687,380여명이 동원되었다. 또한 소련군 창설 34주년 기념일에도 북한 내 각 시, 부락, 또는 군 부대 등지에서 7,850여회에 걸쳐 집회를 조직하여 760,380여명을 동원시켰다.[33]

　조소문화협회는 라디오방송도 선전수단으로 활용했다. 예를 들어, 조소문화협회 주관으로 1952년 1-3월 기간 중 12회에 걸쳐 라디오좌담회가 방송되었으며, 주제는 "불멸의 지도자 레닌", "위대한 공산주의건설", "조선민주주의인민공화국과 소련의 경제문화협정체결 3주년기념" 등 이었다.[34] 조소문화협회는 러시아어 교육 강좌와 학습반 조직에도 주력, 당시 거의 모든 중요 민간업체와 기구에는 러시아어 교육 강좌를 개설하고 있을 정도였으며, 조소문화협회를 중심으로 280여

31) ГА рф. ф.5283 оп.18 д.228 л.47.
32) ГА рф. ф.5283 оп.18 д.238 л.2.
33) ГА рф. ф.5283 оп.18 д.235 л.4.
34) ГА рф. ф.5283 оп.18 д.235 л.3.

개 러시아어 교육을 위한 강좌와 클럽이 조직되어 있었다.[35] 북한 측으로서도 러시아어 학습은 경제, 과학, 문화 등 각 방면에서 소련의 선진경험을 습득하는 데 기초가 된다는 점이 고려되었던 것으로 보인다.

전시상황 하에서도 조소문화협회는 기관지의 출간을 중단하지 않았다. 일간지 「조소문화」와 월간지 「조소친선」은 당시 임화가 편집주간으로 있었고, 각각 1만부씩 인쇄되었다. 기관지 출간의 주된 목적은 인쇄매체를 통한 조소 양국민간 우호친선의 선전이었고, 당시 선진국인 소련사회의 발전된 문물을 소개하고 전파할 뿐만 아니라 중국 및 동유럽국가의 선진경험을 전달하는 데 있었다. 조소문화와 조소친선에 게재된 내용물의 90% 이상은 소련의 정기간행물에 이미 실렸던 논문기사들을 번역한 것들이었다.[36] 또한 1951-1953년 동안에 소련 "국제서적"협회는 북한에 서적 6,483,100권과 정기간행물 147,700질을 제공하였다. 동기간에 소련 내에서도 40여종의 북한작가들의 작품들이 출간되기도 하였다.[37]

특히 인민군이 점령한 남한지역에서는 남한주민들을 대상으로 다양한 강연회들이 개최되었다. 강연회의 주된 내용은 소련의 문화 전반에 걸친 다양한 주제들을 다루고 있었으며, 사회주의소련의 우월성을 강조하기 위한 선전내용을 담고 있었다.[38] 이외 남한 점령지역에 대한 문화 선전용 전시회 및 영화상영회의 개최와 아울러 러시아어강습회가 조직되었고, 서울에 소련도서를 장서로 하는 도서관의 설립과 소련 사회주의 제도, 문화, 생활 등을 선전하기 위한 라디오방송국의 개국 등도 계획된 바 있었다.[39]

조소문화협회 전 회원들은 스스로를 "홍군"이라고 불렀으며, 전쟁과정에서 상당수의 희생자들이 발생하였다. 이는 이들의 문화사업을 통한 한국전쟁의 적극적 참여를 의미하는 것으로 해석될 수 있을 것이다. 예를 들어 평안남도 조소문화협회의 경우 지부직원 97명 가운데 13명이 전사했고, 21명이 실종되었다.[40] 이들의

35) ГА рф. ф.5283 оп.18 д.235 л.6.
36) ГА рф. ф.5283 оп.18 д.235 л.7.
37) ГА рф. ф.5283 оп.18 д.238 л.10.
38) ГА рф. ф.5283 оп.18 д.228 л.42.
39) ГА рф. ф.5283 оп.18 д.228 л.45-46.
40) ГА рф. ф.5283 оп.18 д.230 л.53-55.

활동과 아울러 한국전쟁을 통해 북미 간의 직접적 대립이 이루어지면서 북한주민들의 반미경향과 아울러 친소성향이 강화되었다.[41]

1952년 2월초 개최된 조소문화협회 확대간부회의에서 1951년 사업결과보고와 향후과제에 관하여 논의되었으며, 특히 이 간부회의에서는 1952년 협회사업 가운데 중공업 · 광업 · 운수업 분야에서 협회활동을 강화시키는 과제에 관하여 집중적으로 협의하였다. 또한 조소문화협회는 소련의 전후복구 성공사례를 북한주민들에게 선전하는 데 주력하였다.[42] 이와 같은 점들은 한국전쟁 후 복구사업을 염두에 두고 있었던 것으로 해석될 수 있을 것이다.

소비에트신보

소비에트신보는 소연방대외문화교류협회가 북한지역에서의 문화 선전사업의 활성화를 위해 1949년부터 평양에서 발행한 한국어 신문이었다. 1949년 1월 6일 소련공산당 중앙위원회는 북한지역에서 한국어 신문인 '소비에트신보'를 발행하도록 소연방대외문화교류협회에 명령을 내렸다. 이에 따라, 1949년 2월 2일부터 평양에서 소연방대외문화교류협회에 의해 1주일에 2회 50,000부의 소비에트신보가 발행되기 시작하였다.[43] 당시 소비에트신보 편집장 카두린의 견해는 이 신문의 성격을 잘 나타내고 있다. 카두린에 의하면, 이 신문은 "한국인들이 북한에서 실행되는 '민주개혁' 과정을 이데올로기적, 이론적으로 이해하는 데 유용할 뿐만 아니라, 소련의 예를 통해 이와 같은 발전과 인민들의 물질적, 정신적 생활 수준의 향상에 도움을 주는 것"이었다.[44] 이는 소련사회주의 선진문화의 북한 내 선전과 북한사회주의 체제형성의 지원을 의미하는 것이었다.

소비에트신보 편집국과 인쇄소 직원은 이전에 소련군사령부에 의해 발행된 '조선신문'의 편집국과 인쇄소에서 근무하던 소련군 장교나 한국인 인쇄노동자들로

---

41) ГА рф. ф.5283 оп.18 д.234 л.203.
42) ГА рф. ф.5283 оп.18 д.235 л.2.
43) РГАСПИ ф.17 оп.128 д.699 л.3.
44) ГА рф. ф.5283 оп.18 д.224 л.113.

충원되었다.

소비에트신보는 신문의 성격상 소련의 사회주의 건설 경험을 선전하기 위해 창간되었기 때문에, 기사의 내용도 이 같은 차원에서 다루어 졌다. 예를 들어 1949년 2월 소비에트 신보 기사의 주제별 계획안에 의하면,[45] 2월 2일자 신문에 게재될 기사 가운데, 사설란에 "진보적인 전 인류의 선봉으로서 소련", 영광의 소련군 연대기란에 "스탈린그라드 방어전/스탈린그라드에서 독일군 패전 6주년", M.페트로브; 우리달력란에 "천재적인 러시아 화학자, 멘젤레에브", 주제란에 "이것은 단지 소비에트 국가에서만 가능하다", 몰로도프 연설 삽화, "문화적인 국가로 신장하는 데 있어서 소련과 경쟁하기를 원하는 자본주의 국가가 있다면, 스스로 나서 보시오!", 편집기사란에 "인민의 평화와 안전을 위한 소련의 투쟁" 등 이었다.

북한은 소비에트신보를 통해 '민주주의' 국가 건설에 대한 스탈린과 소련의 발전경험을 접할 수 있었으며, 이는 북한체제 형성에 있어 야기되는 문제에 대한 소련 측의 해답들이었다. 소비에트신보는 소련의 발전, 사회주의 건설 문제, 마르크스-레닌의 이념 등을 선전했을 뿐만 아니라, 나아가 북한에 '인민민주주의 권력'을 세우는 데 북한지도부를 지원할 목적을 가지고 있었다.

한국전쟁으로 계속되는 미국의 폭격으로 말미암아 정상적인 신문발간은 어려운 실정이었으나 복구에 주력, 1951년 1월에 신문사는 신보를 1회 인쇄하고, 2월에 4회, 3월중에 5회, 4월부터는 신문사가 거의 정상화를 회복하여 8-9회를 발간하게 되었다. 따라서 이때부터 소비에트신보는 정기적으로 인쇄, 발간될 수 있었다. 8월에는 계획된 부수인 51,800부를 인쇄할 수 있었다. 1951년 한 해 동안에 소비에트신보는 88회 걸쳐서 발간되었으며, 총부수가 300만부에 육박했다.[46] 이는 소비에트신보가 당시 전시 상황에서 북한주민들에게 가장 폭넓게 보급된 일간지였던 것을 의미한다.

전시기간에 소비에트신보의 과제는 다음과 같았다: 첫째, 소련인들의 경제 및 정치투쟁에서 레닌-스탈린당의 역할을 총체적으로 해명함으로써 마르크스-레닌

---

45) Р ГАСПИ. ф.17 оп.128 д.699 л.4.
46) ГА рф. ф.5283 оп.18 д.237 л.8.

주의 이론의 선전, 둘째, 일반주민들을 상대로 자본주의에 비해 소련 사회주의제도의 우월성, 소련에서 공산주의를 건설하는 데 소련인민의 성공적인 경험, 소련의 경제·문화·과학·기술 등 여러 분야의 발전, 소련정부의 레닌-스탈린 민족정책 등의 선전, 셋째, 소련의 도시 농촌, 공장 기업, 소호즈 콜호즈 등지에서 소련인민의 전후복구 성공담의 선전, 넷째, 세계대전 기간에 전선과 후방에서 소련인민의 전승업적의 선전, 다섯째, 소련 문학·예술·음악 등의 북한주민대상 대중화 선전. 여섯째, 소련정부의 대외정책과 새로운 세계대전을 조장하는 세력에 대한 소련인민의 반대투쟁의 선전, 일곱째, 인민민주주의 국가에서 경제 문화생활의 발전과 새로운 민주주의 정체의 달성, 그리고 이를 위한 소련의 원조 등에 대한 선전, 여덟째, 소비에트신보 매호마다 한국전쟁에 대한 소련인민의 관심과 소련인민들의 미국-영국 간섭자들에 대한 한국인민의 증오와 투쟁에 동조 지지의 선전 등이었다.[47]

1951년 5월까지 소비에트신보는 북한의 체신부를 통해 무료로 배포되었다. 소비에트신보는 조선민주주의인민공화국 체신부와 신문사 양자 간에 체결된 특별협정에 근거해서 다른 북한 내 출판물과 동일하게 체신부 출판국을 통해 배포되었다.[48] 1951년 8월의 경우 소비에트신보는 51,800부 인쇄되었으며, 평안남도에 7200부, 평안북도에 7170부, 자강도에 3708부, 황해도에 7520부, 강원도에 4500부, 함경남도에 6527부, 함경북도에 7243부, 평양시에 7243부, 조선인민군 정치참모국에 900부가 배포되었다.[49] 이는 당시 소비에트신보가 노동신문이나 민주조선이 배포되지 못하는 지역까지 배포되었음을 의미한다.

한국전쟁 발발 이전까지 소비에트신보사 주최로 평양시와 각 도·군·부락 별로 소비에트신보 독자대회를 정기적으로 열었다. 하지만 전시 상황에서 이 같은 독자대회를 정기적으로 개최하기는 불가능하였는 바, 동 신문사는 각 지방의 사회단체와 당 조직, 특히 조소문화협회 지부들의 지원을 받아 독자편지를 통해 북

---

47) ГА рф. ф.5283 оп.18 д.237 л.9-10.

48) ГА рф. ф.5283 оп.18 д.237 л.34.

49) ГА рф. ф.5283 оп.18 д.237 л.35.

한 전 지역의 독자들과의 연계를 강화하려고 시도했다.[50] 소비에트신보사 편집국에서는 구성원의 정치이념을 강화시키기 위해 전시하의 한국 정치상황에 관한 정규적인 정치학습을 실시하였다. 편집국 직원 가운데 14명은 "공산당선언", "정치경제학비판 서문" 등을 통해 마르크스-레닌주의 이념을 스스로 학습하였으며, 그외 직원들은 이론지도자와 함께 정치경제학, 볼셰비키공산당사, 소련의 대외정책과 국제관계 등을 학습함으로써 정치이념을 고양시켰다.[51]

따라서 당시 중요매체이자 대중성을 확보하고 있던 소비에트신보는 북한정권에 의해서 중요하게 취급되었으며, 특히 문화적 선전선동사업에서 중요한 매체로 활용되었다. 당시 북한정부가 소비에트신보에 대해 소련의 선진문화의 소개와 아울러 선동원들이 활용할 수 있는 편집방향을 요구했다는 점은 이를 뒷받침 하고 있다.[52] 당시 조소문화협회는 소비에트신보의 활용에 대해 상당한 주의를 기울였다. 따라서 협회는 각 단위조직들의 '조쏘반'에서 반드시 신문을 구독하도록 지도했으며, 신문이 배포되지 못하는 지역에서는 회람시키는 방법을 동원, 당시 협회 산하 18,689개의 조쏘반 모두가 소비에트신보를 구독했다. 따라서 소비에트신보는 "오늘 후방에서 싸우는 생산노동자들과 근로농민들에게 광범히 읽히고 있으며, 사무원 인테리겐챠들에게도 사업상 넓게 보급되고 있다. 협회각급단체 강사들은 자기들의 강연회 자료를 작성할 때 소비에트신보를 이용하고 있다"고 평가 받았다.[53]

한국전쟁 종전 후 북한이 내린 소비에트신보에 대한 다음과 같은 평가는 소비에트신보의 역할을 이해하는 데 핵심적 의미를 지닌다.

"소베트신보는 조선신문 당시로부터 자기사업을 종결지을 때까지 시종일관하

---

50) ГА р ф. ф.5283 оп.18 д.237 л.35-36.

51) ГА р ф. ф.5283 оп.18 д.237 л.46-47.

52) 북한은 1951년도의 소비에트 신보에 대한 평가에서 "쏘련의 선진문화를 소개는 특수 신문으로서 자기 성격을 한층 더 살릴 것", "선동원들이 손쉽게 담화재료로 이용할 수 있는 체제의 편집방침을 취할 것, 소련의 평화적 건설기사와 문화관계기사를 단편적인 것 보다는 체계가 구비된 특집형식으로 편집하여 수준어린 선동원들이 자신의 종합 정리치 않아도 그대로 인민을 대상으로 하는 담화자료가 되도록 기사를 조직함이 요망됨" 등을 요구했다. 「1951년도 발행 쏘베트 신보에 대하여」(조선민주주의인민공화국 문화선전성, 1952), (ГА р ф. ф.5283 оп.18 д.237 л.111-129).

53) 리기영, 「쏘베트신보에 대한 조쏘문화협회 각급단체들의 리용정형 보고서」, 1952. 1. 17. (ГА р ф. ф.5283 оп.18 д.237 л.137-146).

게 고상한 프로레타리아 국제주의 기치 하에 조쏘 당국 간의 친선을 일층 강화하며 맑쓰 레닌주의 선전과 선진적인 쏘련의 과학·기술·문화·예술을 풍부히 소개하여주며 공산주의 건설을 위한 투쟁에서 쏘련인민들이 공업과 농업을 비롯한 인민경제의 각 분야에서 쟁취하고 있는 거대한 성과들과 고귀한 경험과 저명한 창의고안들을 널리 소개·선전하여 줌으로써 우리의 복구 건설사업에 많은 방조를 주었다… .특히 쏘베트신보는 쏘련 인민들이 사회주의 조국을 국내외의 온갖 적들로부터 수호하기위한 투쟁에서 발휘한 고상한 애국주의 및 영웅주의와 쏘베트 사회제도의 우월성과 그제도하에서 행복을 누리고 있는 쏘련인민들의 생활모습들을 다각도로 소개하여 줌으로써 우리 인민들에게 승리의 신심을 일층 제고시켰다."[54]

소비에트신보는 소련사회주의문화를 체계적으로 소개, 선전함으로써 당시 형성 중에 있던 북한사회주의문화체계에 중요하고도 의미 있는 영향을 미쳤던 것이다.

다. 소결

소련군의 철군 이후 소련군사령부를 통한 직접적인 개입이 축소되었던 반면에 문화적 개입은 확대되었으며, 이는 한국전쟁기에도 마찬가지였다. 해방 이후 북한체제 형성과정에 대한 소비에트 이데올로기와 그 문화의 영향력은 매우 강력했으며, 소련은 북한 내에서 소련문화원, 조소문화협회, 그리고 소비에트신보 등을 활용, 다양한 문화적 영향력을 행사하였다. 그리고 이와 같은 소련의 문화 분야를 통한 영향력 행사는 한국전쟁에도 불구하고 지속적으로 이루어 졌던 것이다.

이와 같은 소련의 북한체제 형성에 대한 문화적 개입은 소련문화원을 중심으로 조소문화협회와 소비에트신보 등을 통해 전개되었다고 할 수 있다. 북한에서 소련문화원의 설립 이전에 소비에트 이데올로기와 문화 선전활동은 주로 조소문화협회를 통해 전개되었다. 그러나 평양 소련문화원의 설립 이후 문화원이 직접 조소문화협회를 지원하게 됨으로써, 소련문화원은 소연방대외문화교류협회의 북한

---

54) "쏘베트신보 사업에 대하여," 「조선로동당중앙위원회 상무위원회 13차 회의 결정서」, 1954. 8. 19.

지부로써 역할을 담당하게 되었다. 소련문화원의 중요한 과제는 소련과 북한 간의 문화 교류활동을 촉진, 강화하고 소비에트 이데올로기와 그 문화를 선전하기 위한 중앙본부로 위치하는 데 있었다. 소련문화원에서는 소련의 국가체제나 사회제도와 관련한 강연회, 보고회, 좌담회, 야회 등의 정치선전사업이 조직되었고, 영화감상, 사진전람회, 써클활동, 음악회 등의 대중문화사업이 전개되었다. 또한 소연방대외문화교류협회는 북한의 소련문화원을 통하여 소련대외정책의 선전활동을 강화할 수 있었고, 한반도에서 미국식제국주의 영향력을 저지하기 위한 이데올로기문화센터로써 활용하였던 것이다.

한국전쟁 기간 중, 소련문화원과 조소문화협회, 그리고 소비에트신보는 전시상황에도 불구하고 북한지역에서 다양한 문화사업을 전개하였으며, 북한군의 남한지역 점령상황에 발맞추어 신속하게 사업의 영역을 넓히기도 하였다. 이와 같은 점들은 소련이 북한체제의 형성기, 특히 문화사업을 통한 지배적 영향력행사를 의미하는 것이자, 동시에 소련 사회주의문화의 북한전파를 목적으로 한 것이라고 할 수 있을 것이다.

소련군의 북한 진주 이후에 소련은 직접적 정치적 영향력을 행사하였으나, 소련군 철수 이후 소련정부는 소연방대외문화교류협회 문화원과 조소문화협회의 활동을 통해 북한 내 자신들의 영향력을 유지, 강화할 의도를 가지고 있었던 것이다. 소련은 이와 같은 소련문화원과 조소문화협회를 통해 북한에서 자신들의 정치적인 이익을 보장하는 데 적극 활용하였고, 북한정치지도부 역시 이 같은 소련대외정책기구의 이데올로기, 문화 선전활동에 적극적으로 협력하였다. 그리고 이와 같은 기조는 한국전쟁기에도 지속적으로 이루어 졌다는 사실이 구소련의 자료로 확인되고 있는 것이다. 또한 이와 같은 점들은 북한체제가 문화적 차원에서도 소비에트화를 지향했다는 구체적 근거로 이해될 수 있을 것이다.

3. 한국전 참전 이후 중국의 북한에 대한 영향

북한과 중국 사회주의 정권은 제2차 세계대전 종결 이후인 1940년대 말 미국과 소련을 정점으로 한 자본주의체제와 사회주의체제의 대립구도 하에서 탄생한 공동의 운명체였다. 북한과 중국의 사회주의체제는 소련과 다른 문화와 역사적 배경 속에서 형성되었기 때문에 소련과는 다른 주체적인 사회주의체제를 건설하고자 하면서 상호 긴밀하게 협조하였다. 정권 수립 초기에 한국전이 발발하면서 북한이 중국의 지원으로 살아남게 되어 북한은 '중국 따라 배우기'를 하면서 사회주의체제를 만들어 나갔다.

1950년 10월 북한의 요청을 받아들이는 형식을 통해 중국 인민해방군은 한국전에 참전하여 김일성정권이 유지되도록 하고 미국이 38선 이북지역으로 세력을 확대하는 것을 저지하였다.[55] 이후 1958년 북한에서 완전히 철수할 때까지 중국 인민해방군은 북한의 내정에 대하여 적지 않은 영향력을 행사해 왔다. 북한은 정권 수립 이후 줄곧 자주적인 대외정책을 전개할 것이라고 주장해 왔으나,[56] 미국을 위시한 유엔군과 한국군의 반격으로 인하여 정권붕괴 직전까지 봉착하였던 북한의 김일성은 중국군의 한국전 참전으로 살아남게 되어 필연적으로 중국의 입김을 받을 수밖에 없었다.

북한은 한국전으로 인한 폐허에서 국가를 재건하기 위해 중국과 소련을 비롯한 사회주의 국가로부터의 지원을 필요로 하였다. 따라서 한국전 직후 김일성은 소련과 중국의 정치적·경제적 지원을 이끌어 내기 위하여 장기간의 방문외교를 전개하였으며, 북한은 중·소의 지원에 대한 대가로 사회주의체제 건설과정에서 이

---

55) 1950년 9월 15일 미군이 인천 상륙작전을 단행한 후, 김일성은 내무상 박일우를 단동에 파견하여 중국에게 이 사실을 통보하고 중국군의 출병을 요청하였다. 10월 1일에는 외무상 박헌영이 김일성의 친서를 휴대하고 베이징을 방문하여 마오쩌둥(毛澤東)과 저우언라이(周恩來)에게 인민해방군의 출병을 간청하였으며, 당일 저녁 김일성은 북한 주재 중국대사 니즈량(倪志亮)과 무관 차이청원(柴成文)을 불러 중국에게 즉각 군대를 파견해 주도록 요청하였다. 解力夫, 「朝鮮戰爭實錄」, 上卷 (北京: 世界知識出版社, 1993), pp. 155-168.

56) 박태호, 「조선민주주의인민공화국 대외관계사」, 제1권 (평양: 사회과학출판사, 1985), pp. 51-79.

들의 권고를 참고하지 않을 수 없었다. 북한의 사회주의 정권 수립에 소련이 결정적인 역할을 수행한 것과 마찬가지로, 한국전쟁 이후 중국도 이후 북한의 사회주의 체제 건설과정에서 막대한 영향을 미친 것으로 평가된다.

가. 사회주의 개조기

중국의 한국전 참전은 중국 지도자들에게 매우 어려운 결정이었다. 1,300킬로미터에 달하는 국경을 접하고 있고 수도 베이징에서 가장 가까이에 위치해 있다는 점에서 한반도는 중국의 안보에 사활적인 중요성을 가지고 있는 전략적 요충지이지만, 1949년 10월 1일 사회주의 신 중국을 건설한지 불과 1년 만에 연인원 200만 명에 이르는 항미원조(抗美援朝) 군을 파병한다는 것은 결코 쉬운 일이 아니었다. 한국전 당시 중국 공산당은 중국 각지에 남아있던 국민당 지지 세력 등 '반혁명분자'를 평정해야 하였고 신강과 서장지역 등은 아직 토착 지방세력에 의해 장악되어 있었다. 일본과의 항일전쟁 그리고 국민당과의 내전을 겪으면서 극도로 곤란하였던 경제상황 하에서 당시 세계 최강의 미국과 전쟁을 수행하는 것은 거의 불가능에 가까운 '모험'이었다.

이에 중앙군사위 부주석이었던 린빠오(林彪)를 비롯한 군부세력은 중국이 북한을 돕기 위해 인민해방군을 파병하는 것을 탐탁하게 여기지 않은 것으로 알려지고 있다.[57] 따라서 마오쩌둥(毛澤東)이 김일성의 다급한 참전요청을 받고 한국전에 인민해방군 파병을 실현시키기 위해서 여러 차례에 걸쳐 내부 의견을 수렴하지 않을 수 없었다. 중화인민공화국 수립 1주년 기념일이었던 1950년 10월 1일 이후 3차례에 걸쳐 마오쩌둥은 정치국회의를 소집하여 한국전 참전문제를 논의하였는데, 회의 분위기는 출병에 반대하는 여론이 우세하였던 것으로 알려지고 있다.[58] 이러한 내부의 반대여론에도 불구하고 마오쩌둥은 한국전 참전을 결정하였

57) 柴成文, 「板門店談判」(北京: 解放軍出版社, 1989), pp. 78-79. 이종석, 「북한-중국관계: 1945-2000」 (서울: 중심, 2000), pp. 133, 140-141에서 재인용.
58) 聶榮臻, 「聶榮臻回顧錄」, 下卷 (北京: 解放軍出版社, 1984), p. 735.

고, 중국은 한국전에서 17만 명의 전사자를 포함 36만 명의 인명 손실을 입었으며, 전쟁비용으로 60조억 元(구인민폐)을 소진하였다.[59]

중국은 한국전에 참전하면서 북한으로부터 작전지휘권을 이양 받아 유엔군과 한국군에 대항하여 전투를 수행함으로써 북한 내부 정치에 대한 발언권을 행사할 수 있게 되었다. 한국전 정전회담 진행과정에서도 북한은 사실상 중국 인민해방군 총사령관 펑더화이(彭德懷)의 권고를 따랐다. 1953년 6월 19일 정전협정 문안에 서명하기 위해 베이징에서 북한에 도착한 펑더화이는 김일성에게 정전회담에서 남한과 미국 측을 압박하기 위해 군사공격을 재개할 것을 주장하여 관철시켰다.[60]

1953년 7월 한국전 정전 이후에도 중국은 북한에 대한 물질적 지원을 제공하여 북한이 전쟁의 충격에서 조기에 회복되도록 협력하였다. 한국전 직후인 1953년 11월 김일성은 18일간 중국을 방문하여 저우언라이(周恩來) 등 중국의 지도자들과 회담을 개최하였다. 회담에서 북한은 중국과 전통우호관계를 가일층 강화하는 동시에 한반도문제의 평화적 해결방안 모색문제를 협의하고, 전쟁의 폐허에서 벗어나는 데 중국의 지원을 요청하였다. 이에 중국은 한국전 기간동안 북한에 제공한 모든 물자와 현금을 무상지원분으로 처리하기로 하였으며, 1954년부터 1957년까지 4년간 8조 인민폐를 제공하여 북한의 교통·운수망 복원 등 경제회복을 지원하기로 약속하였다. 그리고 중국은 북한에 기술자를 파견하고 북한 인력을 중국에 초청하여 기술교육을 실시하였다. 이러한 북한에 대한 중국의 지원내용은 김일성과 저우언라이 간의 회담이 끝난 후 체결된 경제·문화협력협정, 중국동북지역 내 북한 학생을 중국정부가 계속 지원하는 데 대한 협의, 1954년 북한에 대한 물자와 현금 지원 의정서 등을 통해 구체화되었다.[61] 한국전 이후에도 북한에 잔류

---

59) 裴堅章 主編 『中華人民共和國外交史, 1949~1956』(北京: 世界知識出版社, 1994), p. 79.

60) 彭德懷傳 編寫組 『彭德懷傳』(北京: 當代中國出版社, 1995), pp. 483~485; 1950년 마오쩌둥이 모스크바를 방문하였을 당시인 1950년 2월 중국과 북한은 비밀협정을 체결하였는데, 여기에서 중·북은 연합 참모부와 사령부의 장을 중국측이 맡기로 하였던 것으로 알려지고 있다. 박치정, "초기 조·중관계의 형성과정 연구," 『中國研究』, 제21집 (2002.12), p. 55.

61) 裴堅章 主編 『中華人民共和國外交史』, pp. 80~81.

하였던 중국 인민해방군은 북한의 전후 복구 작업을 적극적으로 지원하였다. 중국은 1958년까지 군대를 북한에 계속 주둔시켜 한반도의 휴전체제가 안정적으로 정착될 때까지 북한의 안보를 담보해 주었다. 그러나 이는 자연스럽게 북한에 대한 중국의 내정간섭 도구로 활용되었다. 중국의 지원으로 정권을 유지할 수 있었던 김일성은 중국과 긴밀한 협력관계를 유지하였다. 1950년대 중반까지 판문점 군사정전위원회 업무도 중국 측의 관장 하에 있었다.

중국의 영향이 이처럼 컸기 때문에 김일성이 이에 대한 후에 북한 내에서 중국에 대한 대응조치를 하기도 하였다. 즉, 서휘, 윤공흠, 리필규 등 친중국 성향의 연안파 인사들이 1956년 이후 숙청되었는데 이것은 김일성이 북한에 대한 중국의 정치적 발언권을 약화시키려는 의도가 작용한 측면이 있었다고 볼 수 있다.[62]

이와 같은 북한 정권수립 초기 북한에 대한 중국의 막대한 영향 아래 북한은 중국의 체제발전 노선을 답습하였다. 한국전이 한창 진행 중이었던 1952년 말 중국은 농공상업 3대 개조운동을 전개하였다. 토지개혁 이후 중국은 농업 집단화, 합작화를 통해 농업생산을 획기적으로 향상시키고 농업문제를 근본적으로 해결할 수 있다는 판단을 하게 되었다. 1956년에는 수공업의 사회주의적 개조작업을 추진하여 수공업의 합작화를 대체적으로 완성하였다.

북한은 중국에 이어 곧바로 1953년 8월 6차 노동당 대회를 개최하고 농업부문을 우선적으로 하는 사회주의 개조운동을 진행하기로 결정하였다. 그리고 이러한 결정에 입각하여 1954년부터 농업합작화를 추진하기 시작하여 1958년까지 모든 농업호구를 협동조합에 가입하도록 하였다.[63] 이어 북한은 주요산업의 국유화 조치와 더불어 개인이 소유하였던 상공업에 대한 사회주의 개조운동을 추진하였다. 북한은 대체적으로 사회주의 정권수립 이후부터 중국이 걸었던 과정을 답습하였는데, 이는 아래 〈그림 3-1〉과 같이 정리될 수 있다. 북한과 중국은 사회주의 체제를 구축하는 과정에서 다소간의 시차를 두고 유사한 방식과 조치들을 채택하였

62) 이에 대한 자세한 분석은 이종석, 「북한-중국관계」, pp. 206-215 참조.
63) 김일성, "당단체를 튼튼히 꾸리며 당의 경제정책을 관철할데 대하여," 김일성 편, 「사회주의 경제관리문제에 대하여」, 제1권 (평양: 조선로동당출판사, 1970), pp. 178-189.

던 것이다. 북한은 한국전을 발발하면서 증산돌격대운동을 전개하였으며, 중국은 한국전 참전시 항미원조(抗美援朝)운동을 전개하여 내부 통합과 사회주의 건설을 촉진하는 기회로 삼았다.[64] 그리고 북한과 중국은 양국의 농촌사회가 지닌 유사성으로 인하여 사회주의 정권수립 초기 토지개혁운동을 다른 어떤 조치보다도 우선적으로 단행하고, 지식인에 대한 사상개조운동 등 유사한 행보를 취하였다.

〈그림 3-1〉 사회주의 개조기 중국과 북한의 주요 정책

중국	(1949-1952)	(1953-1957)
	토지개혁	농공상업 사회주의 개조운동
	3반5반운동	백화쟁명운동
	사상개조	반우파투쟁
북한	(1946-1953)	(1954-1958)
	토지개혁	농공상업 사회주의 개조운동
	사상개조	사상개조
	증산돌격대운동	반대파 숙청

나. 사회주의 건설 가속화시기

중화인민공화국 수립 이후 사회주의 개조운동과 1957년 반우파투쟁을 거치면서 중국공산당은 사회주의 체제로의 전환이 어느 정도 성공을 거두었다고 판단하고, 단시일 내에 경제를 발전시키고자 하였다. 소련이 인공위성을 발사한 후인 1957년 11월 마오쩌둥은 모스크바를 방문하여 "동풍이 서풍을 압도하였다"는 논지의 연설을 발표하고, 중국은 15년 내에 철강생산에서 영국을 추월할 것이라고

---

64) 마오쩌둥이 한국전에 인민해방군을 파병하기로 결정한 이유 중의 하나는 중국 동북부지역의 까오강(高崗) 세력들을 처리하기 위한 것이었다. 한국전 발발 이전 중국 공산당은 아직 동북부지역을 완전히 장악하지 못한 상태에 있었으며, 까오강 등 친소련 세력의 영향력 하에 있었다.

주장하였다. 이에 따라 1958년 5월 8차 당 대회 2차 회의를 개최하여 사회주의 건설 총노선을 전개, 최대한 빠른 속도로 생산력을 발전시켜 나가기로 결정하였다. 사실 중국이 대약진운동을 전개하게 된 국제적 이유는 소련과의 관계가 악화되어 더 이상 소련에 의지할 수 없게 되었기 때문이었다. 소련은 중국에 공동함대 창설을 제의하고, 장파방송국 공동 설립을 요구하여 중국의 주권을 침해하려는 의도를 보였으며, 중국에 핵 기술 제공 약속을 파기하고 중국의 대만해방 투쟁을 적극적으로 지원하지 않았다. 이에 마오쩌둥은 독자적인 자력갱생 방식을 통해서 사회주의 건설을 앞당기고자 하였던 것이다. 다시 말해서, 중국은 소련 사회주의체제에 의지하지 않고 중국 스스로의 힘으로 사회주의체제를 구축하고자 하였다.

당시 중국은 최대한도로 빠른 속도로 발전을 도모하여 자본주의 국가들을 추월하지 않으면 국가의 안보가 위태롭게 될 것이라고 인식하고 생산력을 비약적으로 발전시키려는 것을 목적으로 하는 대약진운동을 전개하였다. 그리고 마오쩌둥은 기존의 농업합작사를 합병하여 인민공사를 조직할 것을 지시, 조기에 공산주의 사회로 진입할 계획을 세웠다. 인민공사 건설은 1958년 8월 북대하 정치국확대회의에서 통과된 농촌에 인민공사를 설치하는 데에 대한 당 중앙 결의를 거치면서 전국적으로 시행되었다. 이렇게 중국은 1950년대 말 사회주의 건설 총노선, 대약진운동, 인민공사 등 소위 3면홍기 정책을 대대적으로 전개하였다.

그러나 대약진과 인민공사가 표방하였던 평균주의는 국민들의 적극적인 노동의욕을 제약하는 결과를 낳았다. 같은 인민공사에 속한 사람끼리 공공식당에서 함께 취사하고, 소비재를 일률적으로 분배하는 사회에서는 생산력 발전을 자극할 수가 없었다. 대약진운동 기간인 1958년부터 1962년까지 중국의 실질 생산액 증가율이 공업은 3.8%, 경공업은 1.1% 증가하는 데 그쳤다.[65] 결국 대약진운동의 여파와 자연재해로 인하여 중국에서는 3,000만 명에 이르는 주민이 아사하는 비참한 상황이 초래되었다.

---

65) 이에 비해 1953년부터 1957년에는 공업 생산액이 18% 증가하였고, 경공업 생산 증가율은 12.9% 증가하였다. 國家統計局, 「中國統計年鑑」 (北京: 中國統計出版社, 1989), pp. 31, 53.

이에 중국은 1958년 11월 이후 정주회의, 무창회의, 8기 6중전회 등을 개최하여 인민공사 설치로 인해 발행한 문제점에 대해 논의하기 시작하였다. 8기 6중전회에서는 마오쩌둥이 더 이상 국가주석을 맡지 않기로 하고 대신 류사오치(劉少奇)가 주석으로 선출되었다. 그리고 1959년 7월 여산에서 개최된 정치국확대회의에서 대약진운동의 결과에 대한 평가가 이루어졌는데, 당시 국방부장이었던 펑더화이가 3면홍기정책에 대한 의견서를 제시하여 마오쩌둥의 좌경노선을 간접적으로 공격하였다. 이후 펑더화이는 8기 8중전회에서 마오쩌둥에 의해 '우경기회주의 반당분자'로 비판을 받고 숙청되었으나, 1960년에 이르러 중국경제가 심각한 어려움에 직면하자[66] 8기 9중전회에서 '조정, 공고, 충실, 제고'로 요약되는 8자 방침을 통해 대약진을 포기하고 대조정을 단행하게 되었다.

이 시기에도 북한은 중국이 선택한 정책노선을 답습하는 모습을 보였다. 김일성은 1958년 11월 중국을 방문하여 북한의 사회주의 건설 성과와 경험을 통보하고 중국의 사회주의 건설 경험을 청취하였다.[67] 이는 북한이 중국의 사회주의 건설 경험을 길잡이로 활용하였다는 것을 시사하는 것으로 볼 수 있다. 이후 1959년 2월 북한은 중국의 대약진운동을 모방한 천리마운동을 추진하여 정치·경제·사회 등의 영역에서 사회주의 건설을 더 높이, 더 빨리 실현하려는 노력을 전개하였다.[68] 김일성은 "우리의 최대 임무인 조국통일을 실현하기 위해 다른 나라 보다 훨씬 빠른 속도로 발전을 이루어야한다"고 역설하는 등 천리마운동의 의의가 무엇보다도 사회주의 건설 속도를 높이는 데 있다는 점을 강조하였다.[69] 그리고 북한

---

66) 1960년 중국의 농업생산량이 대약진운동 전개 직전인 1957년에 비해 26.4% 감소하였으며, 같은 기간 농업의 비중은 43.3%에서 21.8로 감소하고 경공업의 비중도 31.2%에서 26.1%로 줄어들었다. 이처럼 국민의 생활에 직접적으로 관련되어 있는 부문의 비중이 급격하게 감소한 반면, 중공업의 비중은 25.5%에서 52.1%로 급격하게 증가하였다. 何沁 主編, 「中華人民共和國史」(北京: 高等教育出版社, 1997), pp. 218~221.

67) 박태호, 「조선민주주의인민공화국 대외관계사」, 제1권, p. 208.

68) 김일성은 이미 1956년 12월 조선로동당 중앙위 전원회의에서 천리마운동을 개시할 것을 역설하였으나, 북한이 천리마작업반을 결성하여 빠른 속도의 사회주의 건설 추진을 실질적으로 시작한 것은 1959년 2월부터였다. 사회과학원 역사연구소 편, 「조선전사」, 제29권 (평양: 과학, 백과사전출판사, 1981), pp. 180~188.

69) "천리마기수들은 우리 시대의 영웅이며 당의 붉은 전사이다." 김일성, 「사회주의 경제관리 문제에 대하여」, 제1권, p. 386; 김일성, "조선로동당 제4차대회에서 한 중앙위원회사업총화보고," 「사회주의 경제관리 문제에 대하여」, 제2권, p. 8.

은 1959년 1월 농업협동조합 규정을 발표하여 농촌 농민들을 집단화하려 시도하고, 1962년 10월 이를 협동농장으로 개칭하였다. 이렇게 볼 때, 1950년대 말부터 1960년대 중반시기에도 북한은 중국의 사회주의체제 건설과정을 따라 배우고 실천하였다고 결론지을 수 있다.

북한이 중국의 정책노선을 뒤따라 실행함으로써 1960년대에 들어서도 북한과 중국 사이에 긴밀한 형제적 우호관계가 유지되었다. 북한은 소련과 군사동맹조약을 체결한 직후인 1961년 7월 11일 중국과 시효가 없는 우호협조 및 호상원조에 관한조약을 체결하였다. 이 조약 2조에서는 양국이 "모든 힘을 다하여 지체 없이 군사적 및 기타원조를 제공 한다"고 규정하고 있다. 북한은 공식적으로는 주체노선을 표방하였지만, 군사·경제 등 거의 모든 분야에서 중국에 의지하였던 것이다. 그리고 북한은 중·소 분쟁 속에서 중국의 입장을 지지하는 태도를 취하였다. 1962년 로동신문은 "수정주의를 철저히 반대하자"는 논문을 게재하여 소련을 간접적으로 비난(1962.3.5.)하기까지 하였다. 중국과 인도 간 국경전쟁이 발생한 1962년 말 이후에는 소련이 인도를 묵시적으로 지원하였던 반면, 북한은 중국의 입장을 공개적으로 지지하였다.

사실 1950년대 중반 이후부터 북한이 주체노선을 강조할 수 있었던 데에는 국제환경 요인도 크게 작용하였던 것으로 평가된다. 1956년 2월 소련공산당 제20차 대회에서 중국과 소련 간에 스탈린 비판, 평화공존정책, 사회주의 진영내의 주도권 확보문제 등을 둘러싸고 갈등이 싹트게 되었고, 이를 기점으로 일부 공산주의 국가들이 독자적인 길을 걷게 되었다. 이후 중·소 갈등 속에서 북한은 어느 정도의 행동의 자유를 확보할 수 있게 되었던 것이다. 북한이 주체노선을 채택하였던 중요한 이유가 대내 정치적 통합과 강대국의 정치적 간섭을 배제하려는 데 있었지만, 김일성은 이러한 목표를 달성하는 데 대외 여건을 충분히 활용하였던 것이다.

그리고 김일성이 마르크스·레닌주의를 북한의 특수한 상황에 적용시켜 독자적인 사상체계를 확립하려고 하였는데, 이러한 사실은 역설적으로 북한이 중국과 소련의 영향을 많이 받고 있었다는 것을 반증하는 것이다. 김일성은 주체사상을 내세우면서 중국의 영향력으로부터 북한의 자주성을 확보하고자 하였던 것이다.

다. 3대 혁명운동시기

　1960년대 중반 중국에서 문화대혁명이 발생하고 소련에서 지도부 개편이 이루어지면서 북·중 관계는 소원해지게 되었다. 1964년 10월 흐루시쵸프가 실각하고 브레즈네프가 등장하였는데, 북한 지도부와 중국 지도부 사이에 소련의 지도부에 대한 인식에 차이가 나타났다. 중국은 소련을 흐루시쵸프가 없는 흐루시쵸프주의로 규정한 반면, 북한은 소련의 신지도부를 긍정적으로 인식하였다.[70] 월남전에서 사회주의 국가간 협력을 모색하는 문제를 둘러싸고서도 중국과 북한 사이에 미묘한 갈등이 전개되었다. 소련은 월남에서 미국에 대항하기 위해 소련과 중국이 북부 월남을 공동으로 지원하자고 제의하였으나, 중국은 이를 거부하였다. 북한은 중국의 이러한 태도에 반대하고 소련의 주장을 지지하였다. 김일성은 1965년 중국을 방문한 후 1969년까지 중국을 방문하지 않았다. 반면, 북한은 소련과의 지도자 교환방문을 상대적으로 활발하게 전개하였다.

　1966년 중국에서 문화대혁명이 발생하자 북·중간 긴장관계는 더 분명해졌다. 홍위병이 북한지도부를 수정주의자로 공격하고, 북한은 중국을 교조주의자이며 종파주의자라고 공격하였다.[71] 1976년까지 10년 동안 마오쩌둥은 젊은 학생들로 구성된 홍위병을 동원하여 류사오치와 덩샤오핑(鄧小平)을 주자파로 몰아 숙청하고 문화대혁명운동을 전국적으로 확산시켰다. 문화대혁명운동은 처음에는 문예투쟁이었지만 나중에는 마오쩌둥이 류사오치 등 당권파로부터 권력을 탈환하기 위한 정치투쟁운동으로 발전되었다. 또한 중국의 사회주의 발전을 더욱 심화하고 공고히 하려는 데에도 목적이 있었다. 마오쩌둥은 자본주의적 구습관과 구문화를 청산하고 무산계급의 신문화·신사상을 통해 중국사회의 정신구조를 혁신하고자 하였다. 즉, 문화대혁명은 '파구입신'(破舊立新)의 사상개조운동이었던 것이다.[72] 문화대혁명은 권력투쟁 → 반동계급의 의식 비판 → 사상개조의 3단계를 거치면

70) 이종석, 「북한–중국관계」, pp. 238-239.
71) 이종석, 「북한–중국관계」, pp. 242-245.
72) 楊君實, 「現代化與中國共産主義」, pp. 182-196.

서 진행되었다. 그리고 마오쩌둥은 1967년 이전까지 문화대혁명을 학교와 당·정 기관에 국한하고, 홍위병들이 농업과 공업생산을 저해하지 못하도록 하였다.[73] 그러나 이후 홍위병들을 당·정 조직이 통제하지 못하는 상황에까지 이르게 되어 사회질서가 극도로 혼란하게 되었다. 많은 공장과 상점들이 문을 닫고 생산을 중단하고 교육기관들도 정상적으로 가동되지 못하고 농촌지역에서도 홍위병운동이 전개되어 농업생산에 차질이 빚어졌다.

문화대혁명시기 중국과 북한 사이의 관계가 원만하지는 않았지만, 북한은 1960년대 중반 이래 중국이 실험하였던 사회주의 건설 심화방식을 직간접적으로 답습하였다. 중국에서 마오쩌둥사상 숭배가 고조되었던 1966년 10월 제2차 당대표자대회를 개최하여 북한은 주체사상과 김일성 수령에 대한 숭배를 강조하였다. 그리고 1973년 2월 북한로동당 중앙위원회의 결의를 거쳐 공산주의의 사상적·물질적 보루를 확고히 하기 위해 사상혁명, 기술혁명, 문화혁명의 3대혁명소조 운동을 조직하였다. 특히 사상혁명은 북한 사회주의의 모든 구성원들을 혁명화, 노동자계급화하고 공산주의적 인간으로 개조하는 것을 목적으로 하였다. 이렇게 볼 때, 북한의 3대혁명소조 운동은 김정일에게로 권력을 물려주기 위한 목적에서 추진되었지만 중국 문화대혁명과 같이 북한주민의 사상적 개조를 위한 의도로도 적극 활용되었던 것이다. 김일성은 홍위병이 문화대혁명시기 중국의 거의 모든 산업에 영향을 미친 바와 같이 3대혁명소조를 공장, 기업, 협동농장에 하방(下放)하여 사상혁명, 기술혁명, 문화혁명의 선봉대가 되도록 하였다.[74]

중국의 문화대혁명은 마오쩌둥이 권력을 탈환하고 중국인의 사상개조를 도모하기 위한 목적에서 전개되었고, 북한의 3대혁명소조 운동은 김일성이 자신의 권력을 강화하는 동시에 장남 김정일의 후계기반을 구축하고 주민의 사상무장을 강화하려는 목적으로 추진되었다. 1950년대 말 이래의 천리마운동 여파로 북한의 경제발전에 정체현상이 나타나고 노동자의 태만과 당 간부와 주민의 사상무장이 해이해지게 되었다고 인식하고, 주체사상 강화에 역점을 두고 북한사회의 혁명화

---

73) 趙聰, 「文革歷程述略」, 第一卷 (香港: 友聯研究所, 1971), pp. 309, 312.

74) 김남식, 「북한 3대혁명소조운동 분석」 (서울: 북한연구소, 1977), p. 118.

를 모색하였던 것이다. 김일성은 사상혁명의 실행이 중요하다면서 당의 혁명사상
과 주체사상으로 무장할 것을 역설하였다.

사실 김일성이 주장한 3대혁명 구호는 중국의 마오쩌둥이 처음 사용한 개념이
다. 김일성의 3대혁명은 공산주의 건설을 성취할 때까지 혁명에 중단이 있을 수
없다는 계속혁명 이론에 기반하고 있는데, 중국에서는 이미 1958년 대약진운동
시기부터 계속혁명이 강조되었다. 마오쩌둥은 미국과 소련 두 강대국으로부터의
군사적 위협과 대내적으로 반 우파투쟁 하에서 인민의 혁명적 열기를 통하여 사
회주의 건설을 가속화 하고자 하였다.[75] 김일성도 북한에서 사회주의 건설을 더욱
강화하기 위해 사상혁명, 기술혁명, 문화혁명을 강도 높게 전개하였던 것이다.

김정일이 1973년 9월 노동당 5기 7차 전체회의에서 당 비서로 선출되고 1974
년 2월 정치국원으로 부상하는 등 김정일 권력승계 작업이 적극화 되었는데, 이
점도 중국 내 정치상황 변화에 상당한 영향을 받은 것으로 평가되고 있다. 1973년
8월 30일 중국공산당 10기 중앙위원회 제1차 전체회의에서 4인방의 일원이었던
연소한 왕훙원(王洪文)이 마오쩌둥에 이어 당 중앙위 부주석과 정치국상무위원으
로 발탁되었다. 이는 당시 중국공산당 내부에 저우언라이, 예졘잉(葉劍英), 주더
(朱德) 등 원로들이 즐비한 상황에서 파격적인 인사였다. 왕훙원의 부상은 김일성
이 혁명원로들을 제치고 자신의 아들을 후계자로 발탁하는 데 커다란 자극제가
되었던 것으로 보인다.

라. 소결

사회주의체제 건설 초기 북한은 국가 통일전쟁과 경제건설 및 사회통합을 추진
하면서 중국에게 전적으로 의존하였다. 한국전에서는 중국의 지원이 없었다면 북
한은 붕괴되고 말았을 것이며, 경제 건설과정에서도 중국의 인민공사화와 대약
진운동을 모델로 삼아 농업집단화와 증산돌격대운동을 전개하였다. 그리고 북한
이 추진하였던 3대 혁명운동도 사실상 중국의 문화대혁명운동의 혁명투쟁노선을

---

75) 양호민, 「3대혁명소조운동과 김정일의 권력기반 구축」,(서울: 북한연구소, 1984), pp. 14-17.

답습한 것이었다. 김일성이 주체노선을 강조한 것도 실은 북한이 과도하게 중국의 영향력 아래에서 이를 시정하기 위한 몸부림이었다고 할 수 있다.

1970년대 초 김일성이 자신의 권력을 아들 김정일에게 이양하기 위한 토대를 마련하기 시작하였던 것도 린뺘오 숙청 이후 4인방의 주도로 중국에서 이루어진 지도부 인사개편 내용에 크게 고무되었기 때문이었다.

북한과 중국의 사회주의체제는 유사한 여건에서 탄생하였고, 소련체제와는 구별되는 것을 지향함에 따라 북한과 중국은 자연스럽게 상호 영향을 미치면서 발전을 도모하였다. 그러나 사회주의체제 내에서 중국이 차지하였던 지위와 북·중관계의 불평등성으로 인하여 북한이 중국의 사회주의체제 건설노선을 뒤따르는 모습을 보였다.

4. 한국전쟁 이후 미국의 북한봉쇄 정책

제2차 세계대전 중, 일본이 미국과의 "태평양전쟁"에서 패배함으로써 한반도에 해방이 찾아온 만큼 해방 이후의 한반도 역사에 있어 미국의 영향력은 절대적으로 될 수밖에 없었다. 물론 해방된 한반도가 자주적 발전의 길을 모색하고 노력하지 않은 것은 아니지만 세계사의 대세는 미국 쪽에 있었다. 그런 만큼 일본의 공백을 또 하나의 외세인 미국이 메꾸어 가기 시작했다. 한반도의 북쪽에서는 또 다른 외세인 소련의 지원 아래 이 길에 반기를 들었고, 한반도는 분단이라는 비극적 길을 걷기 시작했다. 그 분단을 해소하겠다고 일으킨 1950년 한국전쟁은 전쟁이 의당 초래하는 대규모 파괴와 살육은 말할 것 없고, 한반도에 분단을 더욱 공고하게 만드는 최악의 귀결을 맞았다. 민족이 해방되기는커녕 이후의 한반도 역사 전개에서 보듯이 한민족은 변함없는 외세의 영향력아래 놓이게 되었다. 그마저 양측이 세계질서의 두 진영에 극단적으로 의존하는 최악의 비대칭적 영향력권속으로 편입되었다.

즉, 분단된 한반도는 미국이 주도하는 세계질서 속에서 남쪽은 미국 의존으로, 북쪽은 그 반대로 궤적을 잡고 역사를 꾸려왔다. 그러나 20세기 후반의 세계질서를 미국이 주도했기에, 사회주의진영과의 협력관계와는 별도로 북한 역시 미국의 영향력에서 결코 자유로울 수 없었다. 남한은 미국을 중심으로 삼고 세계시장에 깊숙이 의존하는 경제개발의 길을 걸었다. 북한은 이론상 자주 노선을 표방했지만, 자본주의 세계체제로부터 완전히 이탈하지는 못했다. 특히 일상적인 "미 제국주의" 타도 구호에도 불구하고, 북한은 그 미국이 지배하는 세계체제에 실제로는 편입하고자 했다. 현실이 가하는 무게와 중압이 너무나 컸던 때문이었을 것이다.

이렇듯 한반도의 근현대사가 미국과의 깊은 연관 하에 전개되었다는 점은 상식에 속한다. 그리고 그 연관성은 대단히 일방적이고 비대칭적이어서 단순한 국제관계 차원에서는 접근이 불가능할 지경이다. 남한은 말할 필요도 없거니와 일상적으로 미국에 반대를 천명한 북한마저도 미국의 존재가 여간 중요하지 않음은 오늘날에도 우리가 겪고 있는 바 그대로다. 민족문제의 자주적 해결이니 당사자 해결 원칙은 종종 동원되는 수사학에 그치고 있음이 현실이다.

가. 봉쇄의 시작

한국전쟁을 계기로 북한은 한편으로는 중국의 지원을 받으면서 다른 한편으로는 미국의 봉쇄정책의 영향을 받았다. 북한이 미국과의 관계를 갖게 된 것은 한국전쟁을 계기로 시작된 셈이다. 제2차 세계대전 이후 형성된 세계질서는 미국주도의 자유주의적 시장경제체제였다. 미국은 재화와 자본의 자유로운 흐름을 보장하는 다자주의적 세계시장질서를 구축하는 것이 자국의 이해관계에 가장 부합한다고 보고, 유럽과 일본을 부흥시켰으며, 세계체제의 주변부 지역은 탈식민화정책을 통해 새롭게 이 세계질서에 통합시켰다. 이런 과정에 우여곡절이 없었던 것은 아니었지만 한국전쟁이 끝난 1950년대 초중반부터 미국이 주도하는 세계질서는 공고화되었고, 이후 자본주의 세계경제는 1970년대 위기를 맞기까지 황금기를 구가하게 되었다. 한국전쟁은 바로 이런 시기에 발발하여 전후 세계질서 재편에 만만치 않은 영향을 미쳤다.

1차 세계대전에 이어 제2차 세계대전을 치른 후 자본주의 세계체제는 자기해체에 비견될 정도의 극심한 혼란에 빠져 있었다. 그리고 그 혼란은 주요 자본주의 국가들의 경제 피폐는 말할 것 없고, 국제정치적인 측면에서도 마찬가지였다. 당시에는 그 같은 혼란을 극복하고 새로운 세계질서를 구축할 가능성도 불투명했고, 그 과제를 주도할 수 있는 국가였던 미국마저도 국내적으로 경제적이고도 정치적인 어려움을 겪고 있었다. 1940년대 말의 제반 여건으로는 어느 누구도 1950년대와 1960년대의 대호황을 예견한 사람이 없었을 정도로 자본주의 세계체제는 불확실성에 빠져 있었던 것이다.

그러나 자본주의 세계체제는 놀랍게도 1940년대에서 1950년대를 거치는 국면에서 결정적인 전기를 마련하고 일대 수습에 성공한 결과, 1950년대부터 1970년대 초 하강국면이 오기까지 약 20여년 기간 동안 유례없는 "황금기"[76]를 맞게 되었다. 이러한 두 국면의 접점 (interface)에서 발생한 사건이 바로 한국전쟁이었다. 한국전쟁은 한반도라는 세계체제의 한 모퉁이에서 발발한 분단국들 간의 내전이었지만, 당시 주변 열강들이 모두 개입했던 국제적 전쟁이기도 했다[77].

그렇기 때문에 한국전쟁은 여러 가지 의미에서 위기적 정황을 맞았던 자본주의 세계체제가 그 위기적 정황을 해소하고 새로운 세계질서를 구축하는 데 돌파구 기능을 했을 것이라는 추론이 가능하다. 즉 한국전쟁은 침체에 빠진 세계경제, 원활하지 못했던 국제교역질서, 정돈되지 못한 국가간 권력질서, 자본가계급과 국가의 정당성 위기와 노동자 계급의 도전이 야기한 중층적인 '사회적 기강' (social discipline)의 문제, 탈식민화된 신생 독립국들의 민족해방주의적 저항 열기 등 당시 세계체제가 당면했던 과제들을 해소하는 데 괄목할 만한 기여를 한 세계사적 사건이었을 개연성을 갖는다는 추론이다.

하여간 한국전쟁 3년 이후 세계는 달라졌다. 어떤 변화가 일어났는가? 첫째, 주요 자본주의 국가들이 경제문제를 해소하여 세계경제가 호황을 누리게 되었다. 미국으로 몰린 달러와 유럽의 달러 부족을 내용으로 하는 '달러 격차' (dollar

---

76) S. A. Marglin and J. S. Schor (eds.), The Golden Age of Capitalism (Oxford: Clarendon, 1991).

77) 박명림, 「한국전쟁의 발발과 기원」 (서울: 나남, 1996).

gap) 문제 등 자유주의적 세계시장의 장애물들이 극복되고, 비교적 자유로운 재화와 자본의 이동이 보장되는 세계시장이 구축되었다. 둘째, 어수선했던 국가간 위계질서가 미국 헤게모니체제의 수립에 의해 일단락되었다. 셋째, 동서 간 진영이 적대하고 대립하는 냉전체제가 세계적으로 확대되고 공고화되는 데 한국전쟁이 결정적 역할을 했다.

역설적이게도 1940년대 말 위기에 빠진 자본주의 세계체제가 자신을 재정비하는 데 크게 이바지한 한국전쟁은 정작 그 당사자인 한반도에는 치유하기 힘든 상처를 남겼다. 즉 한반도에는 바로 그 전쟁을 통해 확산되고 공고화된 냉전체제가 가장 강력한 위력을 발휘하면서 뿌리내리게 된 것이다.

냉전에 더해 미국은 자신이 세계최강대국으로서 자기 주도의 세계질서를 구축해가던 바로 그런 시기에 발발한 전쟁에서 승리를 하지 못한 채 휴전을 하고 돌아갔다는 점에서 심리적 자존심에 큰 훼손을 당했다. 세계적 헤게모니를 구축하고자 한 미국이 동북아의 실로 하잘 것 없는 세력으로부터 수모를 당했다고도 해석할 수 있을 것이다. 그랬기 때문에 미국이 북한을 적대시할 충분한 이유가 한국전쟁 때부터 잉태되었다. 북한은 북한대로 미국의 개입으로 자신이 구상했던 무력 적화통일에 실패했다고 인식하였기 때문에 이후 미국을 적대시할 수밖에 없었다. 냉전체제에 더해 쌍방 간 일종의 감정 대립으로 인해 북미관계는 근원적 적대관계로 발전할 가능성이 컸던 것이다.

나. 미국의 대북 봉쇄의 내용

사실 미국의 대북 봉쇄정책은 한국전쟁 때부터 이미 시작되었다. 참전과 함께 전면적 경제제재를 단행했던 것이다. 이 당시 취해진 조치는 크게 두 가지였는데, 그 골격은 아직도 유지되고 있는 실정이다.

첫째, 미국은 1950년 북한의 대남 침공에 대하여 미국의 수출규제법(Export Control Act)에 의거, 1950년 6월 28일 대북한 금수조치를 취하였다. 미국은 또한 중공군의 한국전 개입에 대응하여 국가비상 사태 시 적용되는 적성국교역법(Trading With the Enemy Act)에 의거, 1950년 12월 17일 해외자산규제규정

(Foreign Assets Control Regulations)을 발효시킴으로써 대북한 경제관계를 전면적으로 단절하는 조치를 취하였다.

둘째, 미국은 북한에 대하여 무역협정연장법(Trade Agreements Extension Act)에 의거, 1951년 8월 1일 이후 대북한 최혜국(Most Favored Nation: MFN) 대우 부여를 거부하고 있다. 미국의 대북한 최혜국대우 부여 거부는 미국과 북한 간 무역을 전면적으로 단절하게 한 효과가 있으며 미국의 대북한 수출 및 수입을 포괄적으로 봉쇄하는 것이다.

〈표 3-3〉 미국의 대북한 경제제재조치

날 짜	관 련 근 거	제 재 조 치 내 용
50. 6.28	수출규제법	대북한 수출 금지
50.12.17	적성국 교역법 (해외자산규제규정)	미국 내 북한 자산 동결, 북한과의 교역 및 금융거래를 사실상 전면 금지하는 「해외자산통제규정」 발표
51. 9. 1	무역협정연장법	대북한 최혜국대우 부여 금지
55. 8.26	국제무기거래규정	북한과의 방산물자 및 용역의 수출입 금지
62. 8. 1	대외원조법	대북한 대외원조 제공 금지
75. 1. 3	통상법(1974)	대북한 일반특혜관세제도(GSP)공여 금지
75. 5.16	수출규제법	북한을 제재대상 국가그룹 Z에 포함시켜 포괄적인 금수조치 실시

출처: Congressional Research Service, *Korea: Procedural and Jurisdictional Questions Regarding Possible Normalization of Relations With North Korea* (Washington D.C.: Library of Congress, November 29, 1994).

이밖에도 미국은 북한을 적성국가, 국제적 테러(지원)국가, 반인권국가로 분류하여 그 부합하는 대북 경제제재정책을 펼쳤다. 〈표 3-3〉에 미국의 대북한 경제제재조치들이 요약, 정리되어 있다. 북한은 원조, 국제적 금융지원, 교역과 통상 등 여러 부문에서 미국에 의해 국제사회의 제재를 받아왔음을 알 수 있다.

이상에서 살펴보았듯이 한국전쟁 이후 미국은 모든 수단을 동원하여 북한을 봉쇄시키려는 것이 기본 정책이었다고 할 수 있다. 따라서 미국은 북한을 군사·안보적으로 봉쇄하는 것은 물론, 경제적으로도 완전히 봉쇄하여 북한이 자본주의 세계경제로부터 철저하게 배제되는 방향으로 밀고 갔다. 냉전논리가 첨예하게 작동했던 시기 북한은 주체사상에 입각한 자립적 민족경제 건설을 목표로 삼았고, 그 결과 외국과의 무역 및 경제관계를 최소화하는 방향으로 발전의 길을 삼았다. 또한 정경일치의 원칙에 따라 주로 사회주의 국가들과 교역을 했다. 이 교역은 국제시장가격이 아니라 일종의 바터무역으로서 사회주의 국가들 간의 우호적 가격체제에 따라 이루어졌다. 이런 노선이 1960년대 말까지 유지되었다.[78]

다. 경제제재의 부분적 해제

북한은 1970년대 초부터 동서 데탕트 분위기에 편승해 대외경제정책에 있어 변화를 꾀하였다. 미국이 다소간 경제제재를 완화한 탓이기도 했다. 1970년대 전반, 자본주의 선진 제국으로부터의 대규모의 차관 등을 토대로 대량의 기계·플랜트 등 자본재를 들여왔다. 당시의 북한으로서는 획기적인 정책이었다고도 할 수 있다. 이에 대해서는 여러 가지 이유가 지적될 수 있다. 중국·구소련으로부터의 원조의 중단, ②기술수준의 낙후와 생산시설의 노후화, ③당시 빠른 경제성장을 이루기 시작한 한국에 대한 대항의식, ④1970년대 전반의 이른바 '동서 데탕트 무드' 등의 조건 하에서 6개년 경제계획(1971-1976)의 목표달성을 위한 정책적 조치 등이다.

하지만 1970년대의 이른바 '오일쇼크'의 여파로 북한의 주력수출상품인 납·아연 등 비철금속의 국제가격이 폭락하게 되고 동시에 선진 자본주의 국가들은 불황의 여파로 비철금속 수입을 대폭 줄이기에 이른다. 이에 따라 북한의 수출은 큰 타격을 받게 된다. 그런데 북한은 이들 비철금속을 대신할 만한 외화획득자원이 없었다. 더욱이 1970년대 중반부터는 종래의 선진 자본주의 국가들로부터의 차관은 말할 것도 없고, 사회주의 국가들로부터의 차관도 거의 없어졌다. 비싼 돈을 들여 기계를 들여왔으나 그 돈을 갚을 길이 막연했다. 따라서 채무상환 불이행 사태가 발생했다.

---

78) 양문수, 「북한경제의 구조」(서울: 서울대학교출판사, 2002), p. 246.

또한 국내적으로는 1970년대 말부터 '생산의 정상화'에 대한 요구가 강도 높게 제기되기 시작했다. 단적인 예는 1979년의 김일성 신년사에 이어 1980년의 신년사에도 '생산의 정상화'에 대한 강한 요구가 등장했다는 것이다. 물론 김일성이 생산의 정상화를 당부하고 요구한 것은 이것이 처음은 아니다. 하지만 신년사에 2년 연속 등장한 것은 매우 이례적인 것이었다. 그만큼 '생산이 정상화되고 있지 않음'을 보여 주는 것이기도 하다. 이와 함께 김일성은 1979년의 신년사에서 "대외무역을 발전시키는 데 큰 힘을 넣어야 합니다"라고 대외무역의 중요성을 강조하고, 특히 "인민경제의 모든 부문에서 수출품을 우선적으로 생산해야만 합니다."라고 말해 사태의 심각성을 간접적으로 인정했다.

무역확대의 정책방침은 1980년대에 들어 더욱 강화된다. 특히 이 시기는 무역을 언제까지 얼마만큼 늘린다는 구체적인 목표까지 등장한다. 1984년의 최고인민회의 제7기 3차 대회에서 채택된 "남남협력과 대외경제사업을 강화하고 무역을 일층 발전시킬 데 대하여"라는 결정에서는 1980년대 말까지 연간 수출액을 1984년보다 4.2배 확대한다는 목표를 설정하였다. 이와 함께 5-6년 이내에 사회주의 제국과의 무역을 당시의 10배로 확대한다는 목표도 제시되었다. 또한 이를 위해 수출원천의 확대, 무역의 다양화·다변화, 신용 제일원칙의 철저한 준수 등을 강조했다. 아울러 눈길을 끈 것은 이른바 '우호적인 자본주의 제국'과의 무역을 발전시키는 것도 강조되었다는 사실이다. 같은 해인 1984년, 합영법을 제정해 외국인 직접투자의 유치를 통하여 대외경제상의 애로를 타개해 보고자 한 것도 이러한 맥락에서 이해할 수 있다.

한편 누적채무문제로 고민하던 북한은 중·소의 협력을 얻기 위해 많은 노력을 기울여 1980년대 중반에서야 성과를 거두게 된다. 1984년에 김일성은 1960년대 이후 처음으로 구소련을 방문, 다음 해 소련과 무역·경제협력협정을 체결하기에 이른다. 나아가 중국과는 1986년에 무역협정을 체결하게 되었다. 1980년대 중반부터 '우호적인 자본주의 제국'과의 무역을 발전시키는 것이 강조되었지만 중국과 소련으로부터의 지원약속을 얻고 나서는 서방세계에 대한 기대, 서방세계에 대한 수출노력은 자연스럽게 약화되었다. 이렇게 해서 1980년대 중·후반은 사회주의 국가들과의 무역, 특히 구소련과의 무역이 가장 중요시되던 시기로 되었다.

하지만 1990년대 들어 사회주의권이 붕괴하고 북한은 대외경제 측면에서 새로운 시련의 시기로 접어들게 된다. 북한은 자본주의권의 가장 중요한 국가인 미국에 의한 대북한 경제제재의 완화가 경제난을 타개하는 데 있어 핵심적 역할을 할 것이라는 인식을 하게 된다. 즉, 북한은 미국과의 관계 개선을 통하여 안보면에서 체제 유지를 보장받는 한편, 미국의 대북한 경제제재 완화 및 경제관계 수립을 염두에 두었던 것이다. 그러나 미국은 북한의 요구에 부응하지 않았다. 이에 북한은 핵카드를 선택, 벼랑 끝 전술을 펼치기에 이르러 한반도에 핵위기가 발발했던 것이다.

1993·94년 핵위기는 상당기간에 걸친 북미 간 대화와 협상 끝에 그 해 10월 '제네바합의 틀'이라는 중요한 결과를 만들어내면서 일단 평화적으로 수습되었다. 북한은 핵시설을 동결하고 미국을 위시한 국제사회는 그 대가로 KEDO를 만들어 경수로 2기를 건설해 북한의 전력을 보전해주는 데 합의한 것이다. 이 합의 틀에는 이밖에도 경제제재 완화와 북미 간 관계정상화 초기 조치들이 포함되어 있는데 이후 큰 진전은 없었지만, 예컨대, 1995년 1월 20일 대북한 경제제재를 부분적으로 완화하였으며, 그 내용은 다음과 같다.[79]

1. 통신 및 정보: 미국과 북한 간에 전화통신 연결에 관련된 거래, 개인적 여행의 신용카드사용 및 여타 여행 관련 거래를 허용하고, 언론인들의 지국 개설도 허용한다.
2. 재정 거래: 미국에서 시발되거나 종결되지 않는 거래를 결제하기 위하여 미국 은행체계를 사용하도록 허용한다.
3. 무역 거래: 미국 제철업소에서 내화물질로 사용되는 마그네사이트를 북한으로부터 수입하는 것을 허용한다.
4. 기본합의문을 이행하기 위한 조치: 워싱턴과 평양에 연락사무소를 설치·운영하는 것과 관련된 거래를 허용한다. 경수로 사업에 대한 미국 기업의 참여, 대체 에너지 공급, 폐연료봉 해체 등 미국과 북한 간 기본합의문에 규정된 사업에 대해서는 적용

---

79) Department of State, *Easing Economic Sanctions against North Korea* (Washington D.C.: Department of State, January 20, 1995).

법규에 맞추어 케이스별로 검토한다.

위와 같은 미국의 대북한 경제제재 완화조치의 실질적 내용에 대한 미국 재무성의 외국자산규제청(Office of Foreign Assets Control: OFAC)의 설명 자료에 의하면, 미국의 대북한 무역 및 금융거래는 전술한 포괄적 경제제재의 틀 속에서 해외자산규제규정에 의하여 규제되고 있다. 즉, 미국기업이 대북한 경제제재를 위반하는 경우 재무성은 10년 이하의 징역 또는 1백만 달러 이하의 벌금을 부과하도록 되어 있다. 또한 미국의 대북한 수출입은 재무성의 외국자산규제청과 상무성의 수출통제국(Bureau of Export Administration: BXA)에 의하여 규제된다.[80] 미국의 대북한 경제제재 완화조치가 미국과 북한 간 경제교류에 미치는 실질적 효과는 다음과 같다.[81]

첫째, 미국과 북한 간 통신과 관련, 국제통화를 허용하며 미국 회사가 미·북간 국제전화회로 연결에 필요한 장비의 대북 수출 승인을 요청해 올 경우, 사안별로 승인을 검토한다. 미 국민의 북한 여행 시, 여행과 관련된 대금 결제를 위한 미국 은행 발행 신용카드의 사용을 허가한다. 미국과 북한의 언론기관의 상대방 지역 내 사무소 설치를 허용한다.

둘째, 금융거래와 관련, 미국은 북한이 제3국과 달러에 의한 국제거래 결제목적으로 미국 은행을 사용하는 것을 허용한다. 그러나, 미국과 북한 간 무역 또는 무역외 목적으로 한 직접 금융거래는 계속 불허한다. 한편, 미국에 동결된 북한자산 중 북한 또는 북한의 해외기업이 아닌 송금자에게 반환될 경우에 한해서 해제한다.

셋째, 미·북간 무역거래와 관련, 미국 기업은 북한산 마그네사이트를 상무성의 수출통제국의 허가를 취득한 후 수입할 수 있다.

넷째, 향후 연락사무소 설치와 관련, 미국은 사무소 개설 및 운영과 관련된 사

---

80) Office of Foreign Assets Control, *North Korea: What you need to know about the U.S. Embargo*, http://www.ustreas.gov/treasury/services/tac/tac.html.

81) Office of Foreign Assets Control, *North Korea: What you need to know about the U.S. Embargo*; 외무부, 「미국의 대북한 경제제재 완화조치 설명자료」 (서울: 외무부, 1995) 참조.

무실 임차료, 전화 사용료, 현지 고용인 급료 등의 자본거래를 허용한다.

다섯째, 기본합의문에 따른 경수로 사업, 대체에너지 제공, 사용 후 핵연료봉 처리 등과 관련한 사업시행을 위해 미국 회사가 사전에 사업 승인을 신청할 시에는 사안별로 승인을 검토한다.

경제제재 완화 조치들과 더불어 북미관계는 클린턴 행정부 아래 화해의 분위기가 감돌았다. 이는 김대중 정부가 강력하게 추진했던 '햇볕정책'이 한미일 공조체제를 강조한 데서 기인한 바가 컸다. 미국에 대선이 있기 전 매들린 올브라이트 국무장관이 평양을 방문하였으며, 북한의 조명록 차수가 워싱턴을 방문해 북미간 정상들의 교차방문까지 논의되었다. 사실 클린턴 대통령은 북한 방문 일보 직전에 미국 대선 개표 문제가 불거져 무산되었다. 만약 클린턴이 평양을 방문하고 북미 정상 간에 일종의 공동선언 같은 것이 채택되었다면 북미관계는 되돌리기 힘들 정도로 진전된 단계로 도약했을 것이다.

5. 맺음말

논의된 바와 같이 북한은 체제형성 및 발전과정에서 소련과 중국으로부터 직간접적 영향을 받았음을 알 수 있다. 북한정권의 형성자체가 소련 군정의 후견 하에 소련의 설계도에 의거하여 이루어졌으며, 한국전쟁 이후에는 중국의 체제모델을 따라서 대중동원에 의한 경제발전 전략을 추진하였다. 그러나 스탈린 사망 이후 사회주의권에 불어 닥친 수정주의의 바람과 중국의 문화대혁명 이후 북한은 문을 닫고 소련과 중국으로부터 관계를 통제하기에 이르렀다.

뿐만 아니라 한국전쟁 이후 북한은 미국 주도하의 자본주의 세계경제로부터 따돌림을 당한 결과 이중의 고립을 자초하기도 하였는데 대내적으로는 이를 자립적 민족경제 노선이라는 이름으로 정당화하기도 하였다. 북한은 주체사상을 구호로 내세워 자력갱생 또는 자주노선을 걷고 있다고 주장하고 있지만 실제로는 북한의 대외적 의존성이 얼마나 심한지가 잘 드러났다. 특히 1950년대 말까지 북한의 경제적 필수품의 확보는 사회주의 국가들의 원조에 의존하였으며, 사회주의 산업화 역시 사회주의 국가들의 도움에 의해 추진될 수밖에 없었던 점이 확인되었다.

또 하나 중요한 점은 북한체제에 영향을 미친 외적인 규정력인 자본주의체제이다. 그리고 이 자본주의체제의 정점에는 한반도에 직접적인 이해관계를 가지고 있는 미국이었다. 제2차 세계대전 후 자본주의 세계체제는 미국이 헤게모니체제를 구축함으로써 '팍스 아메리카나'(Pax Americana) 시대를 열었다는 점은 북한에 또 다른 규정력으로 작용했다. 제2차 세계대전 이후 주요 선진 자본주의 국가들은 전쟁으로 인한 대량 파괴는 물론이고, 국가정당성 위기와 자본가계급의 지배위기에 놓였다. 이는 자본주의 체제자체의 존속이 의문시될 정도의 체제적 위기로 직결되었다. 미국은 이 같은 전후 세계 체제적 위기를 해소하고 자유주의적 세계시장과 균형 잡힌 국가간체제(interstate system)를 창출하는 데 주도적 역할을 담당했다. 이 위기국면에 발생한 한국전쟁이 이후 안정된 세계체제 구축에 결정적 계기를 제공했다는 점은 대단한 아이러니가 아닐 수 없다. 그 결과 약 사반세기에 걸쳐 미국의 헤게모니 아래 자본주의는 황금기를 구가하게 된다. 한반도의 비극을 딛고 세계자본주의가 다시 일어서게 된 것이다.

전후 미국의 헤게모니는 단순히 생산력의 지배적 우위와 강대한 군사력에만 의존한 것이 아니라 문화적·도덕적 지도력과 보편적 가치를 내세운 비전 위에 성립된 체제로서 "동의에 기초한 지도력", 즉 헤게모니였던 것이다. 자유주의적 세계시장의 원만한 작동과 중심부내에 대대적 충돌이 없는 국가간체제의 유지를 통해 세계체제가 유연하게 전개되어 나가도록 지배하고 통치하는 것이 헤게모니이며, 미국이 이 위상을 전후부터 1970년대 초까지 약 사반세기동안 담당했다.

이 기간 동안 세계질서를 특징지은 또 다른 차원은 이른바 '냉전'이었다. 일반적으로 냉전은 1947년 그리스내전이 발단이 되어 나온 트루만 독트린(Truman Doctrine)으로부터 출발하고, 이후 주로 미국과 소련을 정점으로 자유진영과 공산진영간 적대와 대립 및 갈등을 가리키는 개념으로 이해되어 왔다. 더 나아가 소련과 사회주의권이 사회주의 세계체제를 형성해 자본주의 세계체제와 병립적·대결적으로 전개되었다는 견해도 있다. 하지만 이런 입장은 지극히 피상적인 현실만을 포착할 뿐 전후 미국 헤게모니체제를 이해하는 데 전혀 도움을 주지 못하는 단견이다.

냉전은 현실을 감추는 이데올로기로 활용된 측면이 매우 강하다. 소련에 대한 봉쇄와 그에 수반된 진영 간 적대, 중동과 동북아 태평양 지역에 대한 영향력 확보, 주변부의 적절한 통제 등이 냉전구조의 주요 내용이자 특징인 점은 분명하다. 그러나 냉전은 자본주의 세계체제 내 '사회적 기강'(social discipline) 확립에 결정적 도움을 주어 미국 헤게모니체제의 유지와 순조로운 자본축적활동에 긍정적 기능을 담당했다는 점을 인식해야 한다.

이런 각도에서 볼 때 냉전은 이중적 기능을 담당했다. 첫째, 미국을 비롯한 주요 자본주의 국가들 내에서의 기능인데, 노동에 대한 자본과 국가의 안정된 지배의 확립을 담보하는 데 일조함으로써 순조로운 축적활동 보장을 위한 이데올로기적 기제로서의 기능을 했다. 둘째, 미국의 탈식민화정책에 따라 대거 등장한 신생 독립국의 민족해방 열기를 잠재우고 그들을 계속 중심-주변이라는 세계자본주의 계서제(hierarchy)속에 묶어두는 데도 일조했다. 1989년 12월 부시(G. Bush) 미국 대통령과 고르바쵸프(M. Gorbachev) 소련 공산당 서기장 간에 맺어진 '몰타 협정'에 따른 냉전의 공식적 종말 시점까지 소련은 미국과 더불어 자유주의적 자본주의 세계질서의 한 기둥 역할을 했던 것이다. 소련은 미국 헤게모니의 주니어 파트너에 불과했지 미국의 실질적 위협이 된 적이 없었다. 소련의 위협은 미국 헤게모니 유지를 위해 사실과 달리 부풀려지기도 하고 왜곡되기도 하였다.

이런 점은 냉전구조의 공고화와 동북아 지역으로의 확산에 결정적 계기가 된 한국전쟁 발발 당시에 특히 그랬다. 당시 미국 헤게모니사업 추진세력이었던 트루만 (H. Truman) 대통령과 딘 애치슨(D. Acheson) 국무장관은 미국 내 "전쟁 공포"를 일으키고 소련의 위협을 과장하여 미국 내 국제파 대 국내파 사이의 제도정치 위기를 타개하고 헤게모니사업을 지속적으로 밀고 나갈 수 있는 계기를 마련해준 "재무장 프로그램"을 성공적으로 진척시킨 바 있다. 죠지 케난(G. Kennan)이 미국의 소련 봉쇄정책을 "속임수"라고 주장한 것도 이런 맥락에서다. 한국전쟁을 계기로 미국은 군사적 케인즈주의 노선 채택에 성공하고 광범위한 개입을 내용으로 하는 외교노선 확립에 성공하였다. 따라서 냉전을 단순한 국제 정치·군사적 동서 대립으로 보는 것에서 나아가 전후 미국 헤게모니체제의 형성과 그 성공적 전개의 일부로서 냉전구조를 사고하는 것이 필요하다.

자주노선을 선언한 이후 북한은 자신들의 주장과 달리 자주적이지도 못하고 자립적이지도 못하였다고 할 수 있다. 1970년대에는 채무불이행을 선언해야 할 만큼 자본주의 국가들로부터 차관을 대거 끌어 사용하기도 했다. 동시에 이 시기에도 사회주의 국가들과의 우호적 국제가격에 따른 교역은 있었고, 특히 원유 같은 분야에 있어 대외적 의존성이 높았다.

제4장

북한의 경제발전 과정에서의 세계체제의 영향 *

1. 문제제기

이 장에서는 경제체제와 발전전략에 초점을 맞추어 세계체제의 영향을 분석한다. 북한 당국은 자신들의 경제이론과 경제체제, 경제성장 전략이 다른 사회주의 국가들의 그것과는 확연히 구분되는, 자신들의 독창적인 것이라고 주장하고 있다. 그리고 자신들의 체제와 이론이 사회주의 기본경제법칙의 요구를 실현하기 위한 가장 적극적인 형태라는 주장까지 펴기도 한다. 하지만 북한당국이 주장하는 전략의 독창성에는 분명히 의문의 여지가 있다.

북한당국은 자신들의 독창적인 이론과 노선 등으로 인해 이미 7개년 계획 (1961~70년) 기간에 사회주의 공업화를 실현, 사회주의 공업국가로 탈바꿈했다고 밝히고 있다. 하지만 외부세계의 관찰자들은 이미 1960년대부터 북한경제의 시련이 시작되었다고 보고 있다.

1990년대 이후의 경제난에 대해 북한당국은 주로 외부적 요인을 강조한다. 사회주의권의 붕괴와 과중한 군사비 부담이 오늘날의 경제난을 초래한 주된 원인이

* 양문수

라는 것이다. 그러나 외부세계의 관찰자들은 내부적 요인, 즉 북한의 경제체제, 경제성장 전략이 본질적인 요인이라고 보고 있다.

경제체제와 이론의 독창성 주장은 경제성장 전략의 방향성 설정에도 큰 영향을 미쳤다. 바로 자력갱생이다. 그리고 이는 자립적 민족경제 건설과 밀접한 관계가 있다. 하지만 북한당국 스스로 자력갱생 원칙에 과연 얼마나 충실했을까?

이 장에서는 이상과 같은 인식에 입각해 일제 식민지의 영향에서부터 북한의 건국 이후 1980년대 말까지를 대상으로 경제계획 전개과정에서의 외부세계의 영향력, 규정력을 검토하기로 한다. 특히 경제성장 과정에서 세계체제의 영향이 있었는지, 있었다고 한다면 어떠한 메커니즘을 통해 영향을 받았는지를 중점적으로 살펴보기로 한다.

2. 일본의 식민지 유산

가. 정치체제 및 지배구조의 유산

식민지 시대의 조선, 특히 1930 · 40년대의 조선과 해방 후의 북한은 정치체제나 지배구조의 측면에서 연속성이 있다는 것은 부정하기 힘들다. 다만 그 정도나 중요성에 대해서는 학자들 간에 견해차가 있을 수 있다.

기무라 미츠히꼬 (木村光彦)는 정치체제 측면에서의 연속성을 매우 중시하는 입장이다. 그는 일본제국주의와 북한은 양 체제가 전체주의라는 점에서 공통점을 가지고 있다고 한다. 즉 양자는 정치 · 경제활동의 자유를 인정하지 않고 국가에 모든 권력을 집중시키면서 국가의 일원적 관리 하에 일정한 국가목표를 달성하는 것을 최우선으로 추진했다는 것이다. 구체적으로는 통제의 강화, 인적 · 물적 자원의 국가총동원, 자산 국유화의 움직임 등이 1930년대 식민지 조선에서 시작되

었고 이는 해방과 더불어 북한에 계승·발전되었다.[1]

그는 특히 8·15 이후 북한에 큰 혼란 없이 정치체제의 전환이 이루어졌던 이유를 식민지 시대의 유산에서 찾고 있다. 즉 1930년대 이후의 조선은 전체주의가 정치, 사상, 사회, 경제를 지배하고 있던 시기였기 때문에 북한 정권 수립에 있어서 사상, 정책 등의 근본적 변혁을 필요로 하지 않았다는 것이다.[2]

木村光彦의 주장대로 이러한 면이 있는 것은 부정할 수 없을 것이다. 다만 일본 제국주의와 북한의 체제에는 정치체제에 대한 주민들의 반응, 정권에 대한 주민들의 저항감의 정도 등의 면에서 다소 차이가 있다. 식민지 지배자냐 아니냐 하는 것은 전체주의라는 특성 못지 않게 중요한 요인이기 때문이다. 특히 북한에서 '유일체제'가 본격적으로 등장한 1967년 이전에 대해 양 체제의 공통점을 지나치게 강조하는 것은 부적절할 것 같다.

Cumings는 지배기구, 즉 중앙집권적 관료조직에 주목하고 있다. 그는 고대시대부터 동질성을 유지하여 온 조선에 일본은 근대적 통합체로서의 국민국가형성에 필요한 물리적 기반을 유산으로서 남겼지만, 그 중에서 특필해야 할 것은 고도로 체계화된 관료조직, 즉 조선총독부로 대표되는 지나치게 거대한 중앙집권적 지배기구라고 주장하고 있다.

그는 일본이 강력한 중앙집권적 지배기구의 구축에 얼마나 많은 힘을 쏟았는지 프랑스의 베트남 지배와 비교하면서 보여주고 있다. 즉 1937년에 프랑스는 2,920명의 프랑스 행정관과 10,776명의 프랑스군, 38,000명의 베트남인 관리를 가지고 인구 1,700만 명의 베트남을 지배했다. 이에 비해 일본은 같은 해, 2개 사단의 군인과 함께 공직 및 전문직에 종사했던 24만 명의 일본인과 63,000명의 조선인 관리로써 인구 2,100만 명의 조선을 지배했다. 그런데 인도에 대한 영국인의 지배기구에 비해 베트남에 대한 프랑스의 지배기구는 지나치게 비대하다고 종종 이야기된다. 그러한 프랑스의 베트남 지배기구도 일본의 조선 지배기구에 비하면 초

---

1) 자세한 것은 木村光彦,「北朝鮮の經濟 起源·形成·崩壊」(東京: 創文社, 1999) pp. 187-195 참조.
2) 木村光彦는 북한체제가 조선의 유교적 전통주의를 기반으로 해서 일본의 국가주의, 스탈린주의, 모택동주의의 영향을 받아 성립한 전체주의체제의 하나의 형태라고 보고 있다. 木村光彦,「北朝鮮の經濟 起源·形成·崩壊」, p. 189.

라하기 짝이 없다는 사실을 발견하게 된다.[3]

　다만 Cumings도 지적하고 있듯이 식민지 시대의 지배기구는 주로 남한의 역사적 유산으로서 계승되었다. 이전에 거대하고 능률적인 다양한 관료조직과 기관들은 수도 서울에 그대로 보존되었다. 그리고 이는 정치에 대한 새로운 형태의 참가를 급격하게 촉진하거나, 반면 가혹하게 탄압할 수 있는 무기로 되었다. 반면 북한은 해방 이후 남한 및 일본과의 연계가 대부분 단절되었다. 따라서 조선총독부로 대표되는 거대한 중앙집권적 지배기구가 북한체제의 형성에 직접적으로 영향을 미쳤다고 보기는 힘들다.

나. 공업화 경험과 그 유산

　여기서부터는 경제적 측면에서 식민지 시대의 유산을 검토하기로 한다. 1945년 해방시점에서 보면 한반도전체의 산업구조는 기본적으로 농업중심이다. 제2차 세계대전의 종전과 함께 탄생한 많은 신생독립국과 마찬가지로 김일성의 북한도 저개발의 농업 국가를 과거로부터 물려받았다.

〈표 4-1〉 식민지 조선의 국내총생산의 산업별구성 (단위: %)

	제1차 산업	제2차 산업	제3차 산업
1913-22년 평균	68.05	6.50	25.45
1923-32년 평균	56.51	8.93	34.56
1928-37년 평균	50.22	13.30	36.48

자료: 溝口敏行·梅村又次編「舊日本植民地經濟統計 − 推計と分析」, (東京: 東洋經濟 新報社, 1988), p. 11.

　하지만 식민지시대의 공업화의 경험과 그 유산[4]을 무시해서는 안될 것이다. 〈

---

3) 자세한 것은 B. Cumings 저, 鄭敬謨·林哲譯, 「朝鮮戰爭の起源 第1卷」(東京: シアレヒム社, 1989), pp. 46-47, 112-113 참조.
4) 이러한 점을 강조하고 있는 논의가 이른바 '식민지 근대화론' 이다. 주창자라고 할 수 있는 안병직은 식민지시대를 경제발전론의 시각에서 연구할 것을 주장한다. 식민지시대는 침략과 개발의 양면을 가지고 있는 것으로 파악해야 한다는 것이다. 그때 특히 1930년대의 공업화를 통해 형성된 물적·인적자산이 오늘날의 한국의 경제발전에 이어졌다고 보고 있다. 예컨대 安秉直·金洛年, "韓國における經濟成長とその歷史的條件," 「鹿兒島經大論集」, 第38卷, 第2號 (1997)참조.

표 4-1)에도 나타나 있듯이 식민지 시대에 상당 정도 공업화가 진전되고 있었다. 특히 1930년대 들어 조선총독부의 산업정책이 종래의 '산미증식(産米增殖)'에서 광공업 진흥으로 전환하면서 조선의 공업화에 박차가 가해졌다.

사회간접자본의 경우, 일본에 의해 항만, 체신, 도로, 철도 등의 건설이 이루어졌는데 1945년 시점에 한반도전역에서 철도의 길이는 6,200km, 도로는 53,000km에 달하고 있었다. 그런데 1945년 중국 전역의 철도 길이는 대략 21,000km로 추정되고 있다. 그것의 약 4분의 3은 만주에 있었다. 피크에 달했던 1943년에 조선의 철도는 1억 2,847만 명의 여객을 실어 날랐지만 중국의 경우, 피크에 달했던 1949년의 바로 앞 해인 1948년에 철도의 수송인원은 2억 6,501만 명에 그쳤다. 바꿔 말하면 조선은 중국의 하나의 성(省)보다도 작은 나라이지만 철도의 길이는 중국 전 국토의 30%, 수송 여객 수는 50%에 이르렀다. 또한 중국 본토나 베트남은 철도가 해안에 따라 집중되어 있지만 조선은 반도의 전역에 4통 5달, 주요도시를 향해 달리고 있다.[5]

식민지 시대의 조선인경영자와 노동자의 성장도 주목해야 한다. 물론 기본적으로는 일본인자본의 주도로 공업화가 진행되었다. 단지 1910년의 한일합방 당시 조선인소유의 공장은 100개에도 미치지 않았지만 1940년에는, 대부분은 영세한 것이지만, 4,000개를 넘을 정도로 크게 늘었다. 또한 조선에 본점을 둔 회사 수는 1921년부터 1937년까지 656개 사에서 4,743개 사로 급증했고 이 가운데 조선인 회사는 124개 사에서 1,854개 사로 격증하였다. 그렇다고 해도 일본인은 관리기술자 및 숙련공이 중심인 데 비해 조선인은 자유노동자·비숙련공이 중심인 식민지적 고용구조는 변하지 않았다. 다만 공업화의 진전이 조선인노동자층의 성장을 가져온 것은 사실이다. 조선인 공장노동자는 1914년의 2만 명에서 1943년에는 34만 명(일본인은 2만여 명)까지 증가하였다. 또한 광산 및 토목건설노동자가 1943년에 각각 약18만 명(일본인은 모두 약 6,000명)에 달하고 있었다. 이러한 것을 통해 비록 소규모라고는 해도 공장을 관리·운영하여 본 경험을 쌓은 조선

---

5) 이와 같이 조선은 사회간접자본에 관한 한, 중국이나 베트남보다 발달해 있었다는 커밍스의 지적은 주목할 만한 가치가 있다. B. Cumings, 鄭敬謨·林哲譯, 「朝鮮戦争の起源 第1巻」, pp. 51-52 참조.

인경영자나, 제한된 범위라고는 해도 어느 정도의 숙련과 근대적인 공장노동의 경험을 갖게 된 노동자가 다수 배양된 것의 의미는 무시할 수 없을 것이다.

다. 전시경제 및 자력갱생의 경험과 그 유산

식민지시대의 유산으로서 전시경제(戰時經濟)의 경험도 들지 않으면 안 된다. 랑게(O. Lange)는 구소련 경제를 가리켜 '독특한 전시경제'라 표현했다. 구소련에서는 정치적으로 결정된 목적의 달성을 위해 국가 전체가 전면적(全面的)으로 힘을 집중하는, 일종의 '총력전'을 펼쳤다. 그리고 그 목적 달성과는 직접적으로 관계가 없는 여타의 중요한 제반 문제는 무시되었다. 이는 서방세계에서의 전시경제 때의 모습과 매우 흡사하다는 것이다.

북한은 급속한 공업화라는 목적 달성을 위해 전사회적으로 총력전을 전개해왔다. 그리고 여타의 중요한 경제적 문제, 특히 주민들의 기본적인 소비생활, 즉 재화·서비스에 대한 수요 충족은 희생되어왔다. 경제에 있어서 중앙의 역할은 결정적이었다. 특히 최고 지도자가 결정하고 지시한 것은 다른 모든 것에 우선해서 집행되었다. 북한 사회주의 경제는 구소련·동구 못지않게 '전시경제'적 요소가 강하다고 할 수 있다. 그리고 이러한 경제시스템의 형성에 식민지 시대의 전시경제 경험이 어느 정도 영향을 미쳤다고 볼 수 있다. 이러한 역사적 유산이 북한사회주의 경제시스템 형성의 결정적인 요인이 아님은 두 말할 필요도 없다. 그렇다고 해도 전시경제의 경험이라는 역사적 요인을 무시할 수 있는 변수로 취급하는 것 또한 적절치 않을 것이다.

특히 식민지시대 말기, 제2차 세계대전 말기의 '자력갱생·자급자족' 경험의 유산도 주목할 만한 요인이다. 당시 전 세계로부터 고립되어 있었던 일본은 필요한 외국산 원료를 수입할 수 없었기 때문에 절대로 필요한 것, 특히 군수품은 국산원료를 써서 대용품을 만들 수밖에 없었다. 일본 정부는 과학자나 기술자를 총동원하여 「기술총동원요강」이라는 책자를 만들어 배포했다.[6] 약 500페이지 정도

---

6) 이 책은 오원철씨가 상공부에 근무하고 있던 1960년대에도 상공부에 비치되어 있었다고 한다.

의 두꺼운 책자로 북한의 아오지 탄광에서 나오는 갈탄을 써서 석유를 만드는 방법이나, 분철식(粉鐵式)의 제철법, 게다가 아주까리씨나 소나무 뿌리에서 윤활유를 만드는 방법, 목재를 건류해서 메탄올을 만드는 방법 등 수백 가지 방법이 기록되어 있다.

이렇듯 자력갱생의 방식으로 움직여진 공장들은 1945년의 해방 후, 북한당국의 손에 넘겨졌다. 자력갱생의 방식에 익숙해진 조선인기술자, 현장 사람들도 그대로 남았다. 이렇게 해서 식민지시대 말기의 자력갱생 경험은 북한이 계승하게 되었다. 오원철(1995)도 강조하고 있듯이 김일성의 '자력갱생' 전략의 기원은 제2차 세계대전 말기 조선총독부의 정책까지 거슬러 올라간다고 할 수 있다.

라. 전력 과다소비 산업구조의 형성과 그 유산

식민지조선에서의 공업화의 전개는 한반도의 산업구조에도 일정한 특징을 부여해 이것이 하나의 역사적 유산으로 남았다.[7]

식민지조선의 전기사업은 1920년대에도 소규모 화력발전에 의한 시가지전등공급이라는 초기 단계에 머물러 있었다. 그런데 1920년대 후반부터 수력발전을 중심으로 한 대규모 전원개발이 시작되어 1930년대 후반에 급격히 확대되면서 전력사업이 크게 활기를 띠었다. 여기에 중심적인 역할을 한 것이 조선의 전력업에서 타의 추종을 불허하는 독점적 지위를 누렸던 일본질소비료(이하 '일질'이라고 줄임)이다.

전기화학공업을 축으로 하고 있던 일질계(日窒系)가 조선에서 처음으로 전원개발에 착수한 부전강 수력발전소는 원래 자가용전원으로서 개발한 것으로 그 전력은 거의 전부 조선질소비료(이하 '조질'로 줄여 씀)의 흥남공장에서 유안제조용으로 사용되었다. 더욱이 일질계의 사업확장으로 새로운 전원개발이 필요하게 되었다. 또한 조선총독부의 산업정책도 종래의 '산미증식(産米增殖)'에서 광공업 진흥

---

7) 역사적 산업구조에 관한 이하의 관한 서술은 堀和生, "1930年代朝鮮工業化の再生産條件," 中村哲他編「朝鮮近代の經濟構造」(東京: 日本評論社, 1990)에 많이 의존하고 있다.

으로 전환하였는데 그 기본은 동력문제의 해결이었다. 이에 일질계는 장진강 수력발전소, 허천강 수력발전소, 압록강 수풍 수력발전소와 같은 대규모 전원을 잇따라 개발하여 갔다. 일질계 이외의 자본도 전원 개발에 참여하였지만 일질계만큼 순조롭게 진행되지 않았다.

이러한 전력공급능력 확대와 함께 전력수요도 급격히 늘어났다. 그 원인은 무엇보다도 저렴한 요금에 있었다. 1930년대에 일질계에 의해 주도적으로 추진되었던 북부조선의 전원개발은 경제성의 면에서 뛰어난 것이었다. 또한 조선총독부는 조선의 전력요금을 일본보다 싸게, 특히 전력을 다량 소비하는 금속·화학공업의 공장에 대해서는 요금을 낮게 책정했었다. 더욱이 일질계의 발전소는 자신의 계열 기업에게는 거의 원가 수준인 싼 요금으로 전력을 공급하였다.

이리하여 흥남을 중심으로 한 본궁, 용흥 등지의 광대한 지역에 조질·일질계의 공장들이 건설되어 대규모 콤비나트가 형성되었다. 일질계 이외에도 수많은 일본의 산업자본이 조선의 저렴·풍부한 전력에 이끌려 북부 조선에 속속 진출하였다.

더욱이 1940년대에 군수생산의 확대가 긴급과제로 떠올랐을 때 일본에서의 전원개발은 극히 정체되었지만 조선에서는 발전시설이 잇따라 준공되었다. 그래서 일본의 기획원은 일본에서의 전력 다소비산업의 신설은 억제하고 만주·조선에서 전기화학·전기야금·경금속정련 등, 전기를 원료로 하는 산업을 일으켜 일본 내 해당산업의 기존설비를 이주시키려고 하였다.

그림 〈4-1〉은 1930·40년대 식민지조선에서의 산업부문별 회사불입자본금의 추이를 나타낸 것이다. 이 그림을 보면 알 수 있듯이 식민지조선의 산업구조는 1930년대 중반을 경계로 급격한 변화를 겪었다. 아울러 전기·가스업의 움직임과 제조업의 움직임이 거의 일치하는 것이 눈에 띈다. 광공업자본의 눈부신 성장은 다름 아니라 이 시점에서의 전원개발에 유인된 것이 분명하다. 1920년대 말 완전히 걸음마 상태에 있던 조선의 전력업은 불과 10년만에 일본에서도 예가 없는 거대설비를 갖춘 회사가 여러 개 설립되기에 이르렀다. 또한 그 전력을 기반으로 화학·금속 등의 전력 다소비산업이 발흥하여 광산업이 발전하였다. 더욱이 1940년대에는 앞에서 말한 정책적인 요인도 얽혀 조선에 전력 다소비산업이 속속 들어

섰다. 전쟁말기의 식민지 조선은 일본 제국주의 경제권내에서 전력 다소비산업의
최대의 중심지역으로 변모해갔던 것이다.

<그림 4-1> 식민지조선의 산업별 회사 불입자본금의 추이

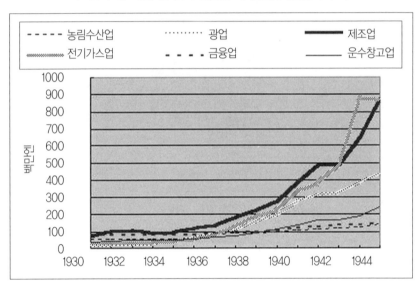

자료: 조선은행, 「조선은행통계월보」, 각호: 조선은행 조사부, 「조선경제연보」, 1948년판
주: (堀和生(1990), p. 216의 그림을 약간 수정한 것임.

사실 조선에서는 1930년대 이후 공업 생산액이 빠른 속도로 늘어나는 가운데
공업 내부에서는 중화학공업의 비중이 급속히 커졌다. 1930년대 이후의 식민지조
선의 공업화는 중화학공업화이었다고도 할 수 있을 것이다. 이러한 것은 앞에서
서술한, 전력 과다소비 산업구조의 형성에 조응하는 것이기도 하다.[8]

---

8) 다만 당시의 중화학공업화는 일정의 한계를 가지고 있는 것이었다. 이들은 일본과 밀접하게 연결되어 있으며 조선사
   회 내부와 유기적 연관을 가지지 않은 식민지공업으로서 한계를 가지고 있다. 또한 당시의 중화학공업은 대부분이 원
   료채취공업 내지는 반제품공업으로 완성품공업은 매우 적었다.

마. 소결: 식민지시대 유산과 북한체제

식민지 시대의 조선, 특히 1930·40년대의 조선과 해방 후의 북한은 정치체제나 지배구조의 측면에서 연속성이 있는 것은 부정하기 힘들다. 예컨대 식민지 시대의 일본은 전체주의라는 역사적 유산을 남겼고 이는 '유일체제' 등으로 불리는 북한체제의 형성에 어느 정도 영향을 미쳤다고 볼 수 있다. 하지만 식민지 권력에 의해 형성된 전체주의와 자국민에 의해 형성된 전체주의는 상이한 차원의 것이다. 즉 영향력의 정도에서 한계가 있을 수 있다.

경제적 측면에서는, 비록 식민지 공업화라는 한계는 있지만, 공업화를 통하여 형성된 물적·인적자산, 또한 어느 정도 정비된 사회간접자본이 북한 체제 형성에 영향을 준 역사적 유산으로 지적될 수 있다. 다만 식민지시대 공업화의 유산은 해방에 따른 일본의 철수와 국토분단, 특히 한국전쟁으로 인한 파괴 때문에 그 의미가 반감된다.

아울러 식민지 시대 말기, 제2차 세계대전 말기의 '자력갱생·자급자족' 경험도 북한체제 형성에 영향을 주었다. 물론 북한의 '자력갱생'은 강요된 측면, 1950년대 및 1960년대의 국제정세에 의해 규정되는 측면이 강하다. 하지만 식민지 시대의 '자력갱생·자급자족'의 경험도 무시할 수 없는 기반으로 작용했다고 볼 수 있다.

또 북한 사회주의 경제는 구소련·동구 못지않게 '전시경제'적 요소가 강하다고 할 수 있다. 그리고 이러한 경제시스템의 형성에 식민지 시대의 전시경제 경험이 어느 정도 영향을 미쳤다고 볼 수 있다.

식민지 공업화에 의해 형성된 전력과다소비 산업구조도 마찬가지이다. 이 산업구조는 공업화 초기의 풍부한 전력사정이라는 초기조건과 북한의 자력갱생전략, 특히 에너지 자급자족 정책이라는 정책적 변수와 결합함으로써 북한의 독특한 전력 과다소비 구조를 탄생시켰다. 공업제품의 생산뿐만 아니라 수송수단에서도 전력에 대한 의존이 더 심해졌고 이는 전력난의 심화를 초래하는 하나의 요인으로 작용했다. 식민지 시대에 싹이 텄던 전력과다소비 산업구조가 북한체제 형성에 영향을 줌으로써 결과적으로 북한 거시경제의 성과(performance)에 부정적 영향을 미친 역사적 유산이 되었던 것이다.

3. 경제개발전략의 형성

가. 북한 경제개발전략의 개요

일반적으로 거시경제의 성과(performance)는 초기조건(initial conditions)과 경제개발전략의 함수이다. 여기서 초기조건이란 정책당국에게 있어서 여건으로 되어 있는 몇 가지 조건을 가리킨다. 즉 자연환경적 요인, 문화적 요인, 과거로부터 이어받은 역사적 유산, 초기발전수준, 정치적·국제적 환경 등을 가리킨다. 개발전략이란 개발목적과, 그 목적을 실현하기 위한 수단·정책의 체계를 총칭하는 것이다. 정책은 크게 보면 제도·조직에 관한 정책과 자원배분과 관계가 있는 정책이 있다.

우선 북한에서 경제개발의 목적이 무엇인지 살펴보기로 하자. 북한체제의 장기적인 목표는 '사회주의의 건설'과 '체제의 생존'으로 요약할 수 있다. 따라서 경제개발의 목적은 군사력의 확보·강화와 경제발전이라고 할 수 있다.

공식적으로도 "사회주의공업화[9]는 사회주의의 완전승리의 필수적 조건으로 된다. 사회주의 공업화는 사회주의의 물질·기술적 토대를 창설·강화하고 나라의 경제적 자립성을 보장"하는 것으로 규정된다. 또 구소련도 혁명 후 그러했듯이 혁명 후 탄생한 사회주의정권에게 체제·정권의 생존은 절실한 문제였다. 주위가 '적'(자본주의 국가)들로 둘러싸여 있고 그들의 공격에 의해 자기 체제가 쓰러질지도 모르는 위기적 상황에 놓여 있다고 인식했기 때문이다. 북한도 예외가 아니

---

9) 북한에서는 다른 사회주의 국가와 마찬가지로 '사회주의 건설'을 위해 공업화에 우선순위가 주어졌기 때문에 경제개발은 사회주의공업화와 거의 같은 말이다.

었다.

그러면 이러한 목적을 달성하기 위해 북한이 취해 온 수단·정책, 즉 제도, 조직, 자원배분정책 등은 다음과 같은 것들로 압축된다. 중앙집권적 계획제도, 자력갱생, 정신적 자극 우선, 고(高)축적·강(强)축적, 중공업 우선 발전전략이다. 즉 중앙집권적 계획제도라는 제도적 기반 하에 소비 희생의 강제저축 메커니즘을 통해 높은 수준의 자본축적을 달성한 뒤 이 자본을 중공업에 우선적으로 투자해 경제성장을 도모하는 것이다. 그리고 이러한 경제성장은 국가적으로는 자력갱생의 방식에 의해, 동시에 정신적 자극을 위주로 해서 사람들을 동원함으로써 달성하고자 한 것이다.

이하에서는 이러한 수단·정책들을 좀더 자세히 살펴보기로 하자. 다만 이 가운데 자력갱생은 다음 절에서 별도로 고찰하기로 한다.

나. 북한 경제개발전략의 골자

(1) 중앙집권적 계획제도

중앙집권적 계획제도[10]는 말 그대로 중앙에 권한이 집중되어 있으며 국민경제의 자원배분을 계획에 의해 실현하고자 하는 제도이다. 북한의 국가적인 경제운영기구, 즉 계획관리기구는 단순화해서 보면 중앙의 계획당국-정부의 산업관련 각 부처(省, ministry)-기업이라는 위계제(hierarchy) 구조로 되어 있다. 즉 위계제의 정점에는 경제전체를 컨트롤하는 중앙의 계획당국(국가계획위원회)이 있고

---

10) 좀 더 넓게 보면 사회주의경제체제이다. 북한과 같은 사회주의경제, 특히 본격적인 개혁·개방 이전의 이른바 고전적인 사회주의 경제체제의 특징은 한국과 같은 자본주의경제체제와 대비 시켜 보면 크게 보아 다음의 3가지로 압축할 수 있다. ①소유제의 면에서 사유제가 아니라 국유제이다. ②자원배분의 메커니즘이 시장이 아니라 계획이다. ③의사결정제도의 면에서 경제행위에 관한 의사결정 권한이 기업, 가계 등과 같은 개별경제주체에 분산되어 있는 것이 아니라 중앙의 행정 당국에게 집중되어 있다. 여기에서 ②자원배분과 ③의사결정의 면에 국 한시켜 본다면 중앙집권적 계획제도가 도출된다. 한편 북한에서 사회주의적 소유의 핵심은 생산수단에 대한 소유이다. 이 생산수단은 주로 국가가 소유하고 일부는 사회협동단체가 소유한다. 북한에서 공장, 광산, 철도, 은행 등 주요 산업에 대한 국유화와 농업에 대한 집단화 등 생산수단에 대한 사회주의적 개조는 1946년부터 시작되어 1958년에 완료되었다고 북한당국은 밝히고 있다.

위계제의 최말단에는 생산 단위인 기업이 있다.

그리고 중앙과 기업, 소비자 사이는 중간적 행정기관 등을 매개로 해서 '보고와 명령'이라는 수직적 의사결정기구로 연결된다. 개별 기업은 자신의 활동과 관련된 제반 정보를 계획당국에 제공(즉, 보고)하고 계획당국은 이를 여타의 정보와 한데 모아 이에 입각해 국가의 목표를 달성하기 위한 계획안을 작성, 이를 모든 기업에 대해 '계획과제'(계획지표)로 내려보내면서 이의 실행·달성을 명령하고 기업의 계획과제 수행상황을 관리·감독한다. 계획당국은 이와 함께 기업에게 생산활동에 필요한 원자재, 설비도 제공하고 자금도 제공한다. 그리고 계획당국은 기업이 생산한 제품을 어디에 공급할 것인지도 지정한다. 기업은 단순한 생산현장에 지나지 않는다.

기업 내에서는 1961년부터 도입된 유명한 '대안의 사업체계'가 지금까지도 기업관리의 가장 중요한 축을 이루고 있다. 그것은 한마디로 말해 종전의 지배인유일관리제 대신에 공장당위원회에 의한 집단지도체제를 기업 관리운영의 중심에 둔다는 것이다. 공장의 관리운영체계를 보면 공장당위원회가 최상부에 있고 그 밑에 지배인과 공장당비서가 있는 것으로 되어 있다. 이렇듯 집단적 지도체제를 표방하고 있으나 실제로는 당 비서의 권한이 가장 큰 것으로 전해지고 있다.

1964-65년부터 도입된 '계획의 일원화·세부화'는 지금까지도 북한에서 계획화의 기본 축을 이루고 있다. 이러한 계획의 일원화·세부화는 "경제 분야에서 중앙집권적 규율을 강화하는 가장 올바른 길"이라고 한다. 계획의 일원화란 전국에 뻗어 있는 국가계획기관과 계획세포가 하나의 계획화체계를 형성하여 국가계획위원회의 통일적인 지도 하에 계획화의 유일성을 철저히 보장하도록 하는 것을 의미한다. 계획의 세부화는 국가계획기관이 직접 전반적 경제발전과 기업의 경영활동을 밀접히 연결시키는, 즉 중앙으로부터 지방과 기업에 이르기까지 국민경제의 부문간, 기업 간 및 지역 간 그리고 그것들 내부 상호간의 모든 경제활동을 세부에 이르기까지 계획에 구체적으로 맞물리게 하는 방법이다.

이상과 같은 중앙집권적 계획제도의 기본 틀은 대체로 1960년대에 완성되었다. 그 후 약간의 변화는 있었으나 오늘날까지 그 골격은 유지되고 있다.

(2) 고(高)축적 · 강(强)축적

김일성이 지속적으로 강조했던 것은 축적과 소비의 균형을 유지하는 것이다. 그런데 그 균형이라고 하는 것이 "축적을 우선적으로 빨리 늘리면서 이와 함께 인민들의 소비를 끊임없이 늘리는 방향에서 이 둘 사이의 균형을 바로 잡는 것"으로 되어 있다. 즉 축적에 우선적 의의를 두면서 축적을 보다 빨리 늘리는 방향에서 국민소득을 분배해야 한다는 것이다. 그리고 이는 재생산과정에서 생산이 소비에 대해 규정적 역할을 수행하며 축적이 생산 확대의 원천이 된다는 것과 관계가 있다. 바꾸어 말하면 축적을 끊임없이 빨리 늘리지 않고서는 생산을 빨리 확대할 수 없으며 생산을 늘리지 않고서는 근로대중의 물질생활수준을 높일 수 없다는 것이다.[11]

축적이냐 소비냐의 문제는 매년의 국민소득을 어떻게 분배하여 이용하는가 하는 문제이기 때문에 "우선 필요한 축적을 공제하고 나서 인민의 소비량을 정하도록 하는 것"을 원칙으로 하고 있다. 고축적을 실현하기 위해서 국가는 생산자로서의 농민에 대해서는 사실상의 배급제와 강제수매를 통한 저분배, 생산자로서의 노동자에 대해서는 저임금을 통한 저분배를 강제로 실현시켰다. 이와 함께 소비자로서의 농민, 노동자에 대해서는 고율의 거래수입금, 소비재에 대한 광범위한 배급제, '애국미', 문자 그대로의 강제저축 등을 통해 소비를 억제했다. 가격과 물량 양쪽에 걸친 광범위한 행정적 통제를 통해 노동자 · 농민의 희생 위에 높은 축적률을 달성하고자 했던 것이다.

(3) 중공업 우선 발전

"중공업을 우선적으로 발전시키면서 경공업과 농업을 동시에 발전시킨다"는 원칙은 1953년 8월의 당 중앙위원회 제6차 전원회의에서 채택된 후 줄곧 북한의 공식방침으로 되어 왔다. 또한 공식적으로는 경공업과 농업발전을 뒤로 미루면서 중공업을 우선적으로 발전시키는 사회주의공업화방법은 지난날 뒤떨어진 식민지

---

11) 자세한 것은 『경제사전 2』(평양: 사회과학출판사, 1985), p. 504; 『경제사전 1』(평양: 사회과학출판사, 1985), p. 742 참조.

또는 반식민지 농업국가였던 나라들과 기타 많은 나라에는 그대로 적용될 수 없다고 주장, 소련을 비롯한 다른 사회주의 국가와의 차별성을 강조하고 있다. 상기의 방침이 북한의 독창적인 것이라는 주장이다.

그런데 실제로는 북한은 중공업 우선전략을 취해왔다고 할 수 있다. 다른 사회주의 국가들과 별로 다르지 않다는 이야기다. 예를 들면 "우리 당은 경제건설의 기본노선에 따라 중공업을 우선적으로 발전시키는 원칙을 일관되게 견지했으며 중공업에 자금과 자재, 설비와 노동력을 집중했다"고 밝히고 있다.[12] 또한 김일성은 "사회주의적 공업화의 중심은 중공업의 우선적 발전에 있다"[13]고 못 박은 바 있다.

또 하나 주목해야 할 점은 중공업 우선전략과 자력갱생론의 결합이다. 즉 "중공업건설에 서 우리 당의 노선은 새로운 기술로 장비되고 주로 국내의 자연자원과 원료원천에 의거하여 발전하며 그리고 우리 인민경제에 필요한 자재, 연료, 동력 및 기계 설비들을 기본적으로 국내에서 생산보장 할 수 있는 자체의 중공업기지를 창설하는 데 있었다. 이것은 곧 자립적이고 현대적인 중공업을 창설하는 노선"이라고 한다. 왜냐하면 자국의 천연자원과 원료원천에 발을 붙이지 못한 중공업은 안정성이 없고 타국 경제에 대한 의존성, 예속성을 면하기 어렵다는 것이다.

(4) 정신적 자극 우선

자극(incentive)이란 조직의 목표 실현과 일치하는 방향으로 조직성원의 노력을 끌어내기 위해 취하는 모든 수단을 가리킨다. 자극에 대한 북한정책당국의 기본적인 입장은 무엇일까? 이것은 "노동에 대한 정치·도덕적 자극을 앞세우면서 거기에 물질적 자극을 옳게 결합시켜나가는 것은 사회주의경제를 관리·운영하는 데 있어서 우리 당이 견지하고 있는 일관된 방침"[14]이라는 김일성의 교시를 보더라도 잘 알 수 있다. 요컨대 정신적 자극을 우선시키는 것이다. 물론 물질적 자

---

12) 「경제사전 2」, p. 425.
13) 「김일성 저작선집 1」, p. 489.
14) 「김일성 저작선집 6」, p. 396.

극을 무시한 것은 아니다. 다만 김일성은 노동의 질과 양에 따른 분배라는 사회주의적인 분배원칙을 엄수하면 물질적 자극은 충분하다고 지속적으로 주장해왔다. 그런데 문제는, 그 사회주의적인 분배원칙조차 실제로는 제대로 지켜지지 않았다는 것이다.

더욱이 김일성은 물질적 자극만을 강조하는 것은 수정주의이며 매우 위험한 것이라고 지적하며 물질적 자극만을 강조하면 사회주의·공산주의가 아닌 다른 길로 빗나가게 된다고 말하곤 했다. 사회주의·공산주의 건설에서 가장 중요한 문제의 하나는 낡은 사회로부터 물려받은 이기주의를 반대하고 사람들의 자발적 열성을 높이는 것인데 돈으로 사람을 움직이려고 하면 결국은 사람들의 머리를 녹슬게 만들고 자본주의로 뒷걸음질치게 된다는 것이다. 그러면 노동에 대한 정치·도덕적 자극이란 어떠한 것일까? 이는 사회주의사회에서 근로자의 창조적 열의를 높이기 위한 기본형태이며 사회주의사회에서 대중을 동원하는 기본방법의 하나이다. 이것은 근로자들 속에서 대인사업, 정치사업을 우선 시켜 주체사상교양을 비롯하여 혁명교양, 계급교양 등의 사상교양사업을 강화하면서 노동의 결과에 대해 정치적 평가를 내리는 정치적 방법으로 실현된다. 정치적 평가에는 모범집단에게 '3대혁명 붉은 깃발'을 주는 것, 모범개인에게 명예칭호와 국가표창을 주는 것 등이 있다.

다. 북한 경제개발전략의 특징

앞에서 보았듯이 북한은 군사력의 확보·강화와 경제발전이라는 목적을 실현하기 위해서 중앙집권적 계획제도라는 제도적 기반 위에 자력갱생, 정신적 자극 우선, 고축적·강축적, 중공업 우선 발전과 같은 수단을 가지고 경제개발전략을 전개했다.

특히 중앙집권적 계획제도는 고축적·강축적, 중공업 우선 발전과 같은 자원배분, 분배정책을 전개하는 데 딱 들어맞는 제도였다. 실제로 구소련, 중국 등의 사회주의제국은 이들 3가지 전략이 하나의 세트로 되어 진행되었고 북한도 예외가 아니었다. 이것 하나만 놓고 보더라도 북한의 경제개발전략은, 전부는 아니라 하더라도 대부분은 구소련의 개발전략 혹은 스탈린 전략에 꽤 가깝다고 할 수 있다.

물론 북한의 전략이 스탈린 전략의 단순 모방에 지나지 않는다고는 잘라 말할 수 없다. 오히려 1950년대 말 이후 북한지도부는 전략의 독자성, 독창성을 강조하여 왔다. 사실 어느 정도 독자성이 있는 것은 부정하기 어렵다. 대표적인 것이 첫째, 다른 사회주의 국가와 마찬가지로 중앙집권적 계획제도를 도입하였지만 보다 집권도가 강한 집권제를 추진한 것, 둘째, 구소련과 달리 '자력갱생'을 강조하여 온 것[15], 물질적자극보다 정신적 자극을 우선시킨 것 등이다. 하지만 자력갱생과 정신적 자극 우선도 북한 독자적인 것이라기보다는 중국의 모택동 전략의 그것에 가깝다고 할 수 있다. 즉 경제개발 전략을 놓고 보면 전반적으로 북한의 독자성을 이야기하기 힘들다.

4. 자력갱생 전략의 형성

가. 자력갱생 전략

북한의 공식문헌은 자력갱생에 대해 "자국의 혁명을 기본적으로 자기의 주체적 역량에 의거해 이루고자 하는 철저한 혁명적 입장이며 자국의 건설을 자국인민의 노동과 자국의 자원에 의해서 추진하고자 하는 자주적 입장"이라고 설명하고 있다. 자력갱생론은 자립적 민족경제 건설의 원칙으로 이어진다. 자력갱생의 원칙을 기초로 자국인민의 힘과 자국의 자원을 동원하여 자신의 기술과 자금에 의거할 때에만 자립적 민족경제 건설이 가능하다는 것이다.[16]

자립적 민족경제의 목적은 어디까지나 자국과 인민의 수요를 충족시키는 것이

---

15) 다만 구소련도, '자력갱생' 정도는 아니지만, 소극적인 무역정책을 전개했고 또 수입대체를 강   조했었다.
16) 「경제사전 2」, p. 206.

다. 그리고 이는 자본주의 사회의 민족경제의 목적이 돈벌이라는 사실과 뚜렷이 구별된다.

자립적 민족경제의 본질적 내용을 이루는 것은 다음의 네 가지이다. 첫째, 다방면적이고 종합적인 경제구조이다. 나라와 인민의 다양한 물자적 수요구조에 맞추어서 중공업, 경공업, 농업 등 모든 생산부문이 갖추어질 뿐만 아니라 그 내부구조와 생산기술공정이 완비되어 민족국가단위로 재생산이 실현되는 경제구조이다. 중공업 우선정책도 이 범주에 들어간다. 둘째, 인민경제의 현대적 기술로의 장비이다. 기술적 자립은 경제적 자립의 중요한 내용을 이루고 있으며 자립적 민족경제는 자기의 현대적 기술에 의해 발전하는 경제이다. 셋째, 자신의 견고한 연료·원료기지이다. 이것은 연료·원료의 자급자족정책에 다름 아니다. 연료와 원료를 남에게 의존하는 것은 경제의 목숨을 남에게 맡기는 것과 같으며 자신의 힘으로 발전하는 경제로서의 자립적 민족경제의 본질적 속성은 원료의 자체해결 정도에 의해 규정된다고 한다. 넷째, 자신의 유능한 민족기술 간부이다.[17]

그렇다고 해서 자력갱생론이 대외무역을 부정하는 것은 아니다. 김일성은 "나라별로 자연적·경제적 조건도 다르고 주어진 단계에서 각국의 생산력발전 수준이나 과학기술발전의 수준도 다르므로 생산되는 원료나 제품의 품종이나 양도 다릅니다. 이러한 조건 하에서 각국은 기본적인 것, 많이 요구되는 것은 스스로 생산하고 적게 요구되는 것이나 모자라는 것, 자국에서 생산할 수 없는 것은 유무상통의 원칙에 따라 외국과의 무역을 통해 해결하지 않으면 안됩니다"라고 밝힌 바 있다. 김정일도 같은 취지의 발언을 하고 있다. "자립적 민족경제는 결코 '폐쇄경제'도 아니고 대외무역을 배제하는 것도 아니다"는 것이다.

그런데 "우리 당의 대외무역정책에서 가장 중요한 것은 자립적 민족경제를 건설하는 기초 위에 대외무역을 발전시키는 것"으로 되어 있다. 요컨대 대외 무역이 자립적 민족경제 건설과 그 발전에 철저히 복무하고 자립적 민족경제의 토대에 입각해서 대외무역을 발전시킨다는 것이다. 이렇게 해서 자력갱생론의 원칙 하에

---

17) 자세한 것은 「경제사전 2」, pp. 206-207 참조.

대외무역은 제한된 범위 내에서 이루어지게 되었다.

나. 자력갱생 전략 등장의 이론적 배경

북한에서 자력갱생 및 자립적 민족경제 논의는 왜 등장한 것일까. 이론적 배경 내지 명분으로는 다음의 것들을 지적할 수 있다.

첫째, 자립적 민족경제 건설은 사회주의·공산주의 건설의 합법칙적인 요구라는 것이다. 사회주의의 물질기술적 토대는 민족적 차이가 남아 있고 국가가 존재하는 한 민족국가단위로 구축되게 된다. 세계에 제국주의가 남아 있는 조건에서 각각의 민족국가는 그 어디에도 구속되지 않는 경제구조, 기술체계, 원료기지를 창설하지 않으면 안된다는 것이다.[18]

둘째, 자립적 민족경제를 건설하는 것은 국가의 정치적 자주성을 보장하기 위한 필수적 요구라는 것이다. 즉 경제적 자립은 정치적 독립, 대외정책에서의 자주성 확보의 물질적 기초라고 주장되고 있다.

셋째, 자립적 민족경제 건설은 근로인민대중에게 국가와 사회의 주인의 입장을 물질적으로 보장하기 위한 필수적 요구라는 것이다. 자립적 민족경제를 건설하여야 국가의 자연자원을 합리적으로, 종합적으로 이용하여 생산력을 빨리 발전시킬 수 있으며 인민생활을 끊임없이 높일 수 있다고 한다.

넷째, 자립적 민족경제 건설은 평등과 자주성의 원칙에서 국가간 경제교류와 협조를 발전시켜 나가기 위해서도 필수적이라는 것이다. 종전에 제국주의의 침략과 약탈로 인해 경제기술적으로 뒤떨어졌던 국가들은 자립적 민족경제를 건설해야 제국주의자들의 신식민주의 정책을 물리치고 그들의 지배와 착취에서 완전히 벗어날 수 있다고 한다.[19]

---

17) 자세한 것은 「경제사전 2」, pp. 206-207 참조.
18) 김일성은 "사회주의·공산주의를 건설하기 위해서는 계급적 차이와 동시에 민족적 불평등도 없애지 않으면 안됩니다"고 전제한 뒤 "자립적 민족경제의 건설은 민족간 불평등의 실제적인 기초를 이루고 있는 경제적 낙후성을 없애고 민족의 번영을 가져오며 사회주의·공산주의사회를 성공리에 건설할 수 있도록 하는 기본적 보장이기도합니다"고 주장하여 왔다.
19) 자세한 것은 「경제사전 2」, pp. 208-209 참조.

다. 자력갱생 전략 등장의 현실적 배경

그렇다면 자력갱생론, 자립적 민족경제론이 형성·유지된 현실적 배경은 어떠할까? 우선 생각할 수 있는 것이 1950년대 후반 이후의 국내외 정세이다. 1956년부터 소련에서 스탈린 비판, 개인숭배 비판이 행해져 당의 집단적 지도원칙이 강조되었는데 이것은 절대권력을 향유하고 있던 김일성에게는 큰 충격이며 위협요인이었다. 또 소련은 북한의 중공업 우선정책을 반대하는 한편 북한의 코메콘 가입을 종용했다. 게다가 당내의 소련파와 연안파가 소련과 중국의 권위를 배경으로 김일성에게 도전했다. 이 시기는 김일성 정권의 최대 위기라고 평가되고 있다. 여기에 북한의 정책에 대한 소련의 간섭을 불만스러워 하는 목소리도 커져갔다. 이에 김일성은 '주체확립'을 내걸어, 외국에 의존하고 있는 반대세력의 숙청에 성공하게 된다.[20]

1960년대도 북한지도부에게 위기의 시대였다. 1960년대 초부터 중소분쟁이 표면화하였다. 북한은 당초 중국을 지지하는 자세를 보였지만 그로 인해 대소 관계가 악화되고 더욱이 소련의 경제원조 중지에까지 이르렀다. 또한 북한은 쿠바 위기에 대한 소련의 태도를 보고 자신의 안전보장을 소련에 크게 의존하는 것이 바람직한지 의문을 가지게 되었다. 또한 베트남 전쟁의 격화와 한국군의 베트남 참전의 상황에서 중·소는 베트남 지원이라는 대의명분에 의해서도 의견이 일치할 수 없었다. 1965년 12월에 한일조약이 체결되어 미국과 일본과 한국이 맺어지게 되었다. 더욱이 중국에서는 문화대혁명이 시작되어 1967년 1월부터 홍위병은 김일성을 수정주의자로 지명해 비난하였다. 북한을 지원해야 할 것이라고 생각되던 중·소양국과의 신뢰관계에 의문이 생기는 가운데 북한의 위기감은 높아지지 않을 수 없었다. 또한 대내적으로는 소련으로부터의 원조중지, 이른바 '국방·경제 병진' 등에 의한 경제성장 둔화, 게다가 당내의 노선대립까지 겹쳤다.

이러한 상황에서 북한지도부는 대외적으로는 소련을 수정주의, 중국을 교조주

---

20) 이것이 1956년의 이른바 '8월 종파사건'과 그 후의 '종파투쟁'이다.

의로 비난하 고 자립적 민족경제 건설, 국방에 있어서의 자위노선을 명백히 하는 노선을 선택했다. 대내적으로는 1967년부터 상당한 인원의 당 간부 숙청, 일인절 대권력체제의 전면화, 개인숭배의 전면화로 치달았다.

사실 1950년대 후반과 1960년대에 소련의 압력에도 불구하고 코메콘과 같은 사회주의적 국제분업화 및 전문화를 거부했을 때에도, 또한 소련의 반대를 무시하고 중공업을 우선적으로 발전시키려고 밀고 나아갔을 때에도 북한지도부는 '자력갱생론'을 내걸었다. 김일성이 "우리가 반대하는 것은 '경제협조'와 '국제분업'을 구실로 다른 나라 경제의 자립적이고 종합적인 발전을 막으며 나아가서는 그 나라들의 경제를 자기에게 얽어매려는 대국주의적 경향이다"라고 주장하고 있는 것은 바로 그러한 상황의 반영이다.

이렇듯 자력갱생론, 자립적 민족경제론의 등장에는 국내외 정치적인 변수가 결정적인 영향을 미쳤다.[21] 한편 1970년대 중반 이후의 외채문제 발생으로 인해 북한은 종전보다 더욱 강하게 자력갱생과 자립적 민족경제 건설을 내세웠다.

라. 자력갱생 전략과 세계체제

사실 자력갱생론과 자립적 민족경제론은 기본적으로 경제적 담론이라기보다는 정치적 담론, 이데올로기적 담론에 가깝다고 할 수 있다. 그리고 이들 전략은 북한당국의 자발적 선택의 결과라는 측면도 있지만 외부환경 변화에 대한 고육지책적 대응이라는 측면도 무시하지 못한다. 즉 전부는 아니라 해도 일정 정도 '강요된 자립'의 성격도 있다는 것이다.

즉 앞에서 보았듯이 1950년대 후반 및 1960년대에는 스탈린 사망 이후 사회주의권의 움직임이 북한의 자력갱생 전략의 형성에 많은 영향을 주었다. 또한 냉전시대에 미국 및 한국과의 대치상태가 지속되었다는 사실도 자력갱생전략의 형성

---

21) 그렇다고 해서 경제적 변수, 특히 경제적 초기조건의 영향을 무시할 수 있는 것은 아니다. 첫째, 식민지시대 말기, 제2차 세계대전 말기의 자력갱생·자급자족 경험의 역사적 유산이다. 둘째, 풍부한 지하자원, 수력자원이다. 결국 식민지 시대에 '자력갱생·자급자족'을 해 본 경험이 있고, 또한 북한 내부에 풍부한 수력자원, 광물자원이 있으니만큼 에너지와 기초원자재 를 자급자족하는 것이 전혀 불가능하지는 않다고 북한지도부는 판단한 것 같다.

에 영향을 미쳤다.[22] 즉 넓게 보면 사회주의 세계체제와 자본주의 세계체제의 영향을 동시에 받았다고 할 수 있다.

5. 1970·80년대 대외경제관계의 전개와 세계체제의 규정력

가. 서방세계와의 무역확대 시도

북한은 1960년대 말까지 대외무역정책의 기조로써 자력갱생 원칙에 의한 자립적 민족경제건설노선을 고수해 대외무역을 최소의 범위·규모로 제한하여 왔다. 또한 정경일치의 원칙에 의해 주로 사회주의 국가들과 무역을 했다. 특히 구소련·중국과의 무역이 압도적이었다. 물론 1960년대 들어 사회주의 국가들로부터 원조가 급격히 줄어들었기 때문에 1960년대 후반부터 자본주의 국가들과의 무역에도 눈을 돌리기 시작하였지만 아직은 부차적인 것에 지나지 않았다.

이러한 무역정책의 기조는 1970년대에 들어서면서 변화의 조짐을 보이기 시작했다. 1972년부터 일본, 프랑스, 독일, 영국 등 서방세계와의 무역 확대를 시도했는데 이들 국가로부터 대규모의 차관 등을 토대로 대량의 기계·플랜트 등 자본재를 들여온 것이다.[23] 당시의 북한으로서는 획기적인 정책이었다고 할 수 있다.

1972년부터 급격히 확대되기 시작한 서방세계와의 무역은 1974년에 피크에 달했다. 이 해는 자본주의 국가들로부터의 수입이 전체무역에서 차지하는 비중이

---

22) 小牧輝夫은 이와 관련, 북한이 취해온 자력갱생정책 바꾸어 말하면 '내향적 경제전략'은 어쩔 수 없는 측면도 있음을 잊어서는 안된다고 주장하고 있다. 북한은 한국·미국과 대치하고 있고 일본과도 국교가 없기 때문에 실제로 서방측과의 경제교류에는 한계가 있다는 것이다. 小牧輝夫, "社會主義中進國 北朝鮮," 小牧輝夫編「朝鮮半島 – 開放化する東アジアと南北對話」(東京: アジア經濟研究所,1986), p. 84 참조.

23) 북한은 자국의 무역통계를 발표하지 않고 있다. 그래서 북한의 무역에 관한 통계는 무역상대국이 발표한 통계로부터 역추정하는 방식으로 정리하고 있다. 이 글에서는 주로 한국의 통일부가 추정한 결과를 이용하기로 한다.

53.7%를 기록, 사상 처음으로 사회주의 국가들로부터의 수입을 앞질렀다. 그러나 1975년 이후 유럽 국가들로부터의 수입은 급속히 줄었다.[24]

그런데 1970년대 전반 서방세계와의 무역확대정책은 커다란 문제를 발생시켰다. 북한당국의 기대와는 달리 엄청난 무역수지 적자가 발생한 것이다(표 4-1 참조). 1974년의 경우, 무역수지 적자액(6.2억 달러)은 같은 해 수출총액(6.8억 달러) 규모에 근접했다. 그리고 이러한 무역수지 적자의 급증은 후술하듯이 북한의 외채문제를 발생시키는 직접적인 계기로 작용했다.

〈표 4-1〉 북한의 대외무역 추이: 1971-86년 (단위: 백만 달러)

	수출		수입		무역수지
1971	410	(9.8)	500	(13.6)	-90
1972	400	(-2.4)	640	(28.0)	-240
1973	500	(25.0)	840	(31.3)	-340
1974	680	(36.0)	1,300	(54.7)	-620
1975	820	(20.6)	1,090	(-20.8)	-270
1976	730	(-11.0)	800	(-26.6)	-70
1977	680	(-6.8)	840	(5.0)	-160
1978	1,020	(50.0)	1,060	(26.2)	-40
1979	1,360	(33.3)	1,430	(34.9)	-70
1980	1,560	(14.7)	1,860	(30.1)	-300
1981	1,210	(-22.4)	1,620	(-12.9)	-410
1982	1,530	(26.4)	1,700	(4.9)	-170
1983	1,320	(-13.7)	1,510	(-11.1)	-190
1984	1,340	(1.5)	1,390	(-7.9)	-50
1985	1,310	(-2.2)	1,780	(28.0)	-470
1986	1,510	(15.3)	2,060	(15.7)	-550

주: 한국 통일부의 추정치, 괄호 안은 전년비 증감율
자료: 양문수, 「북한경제의 구조」, pp. 251-253.

이러한 대규모 무역수지 적자의 발생은 수출 증가세가 수입 증가세를 쫓아가지

---

24) 다만 일본은 북한의 주요한 수입상대국으로서의 지위를 상당기간 유지하였다.

못했기 때문이다. 특히 1차 오일 쇼크의 영향이 컸다. 1973년의 1차 오일쇼크로 석유가격이 급등, 수입규모의 확대가 불가피했다. 동시에 서방세계로부터의 기계 플랜트의 수입이 크게 늘었다. 반면 오일 쇼크에 따른 세계적인 경기침체로 북한의 주력수출상품인 납·아연 등 비철금속의 국제가격이 폭락하게 되고 동시에 선진자본주의 국가들은 비철금속수입을 대폭 줄이기에 이른다. 세계적인 불황은 꽤 오래 지속되었고 북한의 수출은 큰 타격을 받았다. 수출액은 1974·75년에는 어느 정도 신장세를 보였으나 북한의 예상을 밑돌았고 더욱이 1976·77년에는 아예 감소세로 돌아섰다.

그렇다면 북한은 왜 이 시기에 서방세계 무역 확대정책을 폈을까? 당시의 국제 정세부터 간단히 살펴보자. 1971년부터의 동서 데탕트 무드 속에서 중국과 미국, 중국과 일본의 관계가 급속히 개선되는 등 굳게 닫혀있던 중국의 문이 열리기 시작했다. 그 다음은 북한이 아니겠느냐는 관측이 나오는 것은 당연했을 것이다. 여기에다 1972년 및 1973년 초는 전 세계적으로 금융이 과잉상태였다. 국제자본은 북한에게 돈을 빌려주겠다고 나설 정도였다.

다른 한편으로 북한은 6개년 계획(1971-76년)의 목표달성에 신경이 쓰이지 않을 수 없었다. 목표를 2년 앞당겨 달성하고자 1971년부터 노력했으나 결과는 시원치 않았다. 중국·구소련부터의 원조는 이미 오래 전에 중단된 상태였다. 또한 1971년부터 한국과의 대화가 시작되어 1972년에는 7·4공동성명이 탄생했다. 그런데 한국은 외국으로부터의 설비 도입에 열을 올리면서 경제개발에 박차를 가하고 있었다. 이러한 한국을 의식하지 않을 수 없었다.[25]

그렇다면 빌려온 돈을 어떻게 갚을 것인가. 1972·73년은 오일쇼크가 발생하기 직전 시기이다. 북한의 주된 수출상품인 금, 은, 납, 아연 등의 국제가격이 천

---

24) 다만 일본은 북한의 주요한 수입상대국으로서의 지위를 상당기간 유지하였다.

25) 小牧輝夫는 이들 여러 요인 가운데 한국과의 대결의식을 강조하고 있다. 그는 북한이 서방세계에서 차관 등을 들여오면서까지 기계·플랜트를 대량으로 들여와 대규모 공업단지를 건설하기로 한 구상은 6개년 경제계획을 수립할 당시에는 없었던 것이라고 지적하고 있다. 즉 이 계획이 한창 진행 중이던 1973년경에 갑자기 '궤도수정'된 것이다. 그는, 이러한 방향전환에는 한국에 대한 대결의식이 강하게 작용했다고 주장하고 있다. 小牧輝夫, "社會主義中進國北朝鮮," pp. 98-99 참조.

정부지로 치솟던 때였다. 그래서 북한은 나름대로 자신이 있었을 지도 모른다. 결국 이러한 제반 조건이 맞물리면서 북한은 서방세계로부터의 차관 등에 입각해 대규모 플랜트를 들여와 경제개발을 추진하는 쪽으로 방향을 잡게 되었다. 그런데 전술했듯이 전혀 예상치도 못했던 오일 쇼크가 발생하면서 북한도 큰 충격을 받게 되었다.

나. 외채문제의 발생과 확대

북한의 대외채무 불이행사태가 발생, 북한의 대외부채문제가 표면화한 것은 1974년경으로 알려져 있다. 이해 7월 북한은 대일 철강재 수입계약금을 지불하지 못했고 이에 따라 철강재의 선적이 중단되었다. 이 소식이 알려지면서 일본 및 유럽 국가들로부터 플랜트수입에 대한 대금지불 독촉이 잇따랐다. 이에 북한은 국제금융시장에서 차관 등의 형태로 자금을 조달하려 했으나 서방세계의 금융기관으로부터 거절당해 결국 1975년 6월 이후 주요채권국들과 직접 지불연기를 교섭하게 되었다. 그리고 채권국들은 이후 북한에 대해 여러 가지 경로로 채무상환 압력을 넣기에 이르렀다.[26]

그러면 어느 정도 규모의 외채일까? 물론 북한이 외채에 대해 공식적으로 발표하고 있지 않기 때문에 정확한 규모는 알 수 없다. 다만 외부기관의 추정 결과를 종합해 보면 북한의 외채문제가 표면화되고 2년 정도 경과한 시점인 1976년 말의 외채규모는 20억-24억 달러인 것으로 추정되고 있다.[27] 그리고 외채규모는 그 이후에 줄어들기는커녕 더 늘어났다.

그렇다면 왜 이 시점에서 외채문제가 발생하고 이후에 더 확대되었던 것일까? 여

---

26) 자세한 것은 경남대학교극동문제연구소(1979), 「북한무역론」, pp. 515, 520-521참조.

27) 미의회는 북한의 대외채무가 1970년에 5,500만 달러를 기록하고 나서 1974년에는 7억 2,500만 달러로 급증하였다고 보고 있다. 또 미국CIA는 1976년 말의 시점에 북한의 대외부채는 24억 달러로, 이 가운데 14억 달러는 선진자본주의제국에 대한 채무이고, 나머지 10억 달러는 사회주의제국에 대한 채무로 추정하고 있다. 그리고 미국의 New York Times지와 한국 통일원은 같은 시기에 대해 23억 달러로, 서독의 Handelsblatt지는 20억 달러로 추정하고 있다. 경남대학교극동문제연구소(1979), 「북한무역론」, p. 516 참조.

기서 발생의 논리와 확대 · 심화의 논리를 구별하지 않고 간단히 정리하기로 하자.

첫째, 국제환경적 요인이다. 1970년대 전반 서방세계와의 무역 확대를 계기로 무역수지 적자가 급속도로 늘어났던 것은 오일쇼크라는 예기치 못한 국제환경 변화에 주된 요인이 있을 수 있다. 오일쇼크라는 복병을 만남으로써 북한의 수입은 예상보다 훨씬 늘어났고 수출은 예상보다 크게 줄어들었다.

둘째, 무역수지 적자의 누증이다. 비록 원유가의 급등, 비철금속의 국제가격 급락과 수요급감이 있었다 해도 예컨대 여타의 주력 수출상품이 있었다면 상황은 달라졌을지도 모른다. 결국 국제시장의 변동 상황에 지극히 민감한, 전형적인 개도국형 수출구조가 문제였다. 더욱이 사회주의 국가들이 공통적으로 가지고 있는 수출경쟁력상의 취약성도 있었다.

물론 북한이 수출확대를 위해 힘을 쏟았던 것은 사실이다. 그러나 기대했던 것만큼의 성과를 거두지는 못했다. 수출품목은 철 · 비철금속 등 상대적으로 국내에 풍부하게 존재하는 천연자원에 기초를 둔, 몇 개의 원료 · 반제품에 한정되어 있었다. 또한 제조업부문의 수출능력은 그다지 높다고 할 수 없다. 지금까지 제조업은 기본적으로 국내 수요의 충당을 목적으로 하였기 때문에, 제품의 질이나 경쟁력은 무시되었다고 할 수 있다.

셋째, 북한이 경제개발 초기부터 도입했던 차관이 제대로 상환되지 못했다는 사실이다. 북한에서는 1950년대와 1970년대 전반에 대규모 무상원조 · 차관이 들어와 그것이 투자자금의 주요한 원천으로서의 역할을 수행했다. 다만 1950년대에는 무상원조가 압도적으로 많았으나 70년대에는 모두 차관이었다. 1960년대에도 1970년대 정도는 아니었으나 어느 정도 차관이 도입되었다(〈표 4-2〉 참조).

그런데 기존에 도입된 차관을 상환해야 할 시기는 다가오고 있었다. 차관 상환의 부담은 점점 늘어났다. 하지만 상환능력은 그다지 개선되지 않았다. 오히려 무역수지 적자가 확대되면서 대외적으로 지불해야 할 금액은 더 늘어났다. 상환의 연기가 이어지고 차관의 상환을 위한 신규차관(차환차관)이 거듭되면서 상환의 연기도, 신규차관도 용이하지 않게 되었다. 결국 외화수요과 외화공급의 균형이 깨어지면서 대외채무 불이행사태가 발생했다. 그 이후에도 상황은 개선되지

않아[28] 결국 채무는 눈덩이처럼 불어나게 되었다.[29]

<표 4-2> 북한의 무역수지와 외자도입 추이 (단위: 만 달러, %)

	무역수지	무상원조	차 관
1945–49	−2,970	−	5,300
1950–53	−1,100	14,325	12,392
1954–56	−2,400	74,735	−
1957–60	−16,880	38,784	25,100
1950–60	−20,380	127,844	37,492
1961–70	−14,330	−	42,668
1971	−9,000	−	26,700
1972	−24,000	−	35,400
1973	−34,000	−	48,400
1974	−62,000	−	52,000
1975	−27,000	−	42,900
1976	−7,000	−	560
1971–76	−163,000	−	205,960
1978–84	−123,000	25,870	29,615

주: 한국 통일부의 추정치
자료: 양문수, "김정일시대 북한의 경제운용과 과학중시 정책," 「통일문제연구」, 제13권 (2001), pp. 276, 304.

다. 무역확대정책의 재등장

대외채무 불이행사태의 발생 및 대외채무 확대는 북한경제에 적지 않은 타격을 주게 되었다. 가장 큰 것은 수입에 대한 부정적 영향이다. 즉, 그렇지 않더라도 수입을 하기 위한 외화(수출로 버는 외화)가 모자라는 데에다가 빚을 갚아야 할 부담[30]까

---

28) 1976년부터는 종래의 선진자본주의 국가들로부터의 차관은 말할 것도 없고, 사회주의 국가들로부터의 차관도 거의 없어졌다. 또 무역수지 적자는 만성화되었다.

29) 한국은행은 2000년말 현재 북한의 외채규모가 124.6억 달러에 달한 것으로 보고 있다. 이는 북한 경제규모(명목 GNI)의 74.2%에 해당되는 금액이다. 한국은행, 「2001년 북한 GDP추정결과」.

30) 물론 북한은 누적된 대외채무를 변제하는 데 얼마나 적극적이었는지 의문의 여지가 있다. 다만 북한이 채무변제의 적극적인 의지가 없었다고 해도 채무가 수입에 대한 억제력을 가지는 것은 사실이다.

지 겹쳤으니 결국 수입을 더욱 더 줄이지 않을 수 없었다는 것이다. 물론 관련자료가 없기 때문에 확인은 할 수 없다. 그러나 이미 도입된 차관의 만기가 도래하지만 상환능력의 결여로 대외채무를 변제하지 못하고 이것이 외채로 누적되어 가면서 수입, 나아가서는 자본재 수입을 못하여 투자가 제약당하고, 경제성장에 악영향을 주었을 가능성은 충분히 생각할 수 있다.

1970년대 말부터 '생산의 정상화'에 대한 요구가 강도 높게 제기되기 시작한 것은 상기 상황의 반영이라고 할 수 있다. 단적인 예는 1979년 김일성의 신년사에 이어 1980년의 신년사에도 '생산의 정상화'에 대한 강한 요구가 등장했다는 것이다. 물론 김일성이 생산의 정상화를 당부하고 요구한 것은 이것이 처음은 아니다. 하지만 신년사에 2년 연속 등장한 것은 매우 이례적인 것이었다. 그만큼 '생산이 정상화되고 있지 않음'을 보여주는 것이기도 하다.

이와 함께 김일성은 1979년의 신년사에서 "대외무역을 발전시키는 데 큰 힘을 넣어야 합니다"라며 대외무역의 중요성을 강조하고 특히 "인민경제의 모든 부문에서 수출품을 우선적으로 생산해야만 합니다"라고 말했다.[31] 나아가 김일성은 1980년의 신년사에서도 "인민경제 모든 부문에서 수출원천을 적극적으로 탐구동원하며 대외무역을 다각화, 다양화하여 무역의 폭을 더욱 넓혀야 하겠습니다"라고 말했다.

무역확대의 정책방침은 1980년대에 들어 더욱 강화된다. 특히 이 시기는 무역을 언제까지 얼마만큼 늘린다는 구체적인 목표까지 등장한다. 1984년의 최고인민회의 제7기 3차 대회에서 채택된 '남남협력과 대외경제사업을 강화하고 무역을 한층 발전시킬 데 대하여'라는 결정에서는 1980년대 말까지 연간수출액을 1984년보다 4.2배 확대한다고 하는 목표를 설정하였다. 이와 함께 5~6년 이내에 사회주의제국과의 무역을 당시의 10배로 확대한다는 목표도 제시되었다. 또한 이를

---

31) 玉城素는 이러한 '수출우선주의'가 내세워진 것은 건국 이래 처음 있는 일이라며 이는 단지 6개년 계획의 목표달성의 후유증으로서 남겨진 대외채무문제를 해결하려고 하는 것뿐만 아니라, 그것을 해결할 수도 없는 상태에서, 다시 수입을 확대하지 않는 한 '생산의 정상화'를 실현할 수 없는 다급한 상황에 처했기 때문이라고 해석했다. 玉城素 (1983), "北朝鮮經濟の現狀と問題點" 三谷靜夫編『朝鮮半島の政治經濟構造』, 東京: 日本國際問題研究所, p. 126 참조.

위해 수출원천의 확대, 무역의 다양화·다변화, 신용제일원칙의 철저한 준수 등도 강조되었다. 아울러 눈길을 끈 것은 이른바 '우호적인 자본주의제국' 과의 무역을 발전시키는 것도 강조되었다는 사실이다.

한편 누적채무문제로 고민하던 북한은 중·소의 협력을 얻기 위해 많은 노력을 기울여 1980년대 중반에서야 성과를 거두게 된다. 1984년에 김일성은 1960년대 이후 처음으로 구소련을 방문, 다음해 소련과 무역·경제 협력협정을 체결하기에 이른다. 나아가 중국과는 1986년에 무역협정을 체결하게 되었다.[32] 1980년대 중반부터 '우호적인 자본주의제국' 과의 무역을 발전시키는 것이 강조되었지만 중국과 소련으로부터의 지원 약속을 얻고 나서는 서방세계에 대한 기대, 서방세계에 대한 수출 노력은 자연스럽게 약화되었다.

이렇게 해서 1980년대 중반은 사회주의 국가들과의 무역, 특히 구소련과의 무역이 가장 중요시되던 시기로 되었다. 과거로 회귀했다고도 할 수 있다. 일본 및 유럽국가와의 무역확대에 노력하고 있었던 1974년 이후 북한의 전체 수입에서 구소련이 차지하는 비중은 30%를 밑돌게 되었으나 1984년에는 33.7%, 1985년에는 41.3%, 1986년에는 54.6%로 급상승했다. 그리고 1988년에는 66.0%로 피크에 달했다. 이는 1970년(60.9%)에 근접한 수준이다.[33]

라. 합영법의 시행

앞에서 언급했던 1984년의 최고인민회의에서 채택된 '남남협력과 대외경제사업을 강화하여 무역을 한층 발전시킬 데 대하여' 라는 결정에서는 사회주의 국가와 "우리나라(북한)의 자주권을 존중하고 우리나라에 우호적인 자본주의제국과의

---

32) 이러한 중·소로부터의 '사전보장' 이 있었기 때문에 1987년에 제3차 7개년 계획에 착수할 수 있었다고 한다. 室岡鐵夫(1993), "對外經濟政策の緩慢な轉換" 玉城素·渡邊利夫編「北朝鮮 - 崩落かサバイバルか」, 東京: サイマル出版會, p. 94 참조.

33) 제4장에서 자세히 논하겠지만 북한은 구소련에 대한 무역의존도가 크게 높아져 있던 시점에 구소련 붕괴에 따른 무역관계의 단절이라는 사태를 맞이했다. 구소련 붕괴에 따른 충격의 정도가 매우 클 수밖에 없었던 데는 바로 이러한 요인도 한 몫을 했다.

경제합작, 기술교류를 발전시킨다"는 방침이 나왔다. 이 방침에 따라 같은 해 9월, 최고인민회의 상설회의에서 '합영법'이 제정되어 시행에 들어갔다. 북한 측은 이러한 합영법에 근거해 탄생하는 합영기업에 대해 "한 나라의 회사 · 기업소와 다른 나라의 회사 · 기업소가 공동투자, 공동경영, 이윤의 공동분배, 손실에 대한 공동부담을 전제로 창설하는 기업"[34]이라고 규정하고 있다.

이것은 북한의 역사상 획기적인 사건이었다. 그때까지 북한의 대외경제관계는 어디까지나 무역이 중심이었다. 외국의 투자를 끌어들인 적은 있으나 소련이나 중국 등 사회주의 국가들과 손을 잡았었다. 그러던 북한이 이제는 자본주의 국가들로부터 투자를 유치하겠다고 나섰다. 종래의 노선을 대폭 바꾸어 본격적인 경제개방으로 나아가는 것이 아니냐는 기대를 낳기에 충분한 조치였다.

하지만 합영법은 기대한 만큼의 성과를 거두지는 못했다. 1984년의 합영법 발표 이래 1992년 7월까지 북한이 외국 기업과 투자유치계약을 체결한 것은 140건으로 이 가운데 116건의 1억 5천만 달러는 조총련 동포가 투자한 사업이고 조업 중인 66건 가운데 85%인 56건이 조총련계 기업이다.[35] 즉 이른바 '조조(朝朝)합영'이 압도적으로 많다. 구소련 · 중국은 물론 서방세계의 투자는 극히 미미한 수준이다.

합영법의 제정 · 실시가 외국기업의 본격적인 진출로 이어지지 않은 원인은 여러 가지가 있다. 예컨대 당시 북한은 미국과 적대적 대립관계에 놓여 있었고 일본 · 유럽 등 주요선진국과도 국교관계가 수립되지 않았다. 국제정치적으로 불안정한 상태였다. 그런 상황에서 외국자본이 북한에 진출하는 데는 명백한 한계가 있다. 이보다 더 중요한 요인은 주체사상과 자력갱생원칙에 근거한 '우리 식'의 사고 · 방법이다.[36] 예를 들면 김일성은 "경제분야에서 자본주의적 방법을 받아들이는 것은 결국 멸망에 이르는 길이다… 우리들이 외국과 합영 · 합작사업을 하고자 하는 기본목적은 외국의 기술과 자금을 이용하는 데 있다. 따라서 외국과의 합

---

34) 「경제사전 2」, p. 570.

35) 통일부(2000), 「북한개요」.

36) 이 점을 강조하고 있는 연구로서는 宮塚利雄(1993)를 들 수 있다. 宮塚利雄(1993), "合弁事業の新たな展開," 玉城素 · 渡邊利夫編(1993), 「北朝鮮 - 崩落かサバイバルか」(東京: サイマル出版會), pp. 128-131 참조.

영·합작은 외국이 기술과 자금을 제공하고 기업관리는 우리가 맡는 방향에서 진행되어야한다"[37]고 밝힌 바 있다. 요컨대 북한이 합영사업을 통하여 얻으려고 한 것은 자본주의 국가의 자본과 기술뿐이었다. 자본주의의 경영방식은 오히려 경계의 대상이었다.

마. 1970·80년대 자본주의 세계체제로의 편입시도에 대한 평가

북한에서 제한적인 대외개방정책의 전개는 4개의 시기로 나눌 수 있다. 제1기는 1970년대 전반에 서방세계로부터의 대규모 차관도입에 의한 제한적 개방정책의 전개 시기이다. 제2기는 1984년부터의 합영사업의 전개 시기이다. 제3기는 1991년부터의 자유무역지대(경제특구)의 전개 시기이다. 제4기는 신의주 특별행정구, 금강산관광특구, 개성경제특구 시기가 될 전망이다.

그런데 제1기부터 제3기까지는 뚜렷한 성과를 거두지 못했다. 제1기의 경우, 자본주의 세계체제로의 편입을 시도했으나 때마침 닥친 오일쇼크로 인해 좌절되었다. 물론 1970년대 중반 북한 외채문제의 발생은 수출구조의 취약성, 이전 시기 차관의 상환부담 등 내부적 요인이 보다 근본적인 요인이다. 그렇다고 해도 오일쇼크라는 국제적 환경 변화가 문제를 표면화시킨 직접적인 계기를 제공한 것 또한 부정하기 어렵다.

이러한 세계체제로의 편입의 좌절은 외채문제 및 이로 인한 대외수입의 엄격한 제약이라는 결과를 낳으면서 북한으로 하여금 대외무역의 확대를 보다 진지하게 고민하게 만들었다. 그래서 1980년대에 대외무역 확대에 보다 많은 노력을 기울였고 이러한 연장선상에서 1984년 합영법이 등장했다.

하지만 북한과 미국의 관계, 일본·유럽과의 관계 등 국제정치적 요인으로 외국자본의 북한 진출에는 명백한 한계가 있었다. 더 중요한 것은 자본주의 경영방식에 대한 경계심에 가득찬 이른바 '우리 식'의 사고·방법이었다.

더욱이 합영법이 등장한 1984년에 김일성은 1960년대 이후 처음으로 구소련을

---

37) 「김일성저작집 44」, p. 16.

방문, 다음해 소련과 무역 · 경제 협력협정을 체결하기에 이른다. 나아가 중국과는 1986년에 무역협정을 체결하게 되었다. 1980년대 중반부터 '우호적인 자본주의제국'과의 무역을 발전시키는 것이 강조되었지만 중국과 소련으로부터의 지원 약속을 얻고 나서는 서방세계에 대한 기대, 서방세계에 대한 수출 노력은 자연스럽게 약화되었다. 이렇게 해서 1980년대 중반은 사회주의 국가들과의 무역, 특히 구소련과의 무역이 가장 중요시되던 시기로 되었다. 이런 여러 가지 사정들이 겹치면서 개방 제2기의 자본주의 세계체제 편입 시도는 유야무야되었다.

6. 맺음말

북한의 경제실적은 장기적인 시야에서 보면 성장률의 장기 하락 경향이다. 1950년대에 고속성장을 기록한 북한경제는 1960년대부터 성장이 둔화되기 시작해 1970년대 전반, 일시적으로 회복되었지만 1970년대 후반 또는 1980년대 전반부터 다시 하강곡선을 긋기 시작해 오랜 기간 침체 상태가 계속되고 있다. 북한경제는 1990년대에 들어와 더욱 나빠졌는데 1990년부터는 9년 연속 마이너스 성장을 기록했다.

북한의 경제침체의 원인, 메커니즘을 생각할 때 북한의 개발전략의 독창성보다는 보편성을 우선적으로 생각하지 않으면 안 된다. 따라서 중앙집권적 계획제도, 그리고 그 제도와 세트로 되어 추진되었던 전략, 바꾸어 말하면 사회주의제국이 공통적으로 추진했던, 집권적 시스템 고유의 전략 및 그 전략의 실패가 북한의 경제침체를 초래한 가장 큰 원인이라고 보아야 한다.

그런데 앞에서 보았듯이 북한은 군사력의 확보 · 강화와 경제발전이라는 목적을 실현하기 위해서 중앙집권적 계획제도라는 제도적 기반 위에 자력갱생, 정신적 자극 우선, 고축적 · 강축적, 중공업 우선 발전과 같은 수단을 가지고 경제개발 전략을 전개했다. 그런데 이 전략은 구소련이나 중국의 전략과 상당히 유사했다.

북한의 경제개발전략은 사회주의 경제체제 전체로 볼 때 특수성보다는 보편성이 훨씬 더 크다. 북한당국은 자신들 전략의 독창성을 주장하고 있으나 외부세계 관찰자들은 고개를 갸우뚱거리고 있다.

자력갱생론의 경우, 1950·60년대는 일종의 형성기이다. 이 전략은 전부는 아니라 해도 일정 정도 외부환경에 의해 강요된 성격도 있다. 즉 스탈린 사망 이후 사회주의권의 움직임, 냉전시대 미국 및 한국과의 대치상태 지속 등이 자력갱생 전략의 형성에 영향을 미쳤다.

1970·80년대는 자력갱생론의 완화와 강화가 반복적으로 나타났다. 개방의 제1기인 1970년대 전반에 자력갱생론이 완화되면서 북한은 자본주의 세계체제로의 편입을 시도했다. 하지만 이는 오일쇼크 등으로 인해 좌절되었다. 이후 자력갱생은 다시 강화되었으나 1984년 합영법 등장으로 개방 제2기를 열었다. 하지만 애초부터 자본주의 세계체제에 대한 적극적인 편입 의사가 적었던 데다 사회주의권으로부터의 지원약속을 받으면서부터는 다시 사회주의 세계체제로의 재편입으로 방향을 틀었다. 그리고 사회주의 세계체제에 재편입된 시점에 사회주의 붕괴의 직격탄을 맞았다.

제2부

탈냉전기의 세계체제의 영향

제5장
사회주의권의 개혁 · 개방 및 붕괴의 충격 *

1. 문제제기

사회주의의 두 축이라 할 수 있었던 중국과 러시아의 시장화 과정은 현실적으로 사회주의가 더 이상 전망을 상실하여 종언을 고했다는 것을 의미한다. 사회주의권의 붕괴는 자본주의와 사회주의라는 두 개의 세계가 하나의 세계로 단일화되는 의미를 지니는 동시에 사회주의 내의 특수한 관계들이 근본적으로 변화했다는 의미를 함축하고 있다. 다시 말해서, 북한이 더 이상 사회주의체제 내의 특수 관계에 의존할 수 없게 되었다는 것을 대변해 주고 있다.

북한 스스로 주장하는 '자립적 경제체제구축' 이라는 주장은 북한체제의 '스탈린주의적 사회주의' 의 성격을 상당부분 외면하고 있다. 북한은 '스탈린주의적 공업화방식' 을 상당부분 수용했으며, 따라서 이는 북한 역시 스탈린주의의 한계로부터 자유롭지 못하다는 것을 의미한다. 동시에 북한 역시 사회주의체제의 역내 국가로서 사회주의와 일정한 경제적 관계를 맺고 있었다는 점을 의미한다.

* 신상진, 조한범

이와 같은 점에서 사회주의권의 붕괴는 북한이 과거와는 근본적으로 상이한 상황에 처하게 되었음을 의미하는 것이다. 우선 사회주의체제로서 더 이상 미래를 보장하기 어렵게 되었다. 북한이 자본주의로 단일화된 세계체제 내에서 '외로운 섬'으로 남게 되었다는 것을 의미했다. 단기적으로 체제유지에 심각한 동요현상이 나타나고 있지는 않지만, 북한주민들 역시 사회주의체제의 변화를 인지하기 시작했다. 특히 인접한 중국의 변화는 북한에 직접적 영향을 미치고 있으며, 식량난의 심화로 인한 인구이동은 외부정보의 유입과 확산을 자극하는 계기로 작용했다. 이러한 사실은 중장기적으로 북한체제의 내구력을 약화시킬 수 있는 잠재적 위험요소로 작용할 가능성을 보여주고 있다.

이제 구 사회주의권 국가와의 관계에서도 시장의 논리가 적용되기 시작했으며, 사회주의권의 비경제적 고려에 의한 보상체계는 소멸했다. 북한은 사회주의 특수 관계에 기초해서 확보할 수 있었던 체제에 필수적인 외부자원의 유입을 더 이상 지속시킬 수 없게 되었으며, 외부경제체제와의 거래능력이 제한 당하게 되어 북한의 내부 위기 해소능력이 약화되는 것을 의미하는 것이었다. 심각한 기아상태로까지 악화되었던 북한의 위기구조 심화의 이면에는 사회주의권과의 특수 관계 소멸이라는 요인이 자리 잡고 있었다. 즉, 사회주의체제의 붕괴는 세계체제가 명실상부하게 자본주의체제로 단일화되는 것을 의미한다. 또한 사회주의권은 역내 특수 관계를 더 이상 유지할 수 없게 되었으며, 자본주의 세계체제의 작동 기제 속에 포섭되는 것을 의미했다. 이제 사회주의권의 특수 관계에 기초한 '부등가교환'이 더 이상 의미를 지니지 못했다. 원조형 무역관계는 더 이상 지속될 수 없었으며, 모든 거래는 정상적인 시장거래형태를 띠게 되었다. 소련으로부터의 원조는 사실상 불가능해졌으며, 북한은 경화결제라는 새롭고도 심각한 압박에 직면했다.

중국과 소련의 개혁·개방의 본질이 무엇이며, 중국과 소련의 개혁·개방이 북한에 구체적으로 어떤 영향을 미쳤는지를 살펴본다.

2. 중국의 개혁 · 개방이 북한에 미친 영향

1970년대 말 중국이 개혁 · 개방정책을 채택하여 '중국식 사회주의' 건설을 추진함에 따라 북한과 중국 사이에 사회주의 발전방식 문제를 둘러싸고 모순이 드러나기 시작하였다. 중국은 '사회주의 초급단계'에 처해 있는 상황에서 우선적으로 자본주의 경제체제의 장점을 적극적으로 도입하여 사회주의 제도를 공고히 한 이후에 공산주의 사회를 건설할 수 있다는 판단을 하게 되었다.[1] 이러한 판단에 의해 중국은 경제 개혁 · 개방정책을 적극적으로 추진하여 '사회주의 시장경제체제'를 구축하려 하고 있다.

중국이 자본주의체제의 장점을 도입하여 사회주의체제를 공고히 하려 할 수 있었던 것은 1969년 소련과의 국경충돌로 인하여 관계가 급격히 악화하고 미 · 일 등 서방국가와의 관계가 개선되었기 때문이었다. 그리고 폐쇄적인 방식으로 체제발전을 도모하는 것도 중국의 발전에 적합하지 않다는 것이 입증되었기 때문이었다. 소련 사회주의체제 발전 모델과 폐쇄지향적인 자력갱생 모델에 의해서는 중국의 체제발전을 도모할 수 없다는 현실적 고려에 입각하여 자본주의체제의 장점을 도입하게 된 것이다. 그런데 1970년대 말 이래 중국이 마오쩌둥의 발전노선을 폐기하고 개혁 · 개방을 선택할 수 있었던 중요한 이유의 하나는 문화대혁명의 피해자였던 인사들이 중심이 되어 중국의 신 지도부를 구성하고, 이들이 '실천이 진리를 판단하는 유일한 선택기준'이라는 실용주의적인 정책 마인드를 가지고 있었다는 것이다.

이에 반해 북한은 1980년대 자신의 발전단계를 사회주의의 완전한 승리를 향한 단계로 설정하고 낮은 생산력 단계에서도 북한이 가까운 장래에 고도의 공산주의 사회에 도달할 것이라는 '자아도취적' 판단을 하고 있었다.[2] 그리고 북한 지도부는 중국이 미국과 일본 등 자본주의 국가들과 관계를 개선하고 접촉을 확대하는

---

1) '사회주의 초급단계론'은 1987년 13차 당대회에서 행한 자오쯔양(趙紫陽)의 정치보고에서 공식적으로 제기되었다.
2) 이종석, 「북한─중국관계」, p. 291.

등 정책변화를 추구하는 것을 사회주의에 대한 배신행위로 간주하고, 주체사상을 기반으로 하여 북한사회의 안정과 발전을 이룩할 수 있다고 주장하였다. 결국 소련과 동유럽 사회주의의 붕괴와 중국의 변화는 당연히 북한의 경제난과 대외적 고립을 가져오게 되었으며, 북한은 사회주의체제의 마지막 보루로 남게 된 중국의 발전노선을 일부 수용하면서도 방식에 있어서는 극히 조심스런 자세를 보였다.

우선 중국이 추진한 경제 개혁·개방정책을 검토하고, 북한의 변화를 위한 중국의 노력과 이에 따른 북한의 체제 변화 시도를 논의한다.

가. 중국의 개혁·개방정책 추진

(1) 개혁·개방정책 추진 배경

1978년 11기 3중전회에서 중국은 경제 개혁·개방정책을 중국공산당의 공식 정책노선으로 확정하였는데, 당시 중국의 개혁·개방정책 채택은 다음과 같은 대내외적 배경을 바탕으로 하였다.

첫째로는 대내 정치·경제·사회상황 때문이었다. 1950년대 말 이후 대약진운동과 문화대혁명운동을 무리하게 추진한 결과 중국은 극심한 경제적 침체와 사회적 침체상황에 직면하게 되었다. 1950년대 말 소련과의 관계가 악화된 후 마오쩌둥은 풍부한 노동력을 이용하여 단시일 내에 공업화를 달성하고 집단농장제도를 도입하여 농업생산 증대를 도모하고자 하였다. 그러나 자연재해와 소련의 갑작스런 원조중단 그리고 노동자와 농민의 근로의욕 감소로 인하여 생산력이 급감하고 경제적 침체가 장기화되었다.[3] 문화대혁명시기의 계급투쟁 강조와 자력갱생노선이 1970년대 후반 중국경제에 물려준 부정적인 유산은 중국의 새로운 지도자들로 하여금 개혁과 개방정책을 채택·추진하도록 하는 데 결정적인 요인으로 작용하

---

3) 대약진운동기간 중국은 약 30조원에 달하는 경제적 손실을 입었으며, 공업생산은 70%나 감소하였다. 문화대혁명 기간에도 중국은 75조원에 이르는 막대한 경제적 피해를 입은 것으로 집계되고 있다. 尹慶耀, "中共的經濟改革與蘇聯的新經濟政策," 「問題與研究」, 第23卷 第11期 (1984. 8), p. 17. 신상진, 「중국의 개혁·개방 현황과 전망: 북한의 중국식 개혁·개방 수용 가능성과 관련」(서울: 민족통일연구원, 1992), pp. 5~7.

였다.

마오쩌둥 사후 중국은 정치·사회적으로도 극도로 불안정한 상황에 처해 있었다. 문화대혁명시기 마오쩌둥이 대중을 동원하여 당·정 내부 반대파를 공격하여 중국의 거의 모든 정치조직이 붕괴되었으며, 이는 마오쩌둥의 정책실수에 대한 중국인들의 불만을 유발시켜 정치·사회적 안정에 타격을 주었다. 문화대혁명 수혜자와 피해자 간의 갈등이 초래되었고, 지도자 간의 이러한 분열은 공산당과 정부에 대한 국민들의 불만을 고조시켰다. 특히 홍위병에 의해 숙청되었던 지식인과 농촌지역에 하방(下放)되었던 청년들의 당과 정부에 대한 불신감은 중국사회에 광범위한 신념의 위기를 초래, 1976년 1월 저우언라이의 장례식을 계기로 천안문사건으로 폭발되었다. 그리고 농촌에 하방되었던 지식인과 청년들이 대거 도시로 다시 유입됨에 따라 도시지역 실업자문제를 해소하기 위해서도 중국은 개혁을 필요로 하였다.

둘째로는 외교·안보적 상황도 중국이 개혁·개방정책을 채택하는 데 중요한 배경요인이 되었다. 1969년 소련과의 국경충돌 이후 중국은 소련으로부터 심각한 안보위협에 노출되어 있었으며, 1972년 닉슨 미국대통령 방중을 계기로 미국과의 관계 개선이 이루어졌지만 대만문제와 중국 내 인권문제 등으로 인하여 미국과의 완전한 관계정상화를 위해 1979년 1월까지 기다려야 했다. 이에 따라 중국은 미국과 일본 등과 전략적 관계를 구축하기 위해서는 이데올로기적 경직성에서 벗어나 경제적 실리를 중시하는 대외정책을 채택할 필요성을 가지게 되었다. 결국 중국은 1978년 일본과 평화우호조약을 체결하여 소련의 군사적 위협에 공동으로 대항하고자 하였으며, 베트남의 캄보디아 침공에 대해 중·미간의 이해가 합치됨으로써 미국과 국교를 정상화하였다. 중국은 미, 일 및 유럽 국가들과 관계를 정상화하여 소련의 위협으로부터 벗어나고 개혁·개방을 위한 자본과 기술을 도입하고자 하였다.[4]

---

4) 신상진, 「중국의 개혁·개방 현황과 전망」, pp. 9-10.

(2) 개혁 · 개방정책 추진 과정과 내용

중국은 경제 개혁 · 개방정책을 '돌다리도 두들겨 가며 건넌다'(摸着石頭過河) 는 점진적인 방식으로 추진해 왔다. 개혁과 개방이 사회주의 체제에 미칠 충격을 최소화하기 위해서였다. 덩샤오핑이 경제 개혁 · 개방을 추진한 최종적인 목적은 사회주의 체제를 공고히 하려는 데에 있었기 때문에, 사회주의, 공산당, 인민민주독재, 마르크스 · 레닌주의 · 마오쩌둥사상 등 4개 기본원칙을 견지하면서 경제부문에 중점을 두고 개혁 · 개방을 도모하였다.

둘째, 덩샤오핑은 중국의 실정을 고려하여 경제 개혁을 농업부문에서 시작하여 도시기업부문으로 확대하는 방법을 채택하였다. 중국이 개혁 · 개방정책을 채택하였을 당시 농민이 중국 전체 인구의 80% 이상을 차지하고 있었던 점과 중국정치에서 농업이 가지는 중요성을 고려하여, 중국은 개혁 초기 농촌경제 발전에 중점을 두었다. 1978년 말부터 농촌지역에서 인민공사를 폐지하고 농가생산책임제를 도입하기 시작하여 농민들의 생산의욕을 고취시켰다.[5] 그리고 중국은 농촌지역에 자유시장과 시장가격제도를 도입하는 등 가격제도 개혁을 단행하였다.

농촌지역의 개혁이 어느 정도 성공을 거둔 후, 중국은 도시 기업개혁 조치를 단행하였다. 1979년 일부 기업에 대한 국가의 통제를 완화하기 시작하고, 1981년에는 부분적으로 기업생산 책임제를 도입하였다. 그러나 1984년 12기 3중전회를 계기로 중국은 개혁의 중점을 도시 기업부문으로 전환하기 시작하였다. 1986년 공장장책임제와 노동계약제를 시범적으로 도입하기 시작하고, 1990년부터는 상하이와 선전 등지에 주식거래소를 설립하여 자본주의적 요소를 적극 도입하였다.

셋째, 대내 개혁과 대외 개방을 동시에 실시함으로써 경제발전을 효과적으로 성취하였다. 중국은 경제개발에 충분한 자본과 기술을 갖추고 있지 않은 상황에서 대내 개혁을 촉진하기 위해 대외개방을 채택하였던 것이다. 그리고 중국은 특

---

5) 중국의 농촌경제 개혁은 11기 3중전회 이전부터 안후이성(安徽省)과 쓰촨성(四川省)에서 자발적으로 시도되기 시작하였다. 1978년 여름 중국의 대표적인 농업지대인 안후이성에서 당 서기 완리(萬里)는 일부의 농지를 농민에게 대여하는 계약생산제를 실시하여 커다란 성과를 거두었다. 자오쯔양(趙紫陽)이 당서기를 맡고 있었던 쓰촨성에서도 농민에게 토지 경작권을 대여해 주어 농업생산의 증대를 이루었다. 이러한 성과를 바탕으로 중국공산당 11기 3중전회에서 농가생산책임제를 전국으로 확대 실시하기로 결의하였다. 廣碧華, "鄧小平的開放戰略," 「廣角鏡」, 1992年 3月號, p. 41.

정지역을 우선적으로 개방하고 점차 개방지역을 확대하는 점진적 전략을 채택하였다. 대외 개방의 결과 사회주의체제 유지에 미칠 수 있는 부정적 영향을 최소화하기 위해 광동성과 복건성의 연안지역을 경제특구로 지정하고, 1984년 상하이와 톈진 등 14개 연해도시와 해남도를 추가로 개방하고, 1985년에는 장강삼각주와 주강삼각주 등 지역을 개방하였다. 이후 1988년 해남도를 경제특구로 추가 지정하고,[6] 1992년에는 전방위 대외개방방침을 확정하였다. 중국이 연안지역을 우선적으로 개방하고 내륙지역 개방은 1990년대 이후부터 허용하였던 것은 체제에 미칠 부작용을 최소화하고 외자도입의 효율성을 도모하기 위해서였다.[7]

중국의 개혁·개방정책은 덩샤오핑의 영도 하에 추진되었지만, 개혁·개방 초기 지방정부가 개혁·개방을 시험적으로 실시하고 나중에 이를 중앙정부가 추인하고 전국적으로 확대하는 방향으로 이루어졌다. 따라서 중국의 개혁·개방은 최고 지도자의 의지와 지방정부의 자주적인 권한이 어우러져 채택·추진되었다고 할 수 있다.

(3) 개혁·개방정책 추진 성과와 문제점

개혁·개방정책 결과 중국은 사상 유례없는 성과를 거두었다. 1978년부터 소련이 붕괴된 1991년까지 중국경제는 연평균 9% 이상의 성장을 이룩하여 국민의 기본적인 경제적 욕구를 충족시킬 수 있는 온포단계(溫飽段階)에 도달하였다. 이러한 경제적 성과는 중국의 지도자들에게 정당성을 부여해 주었으며, 1980년대 말 이래 사회주의권 붕괴의 파고 속에서도 중국이 사회주의 체제를 유지할 수 있도록 하는 자산이 되었다.

또한 경제 개혁으로 중국의 산업구조가 합리화 되었다. 개혁정책 채택 이후 중국은 농업과 경공업 발전을 가속화하여 식품 등 일용품 생산을 대폭 확대, 국민의 생활수준 개선을 위한 물질적 기반을 제공하였다. 중국 인구의 대부분이 농업인

---

6) 1980년에 복건성과 광동성에 4개 '경제특구'가 설치될 수 있었던 것은 1979년 6월 이들 지방정부가 경제발전을 도모하기 위해 시험적으로 '수출특구'를 운영한 것이 성공하자, 이를 베이징의 중앙정부가 인정함으로써 가능하게 되었다.
7) 신상진, 「중국의 개혁·개방 현황과 전망」, p. 14.

구라는 점을 고려할 때, 이는 중국경제가 합리적인 방향으로 발전해 가고 있다는 것으로 볼 수 있다.

그러나 개혁 · 개방정책 실시에 따른 부작용도 나타났다. 경제발전에 따른 국민 소득 증대로 총수요가 총공급을 초과하는 현상이 지속되었으며, 국영기업의 적자 보전에 따른 재정지출 증가와 일부 상품가격의 자유화에 의해 1980년대 중반 심각한 통화팽창을 유발하였다. 그리고 이중가격제도 시행으로 관료들이 불법적으로 생산재 가격을 조작하였으며, 이는 물가인상을 자극하는 중대한 요인이 되었다. 특히 1987년부터 1989년 기간동안 매년 30%에 이르는 인플레가 지속되어 사회불안을 자극하였으며,[8] 이는 결국 1989년 6 · 4 천안문사건이 발발하게 된 중요한 원인으로 작용하였다.

연안과 내륙 간 그리고 도시와 농촌지역간 소득격차가 심각할 정도로 확대되었다는 점도 개혁에 따른 문제점으로 지적될 수 있다. 중국은 덩샤오핑의 선부론(先富論)에 의거 연안지역을 우선적으로 개발함으로써 내륙의 농촌지역 발전은 상대적으로 부진할 수밖에 없었다. 이에 따라 농촌지역 주민의 도시 유입 현상이 나타나게 되고, 이는 도시 실업율을 증가시키는 결과가 되었다. 농촌지역 주민들과 도시지역 지식인과 공무원들은 상대적으로 경제적 박탈감에 빠지게 되어 사회 안정에 저해요인이 되었다.

사회주의와 공산당에 대한 중국 국민들의 믿음이 약화되었다는 점 역시 경제 개혁과 개방에 따른 부산물이다. 경제 개혁 이후 중국인들은 사회주의 이데올로기 보다는 부의 창출을 최상의 가치로 인식하게 되었다. 개혁 · 개방정책은 중국인에게 경제적 풍요를 가져다주었으나, 동시에 황금만능주의와 퇴폐적 풍조를 조장하였다.[9] 그리고 대외개방 확대로 중국인들이 서구 민주주의적 가치를 접할 수 있는 기회를 갖게 됨으로써 자유와 민주에 대한 중국 국민들의 열망을 자극하였

---

8) Chu-yuan Cheng, "Mainland China's Modernization and Economic Reform: Process, Concequences, and Prospects," Issues & Studies, Vol. 27, No. 11 (November 1991), p. 94; 신상진, 「중국의 개혁 · 개방 현황과 전망」, pp. 47–48.

9) Edward J. Epstein, "Corruption and the Three Arbitraries," China News Analysis, No. 1457, pp. 2–9; 石祝三, 楊良表, 劉海, "實行改革開放必須堅決打擊經濟犯罪," 「人民日報」, 1991. 11. 11.

다. 1989년 여름 중국의 지식인들과 학생들이 천안문광장에서 민주주의 도입을 주장하였던 이유 중의 하나도 중국사회가 서방에 노출되었기 때문에 가능하였다.[10]

나. 중국의 북한에 대한 개혁·개방 권유

상기한 바와 같이, 중국은 덩샤오핑의 국내외 정세에 대한 새로운 인식 아래 개혁·개방정책을 통해 경제발전을 이룩하고 사회 안정을 유지할 수 있었다. 소련과 동유럽 사회주의의 붕괴에 불구하고 중국이 사회주의 체제안정을 유지할 수 있었던 이유는 경제 개혁을 통해 국민의 생활수준을 향상시킴으로써 가능하였다.

중국은 동유럽과 소련에서 사회주의가 붕괴된 중요한 이유 중의 하나는 오랫동안 중공업을 우선시하고 경공업과 농업 등 국민의 생활에 직접적으로 연관되는 경제분야에 대한 투자에 너무 등한시하였기 때문이었다는 주장이다. 국민생활의 피폐는 결국 동유럽과 소련의 집권당과 정부에 대한 국민들의 불만을 고조시키게 되었다는 것이다. 특히 동유럽과 같이 경제규모가 작은 나라가 중공업을 중시하게 되면 농업과 경공업을 더욱 낙후시킬 수밖에 없다는 것이다.[11] 중국은 북한도 기존의 사상을 중시하는 정책노선을 지속할 경우 체제붕괴로 나아갈 수 있다는 판단에서 북한이 변화를 통해 체제안정을 유지하기를 희망하였다.

그리고 중국은 1985년 고르바쵸프 등장 이후 소련이 경제 개혁을 추진하면서 성공을 거두지 못하자 1988년부터 정치개혁을 적극화함으로써 체제붕괴를 재촉하였다는 것이다. 이러한 소련의 실패를 거울삼아 중국은 공산당의 영도체제를 지속하면서 경제 개혁을 점진적으로 추진함으로써 안정기조 하에서 경제발전을 유지할 수 있었다.

그렇지만, 중국은 타국에 대한 내정불간섭원칙을 대외정책의 중요한 원칙으로

---

10) 6·4 천안문사건에 대한 보다 자세한 분석은 Colin Mackerras et. al, China Since 1978: Reform, Modernization and 'Socialism with Chinese Characteristics' (New York: St. Martin's Press, 1994), pp. 46~57; 張良 編 「中國六四眞相」(香港: 明鏡出版社, 2001) 참조.

11) 劉祖熙, 「東歐劇變的根源與敎訓」(北京: 東方出版社, 1995), p. 566.

설정하고 있었기 때문에 북한에 대해 직접적으로 중국식 개혁·개방을 강요하지는 않았다. 중국은 모든 국가의 발전방식과 생활방식은 주권국가가 자율적으로 결정해야 한다는 입장을 견지하였다. 중국은 모든 나라들이 특수성을 가지고 있기 때문에 다른 나라의 발전방식을 그대로 답습하는 것은 바람직하지 않다고 주장해 왔다. 이러한 원칙에 의거하여 1990년 소련의 강경파들이 국내 자유주의 개혁론자들을 공격하는 데 중국을 이용하고자 하였을 때에도 중국은 소련의 내부정치에 개입하지 않는다는 확고한 입장을 견지하였다.[12] 따라서 중국은 북한이 경제적으로 심각한 위기상황을 겪고 있기 때문에 북한이 정책 변화를 통해 경제적 위기와 국제적 고립을 탈피하기를 바라면서도, 북한에게 개혁·개방을 '강요'하지 않고 '권유'하는 데 그쳤다.

중국이 내정불간섭 원칙을 대외정책의 중요한 원칙으로 견지하였던 사실은 덩샤오핑의 발언에서도 잘 드러나고 있다. 1990년 7월 전직 캐나다 총리와의 담화에서 덩샤오핑은 "중국은 타국이 중국의 내정에 간섭하는 것을 용납하지 않는다. 우리의 사회제도는 자신의 상황에 의거하여 결정한 것인데, 어떻게 외국의 간섭에 따라 변화시킬 수 있겠는가? 국제관계 신질서의 가장 중요한 원칙은 타국의 내정에 간섭하지 않고 타국의 사회제도에 간섭하지 않는 것이다… 중화인민공화국은 미국으로부터 자본주의 제도를 학습하지 않을 것이다… 만약 서방의 개발국이 계속 타국의 내정과 사회제도에 간섭하게 되면 국제적 동란을 초래할 것"이라는 입장을 표명하기까지 하였다.[13]

중국이 북한에게 적극적으로 개혁·개방정책을 채택하도록 요구하지 않은 이유 중의 하나는 소련 붕괴 이후 중국 내부 상황과도 관련이 있었다. 소련에서 사회주의체제가 붕괴한 후 중국에서는 정치이념을 강조하는 분위기가 강화되었다. 덩리췬(鄧力群)과 천윈(陳雲) 등 보수파들의 입지가 강화되어 자본주의 요소를 적극적으로 도입하는 것보다는 개방에 따른 부작용을 완화하고 사회 통제를 강화하

---

12) 이에 대해서는 John W. Garver, "The Chinese Communist Communist Party and the Collapse of Soviet Communism," The China Quarterly, No. 133 (March 1993), pp. 5~9에 잘 분석되어 있다.
13) "中國永遠不允許別國干涉內政,"「鄧小平文選」, 第3卷 (北京: 人民出版社, 1993), pp. 359~361.

여 내부 안정을 도모하는 것이 당면과제로 대두되었던 것이다.[14] 동유럽과 소련 붕괴과정에 왕쩐(王震) 중국국가 부주석이 신강자치구를 방문하여 '화평연변(和平演變)' 반대 입장을 강도 높게 역설하였는데,[15] 이는 당시 중국이 마르크스 · 레닌주의와 마오쩌둥사상으로 무장하여 자산계급 자유화에 대한 경계를 강화해야 한다는 것을 중요한 정책지침으로 설정하고 있었기 때문이었다. 개방 확대에 따른 사회주의체제 불안 조성 가능성을 고려하여 중국은 북한에게 발전방식을 강요하지는 않았던 것이다.

중국의 지도자들은 북한 지도자들에게 여러 가지 방식을 통해 경제정책 변화를 설득해 왔는데, 이중 중요한 사례들은 다음과 같다. 1980년대 초부터 중국은 북한에 개혁 · 개방 필요성을 역설하였는데, 1981년 11월 중국을 방문한 북한 노동당 대표단에게 덩샤오핑은 중국의 국내정세를 설명하고 체제개혁 추진의 필요성을 강조하였다. 그 직후 김영남 북한 정치국위원은 후야오방(胡耀邦) 총서기에게 "중국공산당 당원과 중국 국민들이 중국공산당 주위에 긴밀히 단결하여 4개 현대화 건설에서 성취한 것을 직접 보았다. 이러한 성취는 중국공산당이 채택한 경제조정정책과 일련의 조치들이 정확했다는 것을 보여주고 있다"면서 중국이 채택하였던 경제발전 노선에 대해 지지입장을 표명하였다.[16] 1982년 12차 당대회 직후 중국을 방문한 김일성에게 후야오방 총서기는 "11기 3중전회 이래 사회주의 현대화 건설을 중점적으로 추진하여 중국경제가 어려움에서 벗어나 안정적인 발전궤도에 들어섰다. 정치적으로도 안정 · 단결 국면에 진입하였다"고 밝힘으로써 간접적으로 북한에게 경제정책 변화를 권유하였다.[17]

1983년 6월 2일부터 12일까지 김일성의 후계자로 부상한 김정일이 중국을 방문하여 중국의 지도자들과 회담을 개최하였는데, 후야오방이 칭다오와 난징에 동행하고 후치리(胡啓立)가 상하이와 항조우를 함께 시찰하였다. 후진타오 총서기

14) 張雅君, "蘇聯變局對中共的衝擊:危機效應的分析," 「中國大陸硏究」, 第34卷 第11期 (1991. 11), pp. 6-20.

15) 「人民日報」, 1991. 8. 26; 段若非, "堅持人民民主專政反對和防止和平演變," 「人民日報」, 1991. 6. 5.

16) 「新華社」, 1981.11.27; 劉金質, 楊淮生 主編 「中國對朝鮮和韓國政策文件滙編」, 5 (北京: 中國社會科學出版社, 1995), pp. 2326-2327.

17) 劉金質, 楊淮生 主編 「中國對朝鮮和韓國政策文件滙編」, p. 2360.

는 칭다오와 난징을 여행하는 기차에서 김정일에게 중국의 개혁정책과 개방정책에 대해 설명하였고, 김정일은 이를 주의 깊게 청취하였다고 한다. 김정일은 중국의 개방도시들을 방문하고 북한에 돌아온 직후인 1984년 외국인의 투자를 유치하기 위해 합영법을 통과시키고,[18] 중국을 모델로 경제발전을 도모하고자 하였다.

이후 1987년 11월 덩샤오핑은 이근모 북한 정무원 총리에게 중국이 건국 100주년까지 경제발전을 중점 목표로 설정하여 21세기 중반까지 중등경제국가 수준에 도달할 것이라고 설명하였다.[19] 북한의 경제정책 실무를 총괄하는 지도자에게 중국 개혁·개방의 성과를 강조한 것은 북한에게 간접적으로 중국식 경제발전 노선을 따르도록 권유한 것으로 볼 수 있다.

동유럽 사회주의 국가들의 변혁이 시작되던 시점에도 중국은 북한 지도자에게 개혁·개방 필요성을 강조하였다. 1989년 4월 25일 자오즈양 총서기는 천안문사건으로 중국 내부정치가 극도로 혼란한 상황에서 평양을 방문하여 김일성에게 중국의 경제정책을 설명하고 경제 개혁정책을 통해 성취한 성과를 통보하였다. 자오즈양은 4개 기본원칙을 견지하면서 경제 개혁·개방정책을 지속해 나가는 것이 중국의 바람직한 발전방향이라는 점을 역설하였다.[20] 13기 4중전회를 통해 천안문사건이 종결된 이후 중국을 방문한 손성필 북한 최고인민회의 부의장에게 쟝쩌민(江澤民) 총서기도 중국이 개혁·개방을 견지하는 동시에 부패한 자본주의 사상 침투를 경계할 것이라는 점을 분명히 밝힘으로써 개혁·개방정책을 지속하는 것이 사회주의 체제를 공고히 하는 데 유리하다는 입장을 견지하였다.[21] 그는 과거 11년간 중국이 사회주의 현대화 건설과정에서 성취한 성과를 설명하고, 중국의 개혁·개방정책이 중국의 상황에 완전히 부합하고 정확한 노선이었다는 것을 강조하였다.

이후 김일성은 1989년 11월 중국을 방문하여 덩샤오핑과 회담을 개최하였는데,

18) 김일평, 「세기의 갈림길에서」(서울: 교수신문, 2001), pp. 160~163.
19) 「鄧小平思想年譜, 1975~1997」(北京: 中央文獻出版社, 1998), p. 399.
20) 劉金質, 楊淮生 主編 「中國對朝鮮和韓國政策文件滙編」, pp. 2541~2543.
21) 劉金質, 楊淮生 主編 「中國對朝鮮和韓國政策文件滙編」, p. 2547.

그는 여기에서 "중국이 4개 기본원칙을 바탕으로 개혁·개방정책을 추진하여 중국특색의 사회주의를 건설하기 위하여 투쟁해 나가는 것을 강력히 지지한다"고 하였다.[22] 이는 북한이 중국의 발전노선을 일부 도입할 수 있다는 점을 확인한 것으로 분석된다.

소련이 붕괴되고 중국이 14차 당 대회를 통해 개혁·개방정책을 가속화하기로 국가정책 방침으로 확정한 이후에도 북한에 대한 중국지도자들의 개혁·개방 설득은 지속되었다. 쟝쩌민 총서기는 양형섭 북한 최고인민회의 의장에게 덩샤오핑의 남순강화 이후 중국이 개혁·개방 가속화를 통해 경제발전을 적극 추진하고 있다는 점을 강조하였다.[23] 이는 경제발전이 체제안정을 보장하는 가장 효과적인 대안이라는 점을 북한에게 역설한 것으로 볼 수 있다. 1994년 1월 황장엽 비서가 노동당 대표단을 이끌고 중국을 방문하였을 때에도 쟝쩌민 총서기는 중국이 덩샤오핑의 중국특색의 사회주의 건설이론 지도 아래 개혁·개방정책 추진상황과 사회주의 시장경제 건설 상황을 소개하여, 간접적으로 북한의 정책변화를 주문하였다.[24] 1996년 7월 베이징을 방문한 김윤혁 북한 정무원 부총리에게 리펑(李鵬) 총리가 직접 북한문제 해결방안으로 중국식 개혁·개방을 도입할 것을 권유하고, 농업부문에서 생산청부제도 도입을 설득하였다.

다. 북한의 정책변화 모색

북한은 김일성이 사상을 중시하는 노선을 지속하고 1994년 김정일이 자신의 부친으로부터 권력을 승계하여 중국처럼 적극적으로 개혁·개방정책을 추진하기가 어려웠다. 중국의 경우에는 문화대혁명시기 정치적으로 숙청을 당하였던 간부들이 복권되어 마오쩌둥의 자력갱생 정책을 폐기하고 정책노선의 변화를 모색하기가 어렵지 않았다. 마오쩌둥의 기존 정책의 피해자들이 신지도부를 구성하였기

---

22) 「人民日報」, 1989. 11. 13.
23) 劉金質, 楊准生 主編 「中國對朝鮮和韓國政策文件滙編」, pp. 2607-2608.
24) 劉金質, 楊准生 主編 「中國對朝鮮和韓國政策文件滙編」, p. 2641.

때문에 중국은 정책변화가 불가피한 상황이었다. 덩샤오핑과 후야오방 등 개혁파는 경제 개혁·개방정책을 통해 화궈펑(華國鋒) 등 범시파(凡是派)를 제압하는 수단으로 활용하였다. 그리고 1978년 당시 중국국민들은 대약진운동 이후의 이데올로기를 강조하였던 정책적 오류에 따른 피해를 잘 인식하고 있었기 때문에 중국사회에서 광범위하게 개혁·개방에 대한 공감대가 형성될 수 있었다.[25]

그러나 북한의 경우에는 구소련과 동구 사회주의 국가들이 붕괴될 때까지 김일성이 건재하였기 때문에 북한 내부에서 과거 김일성의 정책오류를 비판하고 자본주의 경제요소를 대폭 수용할 것을 기대하기가 어려웠다. 김일성 사후 김정일이 3년 이상의 애도기간을 설정하면서 김일성 유훈에 의한 통치를 해 왔다는 점에서, 북한이 자본주의 요소를 대대적으로 수용하여 경제적 침체상황에서 벗어나기를 기대하기는 어려운 일이었다. 북한은 주체사상의 원리에 의거하여 경제체제를 자기식대로 개선해 왔다면서, 새롭게 개혁할 것도 개방할 것도 없다고 하면서 서방의 개혁과 개방 주장은 '사탕발린 독약'과 같은 것이라고 비난하였다.[26]

김정일은 "사회주의는 과학이다"라는 제목의 담화를 통해서 중국의 개혁·개방을 자본주의에 굴복하는 것이라고 공격하였다. 동유럽과 소련 사회주의 붕괴가 가속화하고 있었던 1991년 북한은 로동신문 논설을 통하여 "사회주의와 공산주의는 인류의 이상이며 인민들이 사회주의 길로 나가는 것은 우리시대의 기본조류이다. 사회주의 위업의 승리는 필연적이다… 사회주의가 승리하고 자본주의가 멸망하는 것은 움직일 수 없는 법칙이다… 제국주의자들이 벌이고 있는 평화적 이행전략은 민주주의와 자유의 간판을 들고 사회주의를 내부로부터 와해시키려는 데 그 음흉한 목적이 있다"면서 우리식 사회주의의 길을 고수할 것임을 재강조 하였다.[27]

중국이 자본주의 경제제도의 장점을 도입하기 위해 '사회주의 초급단계이론'을

25) 湯應武, 「抉擇: 1978年以來中國改革的歷程」(北京: 經濟日報出版社, 1998), pp. 50-76; Susan L. Shirk, 「중국경제개혁의 정치적 논리」, 최완규역 (서울: 경남대학교출판부, 1993), pp. 37-41.
26) "자립적 민족경제건설 로선을 끝까지 견지하자," 「로동신문」, 1998. 9. 17. 이종석, 「북한-중국관계」, pp. 293-294에서 재인용.
27) "자유의 기치따라 사회주의 길로 나가는 것은 역사의 흐름이다," 「로동신문」, 1991. 8. 20.

제시하면서 경제 개혁·개방을 적극적으로 추진해 왔으나, 북한은 극히 제한적으로만 경제체제의 변화를 시험하고 사상과 이념의 강화를 통해 사회주의 체제를 유지하고자 하였다. 반면, 북한은 동유럽 국가들이 붕괴된 것은 이들이 자주성을 견지하지 못하였기 때문이라고 인식하고, 주체사상을 견지하면서 제한적인 지역에 국한하여 개방을 모색하였다.

북한이 경제정책 변화를 모색하기 시작한 것은 김정일이 중국을 방문하고 귀국한 이후인 1984년부터로 볼 수 있다. 김정일 방중 직후 북한은 50명으로 구성된 대규모 경제사절단을 1개월 동안 중국의 경제특구지역을 시찰하도록 하였다. 또한 중국이 대외경제 개방을 통해 외국으로부터 막대한 자본을 도입하여 경제발전을 도모하였던 사실에 자극을 받아 1984년 9월 합영법을 제정하여 서방의 자본을 유치하고자 하였다.[28] 그러나 합영법 제정 이후 프랑스 건설회사인 베르나르사와 조선제일수출입회사 간의 양각도 호텔 건설사업 계약문제가 논의되었으나, 북한측의 계약불이행으로 계약이 성사되지 않았다. 북한의 국가신용도가 열악하고, 중국과 같은 경제특구가 설치되지 않아 서방측 자본의 북한 투자가 거의 이루어지지 않았던 것이다. 다만, 북한의 합영법 제정을 계기로 조총련 상공인들의 대북 합작투자는 증가하였다.

1990년대에 들어 구소련과 동유럽 사회주의 국가들이 붕괴함으로써 북한의 대외 경제환경이 급격하게 변화하면서, 북한은 경제발전을 도모하기 위한 조치들을 보다 적극화 하였다. 북한은 두 차례 헌법을 개정하여 경제개방과 실용주의 요소를 강화하였는데, 이는 중국식 발전방식을 어느 정도 수용하기 시작하였다는 것을 의미하는 것으로 볼 수 있다. 1992년 덩샤오핑의 남순강화 이후 중국이 개혁·개방정책을 가속화 한 직후, 북한은 '협동단체소유'를 규정한 제20조에서 개인소유의 인정 및 보호 구절을 추가하고, 단위기업소 이익의 일부를 소속 근로자 개인에게 유보하는 인센티브 제도를 도입하였다. 22조에서는 개인소유로 인정되어 온 텃밭 생산에 대한 보호를 강화하고 암거래 수익도 개인소유로 할 수 있도록 근거

---

28) 이후에도 북한은 외국자본의 도입을 원활하게 하기 위해 1986년 「조선국제합영총회사」를 설립하고, 1989년에는 해외송금과 국제결제 업무를 처리하기 위해 「조선합영은행」을 설치하였다.

를 마련하였다. 그리고 중국의 헌법을 모방하여 37조에서 "다른 나라 법인 또는 개인들과의 기업합영과 합작을 장려한다"고 명시함으로써 외국인 투자법 제정을 위한 헌법적 근거를 마련하였다. 제31조의 계획경제를 지도적 계획경제로 수정하였는데, 이 점도 시장경제 원리를 부분적으로 도입하려는 의지의 표명으로 볼 수 있다.

1998년에 수정된 헌법에서도 북한은 경제적 실용주의를 강조하였다. 24조에서 "개인소유는 공민들의 개인적이며 소비적인 목적을 위한 소유이다… 텃밭경리를 비롯한 개인부업경리에서 나오는 생산물과 그 밖의 합법적인 경리활동을 통하여 얻은 수입도 개인소유에 속한다. 국가는 개인소유를 보호하며 그에 대한 상속권을 보장한다"고 규정하여 생산력 발전을 촉진하고자 하였다. 그리고 37조에서는 "다른 나라와의 기업합영과 합작, 특수경제지대에서 여러 가지 기업 창설, 운영을 장려한다"는 점을 명문화하여 대외개방 조치를 강화할 것임을 천명하였다. 이러한 헌법상의 조치는 중국이 1970년대 말 개방에 앞서서 헌법을 개정하고 법체계를 정비하였던 사례와 유사하다.

헌법 개정 이후 북한 최고인민회의는 1992년 10월 외국인 투자법, 합작법, 외국인 기업법을 제정하였으며, 1993년 1월에는 외국인투자 기업 및 외국인 세금법, 외화관리법, 자유경제무역지대법을 제정하는 등 대외개방에 대한 의지를 보였다. 그리고 1992년 10월 합영법 시행세칙이 정무원에 의해서 제정되었으며, 1994년 1월 1984년에 제정한 합영법을 외국인 투자에 유리한 방향으로 개정하였다. 1993년 2월 김정우 북한 대외경제위원회 부위원장이 자유무역지대 투자유치를 위해 중국의 개방지역들을 시찰하였으며, 북한정부는 베이징과 상하이 등 중국의 개혁·개방도시에 대규모의 경제관리를 파견하여 국제무역법과 분쟁절차 처리법 등을 학습하도록 하였다.

위와 같은 법·제도 정비와 함께 북한은 1991년 나진·선봉지역에 자유경제무역지대를 설치하고 금강산 지역을 관광특구로 지정하는 등 사회주의 체제에 미칠 부정적 영향을 최소화 할 수 있는 지역만을 시험적으로 개방하였다. 북한은 중국과 달리 외국인의 직접 투자를 유치하는 데에 중점을 두고 외자 도입을 위한 환경조성 차원의 대내 개혁조치를 취하는 데에는 소극적이었다. 북한은 경제특구가 사회 · 정치적 파급영향을 최소화하면서 북한의 저렴하고 풍부한 노동력과 서방의 자본을 이용하여 경제난을 타개할 수 있는 최적의 대안으로 인식하였던 것이다. 그리고 북한이 중국과 소련의 접경지대인 나진 · 선봉지대를 자유무역경제지대로 지정한 것은 중 · 소를 원자재 공급 및 상품 수출기지로 활용하는 한편, 이들 두 나라의 개혁 · 개방 경험을 도입하려는 데에도 의도가 있었던 것으로 분석된다.[29]

나진 · 선봉지역을 자유경제무역지대로 지정한 이후 북한은 중국의 5개 국경도시에 중국시장을 개설 · 운영하였는데,[30] 이는 북한이 경제적으로 중국에 의지하였다는 점을 의미한다. 외국으로부터 물자를 수입하는 데 필요한 외화가 부족한 상황에서 절대적으로 부족한 생활필수품을 중국으로부터 도입하여 북한 주민들의 경제난을 완화하고자 하였던 것이다.

북한은 외자도입을 위한 대외환경 조성 차원에서 남한을 비롯 일본과 미국 등과도 관계 개선 조치를 취하였다. 1991년 북한은 남한과 기본합의서를 체결하고 핵 공동선언에 합의하였다. 그리고 북한은 1991년부터 일본과 수교교섭을 전개하였다. 미국에 대해서도 유화정책을 보였으나, 핵문제가 불거짐으로써 대미 · 일 관계 개선 노력은 수포로 돌아가고 말았다. 1992년 8월 중국이 남한과 외교관계를 정상화하기로 하였는데, 이는 북한과 중국 관계에 커다란 충격을 주었으며, 중국식 개혁 · 개방정책에 대한 북한의 조심스런 태도를 더욱 강화시키는 계기로 작용하였다. 국가발전 노선을 둘러싼 북한과 중국 사이의 갈등은 1999년 김영남의 중국방문을 계기로 비로소 해소되었다.

유고 주재 중국대사관이 미국에 의해 폭격을 당한 직후인 1999년 6월 중국을 방문한 김영남 북한 최고인민회의 상임위원장은 상해를 시찰하고, 중국의 개혁 · 개방이 옳았다면서 중국의 경제정책에 대한 북한의 지지입장을 강조하였다.[31] 무

---

29) 1993년 3월 북한은 나진 · 선봉지역을 비롯한 두만강 지역개발을 위해 중국과 항구 사용협정을 체결하는 등 경제협력 조치를 취하였다. 중국에게 나진항을 사용하도록 허가하고, 중국의 옌지 · 투먼, 훈춘 · 나진 · 선봉간 고속도로 및 철도 건설 등을 공동으로 추진하는 것도 포함되었다. 김용호, "북한의 투자개방조치," 「주요국제문제분석」(서울: 외교안보연구원, 1993), p. 12.

30) 「동아일보」, 1993. 5. 30.

31) 「人民日報」, 1999. 6. 5.

역상 등 경제관리가 방중단에 포함되지 않았다는 점에서 김영남의 발언이 중국식 개혁 · 개방 수용을 시사하는 것으로 보기는 어렵지만, 북한의 2인자가 중국이 개혁 · 개방과 경제 건설에서 이룬 성과를 직접 목격하고 이를 긍정적으로 평가하였다는 사실은 국가발전 노선을 둘러싼 북 · 중간 갈등을 다소나마 해소하는 계기가 되었다고 할 수 있다. 중국의 지도자들도 김영남에게 북한이 개혁 · 개방정책을 채택하도록 강요하지는 않았다. 주방짜오(朱邦造) 외교부대변인은 "사회주의 건설은 각 국가가 국내사정에 따라 결정해야한다"면서 중국이 중국특색의 사회주의 국가를 건설하고 있듯이 다른 나라도 각각 사정에 따라 국가를 건설하는 것이며 한나라의 모델을 다른 나라에 그대로 적용할 수는 없다고 언급함으로써 북한에게 중국식 발전방식을 수용하도록 강요하지 않았다는 것을 확인하였다.[32]

그리고 이때까지 북한도 중국식 개혁 · 개방에 대해서는 큰 관심이 없었다. 북한은 미사일과 핵문제를 둘러싸고 미국이 북한에 대해 가하고 있었던 압력에 대처하고 내부적으로 어려운 경제난을 해소하기 위해 중국의 지원을 확보하는 데 중국과의 관계를 정상화하게 된 목적을 두고 있었다. 북한 로동당 기관지 「로동신문」과 당 이론잡지 「근로자」에 게재한 공동논설을 통해 이러한 의도가 잘 나타났다. "제국주의 사상문화는 사회주의를 내부로부터 와해시키는 사상적 트로이의 목마"라고 비유하고 사회주의 하에서는 자본주의 황색바람이 절대로 허용될 수 없다는 점을 분명히 하였다. "사상정치 분야에서 공개성과 다원주의를 절대 불허하며 경제 분야에서는 자본주의적 기업관리방식과 개혁 · 개방에 대한 환상을 불식해야한다"면서 정치 · 경제 분야에서도 모기장을 쳐야한다고 주장하였다.[33]

1990년대 중국과 북한 관계가 소원하게 되었던 가장 중요한 이유 중의 하나가 중국의 개혁 · 개방정책에 대한 북한의 비난에 기인하였다는 점에서 볼 때, 북한의 권력서열 2인자가 공식적으로 중국의 개혁 · 개방을 지지하고 나섰다는 점은 북 · 중 관계를 저해하였던 요인의 하나가 제거되었다는 것을 의미한다.

2000년 5월과 2001년 1월 김정일 방중을 계기로 북한은 중국의 개혁 · 개방에

---

32) 「人民日報」, 1999. 6. 5.
33) 「로동신문」, 1999. 6. 1.

대해 보다 긍정적으로 인식하게 되었다. 남북 정상회담을 불과 보름 앞두고 베이징을 방문한 김정일은 중국 정보통신산업의 메카인 중관춘(中關村)을 시찰하고 많은 관심을 보였다. 김정일은 중국 지도자와의 회담 중 북한은 자국의 사정에 따라 북한식 사회주의를 추진하고 있고, 중국은 중국의 실제상황에서 출발하여 중국특색의 사회주의를 건설하였다고 언급하면서, "쟝쩌민 주석을 핵심으로 한 당중앙의 지도 아래 중국의 개혁·개방이 큰 성과를 거두고 국제지위가 계속 향상되고 있다"고 평가하였다. 동시에 김정일은 "덩샤오핑이 제기한 개혁·개방정책이 옳았다는 것을 나타내는 것으로 북한의 당과 정부도 이 정책을 지지한다"는 점을 공식적으로 천명하였다.[34]

이와 같이 북한이 중국의 개혁·개방노선에 대한 입장을 정리한 후, 2001년 1월부터 북한은 21세기는 김정일의 시대라며 모든 것을 바꾸자는 변화와 혁신을 제창하기 시작하였다. 1월 1일 신년 공동사설에서는 21세기는 거창한 전변의 세기, 창조의 세기라는 점을 강조하고, 1월 4일 「로동신문」에서는 "21세기 조선은 새로운 관점으로 모든 문제를 해결하고 시대의 요구에 따라 경제를 발전시켜야한다"면서 경제정책 변화를 시사하였다.

1월 9일자 「로동신문」에서는 "모든 문제를 새로운 관점과 높이에서 보고 풀어나가자"라는 사설을 통해 "위대한 변혁의 거장, 창조의 영재 밑에는 혁신의 기수, 창조의 능수들이 많아야 한다… 모든 문제를 새로운 관점과 높이에서 보고 풀어나가는 것은 21세기의 첫해인 올해를 강성대국 건설의 결정적 전진의 해, 새로운 비약의 해로 빛내기 위한 필수적 요구이다… 경제부문 일군들은 공장, 기업소들을 현대적 기술로 갱신하며 최신 과학기술에 기초한 새로운 생산기지들을 더 많이 일어세우기 위한 사업을 대담하게 작전하고 통이 크게 전진해 나가야 한다. 경제조직 사업에서 실리를 철저히 보장하고 인민들이 실제적으로 덕을 볼 수 있게 사업을 적극적으로 전개해 나가야한다"고 촉구하고, "기존관념에 사로잡혀 지난 시기의 진부한 관습과 유물을 붙들고 앉아 있을 것이 아니라 대담하게 없애버릴 것은 없애버리고 하나해도 손색이 없게 해 놓아야 한다는 것이 우리의 본때이며

---

34) 「人民日報」, 2000. 6. 2.

위력이다"라고 강조하였다.[35]

　이처럼 대내적으로 신사고를 주장하면서 김정일은 2001년 1월 중국을 방문하여 중국의 개혁·개방의 상징적인 도시인 상하이 푸동(浦東)지역의 증권거래소 등지를 시찰하고 중국의 개혁·개방 성과를 직접 목격하였던 것이다. 중국 국무원 총리 주룽지(朱鎔基)의 안내로 상하이 도시건설계획전시관, 제너럴모터스 승용차공장, 화훙전자유한회사를 참관하고 상하이 증권거래소, 소프트웨어개발연구소, 인간게놈남방연구센터 등을 참관하였다. 김정일 위원장이 상하이 경제개발 상황을 시찰한 주요 목적은 북한이 새로운 국가발전 방침을 채택하기 위한 의도에서였다. 김정일은 중국의 개혁·개방의 성과를 구체적으로 살펴보고, 정책변화 과정에서 중국의 지원을 확보하려는 데에 목적을 두고 있었다.[36]

　중국을 방문하고 귀국한 이후 김정일은 2002년 9월 신의주를 홍콩을 모델로 한 특별행정구로 지정하였다. 북한이 중국계 네덜란드인 양빈(楊斌)을 신의주 특구 행정장관으로 임명한 것도 신의주 개발과정에서 중국의 지원을 확보하려는 데 목적이 있었던 것으로 보인다. 그러나 중국은 북한이 신의주를 관광·오락·금융 단지로 개발하게 될 경우 중국 내 불법자금이 유출될 수 있고 신의주가 중국 동부 3성과 외자유치 경쟁을 벌이게 될 것을 우려하여 북한의 '대담한' 구상에 적극적인 태도를 보이지 않았다. 중국이 양빈을 뇌물공여와 농지 불법전용 등 혐의로 구속함으로써 북한의 신의주 특구 구상은 큰 타격을 입게 되었다.

라. 소결

　동유럽과 소련에서 사회주의체제가 와해되고 중국이 경제 개혁·개방정책을 가속화 하는 등 체제변화를 추구하게 되자 북한체제는 큰 충격을 받았다. 북한은 사회주의체제가 자본주의체제 보다 우월하다고 주장해 왔으나, 사회주의 종주국들이 무너지거나 변신을 모색함으로써 북한은 대내적으로 사상적 동요가 발생하

---

35) "21세기는 거창한 전변의 세기, 창조의 세기이다," 「로동신문」, 2001. 1. 4; 「로동신문」, 2001. 1. 9.
36) "參觀浦東開發區, 面對變化發感慨: 金正日密訪上海," 「環球時報」, 2001. 1. 23.

는 것을 저지하면서 스스로 생존할 수 있는 방법을 찾아야만 하게 되었다. 중국의 개혁·개방정책을 사회주의체제에 대한 배신이라고 주장하면서도 북한은 소련과 동유럽으로부터 지원을 전혀 기대할 수 없는 상황에서 중국의 발전모델에 대해 관심을 보이지 않을 수 없었다. 따라서 북한은 중국과 마찬가지로 정치체제는 건드리지 않으면서 점진적인 개방을 모색하여 체제의 위기상황에서 모면하고자 하였다.

그러나 북한은 중국과는 여러 가지 면에서 차이가 있었다. 중국은 개혁·개방 정책을 채택하기 직전 미·일·유럽 국가들과 국교를 정상화하여 이들로부터 적극적인 지원을 확보할 수 있었으며, 해외 화교자본이 중국의 경제발전에 필요한 자금줄 역할을 충실하게 해주었다. 그리고 중국은 문화대혁명 당시 숙청되었던 실용주의정책 마인드를 가진 지도자들이 국가 지도자로 복권되어 마오쩌둥 시기의 정책상의 오류를 극복하고 대담한 경제 개혁·개방 조치들을 취할 수 있었다. 반면 북한은 개방에 따른 충격을 완화시켜 줄 수 있는 지리적·공간적 조건을 갖추지 못하고 있었고, 외부 자본을 끌어들일 수 있는 대외환경을 조성하지 못한 상황이었다. 아울러 김일성 자신의 과거 정책노선을 스스로 파기하고 새로운 '모험적'인 정책을 적극 채택하기가 곤란했던 것이다.

3. 소련체제의 해체가 북한에 미친 영향

가. 러시아의 급진적 체제전환

사회주의체제 전환에 있어서 핵심적인 요소는 계획경제의 시장경제로의 전환이며, 따라서 경제체제개혁은 사회주의 변화의 이해에 있어서 중심적인 의미를 지닌다. 사회주의를 경험한 국가들이 실시한 경제체제 개혁은 대체로 두 가지 형태를 보였다.

첫 번째는 '점진적인 경제체제 개혁'이다. 이는 시간적으로는 점진적으로 시행하며, 부분적인 범위에 제한하는 특징을 보이기 때문에 점진적 경제체제 개혁으로 지칭된다. 점진적 경제체제 개혁은 경제성장형(growth-led transformation)의 경향을 보이며, 중국 등 아시아 공산주의 국가들이 이에 해당한다. 이들 국가는 비국영 기업의 급속한 증가와 국유부문의 상대적 축소로 특징 지워지는 개혁에 힘입어 상당히 빠른 속도로 성장을 했다. 성장형 개혁과정에서 사기업 혹은 준사기업들의 역할이 중요한 의미를 지녔으며, 점차 국유기업을 능가할 것으로 믿어졌다.

두 번째는 '급진적 경제체제 개혁'으로서 단기간에 전반적인 개혁을 완수하는 것이다. 이와 같은 경제체제 개혁은 단기간에 구체제를 해체하고 새로운 시장요소들을 이식하며, 개혁의 범위도 경제체제 전반을 포괄한다. 급진적인 개혁의 시행자들은 자유화와 거시경제의 안정화 조치를 실시하고 사유화과정을 통해서 성장이 가능할 것으로 믿었다. 그러나 동유럽과 러시아에서 특징적으로 나타났듯이 단기적으로는 경제후퇴형(recession-led transformation)의 경향성을 보였다.[37] 성장형과 비교했을 때 전면적인 재구조화과정에서 일시적인 생산의 감소와 경기후퇴, 그리고 국유기업의 급속하고 광범한 축소가 발생한다.[38]

전체적으로 보았을 때 러시아의 경제체제개혁은 급진적인 특성들을 지닌 것이었으며, 중국의 경우는 점진적인 특성들을 나타냈다. 러시아에서는 1992년 초의 가격자유화를 필두로 자유화 안정화 사유화 등의 정책들이 급진적으로 실시되었다. 특히 초기의 경우 자유화와 사유화는 매우 빠른 속도로 진행되었다. 그러나 의도했던 긍정적 효과가 즉각 나타나지 않았으며 인플레이션과 생산 감소 등 부

---

37) 경제성장과 후퇴의 경향은 시간적인 경과에 따라서 달라질 수 있다. 동유럽 일부 국가들의 경우 1993~1994년에 이미 부분적으로 체제 전환기의 경기후퇴를 회복하고 있는 것으로 나타났다. 체제전환기의 경기후퇴는 사람들에게 상대적으로 낮은 기대치를 가지게 했으며 새로운 성장가능성을 열어놓았다. 따라서 경제후퇴형의 경우 단기적으로는 고통을 수반하지만 장기적으로는 점진적 성장이 이루어질 것이라는 전망이 있다. Laszlo Csaba, "The Political Economy of the Reform Strategy: China and Eastern Europe Compared," *Communist Economies & Economic Transformation*, Vol. 8, No. 1 (1996), p. 60.

38) Minxin Pei, "Microfoundations of State-Socialism and Patterns of Economic Transformation," *Communist and Post-Communist Studies*, Vol. 29, No. 2 (1996), pp. 131-132.

정적인 특성들이 최근까지도 특징적으로 나타났다.

옐친은 1991년 12월 28일 모스크바에서 열린 러시아 연방 인민대표회의에서 행한 연설에서 이전의 페레스트로이카와는 다른 급진적 경제 개혁의 의도를 나타냈다.[39] 또한 1991년 중에 이후 경제 개혁을 주도하게 될 가이다르[40] 경제팀에 의해서 경제 개혁 정책의 골격이 준비되고 있었다. 이를 바탕으로 1992년 초에 시작된 러시아의 개혁은 90%에 이르는 품목들의 가격통제 해제, 화폐의 평가 절하, 그리고 GDP의 31%인 국가재정적자를 1992년 1/4분기 중 1.5%수준으로 끌어내리는 것을 포함하고 있었다. 러시아는 1992년 1월의 가격자유화를 시작으로 거시경제의 안정화와 경제구조개혁 등의 급진적 경제 개혁을 시작하게 된다.[41]

옐친의 경제 개혁 진영은 러시아에 시장경제체제를 도입하기 위한 급진적인 개혁정책을 제시했다. 이들의 판단은 급진적인 자유화정책의 시행만이 시장형성의 지름길이라는 것이었다. 따라서 가격자유화는 재정안정화정책과 함께 가이다르 경제 개혁정책의 근간이었다.[42] 가격자유화는 우유와 빵 등의 필수식품, 그리고 에너지와 같은 몇 가지 중요 품목들을 제외한 분야에서 전면적으로 그리고 갑자기 단행되었다. 1992년 3월 이후에는 비록 반독점위원회의 결정에 의해서 몇몇 부분에 대한 가격통제가 지속되었지만 나머지 대부분의 분야에서의 가격통제가 해제되었다. 이는 러시아인들이 이전의 체제에서는 경험해보지 못한 전혀 새로운 경제상황의 전개였으며, 급격한 물가상승국면이 이어졌다. 가격자유화 시행 직후 인플레이션은 245%에 달했다. 1992년 여름 이후 1994년의 겨울까지 인플레이션은 월 평균 20%를 넘었다. 따라서 1995년 인플레이션이 월 10% 이하를 나타내기

---

39) FBIS, *Soviet Union*, October 29, 1991, pp. 46–48.

40) 시장경제에 대해서 강한 신념을 가진 가이다르는 옐친의 집권과 함께 총리가 되어 초기에 실시된 급진적 개혁정책의 실시를 주도했다.

41) 페레스트로이카 이후의 지속적인 경제의 침체는 러시아인들에게 보다 적극적인 개혁의 필요성을 느끼게 하고 있었으며, 1991년의 쿠데타로 인한 강경보수파들의 몰락은 옐친의 개혁진영에 대한 정치적 저항세력의 일시적인 소멸을 의미했다. 이와 같은 조건을 바탕으로 1992년초 옐친진영은 별다른 어려움 없이 급진적 경제 개혁정책을 실시할 수 있었다.

42) 가이다르의 자유화정책에 대해서는 Yegor Gaidar & Karl Otto Pohl, *Russian Reform/ International Money* (Cambridge: The MIT Press, 1995). 2장 "Liberalization" 참조.

시작하여, 이후 진정국면에 접어들 때까지 러시아인들은 초 인플레이션 상황에 놓여졌다.[43] 또한 1992년 1월부터 상업 활동의 자유화조치들이 발표되어 적어도 형식적으로는 모든 사람들이 상업 활동의 자유를 가지게 되었다. 그러나 대외무역의 자유화 속도는 이 보다 늦어졌다. 그것은 아직 부분적인 가격통제(특히 에너지)가 유지되고 있었기 때문에 완전한 무역의 자유화는 국내 자원분배의 왜곡을 초래할 수 있기 때문이었다. 자유화조치들은 안정화정책에 의해서 균형을 잡도록 되어 있었지만 긍정적 효과가 나타나지 못했다. 결과적으로 발생한 초 인플레이션은 저축을 휴지조각으로 만들어 버렸고, 국민들의 개혁에 대한 태도에 부정적인 영향을 미쳤다. 또한 국내외로부터의 투자를 약화시켰으며, 신용체계에도 부정적인 영향을 미쳤다.[44]

1992년 여름 옐친의 개혁진영은 대규모의 사유화 정책을 실시하기 시작했다. 물론 이전에도 사유화의 조치들이 없던 것은 아니었으나, 전체적인 분야를 포괄하고 있다는 점에서 1992년의 사유화는 새로운 의미를 지니고 있었다.[45] 특히 1992년 10월에는 전 국민을 대상으로 하는 바우처사유화(mass voucher program)가 실시되었다.[46] 이와 같은 대중적인 사유화는 상당히 짧은 시간에 이루어졌다. 1994년 7월까지 모든 공업부문과 서비스산업의 70%가 사유화되었다. 그러나 러시아의 급속한 사유화는 의도했던 효과를 가져오지 못했다.[47] 양적인 사유화의 성공은 질적인 측면에서 볼 때 상당한 문제점을 드러냈다. 사유화된 기업의 절반가량이 이윤을 내지 못했으며, 러시아 공업생산력의 50%가 감소했다. 또

---

43) J. H. Cochrane and B. A. Ickes, "Macroeconomics in Russia, E. D. Lazear," *Economic Transition in Eastern Europe and Russia* (Hoover Institute Press, 1995), pp. 69–70.

44) T. Colton, et al., "Five Years after the Collaps of the USSR," *Post-Soviet Affairs*, No. 13 (1997), p. 16.

45) 예를 들어 1990년 7월의 '소유권에 관한 법률'은 소유권을 사적 소유, 협동적 소유, 국가 소유로 구분하고 있었다. 또한 1990년 6월의 '기업에 관한 법률'은 국가나 협동기업 뿐만 아니라 개인과 가족기업에 관한 의무와 권리를 명시하고 있었다. 1991년 6월의 '기업의 사유화와 탈 국유화의 기본원칙에 관한 법률'은 임대기업, 집체기업, 합작기업 등으로 전환하는 규정들을 담고 있었다. Morris Bornstein, "Russia's Mass Privatisation Programme," *Communist Economies & Economic Transformation*, Vol. 6, No. 4 (1994), pp. 421–422.

46) 바우처 사유화는 전 사회구성원들에게 일정정도의 금액(1인당 만루블)에 해당하는 바우처를 무상 발행하고 이를 이용해서 해당금액 만큼의 기업과 국유재산의 주식이나 소유권을 획득할 수 있도록 허용하는 대중적 방식의 사유화이다.

47) Morris Bornstein, "Russia's Mass Privatisation Programme," p. 423.

한 국가소유체제의 해체는 경제범죄를 촉진시키는 주요한 배경으로 작용했다.[48]

따라서 1992년 초기 가이다르 경제팀의 자유화·안정화·사유화를 위한 급진적 개혁조치들은 의도했던 결과들을 얻지 못했다. 개혁효과가 가시화되지 않자 국민 불만의 증폭을 배경으로 반대파들의 저항이 커지게 되었고, 결국 가이다르 총리체제는 개혁에 대해서 보다 온건한 입장을 가지고 있던 체르노메르딘[49]체제로 교체되었다. 당시 옐친정부는 체르노메르딘을 급진적으로 진행되어온 개혁의 완급을 조정하는 '관리형'에 적합한 인물로 판단했던 것으로 보인다. 또한 '가즈프롬'의 대표를 총리에 임명함으로써 거대 국유산업 등의 민영화에 반대하는 보수세력들의 저항을 어느 정도 무마시키려 했던 의도도 포함하고 있었다.[50] 이후 현재까지 체르노메르딘체제는 전반적으로는 시장경제를 지향하면서도 개혁정책의 집행은 완만하게 시행하였다.

체르노메르딘 총리의 등장에 따라서 가이다르식의 급진적 개혁은 사실상 끝나게 되고, 오히려 일부영역에서는 긴축기조를 완화시키는 조치들이 취해졌다. 산업부문들에 대한 정부대출이 증가하고, 국민들의 불만을 무마하기 위해서 임금인상과 같은 조치들이 취해졌다. 또한 러시아 정부는 대국민 선심용 공약들을 완수하기 위해서 화폐발행을 남발했다. 이는 안정화정책의 주요수단으로 상정되었던 통화팽창 억제조치의 후퇴를 의미하는 것이었다.[51] 1993년 7월에는 화폐개혁이

---

48) 러시아 거대자본의 상당수가 지하경제와 투기 뇌물, 국가재산의 절취를 통해서 형성되었다. 러시아 내무부는 1993년 중반 4만개의 기업이 범죄적 구조에 의해서 통제되거나 설립되었다는 사실을 밝히고 있다. 또한 사기업의 경우 70–80%가 범죄집단과 부패관료에게 상납을 하고 있는 것으로 나타났다. Svetlana Glinkina, "The Shadow Economy in Contemporary Russia," *Russian Politics and Law*, Vol. 34, No. 2 (1996), pp. 56–61.

49) 당시 총리로서 1995년부터 「우리집 러시아」당을 이끌었던 체르노메르딘은 경제관료의 길을 충실히 걸어 왔으며, 따라서 개혁에 대해서 점진적인 입장을 취했다.

50) 조한범, "체제전환기 러시아의 정치구도," 동북아, 제 5집, 1997. p. 201. 1992년 말 구 사회주의체제의 기업지배인들에 의해서 지배된 의회는 개혁추진세력인 가이다르총리를 관료출신인 쵸르나메르딘으로 교체했다. 따라서 쵸르나메르딘 총리에게 중요한 것은 미래 러시아시장경제의 주역이 될 소규모 자생적인 기업들보다는 구체제가 잉태한 자신들의 존재기반인 거대국유기업들이었다. 그가 취한 첫 번째 조치는 자신의 이끌고 있는 석유와 가스공업부분에 200억불의 저리융자를 제공한 일이었다. 이와 같은 조치는 국가의 재정적자로 직결되는 일이었다. Wing Thye Woo, "The Art of Reforming Centrally Planned Economies: Comparing China, Poland, and Russia," pp. 288–290.

51) "1992–1993년간 정부는 중앙은행의 가장 큰 채무자로 전락했다. 정부가 발행한 단기국가채권은 예산적자의 2%만을 충당했고, 나머지는 중앙은행의 특혜대출에 의존했다. 또한 1992년 1.5조 루블이던 신규통화발행이 1993년에 10.1조 루블로 증가했으며, 총 통화량에 대한 비율도 24%에서 37%로 늘어났다. 재정체제의 붕괴, 중앙과 지방의 예산전쟁, 지불위기, 부당한 화폐발행 이 모든 화폐유통은 국가의 통제에서 벗어났다는 것을 보여주고 있다." 러시아 과학아카데미 경제부, "러시아의 사회-경제개혁: 현상황과 새로운 접근법," 「중소연구」(1994 여름호), p. 256.

단행되었으며, 8월에는 '개혁의 발전과 러시아 경제의 안정화안'을 채택하여 개혁을 지속하기 위한 조치가 취해졌다. 이 안은 경제 개혁을 위한 방법으로 ①국영 및 지방자치체소유 기업의 사유화, ②방위산업 채권발행의 조건 변경, ③자원의 국가분배체제, 예비금 적립, 국가주문 및 지정가격의 폐지, ④시장구조 및 운영원리에 입각한 생산기자재 판매시장의 형성, ⑤독점의 폐지와 자본주의 방식에 따른 상품의 자유판매, ⑥엄격한 금융정책, ⑦인플레이션에 영향 받지 않는 항구적인 세원확보, ⑧대외경제활동의 자유화와 개방, ⑨가격의 자유화 등을 제시했다.[52] 1994년 7월에는 제2차 사유화프로그램을 실시하여 내부자 사유화(insider privatization)의 문제점들을 해소하려 했다. 그럼에도 불구하고 러시아 경제의 전반적인 상태는 개선되지 못했다.

경제 개혁조치들로 인해 1995년의 경우 러시아 GDP의 3/5 이상[53] 혹은 55%[54]가 비국유부문으로부터 산출되었다. 또한 1995년 말과 1996년 초에 걸쳐서 러시아가 체제전환기에 발생하는 경기하강국면의 마지막 단계에 근접했으며, 이후 상승곡선을 그릴 것이라는 예측을 가능하게 하는 징후들이 나타났다. 빈곤선 이하의 생활수준에 있는 사람들이 33%에서 25% 이하로 감소했고, 1991년부터 1994년까지 매년 −12%에서 −19%까지 하락했던 GDP의 하락추세도 1996년에는 전년 대비 −3%로 추산되는 등 점차 안정추세를 나타냈으며, 초 인플레이션도 안정되었다. 또한 루블화와 경화와의 교환비율이 과거와 달리 안정적인 추세를 유지했다. 1996년 1월에서 8월까지 러시아인들이 실제로 소비할 수 있는 수입은 12%가 증가했으나 실제 소비는 이보다 작았으며, 이는 러시아에서 저축이 증가하고 있

52) "1991–1993년도 러시아 경제개혁의 기본방향과 결과," 「러시아연구」, No. 2 (서울: 대륙연구소, 1994), pp. 181–182. 이와 같은 체르노메르딘의 경제정책안은 3단계로 이루어져 있었다. 1단계는 1994년 상반기까지로 가격통제의 범위를 GDP의 3–5%로 축소, 국가구매는 20%선으로 감소시키는 것을 목표로 했다. 또한 재정적자도 GDP의 8–10%로, 인플레이션은 월 5–7%수준으로 억제하는 것을 목표로 하고 있었다. 안정기인 2단계는 1994년 하반기부터 1995년까지이며 국민의 생활수준향상과 대규모사유화의 주묘목표달성, 효율적인 금융제도의 도입 등이 목표로 상정되었다. 그리고 1996년부터 시작되는 3단계는 성장기로 잡혀 있었다. 이창재, "러시아 경제체제전환 시도에 대한 평가," 「러시아 새질서의 모색」(서울: 열린책들, 1994), p. 121.

53) 러시아측의 통계.

54) European Bank for Reconstruction and Development의 통계.

음을 의미했다. 1995년과 1996년 러시아 중앙은행의 통화정책은 매우 긴축적이었으며, 인플레이션은 매월 1% 이하로 유지되었다. 이는 IMF의 요구를 충족시키고 있는 수치였다.[55]. 따라서 1992년 연 2,510%를 기록하였던 물가상승률은 1996년에는 21.8% 그리고 1997년 상반기에는 8.6%로 크게 안정되었다. 루블화 가치는 1995년 7월 관리변동환율제와 1996년 7월부터 현재 시행중인 크롤링 페그(Crawling Peg)로 안정세를 유지했다. 또한 1992년 개혁정책 실시 이후 지속적인 감소추세를 보여왔던 러시아의 산업생산도 1997년 상반기에는 증가세로 반전되었다.

그러나 이와 같은 러시아 경제 개혁의 긍정적인 측면들은 다음과 같은 몇 가지 요인들로 인해서 그 의미가 제한되어진다.[56] 러시아가 가지고 있는 비경제적인 문제들은 정치적 불안과 범죄, 그리고 부패 등을 들 수 있으며, 법제도가 제대로 운영되지 못하고 있다는 점은 러시아경제의 국제적인 신용을 저하시키는 요인으로 작용하고 있다. 이는 결과적으로 해외로부터의 투자를 제한하는 결과를 가져온다. 따라서 1995년의 경우 해외로부터의 투자는 총투자의 2.8%에 그쳤다. 경제적인 문제들은 보다 다양한 양상을 나타낸다. 첫째로 러시아의 GDP는 1989년에서 1996년 중반까지 약 48%가 하락했다. 둘째, 인플레이션이 아직도 높다는 점이다. 1996년 중반기의 소비자 가격지수는 1995년 중반에 비해서 50% 정도 높았다. 셋째, 대규모 사유화(large-scale privatization)가 너무 빠른 속도로 진행되었다. 따라서 1994년 말까지 러시아의 공업부문 노동자의 83%가 정부가 일부의 소유권만을 가지고 있거나 전혀 소유권을 가지고 있지 않은 기업에 속하게 되었다. 그러나 이와 같은 사유화가 의도했던 결과를 가져오지 않았다는 점에서 문제가 있는

---

55) T. Colton, et al., "Five Years after the Collaps of the USSR," pp. 14-17.

56) 러시아의 체제전환은 동유럽 국가들이나 슬로베니아, 라트비아, 리투아니아, 에스토니아보다 성공적이지 못했다. 그러나 불가리아, 우크라이나, 백러시아, 아제르바이잔, 그루지아, 기타 아시아의 CIS권 국가들에 비해서 러시아의 경제체제개혁은 성공적인 편이었다. P. Hanson, "What Sort of Capitalism in Russia," *Communist Economies & Economic Transformation*, Vol. 9, No. 1 (1997), pp. 27-29.

57) 사유화 실시 이후 대다수의 기업들은 해당기업의 노동자와 지배인들에게 주식의 51%를 소유하게 허용하는 안을 선택했다. 이는 기업사유화의 지배적인 형태가 내부자 사유화였음을 의미한다. 그러나 노동자들은 명목상 많은 주식을 소유하게 되었음에도 불구하고 경제적인 의사결정과정에서 영향력을 행사하지 못했으며, 통제력은 이전과 마찬가지로 지배인들에 의해서 행사되었다. 이와 같은 내부자사유화는 사유화의 중요한 목표인 경제구조재편과 외국자본의 유치에 부정적으로 작용했다. 새롭게 형성된 시장압력 하에서 상당수 기업의 경영진들이 신기술과 자본의 도입을

것이었다.[57] 넷째, 산업부문 간의 구성이 급격하게 변화했다. 따라서 생산부문인 농업과 공업이 GDP에서 차지하는 비율이 10% 이상 감소한 반면, 운송과 커뮤니케이션, 국내거래, 기타 서비스부문의 비율은 급증했다.[58] 다섯째, 생산의 감소에도 불구하고 구조적인 변화와 실업률은 비교적 낮게 나타났다. 이는 실질임금의 하향화와 관계가 있다. 마지막으로, 범죄율이 증가하고 있다는 점이다. 특히 경제범죄가 급증하는 양상을 보이고 있으며, 관료들의 부패는 만성화되어 있다. 이와 같은 문제점들은 1998년의 금융·외환위기로 연결되었다.

전반적으로 초기의 급진적 개혁조치 이후 러시아에 있어 경제체제의 근본적 전환을 야기하는 정책의 구사보다는 갈지자형의 조치들이 반복적으로 시행되어, 점진적 변화를 보인 경향이 컸다. 2000년 푸틴 대통령 체제의 등장으로 러시아는 과거에 비해 정치적 안정성이 보다 강화되었다. 푸틴 대통령은 국민적 지지를 바탕으로 러시아 정국의 주도권을 확보했으며, 의회 내에서도 상당한 지지세력을 확보하고 있다. 경제적인 측면에서 러시아는 1998년 금융·외환위기에서 예상보다 빠른 추세로 회복하는 모습을 보여주었으며, 1999년에 3.2%의 경제성장을 달성한 이래 2000년 상반기에도 7%를 상회하는 경제성장률을 나타냈다. 1999년 이후 일정 기간 지속된 고유가 상황은 러시아의 경상수지를 개선시켰으며, 러시아의 외채위기 가능성은 상당부분 감소했다. 따라서 푸틴 체제하 러시아는 초기의 급진적 개혁의 충격이 어느 정도 흡수된 상태로 평가될 수 있으나, 러시아가 가지고 있는 잠재적 문제들이 완전히 해소된 것은 아니라는 점에서 아직 최종적 평가는 유보적이라고 할 수 있을 것이다.

위해서 외부로 눈을 돌렸으며, 노동자와 기업지배인들의 공동소유형태 비율도 작아지는 추세를 나타냈다. 그러나 1996년 초까지도 러시아의 대다수 기업들은 내부자사유화로 인한 부정적 결과들에 의해서 영향을 받고 있다. T. Colton, et al., "Five Years after the Collaps of the USSR", p. 17.

58) 이와 같은 점들은 러시아에 형성되고 있는 시장이 상당 정도 기형성을 띠고 있다는 점에서도 증명되고 있다. 러시아의 경우 개혁 초기부터 매점매석과 중개차익을 노리는 경제행위가 현저하게 나타났으며, 결과적으로 생산부문의 잠재력을 잠식했다. 예를 들어서 1992년 6월에서 1993년 4월 간의 은행대출실적에 따르면 생산부분에 대한 투자는 감소하고 있는 반면, 중간거래를 위한 대출은 45%에서 75%까지 급증하는 추세를 나타냈다. Vladimir Kollantai, "러시아 경제체제전환 시도에 대한 평가," 「러시아 새질서의 모색」(서울: 열린책들, Social Aspects of Economic Reform in Russia," *Eastern Europe in Crisis and Way out* (London: Macmillian, 1995), p. 389.

러시아의 체제전환에 대한 다양한 평가에도 불구하고 시장화를 지속적으로 추진했다는 점에는 이의가 있을 수 없다. 이는 러시아 사회가 시장경제에 적응하고 있다는 것을 의미하는 동시에 대외관계에서도 사회주의적 특수 관계를 배제하고 시장요소를 반영하게 되었다는 것을 의미한다. 이와 같은 점은 북한에도 동일하게 적용되는 논리였으며, 북한 역시 과거 소련과의 특수 관계에서 비롯된 무상 혹은 특혜에 기반 한 거래를 유지할 수 없게 되었다. 북한은 신생러시아와의 모든 거래에 있어 시장의 관점에서 비용을 지불해야만 하는 상황에 직면하게 된 것이었다.

나. 북한에 대한 영향

북한은 페레스트로이카의 시작과 1980년대 말 까지도 사회주의권의 급격한 붕괴를 예상하지 못했으며, 나아가 북한에 미칠 심각한 영향에 대해서도 전망을 하고 있지는 못했다. 따라서 사회주의권의 급격한 변화에 대한 북한의 초기적 대응은 침묵과 평가절하라는 소극적 차원과 방어적 차원에 머물렀다. 예를 들어 베를린 장벽의 개방에 대해서도 일부 불순세력에 의한 것으로 보도하거나, 루마니아 사태에 대해서도 제한적으로 보도했을 뿐이었다. 이와 같은 동구권의 변화에 대한 북한의 해석도 제국주의 세력의 선동에 의한 동구 주민들의 사상적 퇴락으로 원인을 돌리는 자세를 보였으며, 북한은 체제내적인 결속력과 충성심의 강화, 사상성의 강화라는 방어적 자세를 견지했다. 따라서 소련의 페레스트로이카에 대해서도 북한은 그 영향과 결과에 대해서 확실한 전망을 내리지 못하고 있었다. 이는 북한이 1990년 초 페레스트로이카를 사회주의 원칙에서 지지했다는 점에서도 잘 나타나고 있다. 페레스트로이카에 대한 북한의 해석은 페레스트로이카의 추진을 통해 소련이 사회주의적인 개혁을 시도하고 있으며, 결과적으로 사회주의 경제발전을 꾀하고 있다는 것이었다.[59] 그러나 이와 같은 북한의 희망적인 기대와 반응

---

59) 라종일, "페레스트로이카와 한국," 라종일 외, 「페레스트로이카의 충격과 파장」 (서울: 예진, 1990), pp. 347~348.

은 곧이어 소련의 해체와 러시아의 체제전환으로 의미를 상실했으며, 북한에 다면적인 차원에서 부정적 영향을 미치는 결과를 초래했다.

소련체제의 해체는 특히 북한경제에 심각하고도 부정적 영향을 미쳤다. 우선 그 동안 소련으로부터 제공되었던 모든 원조와 지원이 중단되었으며, 소련의 지원 하에 추진되고 있던 모든 건설 프로젝트도 대부분 동결되고 말았다. 특히 상당부분 소련시장을 겨냥하고 있던 북한의 주요산업들에 심각한 타격이 가해졌다.

1988년과 1990년 사이 7.5%감소하고 있었던 북한과 소련 간의 무역은 1990년과 1991년 기간 중 45.3% 대폭 감소했다. 1991년 북한이 소련에 대해 부채를 상환하기 시작했음에도 불구하고, 북한에 대한 소련의 수출은 44.2%, 수입은 46.9%가 감소했다. 구체적으로 북한 직물산업의 예를 들면, 소련에 대한 북한 전체 수출량의 25% 정도가 소련의 원재료로부터 생산된 의류제품들이었으나 양국 간 관계의 변화로 인해 북한 직물산업이 상당부분 마비되는 결과를 초래했다. 따라서 1991년 소련으로의 직물제품수송은 전년도에 비해 2.7배 감소했으며, 이는 주로 소련의 원자재 및 재료의 공급 감소에 기인한 것이었다. 특히 소련으로부터의 석유수입 감소는 북한경제에 심각한 영향을 미쳤다. 1980년대 말 북한은 소련으로부터 매년 80만 톤에서 100만 톤의 석유와 관련제품을 수입했으나, 1990년 45만 톤 이하로 감소했으며, 1991년의 경우 30만 톤 도입계약에도 불구하고 실제로는 1만 3천 톤에 그치고 말았다. 다른 제품들도 상황은 마찬가지였다. 1990년에서 1991년 사이 점결탄의 경우 66만 5천 톤에서 11만 7천 톤으로, 코크스의 경우 14만 5천 톤에서 5만 3천 톤으로 감소했으며, 알루미늄, 인조고무 및 기타 원자재의 수입은 완전 중단되고 말았다. 이는 러시아의 체제전환으로 인한 내부 경제상황의 악화 및 경제관계 변화에 기인했지만 동시에 북한이 러시아와 상호 합의한 지불조건들을 지킬 수 없었던 데에도 기인했다.[60]

따라서 러시아의 시장경제체제로의 전환과정은 북한에 대해 심각하고도 구조적인 영향을 주는 것이었으며, 이는 북한이 사회주의경제체제에서 발생하는 내부

---

60) 알렉산더 포포프, "북한의 경제침체와 경제관계: 1970년대 후반~1990년대," 황의각 외, 『북한사회주의경제의 침체와 대응』 (서울: 경남대학교 극동문제연구소, 1995), pp. 144~146.

모순 이외에 자신들에게 우호적이었던 대외경제관계의 본질적인 변화로 인한 타격을 의미하는 것이었다. 사회주의경제체제의 내부모순과 외부로부터의 지원의 중단이라는 두 변수의 복합적 작용은 북한의 내구력을 현저하게 약화시키는 요인이었으며, 이는 김일성 사후 심각한 기아상황까지 이어진 심각한 경제위기의 근본원인이었다고 할 수 있다.

소련의 해체와 러시아의 체제전환과정은 북한이 감당하기 힘든 경제적 위기에 직면하게 했으며, 북한은 그 충격을 효율적으로 해소할 수 있는 여력을 가지고 있지 못했다. 그러나 이미 돌이킬 수 없는 '다른 길'로 접어든 신생 러시아에 대해 북한이 취할 수 있는 대안을 가지고 있지 못했으며, 북한 역시 이와 같은 현실을 인정할 수밖에 없었다. 이와 같은 사태의 진전 속에서 러시아의 체제전환에 대한 북한의 직접적 반응은 경제적인 측면에서 보다는 정치적인 사태의 발전으로부터 촉발되었다. 그것은 한·소 수교라는 새로운 한반도 질서의 도래였다. 북한은 동맹관계를 맺고 있던 소련이 한국과 수교를 할 것이라는 점을 예상하고 있지 못했으며, 따라서 한·소 정상회담과 이에 이어진 수교과정에 대해 민감하고도 격렬하게 반응했다. 북한은 한·소 수교에 대해 결코 용납하지 않을 것이라는 반응을 보였으며, 북한은 자신들을 한반도의 유일한 합법국가로 인정하고 동맹조약을 맺은 소련이 한국과 수교를 할 것이라고는 생각하지 못했던 것으로 보인다. 그럼에도 불구하고 한·소수교가 이루어지자 북한은 이를 맹렬히 비난하고 외교비망록을 공개하기도 했다. 그러나 그 이외에 북한이 소련에 대해 취할 수 있는 수단을 가지고 있지 못했다는 것이 현실적 상황이었다.[61] 북한은 북·러 관계에 있어 정치와 경제에 있어서 특수한 우호협력관계가 더 이상 의미를 지니지 않게 되었다는 현실을 인정해야하는 상황에 처하게 된 것이었다.

이와 같은 북·러 관계의 본질적 변화는 북한 내구력을 약화시키는 중요한 요인으로 작용했다. 실제로 러시아의 본격적인 체제전환이 시작된 1990년대 초반 이후 북한 체제의 위기구조의 심화는 가속화되는 추이를 보였다. 따라서 일부 연

---

61) 라종일, "페레스트로이카와 한국," 라종일 외, 「페레스트로이카의 충격과 파장」 (서울: 예진, 1990), p. 348.

구자들이 지적하고 있는 북한체제의 안정성을 나타내는 사회통합수준의 경우 몇 가지 차원으로 나누어 평가되어야 할 것이다. 북한의 체제안정성은 주로 정권의 안정성과 동일시되어 평가되어 왔다. 따라서 김정일 정권이 정착하면서 북한체제의 불안정성도 약화되는 것으로 여겨지고 있다. 그러나 북한체제의 사회통합과 체제의 안정성은 정치, 경제, 사회, 문화적 차원으로 나뉘어 분석될 필요가 있다.

정치분야의 경우 김일성 사후 김정일 체제의 안착과정에서 별다른 충돌이나 권력 갈등이 없었다는 점에서 통합의 수준이 비교적 높게 평가될 수 있을 것이다. 또한 전체로서의 권력 엘리트도 분화하거나 갈등상태에 놓여있다고 보기 힘든 만큼 정치적 차원의 통합은 상대적으로 높은 수준에서 유지되고 있다고 할 수 있을 것이다. 다만 김일성주석에 비해서 김정일 위원장의 정치적 장악력이 높다고 평가하기 어렵다는 점과, 특히 카리스마의 경우 현저하게 약하다는 점은 정치적 통합의 유지에 부정적 요소로 작용할 것이다. 또한 김정일 체제의 유지는 핵심적 지지기반의 유지에 기초하고 있다. 식량위기 중에서도 북한의 지배집단과 물리적 억제력을 보장하는 군대와 보안요원, 그리고 지역적으로는 평양과 인근지역에 대한 배급은 타 분야에 비해 우선적으로 유지되었다. 이는 결과적으로 북한사회의 양극화 즉, 상하층 간의 갈등구조를 야기했으며, 동시에 북한체제의 상층부에 대한 적대감형성과 신뢰성의 약화를 의미한다.

경제부문의 경우 통합 상태가 낮으며, 부분적으로 이완상태가 발생하고 있다. 정상가동이 가능한 분야가 군수산업에 국한될 정도로 산업생산 분야는 상당히 심각한 상황에 놓여있다. 총체적인 경제위기로 인해 북한의 산업은 정상적인 생산활동을 하지 못하고 있으며, 기본적인 에너지위기의 문제조차 해결하지 못하고 있다. 동시에 경제관리 분야에 있어 북한사회주의 경제체제의 모순심화로 중앙집권적 경제체제가 와해되는 경향이 나타났다. 또한 북한의 통제경제체제에서 가장 중요한 배급체제가 수년간 정상적으로 작동하지 않았다는 점도 중요하게 지적되어야 할 것이다. 이는 주민들에게 공식경제에 대한 심각한 불신을 야기했으며, 지하경제와 생존경제 확산의 촉매제로 작용했다. 지하경제와 생존경제의 확산은 다시 공식경제의 신뢰성을 저하시키는 악순환으로 이어졌다. 따라서 경제부문의 통합은 상당한 수준으로 이완되어 있다고 평가될 수 있을 것이다.

사회부문의 통합수준도 경제부문에 밀접하게 연동되어 있는 만큼 높지 않은 것으로 판단된다. 장기간의 식량위기는 북한사회통제의 근간이었던 주민의 이동통제를 사실상 무력화시켜 버렸다. 식량위기는 생존의 문제를 각 가정의 문제로 만들었으며, 가정 내에서도 식량을 구하기 위해 남편과 아내, 자식이 각각 뿔뿔이 흩어져야 하는 상황이 발생했다. 이는 사회의 기본단위인 가족의 해체로 연결되며, 북한사회의 기초가 약화되는 것을 의미한다. 또한 식량위기는 국유재산의 절취나, 절도, 강력범죄 등 사회적 일탈의 급속한 증가를 야기했다. 기아에 직면한 주민들이 식량을 구하기 위해 도시에서 농촌으로, 북한에서 중국접경지역으로 이동하기 시작했다. 북한당국은 현실적으로 엄격한 사회통제를 실시할 자원을 가지고 있지 못한 것으로 보인다. 이는 탈북자의 급증에서 확인될 수 있으며, 특히 재탈북 또는 기획탈북까지 가능한 상황을 고려할 때 북한당국의 대응력의 한계를 확인할 수 있을 것이다.

문화적 통합수준도 높지 않은 것으로 평가될 수 있다. 생존권이 의심받는 상태에서 충성의 강요와 이데올로기적 통제는 권위를 상실하게 된다. 체제의 내구성에 대한 의심의 증가는 공적권위에 대한 냉소와 부정의식으로 연결될 개연성을 가진다. 시민사회의 부재와 반체제세력의 체계적 동원이 불가능한 상태에서 가시적 체제부정 행위가 발생하지는 않지만 주민들의 의식구조에는 체제에 대한 냉소와 공적권위의 거부가 점차 싹트기 시작한다. 이와 같은 변화는 비가시적이지만 장기적으로는 북한체제의 기초를 침식하는 요소로 작용할 수 있다.

따라서 북한의 현 사회통합수준은 정치부문을 제외하고 전반적으로 안정적인 상태에 있지 못하다고 판단할 수 있을 것이다. 정치부문을 제외한 분야의 통합수준이 낮은 것이 단기간에 북한의 변화로 이어지는 것을 의미하는 것은 아니다. 시민사회요소의 미발달과 정치적 저항의 조직화가 가능하지 않은 북한의 상황에서 비정치적 부문의 통합수준 약화는 장기적 차원에서 변화로 이어질 수 있는 것이다. 따라서 북한의 현 단계는 사회주의체제의 근본적 위기로 인한 체제와해기의 초기적 단계에 있는 것으로 볼 수 있을 것이다.

탈 사회주의 체제변화의 보다 정확한 이해를 위해서는 사회주의체제가 와해되어 가는 과정인 와해기(erosion)와 시장경제체제로의 공식적인 전환을 하는 체제

전환기(transition)로 나누어 볼 필요가 있다. 사회주의체제의 변화는 와해기에 사적인 이익을 추구하는 개인들에 의해서 밑으로부터 시작되며, 체제전환기는 위로부터 그리고 시장경제형성을 목적으로 하는 입법화 등 공식적인 과정을 통해서 시작된다. 와해기에 국가는 사적인 부문을 억제하거나 일시적인 양보를 할뿐이다. 그러나 체제전환기에 국가는 시장경제를 위한 법과 제도를 만들며, 이와 같은 조치들은 사적소유권을 보장한다. 사회주의 시기 동안에도 사적인 경제영역들은 존재했으며, 종종 '제2경제' 라는 개념과 결부되었다. 그러나 국가의 엄격한 통제와 제약으로 사적인 경제영역은 제한된 형태로 존재했다. 사회주의체제 와해기의 초기에 국가는 사적인 경제영역을 소비부문으로 제한한다. 따라서 사기업가들은 상품과 서비스를 소비자들에게 팔고 원료 역시 소비자가격으로 구매해야했다. 국가는 사적영역과 국유화된 영역 간의 엄격한 장벽을 설치함으로서 두 영역 간의 자원, 노동력, 기술의 흐름을 차단했다. 그러나 사회주의체제의 와해가 심화되면서 사적 경제영역에 가해졌던 제한조치들이 해제되거나 완화되고 새로운 사적영역들이 창출된다. 그리고 이와 같은 상황은 '제1 경제' 에 속한 사람들을 '제2 경제' 에 참여시키는 자극으로 작용한다. 그러나 이 시기에도 아직 사적경제영역의 중요한 요소들이 국가의 통제 하에 있고, 관료들의 사적경제영역에의 참여도 금지되고 있었다. 체제전환기는 경제의 사적부문과 국가부문 사이의 장벽을 제거하며 두 부문이 동등한 자격을 가진 것으로 간주된다. 사적경제영역의 전반적인 확산은 관료들에게 위기와 기회라는 이중적인 의미를 지니게 된다. 따라서 시장경제화가 심화될수록 관료들의 사적경제영역에의 참여는 증대하게 된다. 체제전환기에는 두 가지 사적영역이 존재한다. 첫 번째는 전통적인 부문으로 와해기에 나타났던 추세가 지속된다. 두 번째는 국유재산의 사유화와 사기업가의 합법화를 통해서 대규모의 형태로 진행된다. 사회주의체제의 와해기의 경우 사회주의의 엘리트들은 자신들의 기존체제 유지에 노력하며, 변화는 밑으로부터의 자연발생적 특성을 띤다. 그러나 체제전환이 본격적으로 시작될 경우 엘리트들은 자신들의 지위가 불안정해졌다는 것을 인지하며, 따라서 새로운 체제에 맞게 자신들을 적응시키기 위해 본격적으로 노력하기 시작한다.

북한의 경우 체제와해기의 초기적 단계에 있는 것으로 평가될 수 있으며, 이는 지배집단차원에서 위기의식을 인지, 해결방법을 심각하게 고민하고 있다는 것을 의미한다. 그러나 전반적인 처방은 체제 내적인 지향성을 지니게 된다. 따라서 북한은 1990년대 이후 위기과정에서 발생한 정치, 경제, 사회·문화적 체제이완을 복구함으로써 정상체제로 복귀하는 것을 시도해왔다. 경제난과 식량난으로 고통받던 '고난의 행군시기'(1996-97년), '사회주의강행군시기'(1997-98년)는 2000년 10월 10일 조선노동당 창당 55주년을 맞아 북한에서 공식적으로 종료가 선언되었다. 이는 북한 식량위기의 완화와 체제 안정성의 회복을 의미하는 것으로 해석되어 왔다. 그러나 고난의 행군과 사회주의 강행군의 종료는 북한경제의 근본적 위기의 해소를 의미하는 것이 아니다. 북한경제의 문제는 사회주의공업화자체에 기인한 것이며, 이 문제가 식량위기라는 극단적 형태로 나타난 것이다. 따라서 식량문제의 상대적 호전이 근본적 위기해소의 지표로 해석되기는 어렵다. 북한에서 농업위기에 대한 근본적 처방이 적용되었다는 증거도 찾기 어려우며, 식량위기의 완화는 자연재해의 상대적 감소와 외부로부터의 식량지원, 그리고 식량위기에 대한 내성강화에 기인한 측면이 크다. 또한 사회주의 공업국가 북한에 있어 보다 중요한 공업부문에서 근본적이고도 효율적인 조치들이 취해지지 않았으며, 생산회복이나, 공장가동의 정상화 조짐도 보이지 않고 있으며 근본적인 처방의 효과를 기대하기 어려운 것이라고 할 수 있다. 북한이 체제복구의 노력을 시작한 것은 북한 사회주의체제의 근본적 위기가 해소되지 않은 상태에서 김정일 체제의 안착과 미약하나마 북한경제의 상대적 호전이라는 현상의 결합에 기인한 것이다. 물론 이 과정에서 대외변수 특히 실리추구를 위한 대남 관계 개선이 일정한 역할을 한 것으로 볼 수 있을 것이다.

북한의 안정성 회복은 전반적인 체제차원의 회복이라기보다는 정권차원의 기본적인 통제능력의 회복수준이라는 점이 지적되어야 할 것이다. 이와 같은 상황에서 북한은 대외적으로 다소 파격적인 '교섭' 능력을 발휘하게 된다. 이는 취약해진 체제에 대한 외적 위험의 감소와 체제유지에 필요한 필수적 자원의 외부로부터의 유입을 목적으로 하는 것이다. 사회주의권이라는 온실이 사라진 상태에서 북한은 다른 대안을 찾아야만 하는 상황에 놓인 것이다. 미국의 패권주의가 관철되는 상황에서 북한은 과거와 같은 대립구도의 유지에 필요한 자원의 투입이 불가능해지며, 이는 외부의 위험을 감소시키기 위한 북한지도부의 노력을 자극하게 된다. 이와 같은 점에서 북한의 북·일 관계 개선 노력이나 북·미 불가침협정 요구는 단순한 상징적 차원을 넘어 북한체제의 생존노력과 직결되어 있다는 의미를 지니게 된다. 대외관계 개선은 북한의 체제 복구에 필요한 정치, 경제, 사회적 자원의 북한유입을 용이하게 한다. 이는 북한이 체제내의 파급효과가 큰 개혁보다 손쉬운 부분적 개방을 통해 정상체제로의 복구를 위해 필수적인 자원을 확보하려는 전략을 구사한다는 것을 의미한다. 이와 같은 필요성은 사회주의 국가들의 붕괴에 따라 사회주의권내의 경제협력과 무역관계가 붕괴되었다는 점에 의해서 강화되었다. 따라서 북한의 경제침체가 나타나면서 대외분야에서 문제를 해결하려는 시도들이 나타나기 시작했다. 북한의 대외관계 개선노력은 남한의 대북포용정책이라는 변수와 친화력을 일으켜 남북관계 진전으로 연계되어 왔다. 이는 북한이 미국을 비롯한 대외관계에 있어 불필요한 대립구도를 야기하기보다는 관계 개선이라는 방향성을 설정하고 있다는 것을 의미한다. 그러나 북한의 정상체제로의 환원은 1990년대 위기 이전 사회주의체제로의 복귀를 의미하는 것이며, 사회주의체제에서 기원된 근본적 문제의 해결이 아니다. 따라서 북한이 외부로부터의 지원을 확보한다고 해도 단기적 효과에 그칠 것이며, 체제의 모순은 더 심화되어 가게 된다. 또한 제한된 개방이라 하더라도 북한체제 내에 상응하는 변화를 동반하게 된다.

4. 맺음말

중국과 소련의 변화가 북한에 미친 영향중에서 가장 크게 나타난 것은 대외경제관계로 볼 수 있다. 사회주의 국가들과의 무역관계 변화가 북한에 미치는 영향은 경화획득의 필요성 증대, 국제가격의 적용, 무역 주체의 변화라는 세 가지 차원에서 분석될 수 있다.

첫째, 생존을 위한 필수외부자원의 확보에 있어 경화만이 유일한 수단이 될 수밖에 없는 상황이 도래했다는 것이다. 과거 북한 대외무역의 절대량을 차지하고 있던 소련과 중국의 교역관계는 정부간 의정서를 토대로 상호 의무공급 품목을 청산제도로 거래하는 방식을 활용했다. 예를 들어 1990년의 경우 북한이 경화를 필요로 하는 수입 비중은 30%에 미달하는 수준에 그쳤다. 따라서 무역거래의 절대량을 차지하고 있던 소련과 중국을 제외할 경우 북한의 무역관계에서 경화결제의 부족분은 그리 크지 않았다. 따라서 국제금융권에서 차입능력이 없는 북한은 무역관계의 적자분을 소련과 중국과의 청산제도를 활용하여 줄여나갈 수 있었다. 그러나 사회주의권의 탈사회주의화 과정은 이와 같은 관계의 유지를 불가능하게 하였으며, 특히 사회주의 발전 공업 국가였던 소련의 변화는 경화문제에 있어 북한이 심각한 상황에 놓이게 되었음을 의미한다. 경화획득 가능성이 제한된 북한으로서 자신들이 필요로 하는 공업생산품이나 에너지를 소련과 동구권에서 구입할 수 없게 된 것이다. 구소련이 북한에 제공했던 중요물품들의 무상원조나 원자재 변제방식은 더 이상 유용하지 않았으며, 시장의 원칙이 적용되면서 북한은 경화 없이는 구입자체가 불가능한 상황으로 바뀌었다. 과거 이데올로기와 정치·군사적 관계에 의한 '부등가 교환'은 더 이상 가능하지 않게 된 것이다.

둘째, 무역관계에 있어서 국제시장가격의 적용은 교역조건의 악화를 초래했다. 과거 사회주의권내의 특수 관계는 무역에 있어서 국제시장가격의 적용을 제한했다. 북한은 정치·군사적 관계에 기초해서 국제시장보다 낮은 가격으로 소련과 중국 등 사회주의 형제국으로부터 필수적인 생산품과 자원을 확보할 수 있었다. 예를 들어 석유 등 에너지의 경우 북한은 국제시세의 60%에 불과한 가격으로 소련과 중국으로부터 구입할 수 있었다. 그러나 사회주의체제의 변화로 이와 같은 특수 관계의 유지가 어렵게 되었으며, 동시에 북한의 경화획득을 위한 수출부담을 증대시키고 이는 다시 부족한 국내 가용자원을 감소시켜 주민들의 생활에 부담을 가중시키는 요소로 작용했다.

셋째, 무역주체의 변화도 북한에 압박으로 작용했다. 과거 정부간 협정에 의한 교역관계는 이제 각 개별 기업이나 독립적인 경제 주체로 변했으며, 이들은 과거 구 사회주의 정부가 적용했던 외교적 배려에는 관심이 없는 새로운 주체들이었다. 이들의 관심은 이윤추구였으며, 이를 제외한 다른 어떤 요인도 거래관계에 적용시키지 않는 냉정한 시장의 주체들이었다.

소련과 중국의 변화는 이와 같은 현실적 어려움과 아울러 보다 근본적인 문제를 제기했다. 그것은 사회주의 발전 공업국가들 이었던 소련과 중국이 사회의 근본적 재편을 수반하는 급진적인 방식으로 시장화를 추구했다는 점이다. 러시아의 체제전환은 근본적으로 '재건축'의 의미를 지니는 것이었다. 이미 고도의 사회주의적 공업화를 이룩한 국가들이 기존구조의 해체 없이 시장화를 추구하기는 어려우며, 결국 그 처방은 급진적 방식이 될 수 밖에 없다는 것이다. 이는 이미 상당부분 사회주의공업화를 달성하고 있는 북한에게 체제의 충격을 완화할 수 있는 중국의 '건축' 방식을 적용하기 어렵다는 것을 의미하는 것이기도 했다.

결국 북한의 대외경제관계에서 핵심적 중요성을 가지고 있던 소련의 시장화는 북한의 위기구조를 심화시키는 요인으로 작용했다. 구소련의 붕괴는 북한의 생존을 담보할 수 있는 필수적인 외부자원의 확보가 어렵게 되었다는 것을 의미했으며, 이는 북한의 내구력을 현저하게 약화시켰다.

러시아를 비롯한 구 사회주의권이 전반적으로 시장경제를 지향하고 있는 상황에서 북한이 아직도 '우리식 사회주의' 체제를 추구하고 있다는 점은 의아스럽게 여겨지고 있다. 그러나 중요한 것은 북한은 사회주의체제상의 구조적인 모순들을 지니고 있으며, 이는 변화를 통하지 않고는 해결될 수 없다는 점이다. 따라서 북한 식량사정의 호전이나, 김정일 체제의 안착 등으로는 북한체제의 안정성이 확보되기 어렵다. 사회주의체제의 근본적 모순이 해소되지 않은 상태에서 북한의 현 상황은 위기구조의 만성화에 따른 내성의 증가로 해석되어야 한다.

제6장

21세기 북한을 둘러싼 세계체제의 역학구도 변화 *

1. 문제제기

세계체제론을 통해서 볼 때 북한은 자본주의 세계체제에 재편입하지 않으면 경제회생의 활로가 없다. 중국과 소련이 자본주의 세계체제의 봉쇄를 벗어나 재편입 함으로써 경제난을 해결하고자 하였듯이 북한도 같은 처지에 있다. 북한의 경제난은 일차적으로 비현실적인 자력갱생 논리와 주체원리에 입각한 김일성-김정일 체제가 불러일으킨 재난이다. 또한 그 재난은 "고립국가"의 재난인 만큼, 북한을 따돌린 자본주의 세계체제로부터 쏟아지는 압박과 스트레스를 견디지 못해 야기된 파탄이라고 할 수 있다. 미국이라는 패권국이 가하는 압박, 사회주의권의 붕괴로 인해 기댈 언덕이 없는 데서 오는 좌절과 실질적 타격, 남한으로부터 오는 스트레스, 그리고 한미공조체제에서 오는 실질적 피해 등이 중요하게 작용했던 것이다.

북한의 경제난이 자본주의 세계체제, 특히 그 주도적 위상을 점한 미국으로부터 봉쇄당하여 "이탈"의 길을 걷게 됨에 따라 촉진되었다고 본다면, 북한이 경제

＊이수훈, 신상진, 조한범, 양문수

를 회생시키고 정상화하는 방법은 미국과 적대관계를 청산하는 길이 우선이다. 미국과 관계정상화를 위해서는 북한 자신이 개혁과 개방을 위해 부단한 노력을 진중하게 보이지 않으면 안된다. 이 전제 위에 남한이 그 일을 적극 지원하고, 주변 국가들이 더불어 지원할 수 있다. 남한의 '동북아 경제중심국가' 과제 같은 것을 북한은 적극 활용할 필요가 있다. 그 길이 동북아시대의 역동성에 편승하는 길이며, 북한이 살고 더불어 한반도 전체가 평화와 번영의 길로 나아갈 수 있는 길이다.

그런데 북한이 재편입 해야 할 자본주의 세계체제는 사회주의권 붕괴 이후 급속히 변화하고 있다. 북한이 재편입을 희망한다고 하여 동북아 4대 강국이 이를 반드시 반기는 것은 아니다. 주변 4국의 한반도에서의 희망사항은 남북한 분단의 현상유지이기 때문이다. 이 장에서는 사회주의권 붕괴 이후 동북아의 역내국가인 미국, 중국, 일본, 러시아들의 이해관계와 변화하는 위상이 북한에게 어떠한 영향을 미칠지를 분석한다.

2. 소련붕괴 이후 미국의 동북아 지배전략과 북한-미국 관계

가. 미국의 동북아 지배전략

소련이 붕괴하고 동구사회주의 국가들이 몰락하자 미국은 자신의 대외정책과 국제정치적 관심을 중동과 동북아시아로 집중하게 되었다. 미국의 세계전략에서 동북아가 갖는 의미는 중국과 일본의 존재와 주로 관련되어 있다. 물론 동북아시아에서 한반도가 갖는 지정학적 의미가 크기 때문에 남한과 북한도 예사로운 존재는 아니다. 하지만 미국의 입장에서 냉정하게 볼 때 여전히 주된 관심국가는 일본과 중국이라고 보아도 무리가 없을 것이다.

첫째, 미국은 일본에게 안보우산을 제공하고 양자간 경제관계를 긴밀하게 맺음으로써 일본을 자신의 통제 아래 두는 전략을 펼쳐왔다. 이 전략의 기조는 아직도 변함이 없다. 1980년대 후반 일본의 경제력이 엄청나게 커졌을 때 일본은 미국의 영향력에서 벗어나고자 하는 일련의 움직임을 취하기도 했으나, 1990년대 초 거품 붕괴 이후 그런 움직임은 날개를 접어야 했다. 그래서 일본은 미국과 철저한 정치·군사적 동맹, 깊은 경제적 유대라는 양대 기조를 유지하고 있는 형편이다. 이 점이 미국의 동북아 지배전략의 가장 우선적 내용이라고 하겠다.

둘째, 중국과 관련된 부분이다. 미국은 1970년대 초 중국과 국교를 정상화한 이후 중국에 대해 적대적인 정책을 취하지 않았다. 중국은 1978년부터 개혁과 개방의 기치를 들고 미국이 주도하는 자본주의 세계시장으로 본격적으로 편입하기 시작했으며, 이에 대해 미국은 오히려 우호적인 정책으로 중국을 대했다. 1991년 이후 고도성장을 구가한 중국으로 하여금 미국은 자국을 비롯한 세계시장에 접근하는 데 여러 가지 특혜를 베풀기까지 했다. 중국은 연안지역 경제특구 전략을 통해 외국자본을 과감하게 유치했으며, '사회주의 시장경제'라는 발전모델에 성공을 보이고 있다.

그런데 이러한 중국의 지속적인 고도성장은 서서히 미국에게 위협요인으로 다가오기 시작했다. 1990년대 중반에 벌써 '중국위협론'(China threat)이 미국학자들에 의해 제기되었다. 그 결과 미국은 '글로벌 공장'으로서의 중국은 유지시키되 동북아 지역에서 중국의 정치적 영향력은 봉쇄하는 방향으로 동북아 정책을 펼치고 있다. 이러한 정책을 펼치는 데 있어 미국에게 중요한 레버리지는 바로 타이완이다. 미국은 타이완을 무장화시키고, 중국으로부터 분리시킴으로써 중국을 봉쇄하는 측면이 있다. 중국을 적절하게 봉쇄하기 위해 미국은 러시아와도 우호적인 관계를 맺을 심산이고, 아프가니스탄 침공과 2003년 이라크전쟁을 계기로 중앙아시아에 대한 통제력을 확보함으로써 유라시아 내지에 대한 지정학적 우위를 얻어 중국을 견제하겠다는 의도를 보이고 있다.

미국의 동북아 정책에 있어 중요한 변수가 바로 한반도이다. 한반도 주변 4대 강대국들 간의 세력 다툼이 동북아 정세를 결정짓는다고 한다면, 한반도가 어디로 기우는가에 따라 동북아 지역에서의 영향력에 큰 변화를 야기 시킬 수 있는 것이다. 북한은 바로 이러한 차원에서 무시할 수 없는 국가이며, 미·일·중·러 4강 모두가 북한이 가진 매력이 거의 전무한 상황에서도 북한문제에 매달리고 있는 형편이다.

나. 북한-미국 관계

1989년 소련을 위시한 사회주의권의 붕괴에 따라 미국은 견제 없는 일방주의적 국제정치적, 군사적 힘을 행사할 수 있게 되었다. 그리고 미국은 1980년대의 3중심체제를 전복시키고 다시 '팍스 아메리카나'의 영광을 재현하고자 시도해왔고, 사정은 지금도 변하지 않고 있다. 헤게모니체제의 한 축이었던 소련이 붕괴하자, 단일 군사 세력으로서의 입지를 앞세워 패도의 길을 가게 되었다. 그 패도의 일환이 바로 '신냉전'인 것이다. 패도에 의한 리더십은 강제와 위험의 생산 및 왜곡, 그리고 보호의 판매와 저항세력에 대한 폭력의 행사를 내포한다.

1989년 이후 미국은 신냉전의 고안을 위해 본격적인 "악마 만들기" (demonization)에 나섰다. 소련의 몰락이 갖는 독자적 의미의 하나는 그나마 미국의 노골적 군사력 행사에 대한 제동 세력이 사라졌다는 점일 것이다. 파나마의 노리에가 대통령을 시발로 해서 악마는 줄을 이었다. 니까라과의 오르테가, 리비아의 카다피, 이란의 호메이니, 이라크의 사담 후세인, 북한의 김정일, 유고의 밀로세비치 등등 리스트는 길다. 우리로서는 북한이 이 리스트에 포함되었다는 점이 주목할 일인데 북한은 미국에게 적대적 국가로 낙인찍혀 기존의 봉쇄보다 훨씬 가혹한 압박을 받고 있다. 이러한 북미관계의 기조는 '포용정책'을 내걸었던 클린턴 행정부 아래서도 변하지 않았다. 즉 클린턴 대통령은 사실상 대북포용정책을 펼쳤다고 볼 수 없는 것이다.

미국은 남반구의 도전을 상징하는 이들 악마를 제거하기 위해 군사적 침공을 서슴지 않았다. 라틴 아메리카지역(파나마, 그라나다, 아이티)을 시발로 해서 1991년 1월 걸프전을 일으켰는데 이것은 미국이 자신의 패권을 지키기 위해서라면 군사적 행동도 서슴치 않으며, 언술의 일관성도 지키지 않는다는 것을 알 수 있다.

1991년 걸프전은 당시 여러 정황으로 보았을 때 외교적 해결이 가능했던 일이었다. 유엔 사무총장이 활발한 외교를 벌이고, 러시아마저 나서 막후 절충이 가능해보였던 것이 당시 국면이었다. 그러나 미국은 후세인에게 쿠웨이트로부터의 철군 시한 넘기기를 기다리기나 했다는 듯이 1월 15일 자정을 기해 대규모 공습을 강행했다. 이라크가 생화학무기를 다량 보유하고 있다거나 스커드 미사일 때문에 전쟁이 만만치 않을 것이라는 예측은 모두 허구였다. 아마 계획된 과장이었다고 보는 편이 정확할 것이다. 미군이 주축이 된 다국적군의 일방적 공습으로 전쟁은 단기에 이라크의 철저한 패배로 끝났다.

한반도만 하더라도 북한의 핵카드 게임으로 인해 1994년 미국에 의한 무력 침공 일보직전까지 갔다는 점을 상기한다면, '신냉전'과 미국의 패권주의 위험성이 남의 일이 아니라 바로 우리 자신과 얼마나 가까운 일인가를 실감하게 된다. 1994년 10월 제네바합의에 의해 당시 북핵위기는 일단 평화적으로 수습되었다. 하지만 부시 행정부가 들어서고 남한에 김대중정권이 레임덕에 들어가자 북핵문제가 재연되었다. 2002년 대선 국면에서 본격적으로 재등장한 북핵위기는 이전보다 훨씬 파장이 크고 그 해법도 어려워 보인다. 미국은 예전의 미국이 아니며, 북한도 형편이 1990년대 초와는 또 다르기 때문이다.

2001년 '9·11' 테러사건은 미국민에게는 참담한 비극이었지만 워싱턴의 정권 엘리트에게 자신들의 '팍스 아메리카나' 구축이라는 비전을 실현하는 데 있어 결정적 계기를 마련해주었다. 이를 계기로 이들은 기존의 국제정치 게임규칙을 무시하고 일방주의적으로 힘을 행사할 수 있게 되었다. "테러"라고 규정하거나 대량살상무기 개발 혹은 보유의 의혹이 있다고 규정하면 유엔마저 무시하고 일방적 폭력을 감행할 수 있게 되었다.

2003년 봄 이라크전은 이러한 미국의 일방주의적 권력행사의 본보기이다. 이라크전은 한반도의 남북에 큰 파장을 남겼다. 특히 평양의 북한지도부에 강력한 경고의 메시지로 작용한 것 같다. 북한도 언제든지 이라크와 같은 대상이 될 수 있다는 위협이었다. 한국정부도 이 위험성을 배제하지 않고 노무현대통령은 2003년 5월 미국을 방문하여 대북 태도 변화를 암시하는 듯한 말들을 내놓으면서 한반도에서의 전쟁 시나리오 제거에 모든 외교적 노력을 쏟은 바 있다.

한미 정상이 북핵문제를 평화적으로 해결한다는 원칙에 합의했으며, 2003년 8월말 제1차 6자회담이 열려 북핵문제는 일단 다자간 대화를 통한 외교적 해결 원칙이 현실화되고 있다. 그럼에도 불구하고 6자회담의 장래는 불투명하며, 북미 관계 역시 순탄치는 않을 것이다. 미국은 대북 봉쇄 기조를 유지할 것이며, 북한은 마지막 자구책이라고 판단하는 핵카드를 쉽게 포기하지 않을 것이기 때문이다. 이런 양국의 중간에 남한이 자리해 있으며, 문제를 풀기 위하여 남한이 적극 나서지 않을 수 없게 되었다. 남한은 미국과 긴밀한 공조를 유지하되 동북아지역의 역동성을 감안하여 한반도 문제를 풀어 나가는 데 미국을 잘 활용할 필요가 있다.

3. 중국의 부상과 북한-중국 관계 변화

가. 중국의 변화와 발전

중국은 경제 개혁·개방정책을 성공적으로 추진하여 고도의 경제성장을 기록함으로써 대내적으로 안정을 유지하고 있으며, 대외적으로는 '중국위협론'이 제기될 정도로까지 중국의 영향력이 강화되고 있다. 세계경제가 침체상황에서 벗어나지 못하였던 2003년에도 중국경제는 연평균 9.1%에 이르는 성장을 이루었으며, 미국을 제치고 세계에서 가장 많은 외자를 도입한 국가가 되었다. 2002년 11월 개최된 16차 당 대회에서는 2020년까지 중국의 국내생산 총액을 2000년 대비 4배까지 확대한다는 목표를 설정하였다. 2002년 중국의 국내생산 총액이 1조억 달러에 달하였고 2020년에는 4조억 달러에 이를 것으로 보여 미국과 일본에 이어 세계 3대 경제대국으로 발돋움할 것으로 예상되고 있다. 세계경제가 디플레 국면으로 전환하고 있는 움직임 속에서 개혁·개방정책 실시 초기와 같이 중국이 고도 성장세를 유지하기 어려울 것으로 보이지만, 중국이 세계경제 발전의 견인차 역할을 하고 있는 것은 부인할 수 없는 사실이다.[1] 1997년 아시아 국가들이 금융위기를 겪었던 상황에서 중국은 동아시아 경제에 미칠 부정적 영향을 고려하여 인민폐 가치를 평가절하하지 않았는데, 이는 경제적 측면에서 중국이 아시아지역의 안정에 강대국으로서 긍정적인 기여를 한 대표적인 사례가 되고 있다.

2001년 이미 중국의 국내생산총액은 1조 1,300억 달러로 세계 6위 경제대국으로 도약하였고, 대외무역 총액은 5,098억 달러로 급증하였다. 1978년 교역규모 면에서 세계 27위에 불과하였다는 점을 고려할 때, 엄청나게 중국이 세계경제에 편입되었다고 하겠다. 현재 중국경제 발전에서 대외무역이 점유하는 비중은 일본보다도 훨씬 높은 37% 정도에 이르고 있다. 1978년 이래 중국경제는 연평균 9.6%대에 이르는 성장을 보여, 세계에서 가장 빠른 발전을 이룩하였다. 2002년 외국기업의 대중국 직접 투자도 500억 달러를 상회하여 미국을 제치고 세계에서 가장 많은 외자를 유치한 나라가 되었다. 2004년 1월 현재 외환보유고가 4,000억 달러를 초과하였으며, 중국이 미국 정부의 채권을 구매해 주지 않을 경우 미국 정부 채권가격의 상승과 부동산가격 폭등을 유발하는 등 미국경제 안정에도 심대한 영향을 미칠 수 있는 상황으로까지 중국경제의 영향력이 강화되었다.[2]

중국이 목표로 하고 있는 10차 5개년 계획에 의하면, 중국은 2005년까지 연평균 7%의 경제성장을 이룰 수 있을 것으로 보인다. 미국과 일본을 비롯한 세계 경제대국들이 침체상태에서 벗어나지 못하고 있는 가운데에서도 2002년에도 중국은 8%의 높은 경제성장률을 기록한 바 있다. 세계은행은 구매력을 기준으로 할 때 중국의 경제력은 1998년 이미 미국 다음으로 세계 2위의 자리를 차지하고 있다고 주장하고 있고, 2000년에 작성된 미국 의회 보고서는 2025년이 되면 중국

---

1) 중국의 대외무역 규모도 급속도로 확대되고 있다. 1978년 대외무역 총액이 206억 달러에 불과하였으나, 2000년에는 4,743억 달러로 증가하였고, 2002년 무역규모는 5,000억 달러를 상회하여 세계 6대 교역국이 되었다. 대외교역이 중국 국민생산 총액에서 차지하는 비중은 개방 초기의 10%에서 37%로 확대되었다. "貿易大國的地位已經確立," 「人民日報」, 2001. 7. 5.

2) David Hale and Lyric Hughes Hale, "China Takes Off," *Foreign Affairs*, Vol. 82, No. 6 (November/December 2003), pp. 50~51; Robert Sutter, "Why Does China Matter?" *The China Quarterly*, Vol. 27, No. 1 (Winter 2003–04), p. 79.

의 국내생산총액이 구매력 기준으로 18조 5,000억 달러로 증가하여 미국을 앞지르게 된다고 전망하였다. 그러나 과도한 인구, 국유기업 개혁과정에서 발생하고 있는 방대한 실업자, 선진국과의 과학기술 격차, 세계경제 경쟁의 심화 그리고 자원부족 등 중국경제 발전을 제약하는 요인이 많다는 점에서 이러한 평가는 과장된 것으로 보인다. 중국의 1인당 국민소득은 여전히 1,000달러에도 미치지 못하고 있고, 중서부지역과 연해지역 사이의 경제격차가 심각한 실정이다. 1990년대 초 10%를 훨씬 넘는 성장률을 기록하였으나, 1990년대 후반 이후부터는 성장률이 7%대를 겨우 유지하고 있다는 점도 향후 중국경제의 급속한 발전에 한계가 있을 것이라는 점을 시사한다.

중국의 경제발전은 정치·군사적 지위를 강화하는 데 긍정적으로 작용하고 있다. 유엔안보리 상임이사국으로서 유엔 등 세계정치무대에서 강력한 영향력을 행사하고 있으며, 한반도문제 등 지역안정과 평화를 유지하는 데 건설적으로 기여하고 있다. 중국의 주변지역 문제뿐만 아니라 이라크와 콩고 등 중동과 아프리카 지역 문제 해결과정에서도 중국의 적극적인 역할이 요구되고 있다. 소련 붕괴 이후 세계 유일 패권국 지위를 향유하고 있는 미국도 중국의 협력 없이 국제문제를 독단적으로 해결하기 어려운 실정이다.

중국의 군사적 역할도 강화되고 있다. 1990년대 들어 중국은 군 병력을 감축하는 대신 국방예산을 매년 두 자리 수로 증액하고 있으며, 2002년 200억 달러를 넘는 국방예산을 지출하였다. 군사무기 개발비 등 타 항목의 예산에 은닉하여 편성하고 있는 비용까지 합치면 중국의 실제 연간 국방비 지출은 500억 달러를 넘는 것으로 추산되고 있다. 중국은 또한 러시아로부터 수호이27 전투기와 소브르메니급 구축함 등 최신예 무기·장비를 구입하여 해군과 공군력 증강에 박차를 가하고 있다.

이처럼 중국은 경제건설을 통해 국제사회에서 영향력을 확대하고 있는데, 북한은 중국에게 안보적 완충지대이면서 동시에 부담이 되고 있다. 중국은 21세기 중반까지 대내 경제발전을 최우선적인 국가정책 목표로 설정, 세계시장체제에 참여하고 세계 평화와 안정유지를 위해 적극적으로 기여하고 있다. 그런데 북한은 핵과 장거리 미사일 개발을 통해 체제안전을 보장받으려 함으로써 미국과 일본 등 국제사회로부터 고립되어 있으며, 북한의 이러한 태도는 중국의 대미·일 관계 발전과 국제사회에서 책임 있는 강대국으로서의 위상을 정립하는 데 제약요인이 되고 있다.[3]

신장된 경제력을 바탕으로 중국은 세계체제에 적극적으로 참여하면서 세계질서 안정에 기여하는 국가로 기능하고 있다. 개혁·개방정책 채택 이후 중국은 이미 1980년대 국제통화기금, 세계은행, 아시아개발은행 등 국제경제기구에 가입하였으며, 2001년에는 1986년 이래 갈망해 왔던 세계무역기구에 가입하여 세계경제질서에 완전히 편입하였다고 할 수 있다. 그리고 중국은 1971년 유엔에 가입한 이후 1989년부터 유엔의 평화유지활동에 참여하기 시작하였으며, 2003년에는 아프리카의 콩고에 평화유지군을 파견하기로 결정하였다. 중국은 조어도문제와 남사군도 영유권문제를 둘러싼 주변국과의 갈등을 덮어두고 공동개발을 모색해야 한다고 주장하면서 분쟁 발발을 원하지 않고 있다. 아울러 중국은 한반도에서 안정과 평화가 유지되어야 한다는 데 한반도정책의 최우선 목표를 삼고 있다. 따라서 북한의 핵개발을 찬성하지 않는다는 입장을 분명히 하고 있으며, 대화를 통해 평화적으로 북한핵문제를 해결해야 한다는 점을 강조함으로써 한반도에서 평화와 안정이 유지되도록 건설적인 역할을 행사하고 있다.

21세기의 첫해인 2001년 중국은 2008년 하계 올림픽 개최권을 확보하고 세계무역기구에 최종 가입하게 되었다. 이는 중국이 정치와 경제면에서 명실상부하게 세계 정치대국과 경제대국으로서의 지위를 갖추게 되었다는 것을 입증하는 것이다. 중국이 성공적으로 올림픽을 개최하기 위해서는 외국자본 유치가 필요하고 중국이 인권을 탄압하는 국가가 아니라는 점을 대외적으로 홍보해야 할 필요가 있기 때문에 점진적으로 인권개선 노력을 취하게 될 것으로 기대된다. 중국은 정치적으로도 더욱 민주화된 국가로 변모될 것이며, 기존 국제질서를 존중하는 국가로서의 이미지를 강화하게 될 것이다.

---

3) 부시 미국 대통령과 파월 미국 국무장관은 2003년 2월 장쩌민 중국 국가주석과 탕자쉬엔(唐家璇) 중국 외교부장에게 북핵문제에 적극적인 역할을 수행하도록 요구하였다. Ted Anthony, "China Weighs Options on Iraq, N. Korea," *The Washingtonpost*, February 14, 2003.

중국의 세계체제로의 편입 심화는 중국 내부 정치체제에도 변화를 초래하고 있다. 전인대의 감독기능이 강화되고 있으며, 당 중앙이 내부적으로 지명한 후보가 전인대에서 거부되는 사태가 발생하고 있기도 하다. 농촌지역의 말단 행정단위인 촌민위원회에서는 주민들이 자주적으로 행정책임자를 선출하고 있으며, 도시지역의 주민위원회에서도 주민들의 독자적인 목소리가 반영되고 있다. 1998년에는 불법적이기는 하지만 중국민주당이 창당되어 반체제활동을 전개하여 왔다. 16차 당 대회와 10기 전인대에서 향후 5년간 중국을 이끌어 나갈 최고지도자로 선출된 후진타오(胡錦濤) 지도부도 충실한 공산주의자라는 점에서 공산당 일당 지배체제가 지속될 것이지만, 신흥 자본자계급과 지식인을 중심으로 정치적 다원화 요구가 강화될 것이다. 2002년 11월 16차 당 대회에서 통과된 당 규약에서 사영기업가들의 입당을 공식적으로 허용하는 '대담한' 조치를 취한 것도 향후 중국에서 시민사회의 등장으로 인한 체제불안 요인을 사전에 차단하려는 의도가 있었다.[4] 중국에서 나타나고 있는 정치적 변화는 여전히 체제 내에서의 변화에 국한되어 있지만, 중국이 대외 개방의 폭을 심화할수록 중국의 정치·사회적 투명도는 계속 증대될 것이다.

중국의 변화와 발전은 한반도에 이중적인 의미를 주게 될 것이다. 단기적으로 한국기업의 중국시장 진출 기회가 확대될 수 있을 것이며, 중국에서 보다 많은 경제적 이익을 얻을 수 있을 것이다. 그리고 중국이 인권문제에 관심을 갖고 세계체제에 편입을 확대하게 되면 북한의 개혁과 개방을 유도하는 데에도 보다 적극적인 태도를 보이게 될 가능성이 있다. 물론 북한은 극히 조심스런 태도를 보이려하겠지만, 중국의 급속한 성장은 북한에게 중국식 개방·개혁을 수용하도록 하는 압력요인이 될 것이다. 또한 중·미간 대립구도가 지속되는 상황에서 중국이 경제적으로 부강하고 군사적으로 강력한 국가가 된다면, 중국은 북한의 든든한 후방 지원세력이 될 수도 있을 것이다.

---

4) 신상진, "중국공산당의 대변혁," 「세계일보」, 2002. 11. 21.

나. 북한-중국관계의 전개

1992년 중국이 사회주의 시장경제체제를 공식적으로 도입하면서 자본주의 경제체제의 장점을 적극 도입하게 됨에 따라 북한과 중국 사이의 관계가 급격하게 변화되어 왔다. 북한과 중국관계가 소원하게 된 것은 양국 간의 체제발전 노선의 상이, 지도부간 인적 유대관계 단절, 그리고 북한이 중국에게 정치·안보적 부담으로 작용하고 있기 때문이다.

먼저 북한과 중국은 상대방의 발전노선에 대해 완전히 긍정적으로 보지는 않고 있다. 1999년 김영남 북한 최고인민회의 상임위원장의 중국방문과 2000년 5월과 2001년 1월 김정일 북한 국방위원장의 중국방문을 계기로 북한이 중국의 개혁·개방정책이 옳았다고 언급함으로써 북한과 중국 사이에 국가발전 노선을 둘러싼 갈등이 어느 정도 해소되었으나, 양국은 상대방의 정책노선에 대해 여전히 적극적인 지지를 보내지는 않고 있다.

2002년 9월 북한이 신의주를 경제특구로 지정하고 양빈을 특구 행정장관에 임명하였을 당시 중국이 보인 태도를 볼 때에도, 중국과 북한 사이에 국가발전 방식을 둘러싼 이해대립이 상존하고 있다는 것을 알 수 있다. 김정일 위원장이 중국과 가장 빈번하게 교류가 이루어지고 있는 지역을 경제특구로 지정하고 중국계 네덜란드인을 특구 행정장관에 지명한 것은 분명히 중국의 자본을 끌어들여 북한경제의 회생을 도모하려는 데에 목적이 있었을 것이다. 그러나 중국은 북한의 계획을 적극적으로 지지하는 대신에 중국에 들어올 외자를 신의주에 빼앗길 우려, 중국 내 자금 유출 가능성, 양빈 개인적인 문제점 등을 고려하여 신의주 특구 구상을 사실상 포기하도록 만들었다. 중국은 북한이 중국식 개혁·개방 모델을 따라 배우기를 바라면서도 북한이 처한 조건은 중국의 상황과 다르다는 이유를 제시하면서 신의주 구상에 대해 부정적인 입장을 보였던 것이다.[5] 중국의 입장에서는 중국의 개방 초기인 1980년 대만 및 홍콩과 가까운 지역을 경제특구로 지정하였듯이

---

5) 장치웨(章啓月) 중국 외교부 대변인은 북한은 중국과 다르기 때문에 신의주 특구 구상이 북한의 현실에 적절하지 않을 수 있다면서 소극적인 견해를 보였다. www.fmprc.cn/chn/35130.html(검색일: 2002.11.11).

북한도 남한과 가까이에 위치해 있는 개성지역을 경제특구로 지정하는 것이 바람직하다는 것이다.

중국은 경제적 발전을 이루지 않고서는 안정적인 정치·사회적 기초와 국제적 지위를 마련하기 어렵다고 판단하고 있다. 덩샤오핑은 이미 1992년 1월 우창, 선전, 주하이 등 경제특구 지역을 순시하면서 "혁명은 생산력을 해방시키는 것이며, 개혁도 생산력을 해방시키는 것이다… 사회주의의 본질은 생산력을 발전시켜 공동의 부유를 달성하는 데 최종 목적을 두고 있다…"고 하였다.[6] 사회주의체제를 유지·발전시키기 위해 최우선적으로 해야 할 일은 생산력을 대폭 발전시켜 중국을 빈곤과 낙후한 상황에서 해방시키는 것이라고 주장하는 덩샤오핑의 의식 속에는 북한과 같은 가난한 사회주의체제는 진정한 사회주의체제가 아니다.[7]

그리고 중국은 대내 경제발전을 도모하기 위해서는 주변지역에서 분쟁이 악화되는 것을 저지하고 평화적이고 안정적인 환경을 조성해야 한다는 인식을 강하게 가지고 있다. 중국의 경제발전에 미국이 미칠 수 있는 영향력이 크기 때문에, 미국이 중국의 발전을 견제하고 있다고 판단하면서도 중국은 대만문제 등 국가주권과 관련된 문제를 제외하고는 미국의 압력과 정책을 점진적으로 수용하는 입장을 보이고 있다. '재능을 숨기고 능력을 기른다'는 도광양회, 유소작위(韜光養晦, 有所作爲)의 대외정책 지침도 경제발전을 위해 미국과의 관계를 안정적으로 유지하기 위한 것이다.

둘째로는 북한이 중국의 발전과 세계체제 편입정책에 부담이 되고 있기 때문이다. 북한이 체제위기 속에서 핵무기와 장거리 미사일 개발정책을 지속하고 있는데, 이는 대테러 전쟁을 수행하고 있는 부시 미국 행정부에게 심각한 위협으로 받아들여지고 있다. 따라서 2002년 10월 북한이 농축 우라늄을 이용하여 핵무기 개발을 하고 있다고 시인한 이후 북한과 미국 간에 대화가 단절되고 대북 중유공급이 중단되었다. 미국은 중국에게 다양한 채널을 통해 북한 핵문제 해결과정에서 적극적인 역할을 행사해 주도록 요구하고 있다.

---

6) 「鄧小平文選」, 第3卷, pp. 370-383.
7) "社會主義必須擺脫貧窮," 「鄧小平文選」, 第3卷, pp. 223-225.

중국은 북한의 핵개발을 찬성하지 않으면서도 북·미간 대화를 통해 평화적으로 해결되어야 한다는 입장을 견지함으로써 북한 핵문제로 인한 난처한 상황에서 이중적이고도 조심스러운 자세를 보여 왔다.[8] 한반도의 평화와 안정을 저해하고 일본과 대만의 핵무기 개발을 자극할 것을 우려하여 북한이 핵무기를 개발하는 것을 반대하는 것이다. 중국이 북한의 핵무기 개발을 찬성하지 않는 더 현실적인 이유는 아시아에 미군 주둔을 장기화하고 미국에게 전역미사일방어(TMD)체제 구축 명분을 강화시킬 것이라는 점 때문이다. 미국의 TMD 체제가 중국의 핵전략을 무력화 할 수 있고 대만에게 독립을 자극할 가능성이 있다고 보고 있는 중국에게 북한의 핵무기 개발은 심각한 위협임에 분명하다. 아울러 1998년 8월 북한이 장거리 미사일을 시험 발사한 직후 미·일이 미사일방어체제 공동 연구개발에 합의한 사실에서 보듯, 북한의 대량살상무기 개발은 미·일동맹 강화로 연결될 수 있다는 점도 중국에게는 위협적으로 인식되고 있다. 그러나 동시에 중국은 북한체제가 붕괴되는 것을 원하지 않기 때문에 미국이 북한과 대화에 나서기를 바라고 있다. 2003년 중국이 북핵문제 해결을 위해 3자회담과 6자회담을 성사시키는 과정에서도 북한의 안보적 관심사가 해소되어야 한다는 입장을 지지함으로써 북한체제 붕괴를 반대한다는 점을 분명히 하고 있다.

북한은 경제적 측면에서도 중국에게 부담이 되고 있다. 1990년대 중반 이래 북한이 구조적문제와 자연재해로 인하여 심각한 경제난을 겪어 왔는데, 중국의 지원은 북한체제를 지탱시키는 데 크게 기여해 왔다. 1995년 이래 중국은 북한에게 식량과 에너지 등 전략물자를 제공해 오고 있는데, 연도별 공개 식량과 에너지 지원규모를 보면 다음과 같다. 1995년 식량 10만 톤, 1996년 식량 10만 톤, 1997년 식량 15만 톤, 1998년 식량 10만 톤과 비료 2만 톤 및 원유 8만 톤, 1999년 식량 15만 톤과 코크스 40만 톤, 2001년 식량 20만 톤을 무상으로 지원하였

---

8) 북한 핵문제에 대한 중국의 입장에 대한 보다 자세한 분석은 신상진, "북핵에 대한 중국의 입장," 「월간조선」, 2003년 2월호, pp. 308-312; Ted Anthony, "China Weighs Options on Iraq, N. Korea," www.washingtonpost.com/ac2/wp-dyn/A3467-2003Feb13(검색일: 2003.2.14) 참조. 북·미간 양자회담에 대한 미국의 강경한 반대입장으로 인하여 3자회담과 6자회담 등 다자회담을 개최하여 북핵문제를 대화를 통해 평화적으로 해결하려 하고 있지만, 중국은 북핵문제의 핵심 당사자는 북한과 미국이라는 입장에는 변화를 보이지 않고 있다.

다.[9] 북한에 제공하는 중국의 물자는 규모면에서는 그다지 많지는 않지만, 1990년대 초 이래 식량과 원유의 상당량을 수입에 의존하고 있는 중국에게 북한은 경제적으로 부담이 될 수밖에 없다.[10] 북한체제 붕괴를 바라지 않기 때문에 중국은 북한이 망하지 않을 정도의 최소한도의 전략물자 지원정책은 지속할 것으로 보이지만, 세계무역기구 체제 하에서 중국의 대북한 지원도 시장경제적 논리에 따라야 한다는 주장이 제기될 가능성이 있다.

북한은 중국의 정치·사회적 안정에도 심각한 위협을 제기하고 있다. 중국의 동북부 지역에 수만 명에 달하는 북한주민들이 유입되어 있다. 이들 중 대부분은 중국에서 식량을 얻어 북한으로 다시 귀국하고 있으나, 일부는 베이징과 선양 등 중국의 내륙지역으로 은신하여 불법노동을 하거나 심지어는 중국주재 외국 공관과 중국외교부 연내로 진입하여 난민지위를 요구하는 등 중국정부를 난처하게 하고 있다. 특히 2002년에는 국제인권단체들이 탈북자들의 기획망명을 시도하여 중국 내 탈북자문제가 국제사회의 주요 이슈로 부각되었다. 중국 내 탈북자문제는 미국 의회에서도 중대하게 다뤄지고 있으며, 대일관계에도 심각한 악영향을 미쳤다.[11]

북한 경제가 단시일 내에 회복되기 어렵다는 점에서, 중국으로 유입될 북한주민들의 행렬이 줄어들기는 어려울 것이다. 탈북자들은 중국 내 사회치안을 혼란하게 할 수 있고, 미국과 일본 등 서방세계와의 관계를 경색시킬 수 있는 요인으로도 작용할 것이다. 따라서 중국은 탈북자들을 가능하면 탈북자들의 의사에 따라 신속하게 한국으로 보내주고 있지만, 탈북자문제 처리과정에서 북·중관계가 소원해질 가능성도 있다.[12]

---

9) 중국은 대북 경제지원 규모를 1990년대 초까지는 외부에 공개하지 않았으나, 이후 대북 지원규모를 일부 공개하고 있다. 중국이 대북 지원규모를 부분적으로 공개하고 있는 이유 중의 하나는 북한에 대해 중국이 영향력을 가지고 있다는 것을 외부에 알리려는 데에 목적이 있고, 북·중관계가 긴밀하지 못하다는 것을 시사하는 것으로 평가할 수 있다.

10) 중국은 1993년 이래 석유를 수입에 의존하고 있는데, 2002년 말 현재 중국 전체 석유 소비량의 28%인 7천만톤 가량을 수입하였으며, 이중 2/3는 중동지역에서 도입하고 있다. 劉新華, 秦儀, "中國的石油安全及戰略對策,"「現代國際關係」, 2002년 第12期 (2002.12), pp. 35-39; "中國加緊建立自己的戰略石油儲備,"「人民日報」, 2003. 2. 3.

11) 2002년 5월 선양주재 일본 총영사관에 탈북자들이 진입을 기도하는 과정에서 중·일 사이에 외교적 마찰이 발생하여 수교 30주년을 맞은 양국관계에 찬물을 부었다.

12) 1986년 8월에 체결된 변경지역에서 국가안보와 사회질서 유지를 위한 상호 협력에 관한 의정서 제4조 규정에 따르면, 중국은 중국 내 탈북자들을 북한에 송환해야 한다.

셋째로는 북한과 중국 지도부간 인간적 유대관계가 약화되고 있다는 점이다. 과거 북한과 중국이 긴밀한 관계를 유지할 수 있었던 중요한 이유 중의 하나는 양국 최고 지도자들이 항일전쟁과 한국전 당시 맺은 인적 유대관계에서 찾을 수 있다. 북한과 중국은 중요한 대내문제와 대외문제를 상대방과 사전 협의하고 사후 통보함으로써 협력관계를 유지해 왔다. 1971년 키신저 미국 대통령 특사가 중국을 방문하여 닉슨의 방중과 중·미관계 개선 문제를 논의하기로 합의한 직후 저우언라이 총리가 직접 평양을 방문하여 김일성에게 통보하였으며, 1972년 2월 닉슨 방중 이후에도 중국은 저우언라이 총리를 통해 미국과 합의된 내용을 북한 측에 통보하였다.[13] 북한 역시 1991년 10월 김일성의 중국방문을 통해 남북관계 개선 문제를 중국 측과 협의하는 등 주요 정책결정 과정에서 중국과 긴밀한 협의채널을 유지해 왔다.

그러나 1990년대 중반 김일성과 덩샤오핑 사망 그리고 2002년 16차 당대회에서 한국전 참전 군 고위지도부의 전면 퇴진을 계기로 북한과 중국 지도부간 인적 네트워크가 와해되었다고 할 수 있다. 후진타오 등 중국의 신 지도부는 대부분이 기술관료 출신들로써 북한 김정일의 선군정치와 정치우선주의 노선을 부정적으로 보고 있다. 신의주 특구 지정문제를 둘러싼 북·중간 갈등도 양국 지도부 사이에 긴밀한 협의채널이 가동되지 않고 있기 때문이다.

앞에서 논의한 바와 같이, 북·중간 관계가 소원해지고는 있지만 양국은 전략적으로 상대방과 전략적 협력을 필요로 하고 있다. 북한은 중국이 여전히 부족한 전략물자를 공급해 주는 배후기지 역할을 하고 있다고 판단하고 있으며, 자신의 뒤에 중국이 버티고 있다는 것을 국제사회에 인식시킴으로써 미·일과의 협상에서 유리한 지위를 확보할 수 있다고 판단할 것이다. 중국 역시 북한을 자신의 안보에 대한 완충지대로 간주하고 북한이 붕괴되지 않도록 할 필요가 있다. 북한이 중국에 적대적인 국가의 영향력 아래로 편입되는 것을 원하지 않기 때문에, 중국은 북한과의 접촉과 교류를 지속함으로써 최소한 북한이 중국에게 적대적인 국가가 되는 것을 방지하고자 할 것이다.

---

13) 楊明偉, "比金子還貴重的友情: 周恩來與金日成," 「瞭望」, 1998年 第17期 (1998.4), pp. 22–23.

다. 중국의 변화가 북한사회에 미치는 영향

21세기에 들어 중국은 세계무역기구에 가입하였고, 2008년 하계 올림픽을 개최하고, 2010년에는 상하이에서 세계무역박람회를 개최한다. 2002년 16차 당 대회에서는 공산당 규약을 개정하여 기타 사회계층의 선진분자도 공산당에 가입할 수 있도록 공식화 하고 독단적 마르크스주의의 구속에서 벗어날 것을 결정하였다.[14] 중국은 생산력 발전을 통해 국민의 생활수준을 향상시키고 국력을 강화하는 데 주요 목표를 두고 세계체제에 적극적으로 편입되고 있는 것이다. 그러나 중국의 이러한 변화는 북한과 중국 간 이념적 괴리를 확대시키는 결과로 작용하고 있다. 물론 이러한 괴리는 북한이 기존 세계질서에의 참여에 소극적이기 때문이다.

중국마저도 자본주의체제에 적극 참여하고 있는 상황에서 북한으로서는 대안이 없다. 따라서 북한은 남북정상회담 이후 중국과의 관계를 정상화하고 중국의 개혁·개방정책이 옳았다는 점을 시인하고 조심스런 개방을 모색하였다. 신의주, 나진·선봉, 금강산, 개성 등을 외자도입의 창구로 활용하여 경제를 회복시키려 하였다. 그러나 북한의 부분적인 중국 모방시도는 2002년 10월 평양을 방문한 미국 특사 켈리에게 핵개발을 시인함으로써 난관에 봉착해 있다. 북한이 중국처럼 경제개방 정책을 성공적으로 추진하여 낙후된 경제를 발전시키고 사회 안정을 도모하기 위해서는 내부 체제의 변화가 필요하고, 세계질서를 위협하는 행동을 자제함으로써 국제고립에서 벗어나 안정적인 대외관계를 조성해야 할 것이다.

상기한 바와 같이, 중국의 발전은 북한이 추구해야 할 하나의 모델이 되고 있지만, 북한은 정책변화에 따른 부작용을 우려하여 극히 제한적으로만 변화를 수용해 왔다. 더 이상 악화되기 어려운 경제난과 대외 고립 하에서, 북한은 어쩔 수 없이 변화보다는 고난의 행군을 강행하고 있다.

그럼에도 불구하고 중국의 변화와 발전은 북한사회에 적지 않은 영향을 미치고 있다. 1990년대 초부터 일부 중·북 국경지대에 사는 북한주민들이 중국에 진입

---

14) 16차 당 대회에서 개정된 중국공산당 규약 전문은 홍콩 「文匯報」 인터넷판에 실려있다.
www.wenweipo.com/news.phtml?news-id=CH0211190070&cat...(검색일: 2002.11.19)

하여 중국의 발전된 실상을 목격하고 북한에 돌아가 북한사회 변화의 첨병역할을 하고 있다. 중국 내 탈북자 숫자에 대해서는 정확한 파악이 어려우나, 8만에서 10만 명 정도로 추정된다. 중국당국에 적발되어 북한으로 송환되는 탈북자가 1994년 이전에는 연간 200-300명 정도에 불과하였으나, 1994년부터 1996년까지는 매년 500-600명 수준으로 증가하고, 1996년 이후부터 2002년까지 8만에서 10만 명의 북한주민이 중국에 불법적으로 진입한 것으로 평가되고 있다. 탈북자 4명당 1명 정도는 중국당국에 적발·송환된 것으로 볼 때, 3만 명이 북한에 강제 송환된 것으로 추정된다.

이에 최근 북한은 중앙당내 탈북문제 전담조직을 설치하고, 국경지역 내 주민접근제한지역을 설정하는 등 탈북자 단속을 강화하고 있는 것으로 알려지고 있다. 그리고 지금까지 탈북자 단속이 제대로 되지 않은 주요 원인으로 작용해 온 국경지역 근무요원과 불법월경자의 부패고리를 차단하는 데에도 주력하고 있다. 2003년 3월 당·정·군 합동검열단을 국경지역에 투입하여 근무상황 및 출입국관련 비리를 점검하였으며, 국경경비부대의 근무위치를 수시로 교체하고, 초소인원을 과거 2명 1개조에서 4명 1개조로 증원 개편하였다. 또한 탈북자의 친인척에게 당적을 취소하고, 자제의 대학 입시를 불허하는 등의 제재조치를 단행하고 있다.

이처럼 북한이 탈북자에 대해 강경한 정책을 시행하고 있는 이유는 탈북자문제가 북한사회 안정을 저해하는 심각한 이슈로 대두하고 있기 때문이다. 많은 젊은 탈북 여성이 중국에서 중국인 남성과 결혼하는 사례가 나타나고 있으며. 북한에서 이미 결혼한 북한 여성들이 중국에서 다시 결혼하여 아이를 낳게 되어 북한의 상당수의 가정이 파탄하는 경우도 발생하고 있다. 이 뿐만 아니라 북한당국이 선전하는 것과 달리 발전된 외부세계를 목격하고 북한에 다시 귀국하는 탈북자와 중국과 북한을 왕래하는 변경무역 종사자들은 북한 주민들에게 외부세계의 발전상을 전파하는 역할을 수행하고 있다. 중국에서 유행중인 눈썹문신, 쌍꺼풀 수술, 장발 등이 북한에 소개되고 있으며, 청바지나 영어글씨가 적힌 셔츠 등까지도 탈북자들에 의해 북한에 유입되고 있다. 이러한 현상은 결국 김정일 정권과 북한 사회주의체제에 대한 북한주민들의 불만과 비판을 야기하게 하는 요인으로 작용하게 될 것이다.

사태의 심각성을 깨닫게 된 북한은 2002년 초 본처 찾기 운동을 전개, 식량난 등 생활고로 돈벌이를 위해 중국으로 탈북한 가출아내를 남편들로 하여금 찾도록 하고 있다. 그러나 본처가 가출한 후 다른 여성과 동거하는 남편에게는 동거중인 여성과 헤어질 것을 요구함으로써 또 다른 사회문제가 되고 있다.

4. 러시아의 대한반도 정책과 북한-러시아 관계

가. 러시아의 대외정책 및 동북아정책

소련연방의 해체와 시장경제체제로의 개혁은 러시아로 하여금 냉전적인 대외 정책을 포기하게 하였고, 실리위주의 유화적인 대외정책으로 전환하게 만든 배경 이었다. 또한 러시아의 시장경제체제 형성과정에서 서방의 원조와 자문을 절실히 필요로 했던 러시아가 대서방 친화적인 외교노선을 택한 것은 당연한 일이었다. 이와 같은 러시아의 의도에 대해서 미국과 유럽의 이해관계도 어느 정도 부합했 다. 미국을 중심으로 한 서방은 소련과 같은 적대적인 강국의 출현을 막고 러시아 를 세계시장체제에 효과적으로 편입시키려는 의도를 가지고 있었다. 따라서 소련 체제의 붕괴 이후 적어도 초기에는 서방과 러시아의 우호적인 협력관계 형성이 가능했던 것이다.

그러나 러시아의 친 서방적인 외교노선은 경제 개혁의 지체와 국내정치의 보수 화에 따라서 최근 변화의 조짐을 나타내고 있다. 또한 나토의 동유럽확대정책을 유럽과 미국의 팽창주의이자 러시아에 대한 압박으로 받아들이고 있는 러시아는 국제적인 영향력의 급속한 상실로 인한 고립의 위기감을 느끼고 있다. 따라서 러 시아에는 개혁 초기의 친서방적인 정서가 상당부분 약화되어 있으며, 대외정책 기조도 외교적인 독자성과 기존 영향력의 유지 및 복원이라는 차원에서 진행되는 조짐들이 나타나고 있다. 최근의 한반도를 중심으로 하는 동북아의 상황도 1990년대 초와 다른 양상으로 전개되고 있다. 내부적으로는 개혁의 부정적인 현상이 증가하고 대외적인 영향력 감소에서 비롯되는 강력한 러시아주의에 대한 대중의 요구가 러시아에 팽배하고 있다. 특히 남한과의 경협이 의도했던 만큼 진전되지 못하고 있고, 한반도 4자회담에서 소외되는 등 영향력감소가 현저하다고 판단한 러시아는 대한반도 정책에 대해서 다시 한번 자신들을 돌이켜보고 새로운 방향성을 모색하고 있다.

이미 러시아는 자신들이 전통적으로 중요시했던 대서양지역에서 외교안보적 입지를 축소당했다. 러시아는 1997년 5월 나토의 동유럽확대안을 어쩔 수 없이 수용함으로써 유럽지역의 안보질서 재편과정에서 역할이 축소당하는 현실을 목도했다. 물론 나토의 확대가 러시아에게 일방적으로 불리한 내용만을 담은 것은 아니었다. 러시아가 나토의 확대를 용인한 대가로 얻어낸 상설협의체인 '나토 러시아 위원회'를 통해서 러시아가 유럽안보문제에 제도적인 참여를 보장받았다는 것은 중요한 사실이다. 또한 동유럽지역에 핵배치를 배제했다는 것도 일정한 성과였다. 그러나 이와 같은 조치들은 나토의 확대로 인한 러시아의 국제적 영향력의 약화라는 손실에는 비교할 수 없는 것들이다. 또한 발트3국의 나토가입문제 등 향후 나토문제는 지속적으로 러시아에게 부담으로 작용할 가능성을 지니고 있다. 때문에 당시 러시아의 좌파와 민족주의세력 등은 나토 확대를 용인하는 협정서에 대해 러시아의 '항복문서'라는 정치적 비난을 가했다.[15]

이와 같이 국제무대에서의 러시아의 역할이 점차 감소하고 있다는 점은 국민들 사이에 대서방 강경노선의 정서를 확산시키고 있다. 러시아의 현재 국제적 위치를 극명하게 보여준 나토의 동유럽확대안의 타결은 러시아의 좌, 우파를 막론하고 이미 반대의사를 분명히 했던 사안이었다. 나토의 확대정책을 러시아가 수용했다는 사실은 러시아가 자신들의 국제적인 영향력축소라는 현실을 받아들이고

---

15) 나토신규회원극들에 대한 핵배치 배제에 대해서 러시아 정부는 만족감을 표시했다. 프리마코프 외무부장관은 협상타결 후 '러시아와 전세계를 위한 위대한 승리'라고 자축했으며, 옐친도 합의에 대해서 만족감을 표시한 것으로 알려졌다. 그러나 '나토 러시아위원회'의 운영이 만장일치가 아닌 consensus(의제에 대해서 찬반투표를 하지 않는 합의) 방식으로 운영된다는 점에서 러시아의 의사결정권은 현실적으로 제한되어 있다.

있다는 것을 의미하는 것이지만 동시에 그 동안 유지되어왔던 대서방 유화노선의 재검토를 의미한다.

러시아는 냉전기뿐만 아니라 전통적으로 유럽을 중시했으며, 따라서 대서방 대외정책에 우선순위를 두어왔다. 이는 유럽지역이 러시아의 안보문제에 있어서 차지하는 중요성과 관련이 있다. 유럽지역의 새로운 안보질서재편과정은 러시아에게 있어서 핵심적인 관심사이며, 따라서 동북아에서의 질서변화는 2차적인 의미를 지닌다. 따라서 러시아는 아태 및 동북아에서 상대적으로 경제적인 문제의 협력구도에 관심을 보여 왔다. 러시아의 대외정책의 우선순위에 있어서 동북아시아 지역은 유럽지역에 비해서 부차적인 의미를 지닌다. 러시아의 중심부가 유럽과 접해있으며, 역사적으로도 유럽지역의 정치, 군사적 변화에 민감하게 반응할 수밖에 없었다는 지정학적 요인 이외에 서방 선진국들의 원조가 러시아 개혁의 중요한 역할을 수행한다는 점도 러시아의 유럽우선 정책의 원인이 된다. 따라서 동북아와 한반도는 유럽지역에 비해서 상대적인 중요성이 적은 지역에 해당하며, 러시아의 대외정책도 이와 같은 맥락에서 해석되어질 수 있다. 이는 러시아연방의 외교안보상 주요주제가 첫째, 서방의 동유럽지역에 대한 나토 확대에의 대응, 둘째, CIS지역의 효율적 관리, 셋째, 미국과의 효과적인 군비통제 라는 점에서도 잘 나타나고 있다.[16]

따라서 러시아의 대동북아 정책은 이와 같은 러시아의 외교정책상의 우선적인 현안해결과 관련되어 있다는 사실을 고려해야한다. 러시아가 동북아에서의 세력균형을 유지할만한 군사력의 유지에 필요한 경제문제를 해결하기가 당분간 어렵다는 현실적 문제도 그 원인이다. 이는 러시아가 미일동맹체제가 주도하고 중국이 부상하는 동북아의 질서재편과정에서 수동적인 자세를 보일 수밖에 없는 원인이 된다. 또한 군사적으로 동북아시아가 유럽보다 상대적으로 덜 중요하다는 점이외에 한국과 일본이 자신들의 개혁과정에 경제적인 도움을 줄 수 있다는 현실적인 인식도 러시아의 대동북아 정책형성에 영향을 미친 요인이다. 또한 성장하는 중국경제도 러시아의 동북아시아에 대한 경제적인 이해관계 중시의 한 요인이

---

16) 연현식, "러시아의 대 동북아 정책," 「슬라보학보」, 제11권 2호 (1996), pp. 257-263.

된다.

최근 러시아의 유럽지역에서의 국제적인 입지축소와 아태지역 중요성의 점증, 그리고 동북아 지역의 민감한 역학관계에 따라서 한반도를 둘러싼 국제적인 환경이 러시아에 매우 중요한 관심사항으로 여겨지고 있다. 최근까지도 사실상 러시아의 대아태정책은 커다란 성과를 보지 못했다. 그 주요 요인들은 구소련으로부터 물려받은 매우 복잡한 아태지역의 문제들[17]과, 러시아의 친서방주의 우선정책이었다. 그 동안 러시아 국내에서는 친 서방외교정책에 대한 비판이 끊임없이 제기되어왔다. 비난의 요지는 친 서방적인 '대서양외교'를 지양하고 '유라시아'를 중시해야 한다는 것이었다. 그러나 아태지역에서 새로운 참여를 희망하던 러시아의 시도도 크게 성공하지 못했다. 러시아는 아태지역 지역경제협력과정에서 배제되어 왔으며, 외교적으로도 주목할 만한 성과를 거두지 못했다. 방콕에서 개최된 제1차 아시아 유럽회의에서는 러시아가 삭제됨으로써 러시아인의 아태지역 외교역량에 상처를 받은바 있다. 러시아는 비슷한 일들이 한반도를 둘러싼 일련의 과정(KEDO와 4자회담 구도 등)에서도 반복되었다고 믿었다. 이와 같은 맥락에서 최근 러시아는 이 지역에서 자국에 유리한 안보환경 및 동북아 주요 국가들과의 경제협력추진 그리고 궁극적으로 이 지역에서 구 소련시절에 버금가는 영향력의 확보를 새로운 방식으로 추구하고 있다. 미국이 유일 강대국으로서 미일동맹체제

---

17) 신생러시아의 아태 및 동북아 정책은 고르바쵸프시기의 변화로부터 영향을 받았다. 지역에 대해서 신생러시아는 구소련으로부터 다음과 같은 유산을 물려받았다.
 – 대다수 지역분쟁의 개입철회 및 분쟁지역의 자국군 철수,
 – 아태, 특히 동북아에 집중되어 있던 러시아 국익의 범위축소,
 – 북한과의 관계 약화,
 – 베트남, 몽골, 북한 등 과거 경제적 유대를 가졌던 국가들과의 경제관계약화,
 – 동 지역국가들과의 채무지불 연기문제 악화,
 – 러시아 민주세력이 중국, 북한, 베트남을 '아시아 공산주의적 전체주의체제'로 간주,
 – 반면 보수주의세력들은 중국을 잠재적 동반자로 인식함과 아울러, 보수주의자들이 긍정적   대중국정책 추진,
 – 한국의 중요성이 급속히 커졌으며, 가장 중요한 지역동반자 국가로 부상,
 – 일본과의 영토분쟁해결 협상이 시작되었으나, 불투명했고,
 – 모든 정치, 경제세력이 받아들일 수 있는 지역 전략과 행동방침의 부재.
 Valery Zaitsev, "러시아의 동아시아 정책: 우선권의 변화," *Current situation in northeast Asia and Korea-Russia cooperation*, The 7th IFANS–IMEMO conference (1997.10), pp. 1–2.

를 통해서 동북아에서 영향력을 유지하려는 시도에 대해서 러시아는 중국과의 '전략적 동반자' 관계형성을 통해서 세력균형을 유지하려하고 있다. 또한 일본과의 관계 개선을 일정정도 이룸으로써 동북아 역학관계의 다극화를 시도하고 있다.

군사력 현대화와 동북아시아에서의 지배적 영향력확보 과정에서 러시아의 도움을 필요로 하고 있는 중국과 러시아의 이해관계 일치는 중·러 관계의 밀월관계가 시작되고 있음을 의미한다. 1997년 4월 강택민은 모스크바를 방문했다. 옐친 러시아대통령과 중국의 강택민 주석이 모스크바에서 정상회담을 갖고 발표한 공동선언문은 한 나라가 패권정치를 행사해서는 안되며, 국제문제를 독점하지 말아야 한다는 점을 명시함으로 미국중심의 세계질서 재편과정에서 러시아와 중국이 공동의 보조를 취할 것을 내용으로 하고 있다. 이와 같은 러시아와 중국의 관계 개선은 1997년 11월 옐친의 중국방문을 계기로 가속화되고 있다. 특히 러시아와 중국은 공동성명을 통해서 그 동안 양국간 관계 개선의 걸림돌이었던 국경문제를 정리하고, 국제문제와 경제문제에 대한 상호공조를 다짐했다. 특히 그 동안 중소분쟁의 원인이었던 우쑤리강유역과 아무르강의 섬들에 대한 입장을 정리함으로써 4200km에 달하는 동부국경의 경계를 확정했다. 따라서 양국은 1991년 5월 조인된 국경협정에 관계된 모든 문제들이 해결되었음을 공식 선언했다. 또한 이번에 해결되지 않은 다른 국경문제(서부국경문제)도 '이성적이고 공정한 협의'를 계속한다는 점을 명시했다. 국제문제에 대해서는 최근 미·일·중·러 간의 정상회담에 만족하며, 팽창주의나 패권주의에 반대한다는 점, 그리고 중·러 관계 증진이 제3국에 대항하는 것이 아니라는 점을 밝혔으나, 이는 사실상 국제문제에 대한 미국의 주도권행사에 반대하는 입장을 나타내는 것이다. 양국의 경제협력은 러시아-중국-한국을 잇는 시베리아 가스관 건설사업에 모아지고 있다. 중국은 향후 경제 발전과정에 막대한 에너지 자원이 필요한 실정이고, 러시아 측으로서는 시베리아 지역의 개발에 중요한 우선순위를 두고 있다. 문제는 이 사업이 중국과 러시아만의 힘으로 이루어 질 수 없다는 데 있다. 따라서 한국과 일본이 파이프라인 건설사업에 참여하고, 한국과 일본이 전체가스공급량의 절반을 소화해 줄 것을 희망하고 있다. 따라서 시베리아 가스관 사업은 전체적인 구도가 잡힌 단계에 불과하다. 그러나 향후 진전 상황에 따라서 러시아는 동북아시아에서 상실한 정치, 경제적 영향력을 회복하려 할 것이다.

러시아 측의 입장에서 보았을 때 중국과의 전략적 동반자관계가 동북아에서 갖는 함의는 다음과 같다. 첫째, 중국을 동북아의 전략적 동반자로 선택한 것은 장기적인 계산에 의한 것이 아니라 러시아의 어쩔 수 없는 현실적 선택이라는 것이다. 이는 새로운 아시아 정책의 구사가 실패로 돌아간 러시아의 마지막 선택이라는 것이다. 둘째, 중국과의 관계 개선은 1993년 이후 러시아 대외정책의 새로운 경향과 일치하는 것이다. 동시에 러시아가 '대서양 우선주의'라는 낭만주의적 경향을 벗어나 자기주장을 하려는 현실적인 선택을 하였음을 의미한다. 셋째, 중국과 전략적 동반자관계의 형성은 역설적으로 러시아가 동북아에서 새로운 전략을 수립할 여지를 축소시켰음을 의미한다. 특히 한반도에서 러시아의 역할, 핵 및 미사일기술 비확산, 무기통제와 신뢰구축조치, 러시아의 지역경제로의 통합 등의 문제에서 협력을 더욱 어렵게 한다는 것이다. 넷째, 중국의 이해가 아시아 태평양 지역에서의 당면문제들을 해결해 주지 않으므로 다른 지역 국가들과 조정을 모색할 필요성은 여전히 남는다.[18]

이와 같은 러시아의 대중접근 자세는 일본과의 관계 개선에서도 같은 의미를 지닌다. 다시 말해서 중국과 전략적 동반자관계에서 여전히 해소되지 않는 부분들은 일본과의 협력관계를 통해서 해소해야 한다는 것이다. 따라서 최근 러시아의 대 동북아 정책은 정치외교를 중심으로 하는 중국과의 전략적 동반관계를 형성하고, 일본과는 상대적으로 경제적인 측면을 보다 중시하는 외교정책을 구사한다는 것으로 요약될 수 있다. 이와 같은 맥락에서 러시아는 최근 일본과의 관계 개선에도 적극적으로 나서고 있다. 일본도 1997년 7월 전향적인 대러 외교 3원칙을 발표했으며, '태평양이란 시점에서 바라본 유라시아외교를 강화 하겠다'는 점을 밝히고 특히 러시아와 중국과의 관계 개선에 나서겠다는 점을 분명히 했다. 대러시아 외교 3원칙은 신뢰, 상호이익, 그리고 장기적 시점을 의미하는 것으로 주변여건이 성숙한 뒤 영토를 반환받는다는 것을 의미한다. 이는 과거 북방도서문

---

18) Valery Zaitsev, "러시아의 동아시아 정책: 우선권의 변화," *Current situation in northeast Asia and Korea-Russia cooperation*, The 7th IFANS-IMEMO conference (1997.10), pp. 3-4.

제의 해결여부에 따라서 정치, 경제 분야의 균형외교를 취하겠다는 자세에서 일정정도 변화가 나타났음을 의미했다. 결과적으로 일본의 대러시아 외교의 신축성이 확대됨을 의미한 것이다. 이와 같은 상황에서 러시아는 1997년 11월 시베리아 크라스노야르스크에서 열린 일본과의 비공식 정상회담을 통해 일본과 보다 진전된 관계를 형성했으며, 이는 러·일관계가 '압박외교'에서 '신뢰회복을 통한 화친'으로의 전환을 의미하는 것이기도 했다. 동시에 러시아와 일본은 러시아의 시장경제 개혁을 돕기 위한 경제교류의 확대와 양국정상 간의 직통전화개설과 군사교류 등 안보채널의 형성에도 합의했다. 이와 같은 움직임은 러시아의 동북아 정책이 새로운 단계 즉 중국과의 전략적 동반자 관계를 축으로 일본과 삼각구도를 형성하여 진행될 것임을 의미하는 것이며, 동시에 동북아시아 세력균형이 다극구도에서 이루어질 것임을 예고하는 것이다. 이와 같은 과정에서 러시아는 일정한 역할을 수행함으로써 자신들의 영향력을 회복하려는 의도를 보이고 있는 것이다.

나. 북러관계 정상화와 대한반도 정책의 변화

러시아의 대외 정책변화 추이는 대한반도 정책에도 반영되어 나타났다. 냉전체제의 종식은 사회주의권 내부의 특수 관계의 적용이 더 이상 유용하지 않음을 의미하는 것이었으며, 따라서 러시아의 대한반도 관계도 변화를 요구받았다. 특히 러시아의 대 북한관계는 정치, 외교적 협력관계 중심의 동맹적 관계에서 시장의 원리를 중심으로 하는 새로운 관계로 변화해야 했다.

냉전체제의 종식은 러시아로 하여금 북한을 중심으로 하는 '하나의 한반도'라는 구소련의 대한반도정책을 수정하게 만들었다. 러시아는 그 동안 경제적인 이해관계에 기초해서 남한과의 급속한 관계 개선을 시도해왔으며, 남한을 인정하는 '두개의 대 한반도정책'의 시행과정에서 상대적으로 러시아와 북한 간 관계의 중요성은 감소되어 왔다. 이 과정에서 대남한관계의 중요성이 부각되어 왔다. 특히 상대방의 군사적인 위기 시 자동적인 개입조항을 담고 있던 '조소 우호협조 및 상호원조조약'의 실질적인 폐기는 러시아와 북한 간의 관계의 현실을 나타내 주는 상징적인 사례였다. 그러나 이와 같은 러시아의 대한반도 정책은 1990년대 중반부터 러시아가 실리를 중시하는 '균형외교'를 지향하면서 변화하기 시작했다. 즉 러시아는 대남한 관계 개선과정에서 상대적으로 소외되어온 북한과의 관계를 일 정정도 회복, 유지함으로써 대한반도 영향력을 지속시키겠다는 입장을 견지하고 있는 것이다.

러시아는 과거 구소련시절과 달리 대한반도정책에 유연성을 가지고 대처하고 있다. 1945년에서 1980년대 말까지 구소련의 대한정책은 동서냉전체제라는 큰 틀 속에서 진행되어왔다. 냉전구도 속에서 소련은 북한을 한반도의 유일한 합법 정부로 인정했다. 이는 이데올로기적인 차원의 문제가 아니라 서방과 전 지구적 차원에서 대결구도를 형성하던 소련의 현실적인 안보문제에 직결된 것이었다. 그 러나 1988년 소련의 서울올림픽 참가와 샌프란시스코 정상회담에서 당시 노태우 대통령과 고르바초프 대통령이 회담을 가지면서 러시아의 대한정책은 변화하기 시작했다. 이는 러시아의 대한정책이 탈냉전기의 과도기적 변화기에 접어들었음 을 의미했다. 그리고 이와 같은 과도기적인 정책변화는 1992년 옐친의 서울방문 을 통해서 새로운 단계로 이행했다.[19] 이와 같은 관계 개선추세는 1994년 김영삼 대통령의 모스크바방문에서 극대화되었다. 이 방문과정에서 양국은 '상호 건설적 인 동반자관계'에 접어들었음을 천명했다. 또한 한반도 비핵화에 대한 지지 등 기 타 현안에 대한 협조약속과, 특히 구소련과 북한관계를 상징하는 '조소우호협조

---

19) 옐친의 서울 방문은 다음과 같은 의미를 지니고 있었다. 첫째, 러시아연방의 대통령이 북한이 아닌 한국을 먼저 방 문했다. 둘째, 러시아는 기본관계조약을 북한이 아닌 한국과 우선적으로 체결했다. 셋째, 옐친은 서울에서 구 소련이 북한과 맺은 조약은 폐기와 수정과정을 거칠 것이라는 선언을 했다. 넷째, 옐친 대통령은 더 이상 대북 군사지원은 없을 것이며, 한국과 군사분야에서의 협력용의가 있다는 점을 밝혔다. 구 소련시기의 대한반도 정책에 비교했을 때 옐친의 언급대로 '한·러 양국간 새로운 시대'가 도래한 것이었다. A Zhebin, "Russia and Korean unification," *Asian Perspective*, Vol. 19, No 2 (1995), pp. 175-176.

20) 1961년 북한과 구 소련 간에 체결된 '조소우호협조 및 상호원조조약'은 전문과 6조로 구성되어 있었다. 동 조약의 1 조는 "체약국일방이 어떠한 국가 또는 국가연합으로부터 무력침공을 당함으로서 전쟁상태에 놓이게 될 경우 체약상 대국은 지체없이 자국이 보유하고 있는 모든 수단으로써 군사적 및 기타 원조를 제공한다"고 규정하고 있다. 이외 의 조항들은 각각 상대국에 반하는 동맹을 체결하지 않을 의무, 중요국제문제들에 대한 상호협의, 경제문화관계의 발전, 평화적인 한반도 통일의 실현 등을 규정하고 있었다. 이 조약은 특히 제1조의 상대방 피침시 자동군사개입조 항을 담고 있었다는 점에서 구 소련과 북한 간의 긴밀한 관계를 상징하고 있었다. 이 제1조의 중요성 때문에 흔히 '북소동맹조약'으로 불렸으며, 1조의 규정은 '자동군사개입조항'으로 인식되어 왔다. 이 조약은 5년마다 갱신되기 때문에 1991년 갱신 이후 1996년까지 효력을 발휘했다. 그러나 러시아는 변화된 국제관계상 이 조약의 수정을 공언 해왔고, 1996년 갱신하지 않음으로서 효력을 상실했다.

및 상호원조조약[20]의 제1조를 준수하지 않을 것임을 명시함으로써 북한과의 관계를 일정정도 '정리'하는 입장을 나타냈다.

러시아는 한반도에 대한 정책목표를 한반도의 안정이 기본적으로 자신들에게 유리하다는 판단 하에 실리추구라는 현실적 이해관계의 관철을 시도해왔다. 이와 같은 러시아의 한반도에 대한 주요관심사는 첫째, 비핵화의 유지, 둘째, 정치, 군사적 대결 해소를 통한 평화와 안정의 유지, 셋째, 평화적인 한반도 통일기반 조성을 위한 남북한간 건설적인 대화 지지, 넷째, 호혜적인 경제관계의 확립, 다섯째, 한반도 주변 3국과의 세력균형유지 등이었다.[21]

그러나 KEDO참여가 사실상 무산된 이후 한국의 4자회담 제의에 따라서 한반도문제에 대한 러시아의 소외감은 증폭되었다.[22] 또한 러시아가 미국이나 한국으로부터 한반도문제에 대해서 사전협의나 통고도 받지 못했다는 사실을 러시아는 불쾌하게 생각했다. 이와 같은 러시아의 인식은 한국이 동북아 다자안보대화를 제안하면서 일시적으로 약화되었다. 이 다자안보대화에는 남북한, 미, 중, 러, 일 등이 참가국이었으며, 그리고 캐나다와 몽골의 참여도 가능한 것으로 되어 있었다.[23] 이는 러시아가 주장한 다자안보협력 구도와 일치하는 것이기도 했다.[24]

이와 같은 맥락에서 러시아는 경제적인 이해관계를 바탕으로 외교의 중심축을

---

21) 고재남, "러시아의 대북한 정책변화와 남북관계," 「통일경제」, NO. 8 (서울: 현대경제사회연구원, 1997), p. 91.

22) 러시아는 KEDO와 4자회담논의 과정에서 자신들이 배제되어 있다고 느끼기 시작했다. 러시아는 북한의 비핵화가 자신들에게도 유리하다는 입장에서 미국의 대북정책에 일정정도 공조를 보였다. 그러나 이후 북한에 대한 경수로 공급과정에서 자신들이 배제된 것을 자신들의 기득권 침해로 받아들였다. 또한 한국의 4자회담제의에서 자신들이 빠져있다는 것을 확인했을 때 러시아의 소외감은 증폭되었다. Chikahito Harada, "Russia and north-east Asia," Adelphi Paper 310 (1997), pp. 62–65.

23) Valery Zaitsev, "러시아의 동아시아 정책: 우선권의 변화," Current situation in northeast Asia and Korea-Russia cooperation, The 7th IFANS-IMEMO conference (1997, 10), p. 5.

24) 러시아는 이미 1969년 브레즈네프의 '아시아 지역 집단 안전조약', 1986년 고르바쵸프의 '아시아판 헬싱키회의', 1989년의 '전 아시아과정' 등 동북아를 포함한 아시아지역에서의 '집단안보체제'를 제의해왔다. 옐친정부도 같은 맥락에서 다양한 제안을 하였으며 특히 한반도와 관련하여서는 1994년 북한 핵문제해결을 위한 남북한, 주변4국, IAEA와 UN이 참여하는 8자회담을 주창했다. 또한 1995년에는 4자회담에 대한 대응으로 6자회담을 제안했으며, 1997년 4월 중국, 카자흐스탄, 키르기스탄, 타지키스탄 등이 참여하는 국경병력감축협정 체결 이후 다자협력의 중요성을 다시 한번 강조했다. 러시아의 한반도문제에 대한 다자주의적 접근은 상대적으로 열세인 동북아에서 다자 안보체제를 형성 러시아의 정치, 경제외교적 발언권 강화를 추구하고 있는 것으로 보인다. 고재남, "러시아의 대북한 정책 변화와 남북한 관계," 「통일경제」, No. 8 (서울: 현대경제사회연구원, 1997), p. 96.

남한으로 이전하는 과정 속에서도 북한에 대한 영향력도 상실하지 않으려는 이중적인 태도를 보였다. 러시아는 1990년 국교수립 이후 급격하게 개선되어 가는 남한과의 경협 강화 과정 속에서도 북한과의 관계를 일정정도 유지하려는 모습을 보였다. 특히 1994년의 미·북간 제네바 핵합의에 따른 미국의 대한반도 영향력 증대가 러시아의 태도변화에 자극제로 작용했으며, 이에 북한 측은 소극적으로 반응했다. 옐친은 1994년 9·9절에 축전을 보내는 한편 파노프 대통령특사를 북한에 파견하였다.[25] 러시아는 경수로 건설사업을 둘러싼 미묘한 입장을 표명하는 등 북한에 영향력을 상실하지 않으려는 모습을 보여주었다. 이와 같은 러시아의 자세는 김일성 사후 북한과의 관계를 일정정도 유지함으로써 약화된 대북영향력을 회복하고 남북한과의 등거리 외교를 통해서 자국의 실익을 확보하려는 입장을 나타내는 것이다. 특히 북한과의 관계 개선을 통해서 최근 급속히 진전되고 있는 미·일의 대북한 접근과정에서 발생할 자국의 외교·안보적 이익의 축소를 미연에 방지하려는 의도가 있던 것으로 보인다.

그러나 1999년말 까지 러시아는 북·러 관계 개선을 위해 노력했으나, NATO의 동유럽확대 문제와 코소보사태 등 대서양외교에 주력했고, 북한도 북·러 관계 개선에 적극적이지 않았다. 북한의 핵 재개발 의혹과 미사일 문제로 인한 북·러 간의 갈등, 러시아의 경제난에 따른 1998년 8월 모라토리엄 선언 등은 북·러 관계 개선에 장애물로 작용했다.

2000년 이후 북러관계는 구 동맹조약을 대체하는 「북·러 친선선린 및 협조조약」[26] 체결과 양국정상회담을 계기로 관계재정립 노력을 강화했다. 김정일 위원장과 푸틴 대통령은 2000년 7월 평양에서 1차 정상회담, 2001년 8월 모스크바에서 2차 정상회담을 개최하여 양국관계를 정상화하고 제반 분야에서 교류·협력이 확

---

25) 김일성 사후 북한을 처음 공식 방문한 파노프특사는 이인규 북한 외교부부부장과의 회담을 통해서 북한과 러시아 간의 정상적인 선린관계의 유지, 북한 핵문제의 해결을 위한지원 및 러시아형 경수로채택을 희망하는 옐친대통령의 친서를 김정일에게 전달했다. 또한 양국은 국회간 교류 등 정치관계를 복원하고, 경협과 교역의 확대, 이중과세방지 협정과 투자보장협정 등 경제교류확대에 합의했다.

26) 북한과 러시아간 체결된 새로운 조약은 군사동맹관계가 폐기된 이후 약화되던 양국관계가 정상적 선린우호관계로 회복, 재정립되었음을 상징하는 것이었다.

대될 수 있는 기반을 구축했다. 특히 제2차 북·러 정상회담에서 두 정상은 친선관계 확대발전, 미사일 문제, 철도연결, 한반도 문제 등에 합의하고 8개항으로 구성된 「모스크바 선언」을 발표한 바 있다.

「모스크바 선언」발표 이후 북·러 양측은 철도·운수분문 관련 협의를 잇달아 개최하는 한편, 고위급 인사들의 빈번한 상호 방문을 통하여 경제협력 확대방안을 모색했다. 특히 러시아는 TSR-TKR 연결사업이 시베리아와 극동지방 개발을 촉진하며 러시아 경제 전반에 활력소가 될 것으로 판단하고 있으며, 러시아 극동지역 투자회사들은 대북경협 확대를 통한 실익 확보를 기대하고 있다. 북·러 간 연간교역 규모 1억 달러 가운데 70% 이상이 러시아 극동지역과 이루어지고 있으며, 러시아 극동지역 투자회사들은 북한 측과 러시아 극동지역에 북한 인력 송출 확대, 북한에 대한 전력 공급, 북한 나진항을 중계기지로 한 러시아 화물 수송, 북한 정유공장에서 러시아산 원유 가공, 광업, 통신 등의 근대화에 대한 러시아 측의 협력 등 구체적 사안들을 논의해왔다.

북한은 2002년 7월 1일부터 배급제 폐지, 임금·물가 인상, 환율 현실화, 성과급제, 기업소 책임경영제 도입 등 대대적인 경제개혁조치를 실시한 바, 임금·물가 인상 등 부작용에 효과적으로 대처하기 위해서 러시아의 경제지원을 필요로 하고 있다. 특히 전력부문 기업소들의 개·보수 지원 및 전력 공급에 대한 기대가 커지고 있는 상황이다. 북한은 북·러관계의 진전과 더불어 군사 분야에서의 협력 확대도 모색하고 있으나 양국간 군사기술 협력은 북한의 어려운 재정상황 등으로 인해 진전이 되지 않고 있는 상황이다.

2002년 김정일 위원장의 방러는 북·러 관계의 '완전한 정상화'를 의미하는 것으로 평가될 수 있다. 김정일 북한 국방위원장과 140여명의 수행원은 2002년 8월 특별열차 편으로 러시아 극동지역을 '비공식 방문'한 바 있다. 방문은 러시아 극동지역 대통령전권대표인 풀리코프스키의 초청 형식으로 이루어졌다. 김정일 위원장 일행은 하바로프스크와 블라디보스토크의 기업체 방문 등 경제관련 시설 시찰에 많은 시간을 할애함으로써 방문의 주목적이 극동지역의 경제 개혁 현장학습 및 북·러 경제 협력 확대에 있음을 보여준 바 있다. 김정일 국방위원장은 방러 기간 중 블라디보스토크에서 푸틴 러시아 대통령과 정상회담을 개최, 양국 경제 협력 확대 및 한반도 주변 국제정세 등을 포괄적으로 논의했다. 2002년 김정일의 방러는 북·러 관계 정상화의 상징적 의미, 철도연결 등 실질적 경협 강화, 군사협력 강화라는 세 가지 차원에서 평가될 수 있다.

북·러 관계 정상화는 양국 간의 변화된 이해관계에 따른 것으로 평가될 수 있다. 북한은 러시아와 협력관계를 강화함으로써 정치·경제적 실리를 확대할 뿐만 아니라, 국제사회에서의 위상 증진을 추구하고 있다. 러시아는 북한과의 관계 개선의 필요성을 인정하고 있으나, 전방위적 협력관계 개선을 통해 북한으로부터 실리추구는 사실상 어렵다고 판단하고 있는바, 현실적으로 실현가능한 분야에 한해 협력 관계를 강화하는 방향을 설정한 것으로 보인다. 러시아는 북한과의 관계 정상화 작업을 통해 푸틴 집권 이래 추진해온 러시아의 강대국 위상 회복과 국익 확보라는 전방위 실리외교의 목적을 추구하고 있다. 북한에 대한 영향력 지속을 통한 대 한반도 발언권 강화를 의도하고 있으며, 중국과의 관계 개선과 아울러 미국의 동북아 역내질서재편에 대한 견제구도 설정을 의도하고 있다. 러시아는 대미 관계 개선을 도모하면서도 부시 대통령이 2002년 연두교서에서 '악의 축' 국가로 지목한 이란·이라크·북한 등과 관계 개선을 추진함으로써 국제질서의 다극화를 모색하고 있음을 분명히 해왔다. 남북한에 대해 균형외교는 이와 같은 맥락에서 추진되고 있으며, 러시아는 남북한 당사자간 대화를 통한 한반도 평화정착을 적극 지지하는 한편, 남북대화를 촉진시키기 위한 중재자 역할을 수행함으로써 한반도에 대한 영향력 확대를 모색해왔다. 이와 관련 이바노프 러시아 외무장관은 2002년 7월 남북한을 차례로 방문하여 김대중 대통령의 메시지를 북한에 전달한 바 있으며, 당시 김정일 위원장은 이바노프 외무장관을 통해 미국·일본과 조건 없이 대화하겠다는 의사를 표명했다. 시베리아횡단철도 연결문제는 러시아 경제재건에 중요한 문제로 러시아는 적극적인 입장을 가지고 있으며, 이의 실현을 위한 유리한 조건의 제시를 통한 북한의 호응을 유도하려는 의도를 가진 것으로 보인다. 군사부문의 경우 러시아의 현재 상황에서 일방적 지원은 가능하지 않으며, 북한 역시 현금결재 능력이 없는바, 노후장비에 대한 부품지원 및 정비 분야 등에 있어 현실적으로 가능한 협력을 제공함으로써 북한의 요구를 무마하려는 자세를 견지하고 있다.

북 · 러 관계의 정상화는 러시아의 대한반도 정책이 변화되고 있다는 점을 분명히 보여주는 것이라 할 수 있다. 이는 소련의 해체에 따라 러시아가 1990년대 초반 남한에 치중해왔던 한반도 관계의 균형회복을 의미하며, 따라서 한국에게는 대러시아 교섭력의 약화를 의미한다. 남한을 북한보다 우선시 하던 러시아의 초기 한반도 정책은 첫째, 한반도 평화의 유지와 동북아의 안전보장 및 중장기적인 동북아 집단안보체제의 형성, 둘째 남북한에 대한 균형 잡힌 관계의 유지로 변화했다. 따라서 러시아의 표현대로 북한에 대해서는 내정불간섭과 주권존중의 원칙을 바탕으로 호혜적 선린관계를 증진시킨다는 기본입장을 가지고 있다.

5. 북한-일본 관계와 북한 경제재건

가. 냉전 종식 이후 일본의 대외정책의 변화

21세기 일본의 대외정책, 나아가 국가전략의 재편 방향은 보수화와 우경화로 압축할 수 있다. 달리 말하면 "평화국가"에서 "보통국가"로의 전환이 모색되고 있다. 즉 경제 강국에 상응하는 군사적, 정치적 강국으로서의 일본을 추구하고 있는 것이다. 그리고 이것은 냉전 종식의 필연적 결과물이다. 냉전체제에 기반을 두고 있던 전후 일본정치시스템이 냉전 종식을 계기로 근본적 재편이 불가피하게 된 것이다.

탈냉전 시대 일본의 안보정책은 걸프전의 참여문제를 계기로 정가에서 본격적으로 논의되었다. 몇 년간 진행된 논의 속에서 일본은 향후 안보정책을 미일 동맹의 지속 및 강화, 외교적 · 군사적 수단의 병행을 통한 국제적 지위 향상으로 수렴해갔다.

먼저 1992년 평화유지활동(PKO) 법안의 통과를 지적할 수 있다. 이 법안은 비록 헌법의 테두리 내에서지만 자위대의 해외파병을 공식화했다는 점에서 의의가 있다. 나아가 1995년 에는 신방위대강(新防衛大綱)이 채택되었다. 이것은 자위대의 병력 축소와 군사력의 질적 향상을 공식화하고 이후 첨단무기 도입의 근거로 작용하였다.

그리고 대외적으로는 미국과 전략적 동반자 관계를 새롭게 형성해 나갔다. 1996년 4월에 미·일 양국은 신안보공동선언을 발표, 일본이 한반도 유사시, 미국의 군사 작전에 보다 적극인 지원활동을 수행할 것임을 천명했다. 이어 1997년 9월에는 미일 신방위협력지침(신가이드라인)을 발표, 양국 간 군사적 협력범위를 기존의 필리핀 이북의 극동에서 아시아 태평양 전역으로 확대하고 자위대의 작전반경을 보다 탄력적으로 해석했다. 그리고 일본은 이 같은 신가이드라인을 조속히 법제화하여 1999년 4월 관련 3개 법안을 의회에서 통과시켰다.

나아가 2003년 6월에는 이른바 유사시에 대비하기 위한 법률이라는 '유사법제'가 의회를 통과하기에 이르렀다. 1960년대부터 추진되어왔던 유사법제가 그동안 주변국들의 우려와 일본 내의 반대에 부딪쳐 여러 차례 입법화가 좌절되었으나 2003년 6월 별다른 반대 없이 의회의 절대다수의지지 속에 의결된 것이다. 기미가요와 일장기의 공식화, 일본 총리의 야스쿠니 신사 참배, 왜곡된 교과서의 검정 추진 등이 단적으로 드러내고 있는 최근 일본 사회의 보수 우경화 분위기가 그대로 반영된 것이다.

이러한 보수적 국가전략은 최근 일본 정부 및 여당 내에서 '친미 내셔널리즘'이 정책의 주류를 형성하게 된 사정과 맥을 같이 한다. 미국은 냉전 종식 이후 아시아 태평양 지역에 대한 안보비용감축을 일본이 보완해줌으로써 중국에 대한 견제와 아태지역에 대한 영향력 유지를 담보할 수 있도록 했다. 일본으로서는 미국과의 안보협력을 통하여 지역 강대국인 중국과의 힘의 균형을 도모하는 한편 일본 군사대국화에 대한 주변국들의 우려를 제어하면서 보통국가화를 순조로이 진행시키고자 했다.

이러한 전략 형성에 북한 변수도 한 몫을 했다. 미국이 북한을 '깡패국가', '악의 축' 등으로 지목하듯, 일본의 보수 세력들은 자신의 보수적 국가전략 수립을 위해 북한을 가시적 위협으로 십분 '활용'해 왔다.[27] 이들은 북한의 일본인 납치

---

27) 자세한 것은 송주명, "위기 속의 개혁, 개혁 속의 위기: 북일정상회담과 북한개혁의 국제적 조건," 「동향과 전망」, 제54호(2002), pp. 79–80 참조.

문제, 요도호 납치범 보호문제, 북한 괴선박(공작선) 문제, 미사일 발사 문제 등을 지속적으로 제기하면서 북한을 '테러국가' 및 '위협국가'로 지목해 왔는데 이는 보수적 내셔널리즘의 부상에 크게 기여했다.

나. 북일 수교 협상의 전개

북일 관계의 실질적인 개선 움직임은 2002년 9월 고이즈미 수상의 방북에 의해 구체화되었으나 일본의 대북 관계 개선을 위한 노력은 이전에도 전개되어 왔었다. 일본의 보수 세력들은 북한을 가시적 위협으로 활용해왔으나 일본의 진보 진영이나 정부 입장에서는 한편으로 북일관계 개선은 전후 일본외교 숙제의 하나이며 1990년대 한반도문제에 대한 외교적 무력감을 극복하려는 시도의 일환이었다. 반면 북한 측의 대일접근은 경제위기 탈출을 위한 경제협력 필요성과 외교적 고립감에서 벗어나기 위한 시도에서 비롯되었다.

북일 관계 개선과 관련하여 1990년대 자민당 수뇌부인 카네마루의 방북을 계기로 한 8차례에 걸친 정부 차원의 국교 정상화 교섭, 1995년 연립여당 대표단의 방북을 계기로 한 수교협상 재개 움직임 등 두 차례의 시도가 있었다. 하지만 첫 번째 시도는 북한 핵문제와 한국의 반대로, 두 번째는 일본인 납치자문제의 대두와 한국의 반대로 좌절되었다.

2000년대에 나타난 세 번째 움직임은 한국정부의 지지와 남북 관계의 개선을 배경으로 대두되었다. 2000년 4월, 7년 5개월 만에 국교정상화교섭이 재개되면서 북일 수교협상은 11차에 이르기까지 순조롭게 진행되는 듯하였으나 2000년 10월 11차 수교교섭을 끝으로 일시 중단된 바 있다. 그러나 북한은 수교협상 과정에서 종래와는 달리 유연한 자세를 보여줌으로써 협상타결 가능성에 대한 실마리를 제공했다. 따라서 2002년 9월 17일 고이즈미 총리의 방북을 낳았다. 이후 급물살을 타는 듯 했던 수교협상은 일본인 납치자 문제에 대한 부정적 반향의 확산과 북한 핵개발 의혹의 재부상으로 북일 수교협상은 다시 벽에 부딪치게 되었다.

다. 북한 경제 재건과 외부자본의 역할

북한이 일본에 대해 기대를 걸고 있는 경제협력이 북한 입장에서는 얼마나 중요하고 절실한 것일까? 이를 검토하기 위해서는 먼저 북한 경제 재건에 있어서 외부자본의 역할을 살펴볼 필요가 있다.

한국정부는 북한 경제가 지난 1990년부터 1998년까지 무려 9년 연속 마이너스 성장을 한 것으로 파악하고 있다. 그리고 1999년부터 2002년까지 4년 연속 소폭의 플러스 성장을 달성했으나 이는 국제사회로부터의 지원에 힘입은 바가 크다고 보고 있다.

사실 북한 경제가 스스로 경제를 재건할 수 있는 자생력을 갖추게 되었다고 보기는 힘들다. 북한 경제의 3대 어려움, 즉 식량난, 에너지난, 외화난은 여전히 심각한 실정이다. 경제의 내부 자원이 사실상 고갈된 북한은 외부의 도움이 없으면 스스로 경제를 꾸려나가기 힘든 상태이다. 더욱이 올해는 북한핵문제 등으로 국제사회의 대북지원이 급격히 감소하는 등 대외여건이 악화되고 있어 북한 경제는 또다시 마이너스 성장세로 돌아설지도 모른다는 우려감이 높아지고 있는 실정이다.

북한 경제의 재건에는 개혁·개방으로 불리는 제도적 개혁 및 정책적 전환이 필수적이다. 하지만 이것만으로는 부족하다. 어떠한 형태로든 외부로부터 자원이 유입되어야 한다. 북한은 현재 내부자원이 사실상 고갈된 상태이다. 외부로부터 자본이 들어오지 않으면 경제의 재생산조차 불가능하다고 할 수 있다. 북한당국 스스로도 이 사실을 잘 알고 있다. 그래서 외부자본을 끌어들이기 위해 나름대로는 많은 노력을 기울여왔다.

외부로부터의 자원 유입의 원천은 크게 보아 경제협력과 금융지원으로 나눌 수 있다. 그리고 전자는 민간 차원의 협력(대표적인 것이 외국인 직접투자)과 정부 차원의 경제협력(개별 프로젝트를 둘러싼 협력)이 있을 수 있다. 후자는 국제금융기구로부터의 자금지원(공적차관 등)과 개별 국가로부터의 금융 지원(유·무상원조)가 있을 수 있다. 그런데 문제는 이 가운데 어느 것 하나도 제대로 이루어지지 않고 있으며[28] 앞으로도 쉽게 풀릴 가능성이 크지 않다는 것이다.

첫 번째인 외국인 직접투자가 활기를 띠기까지는 상당한 시일이 소요될 것으로 보인다. 외국인 투자가 입장에서 북한은 한편으로는 시장으로, 또 한편으로는 생산기지로서 파악될 것이다. 그런데 현재의 북한 경제 사정으로 보아 시장으로서의 역할을 기대하기는 당분간 요원한 상황이고, 저렴한 노동력의 이점도 여타의 열악한 환경에 의해 상쇄되는 경향이 있다. 우선 생산에 필요한 기본여건의 불비가 문제인데, 무엇보다도 전력부족이 심각한 상황이어서 현재 북한에서 위탁가공이나 합영을 행하는 외국 기업이 큰 어려움을 겪을 수밖에 없다. 또 자재의 절대적 부족으로 북한 내에서 조달할 수 있는 물자가 거의 없기 때문에 위탁가공이나 직접투자를 할 때 원자재를 거의 다 남한이나 제3국에서 공급해야 하는 실정이다. 더욱이 철도, 도로, 항만 등 SOC도 열악한 상태이며, 기계설비의 노후화도 골칫거리이다.

두 번째인 개별 프로젝트를 둘러싼 정부 차원의 협력은 미미한 실정이다. 두만강 프로젝트 등이 이러한 범주에 속할 수 있으나 아직 뚜렷한 진전을 보이지 못하고 있다. 경의선 철도 연결도 핵문제로 주춤거리고 있다. 동북아 에너지자원 공동개발 등도 아직은 초기단계에 머물러 있다.

세 번째인 IMF, IBRD, ADB 등 국제금융기구에 대해 북한당국이 거는 기대는 매우 크다. 값싼 자금을 장기로 빌릴 수 있기 때문이다. 북한이 얼마 정도의 자금을 지원받을 수 있을지는 명확하지 않지만, 대략 수십 억 달러에 달할 것으로 예상되고 있다.[29] 하지만 이는 북미관계가 어떻게 풀리느냐에 전적으로 의존한다고 해도 과언이 아니다. 국제금융기구의 운영에 대해 절대적인 영향력을 행사하고 있는 미국과의 관계가 개선되지 않는 한, 그것도 큰 폭으로 개선되지 않는 한 국제금융기구의 자금 지원은 요원한 일이다. 게다가 북미관계가 당장 풀린다 해도 북한에 자금이 들어가기까지는 시간이 꽤 걸린다. 북한이 국제금융기구에 가입한

---

28) 물론 외국으로부터의 현물·현금 지원이 어느 정도 이루어지고는 있으나 이는 북한경제의 재건을 위해 필요한 규모에 훨씬 미치지 못하는 수준이다.

29) 이와 관련하여 국제금융기구의 대북 공적차관 공여 가능 규모가 총 27~45억 달러 정도일 것으로 추정한 연구가 있다. 박석삼(1999), "국제금융기구의 대북 차관 공여 가능 규모 추정," 한국은행, 1999. 9. 참조.

시점으로부터도 몇 년이 지났을 때에야 가능하다.

네 번째인 외국으로부터의 금융지원으로는 한국을 포함한 각국의 정부 및 NGO로부터의 무상지원과 북일수교 배상금 등을 생각할 수 있다. 그런데 전자는 규모 면에서 한계가 있다. 북한이 기대를 걸고 있는 것은 후자이다. 북일 수교 배상금에 대해서는 나중에 자세히 살펴보기로 하자.

라. 경제 재건을 위한 자본 소요규모 추정

그렇다면 북한 경제의 재건을 위해 필요한 자본은 어느 정도의 규모일까? 흔히들 이는 천문학적 숫자에 달할 것이라고 이야기하지만 실제로 그 구체적인 금액을 추산하기는 매우 어려운 일이다. 무엇보다도 북한의 자본 스톡, 경제총량 등 북한 경제의 양적 실태에 대한 구체적인 정보를 얻을 수 없기 때문이다. 여기에다 북한 경제의 '재건'을 어떻게 정의할 것인가, 목표수준을 어떻게 설정할 것인가에 따라 추정결과가 전혀 달라진다.

논의의 단순화를 위해 2가지 경우로 나누어 살펴보자. 첫째는 마이너스 성장 추세로부터 벗어나는 것을 목표로 삼는 경우이다. 윤덕룡·박순찬(2001)은 북한 경제가 성장궤도를 이탈하여 지속적인 마이너스 성장을 겪게 되는 빈곤함정(poverty trap)에 빠져 있다고 전제하고 여기에서 탈출하기 위해서는 일정 수준 이상의 자본투자가 필요하다고 주장한다.[30] 그들은 이른바 전통적인 방식[31]과 CGE(Computable General Equilibrium)모형을 이용한 시뮬레이션 방식[32]에 의해 각각 자본소요규모를 추정해 보았다. 전자의 방식에 의할 경우 소요규모는 8억 5천만 달러–11억 8천만 달러였다. 후자의 방식에 의한 추정결과는 총 50억 달러였는데 이를 연간투자로 전환할 경우 최소한 연간 10억 달러를 5년간 투자해야

---

30) 빈곤함정이란 국민경제가 스스로의 힘으로는 성장경로로 돌아오지 못하는 상황을 가리킨다. 즉 국내의 생산수준이 너무 낮아서 국내저축으로는 자본의 감가상각조차 보전하지 못하는 경제이다. 따라서 이 상태에서 벗어나기 위해서는 자본의 감가상각률보다 높은 수준의 투자가 이루어져야 한다는 것이다.
31) 북한의 투자 효율성을 그 경제발전정도와 사회주의적 체제의 효율성 차이를 감안해 추정.
32) Ramsey 모형을 이용하고 베트남의 산업자료를 활용해 북한의 산업연관관계 자료를 추정.

한다는 것이었다.

두 번째는 일정 수준의 플러스 성장을 지속하는 것이다. 조동호 외(2002)는 목표수준을 연평균 경제성장률 7%, 향후 5년 후 1인당 국민소득 1,000달러로 설정하여 논의를 전개하고 있다.[33] 그에 따르면 이러한 목표를 달성하기 위해서는 매년 20억-35억 달러의 자본이 필요하다는 것이다.

마. 북·일 수교 배상금 유입과 북한경제의 재건

북·일 수교가 이루어진다면 북한이 일본으로부터 받게 될 배상금은 어느 정도 규모일까? 이것을 둘러싸고 논의가 분분한데 어쨌든 출발점은 1965년 한일 국교 정상화 당시의 청구권 자금 규모가 될 수밖에 없다. 당시 한국은 일본으로부터 무상 3억 달러, 유상 2억 달러 등 모두 5억 달러를 받았다. 여기에다 달러 가치의 변화, 엔화 가치의 변화, 실질금리의 변동 등을 고려하면 대략 50억-100억 달러에 달할 것이라는 것이 일반적인 관측이다.[34] 물론 양국의 협상과정에서 이 범위를 벗어나는 합의가 이루어질 가능성도 배제할 수 없다.

또한 배상금과는 별도로 일본정부 차원에서 추가적인 금융지원도 가능하다는 사실을 지적할 필요가 있다. 일본은 현재 아시아 개도국을 중심으로 전 세계 개도국에 상당 규모의 공적 개발원조(ODA, Official Development Assistance)를 제공하고 있는데 북한도 일본과 국교가 정상화된다면 이 혜택을 받게 될 가능성이 있는 것이다. 한국도 과거 청구권 자금과는 별도로 상당 규모의 ODA자금을 받았기 때문에 북한도 가능성이 꽤 있다. 이것까지 고려한다면 북일수교로 인해 북한이 일본으로부터 얻게 될 경제적 지원은 50억-100억 달러보다 훨씬 더 커질 가능성도 있다.

---

33) 그는 남한의 성장요인분석을 이용하여 북한경제가 일정 수준 이상의 성장을 하기 위해 소요되는 자본규모를 추정하고 있다.

34) 배상금 규모 산출방법 및 근거에 대한 자세한 논의는 예컨대 김석진(2002), "북일수교가 북한경제에 미치는 영향," 「LG주간경제」, 2002. 9. 25.을 참조.

다만 이들 자금은 전액 현금도 아니고 한꺼번에 들어오는 것도 아니다. 배상금은 '경제협력방식'으로, 즉 원자재, 자본재 등 현물 공여, 각종 건설 및 서비스 제공 등의 형태로 북한에 유입된다. 무상원조이든 유상원조이든 대개 프로젝트별로 일본정부와 북한당국의 협의를 통해 자금집행계획을 수립하고 입찰을 통해 민간업체를 선정, 사업을 추진한다. 또한 자금은 수년간에 걸쳐 제공될 공산이 크다. 한일 국교정상화의 경우에도 대일 청구권 자금은 수교 이듬해인 1966년부터 1975년까지 10년에 걸쳐 분할 지급된 바 있다.

이들 자금이 어디에 사용될지는 분명하지 않다. 다만 현재 북한이 처해있는 경제적 상황을 놓고 볼 때 가장 시급히 투자가 필요한 분야는 농업과 에너지 분야라고 할 수 있다. 그 다음으로는 도로, 철도, 항만 등 SOC분야, 화학비료 등과 같이 생산의 정상화를 위해 시급히 정비해야 할 일부 제조업을 지적할 수 있다.

그렇다면 북·일 수교 배상금은 북한 경제 재건에 어느 정도 기여할 수 있을 것인가. 우선 50억–100억 달러라 하면 한국은행이 추정한 2001년 현재 북한 GDP 157억 달러의 31.8– 63.7%가 된다. 그런데 한·일 국교정상화 때의 청구권자금 5억 달러가 당시 한국의 GDP 35.7억 달러의 14.0%에 불과했다. 즉 규모의 면 하나만 놓고 보면 북·일 수교 배상금은 청구권 자금이 한국 경제발전에 기여했던 것보다 더 크게 북한의 경제재건에 기여할 수 있는 가능성을 시사하고 있다.

그리고 앞에서 언급했던 윤덕룡·박순찬(2001)의 주장을 받아들인다면 양국의 협상결과에 따라서는, 예컨대 50억 달러를 5년간 분할 지급하거나 100억 달러를 10년간 분할지급할 경우에는 북한경제의 마이너스 성장세를 멈추고 빈곤함정으로부터 탈출할 수 있을 정도로 기여할 수도 있다. 그렇다고 해도 조동호 외(2002)가 설정했던, 연평균 경제성장률 7%, 향후 5년 후 1인당 국민소득 1,000달러라는 목표를 달성할 수 있을 정도의 도움에는 이르지 못할 것으로 전망되었다.

바. 소결

앞에서 살펴보았듯이 외부로부터의 자원 유입의 원천은 크게 보아 ①민간 차원의 협력(대표적인 것이 외국인 직접투자)과 ②정부 차원의 경제협력(개별 프로젝트를 둘러싼 협력), ③국제금융기구로부터의 자금지원(공적차관 등), ④개별 국가로부터의 금융 지원(유·무상원조)가 있을 수 있다. 이 가운데 현재 미약하게나 실현되고 있으며 앞으로도 본격화될 가능성이 상대적으로 가장 높은 것은 ④개별 국가로부터의 금융 지원이다. 특히 일본 정부의 의지 여하에 따라서는 북·일 수교 배상금이 시기적으로 보아 다른 것보다 빠른 시일 내에 이루어지고 규모의 면에서도 북한 경제 재건에 큰 역할을 할 가능성도 없지는 않다. 실제로 2002년 9월 북·일 정상회담 때는 그러한 기대감이 컸었다.

하지만 일본인 납치문제로 일본 내 여론이 악화되고 핵문제가 불거져 나오면서 북·일 수교 교섭도 주춤거리고 있다. 양국간 관계정상화 교섭은 2002년 10월 제12차 교섭이 이루어진 뒤 회담 자체가 중단된 상태이다. 핵문제가 일단락되지 않는 한 양국간 교섭은 교착상태에서 벗어나기 힘들 것이고 핵문제가 일단락된다 해도 납치문제가 남아 있고 북·미 관계의 진전 여부도 중요한 변수로 작용할 전망이다. 따라서 국교정상화가 실현되기까지 적지 않은 시일이 소요될 가능성이 크다.

설령 국교정상화가 내일 모레 이루어진다고 해도 배상금이 즉각 북한에 유입되는 것이 아니다. 경제원조 계획의 수립 등을 둘러싼 양국간 협의, 프로젝트 입찰 및 업체 선정, 자금의 집행 등 일련의 과정을 거쳐 자금이 북한에 유입되기까지 시간이 소요된다. 또 공장 건설 등 프로젝트가 완료되어 제반시설이 가동되기까지도 몇 년의 기간이 필요하다.

제3부

자본주의 세계체제에의 재편입의 시행착오와 진통

제7장
사회주의권 붕괴 이후 북한 경제회생 전략의 시행착오 *

1. 문제제기

북한이 경제정책에서 시행착오를 거듭하고 있는 원인에 대하여 기존의 시각들은 모두 북한의 개혁·개방 의지가 부족한 것에서 찾고 있다. 북한 지도부의 개혁·개방 의지가 부족한 것은 사실이지만 이것만으로는 북한의 경제발전 전략이 모두 실패한 것을 충분히 설명하지는 못한다. 나진·선봉 자유무역지대의 경우는 북한지도부의 개혁·개방 의지가 부족한 것이 가장 큰 영향을 미쳤지만, 신의주 특구의 경우는 그렇지 않다. 북한 지도부의 매우 적극적인 의지가 돋보였던 시도였던 것이다. 7·1경제관리개선 조치의 경우도 사회주의의 근간을 개혁하는 조치이다. 그럼에도 이러한 조치들이 성공하지 못했던 원인의 하나로써 국제사회의 지원을 얻지 못했던 점을 간과할 수 없다.

이 장에서는 1980년대 후반 사회주의권 붕괴 이후 북한이 경제난을 해소하기 위하여 취했던 일련의 정책들이 시행착오로 끝나게 된 배경을 검토하여 봄으로써 자본주의 세계체제가 북한의 정책방향에 어떠한 영향을 미쳤는지를 조명하고자 한다.

---

* 서재진

2. 나진 · 선봉 자유경제무역지대 설치를 통한 외자 유지 전략

가. 나진 · 선봉 자유경제무역지대 건설 사업의 실태

북한은 체제 위기 상황에서 기존 체제를 유지하면서 경제를 발전시킨다는 전략 하에 전체 경제제도는 변화시키지 않은 채, 나진 · 선봉지역에 특구를 건설하여 외자를 유치함으로써 내부경제에 외화를 수혈한다는 전략을 채택하였다. 나진 · 선봉 자유경제무역지대는 위기의 경제에 외부, 특히 일본에서 생명의 피를 공급하는 새로운 심장으로써 계획된 셈이다.

북한은 1991년 12월 28일 함경북도 북부의 총면적 746㎢(처음의 621㎢에서 1993년 9월 확대)에 달하는 지역에 자유경제무역지대를 설치하고 동 지역을 2010년까지 동북아의 국제적인 화물중계기지, 수출가공기지, 관광금융기지의 기능을 가진 중계형 수출가공기지로 발전시킬 것을 계획하였다. 1993년 초 첫 계획은 3단계 개발계획(1단계: 1993-95, 2단계: 1996-2000, 3단계: 2001-2010)이었으나 1995년 초 이를 당면단계(1995-2000)와 전망단계(2001-2010)의 2단계로 조정하여 당면단계에는 도로 · 항만 등 인프라를 확장 · 현대화하여 국제화물중계수송기지화에 주력하고, 전망단계에는 동 지역을 21세기의 세계경제발전에 상응하는 종합적이고 현대적인 국제교류의 거점으로 건설한다는 것이었다. 북한은 나진 · 선봉지대 개발을 위하여 총투자규모 69억 8,900만 달러의 사업을 외자유치를 통하여 추진할 계획이었다.[1]

외자유치의 법률적 환경 정비를 위하여 외국인투자법(1992.10), 자유경제무역지대법(1993.1)을 비롯하여 57개의 외자유치법령을 제정하였다. 100% 단독투자의 허용, 저렴한 세율과 조세감면, 초청장 소지자의 경우 무사증입국 등의 여러가지 우대조치를 부여하면서 외자유치활동을 적극적으로 추진하였다.

---

1) 대외경제협력추진위원회, 「황금의 삼각주: 라진 · 선봉 투자대상 안내」(평양: 대외경제협력추진위원회, 1993).

1993년 3월 이래 외자유치를 위한 해외 투자설명회를 일본, 독일, 홍콩 등 10여 개 국에서 30여회 개최하였으며, 1996년 9월과 1998년 9월에는 나진·선봉 현지에서 투자포럼을 개최하였다.

동 지역에 외국자본으로 이미 건설을 완공한 것은 조총련이 투자한 나진항 비료공장(1994.8), 비파관광숙소(1997.8), 홍콩 타이슨사가 투자한 나진호텔(1996.8), 중국 길림성 연변건축공사와 합영으로 건설한 나진시장(1998.4), 홍콩 엠페러그룹이 개장한 카지노(1999.7) 등이 있으며, 도로, 항만 부문의 사회 간접자본 투자는 미미한 수준이다.

나진·선봉 특구계획이 유야무야되었던 1999년 12월까지 나진·선봉지역의 외자유치 실적을 보면 중국, 홍콩, 일본 등으로부터 약 8억 달러의 계약에 실제투자가 이루어진 것은 계약금액의 1% 수준인 약 8천만 달러 정도에 불과한 액수이다.

북한은 1998년 4월 '나진·선봉 자유경제무역지대'의 명칭에서 '자유'를 삭제하였고, 지대의 전반적 계획을 수정하여 관광지대와 물류중계지로 축소·제한하는 방향으로 지대의 계획을 전면 수정하였다. 즉, 초기의 계획이 거의 실패로 돌아가고 말았으며 북한 지도부의 관심도 거의 철회된 상황이다.

나. 실패의 요인

일본기업 유치 실패

나진·선봉지대 건설이 실패하게 된 큰 원인의 하나는 일본기업이 참여하지 않았던 것에 있는 것으로 보인다. 일본기업이 참여하지 못한 것은 양국간 국교정상화가 되지 못했고 또 미사일 문제가 돌출되어 양국 관계를 더욱 악화시켰기 때문인 것으로 볼 수 있다.

북한의 외자유치 대상국의 하나가 일본이었을 것이라는 증거가 많다. 나진·선봉 자유경제무역지대 건설과 거의 때를 같이 하여 북한은 일본과의 수교를 적극적으로 추진하였다. 일본으로서는 나진·선봉지대는 중화학공업 등 공해산업을 수출할 수 있는 공단으로서 장점이 있었기 때문에 처음부터 큰 관심을 가졌다.

1996년 9월에 나진·선봉지대 현지에서 있었던 투자설명회의 내용이 일본의 관심을 잘 보여준다. 일본, 중국, 홍콩, 미국, 러시아, 프랑스, 태국 등 26개국의 439명(110개사)과 북한의 100명(59개사) 등 총 540명의 기업가, 정부 관계자, 연구자, 언론인 등이 참가하였다. 동 포럼에 참가한 439명의 외국 참가자 중 국별 분포를 보면 일본에서 관광객 100명을 포함하여 모두 263명이 참가하여 상당한 관심을 나타내었음을 알 수 있다.

이 투자포럼에서 일본의 관심과 관련하여 주목할 만한 것은 일본의 도요(東洋)엔지니어링사와 신와(信和)물산사가 북한 대경협의 의뢰를 받아 작성한 「나진·선봉 자유경제무역지대 투자촉진안내서」로써 나진·선봉지대 내의 우암지구를 중화학공업단지로 선정하여 중화학공업기지로 개발한다는 구상을 이 투자설명회에서 발표한 것이다.[2]

중화학공업단지 개발계획은 우암지구의 동·서 변포에 내륙수로를 만들어 항구를 건설하고 석탄 화력발전소 및 석유정제 석유화학 분야의 임해형 공업지대를 건설하는 계획으로 일본의 가고시마(鹿島) 중화학공업단지를 모델로 석유정제, 석유화학, 비료, 발전, 자동차 조립 및 부품, 일반기계, 건재 등의 산업분야를 유치하는 것으로 되어 있다.

일본의 석유화학 산업은 당시 중공업 부문과 함께 버블경기의 붕괴 이후 수익이 악화되고 있었고 특히, 1992-94년간 심각한 불황에 직면하여 각 기업들이 장래 전망이 밝지 못한 사업부문을 축소 또는 폐지하는 등 사업구조 조정을 취해 왔다.

특히 가고시마 중화학공업단지 지역은 환경공해 문제에 대한 지역 주민들의 항의 또한 거세게 일어나고 있어, 화학 장치류 제조업, 화학원료 제조업 등 경쟁력이 하락하는 부문부터 해외로 이전할 가능성이 검토되고 있는 현실이었다고 한다. 따라서 일본 기업은 가고시마공단 등 중화학 산업부문을 나진·선봉지대로 이전할 계획을 가지고 있었던 것이다.[3]

일본 기업의 참여에 찬물을 끼얹은 사건은 북한의 1998년 8월 31일 대포동 1호

2) 도요엔지니어링과 싱와물산, 「나진·선봉 자유경제무역지대 개발 기본구상」(1996.9).
3) 이찬우, "나진·선봉지대 투자포럼의 결과와 전망," 「통일경제」(1996.10), p. 72.

미사일 시험발사 사건이었다. 이 사건을 계기로 일본과 북한과의 관계는 얼어붙게 되었고 나진·선봉지대에 대한 투자가들의 관심에도 제동이 걸렸다. 미사일 시험발사 이후 한달 만인 1998년 9월 24일부터 3일간 열린 제2차 나진·선봉 현지 투자설명회는 러시아, 중국, 영국, 노르웨이, 독일, 캐나다 등 7-8개국의 기업인 및 연구기관 관계자 89명이 참석하는 데 그쳤다.

나진·선봉지대에 가장 관심을 많이 가지고 있던 일본 기업의 참여 부진은 나진·선봉지대의 추진에 큰 장애요인이 된 것이다.

남북관계의 긴장과 남한 기업 참여 배제

나진·선봉지대에 대한 외자유치 실패에 큰 영향을 미친 또 하나의 요인은 남한 기업이 참여하지 못했다는 데 있다. 북한의 나진·선봉 자유경제무역지대 개발계획의 성공 여부는 남북관계 개선에 달려 있었다고 해도 과언이 아니었다. 남북관계가 긴장상태에 있으면 남한 기업이 투자를 하지 않을 것이고, 남한 기업이 투자하지 않으면 외국 투자가도 투자에 매우 신중해지기 때문이다.

1990년대 초에 기본합의서 채택이라는 짧은 기간을 제외하고는 북한의 핵문제, 잠수함 사건, 서해 교전, 미사일 발사 등의 사건들이 이어지면서 남북관계는 긴장 국면을 지속했기 때문에 나진·선봉지대에 남한 기업이 참여한다는 것은 기대하기 어려운 것이었다.

설상가상으로 그러한 상황에서 북한은 나진·선봉지대에 대한 남한 기업의 참여를 의도적으로 배제하였다. 그 증거는 1996년 9월과 1998년 9월에 있었던 나진·선봉지대 현지 투자설명회에 남한의 참여를 배제시킨 것에서 잘 나타난다.

한국 정부는 1996년 8월 기업인 24명, 전경련 중소기업협동조합 등 경제단체 4명, 대한무역진흥공사 한국개발원 관계자 등 5명, 통일원, 재경원 등 정부 관계자 9명, 취재기자 11명 등 모두 53명에 대한 포럼 참가를 신청했었다. 그러나 북한은 53명의 참가신청자 중에서 정부 관계자와 취재기자 등 28명에 대한 초청장을 발급하지 않고 나머지 25명에 대해서만 자의적으로 선별해 초청장을 발부하였다. 통일부는 국제적으로 약속한 바를 스스로 파기했다면서 나진·선봉지대 설명회에 참관단을 파견하지 않기로 결정했다.

더욱이 투자설명회 시작 닷새 후인 1996년 9월 18일에는 강릉에 잠수함 침투사건이 발생한 것이다. 이 사건은 투자설명회의 국제적 효과를 반감시켰다.

1998년 9월의 2차 현지 투자설명회에서도 남한 기업의 참여는 배제되었다. 남한 정부는 68개사 70명, 중소기업인 100명을 선정하여 방북신청을 했으나 북한 측이 투자유치 효과가 적다는 이유로 초청장을 발급하지 않았다.[4] 대경협 등 경제 관련 관리들은 남한 기업 유치에 적극적이었다고 알려져 있지만 결국은 그들의 목소리는 반영되지 않았다.

미국과의 관계 개선 지연 및 미국 기업 유치 실패

1990년대 초반과 중반 미국과 북한 관계가 핵문제, 미사일 문제 등으로 교착상 태에 빠짐에 따라 미국의 북한에 대한 경제제재 조치가 완화되지 않았고 미국 기업이 북한에 진출하기가 어렵게 되었다. 나진·선봉지대에 관심을 가졌던 일부의 미국 기업들도 참여할 수 없게 된 것이다. 10억 달러를 투자하여 승리화학 정유시설을 개선할 계획이었던 스텐튼 그룹의 투자계획도 실현되지 못했다. 그 밖의 다른 기업들도 투자계획을 취소하거나 투자 중에 철수하고 말았다.

미국의 동북아시아개발회사는 약 5백만 달러를 나진국제호텔에 투자할 계획이었으나 계약 파기와 함께 철수했다. 미국의 Back Stage INC는 신덕샘물에 투자할 계획이었으나 개발이 중단된 상태이다. 미국 천주교재단은 650만 달러를 투자, 10층 규모의 나진인민병원을 건립해왔으나 4-5층까지만 건축된 채 공사가 중단된 상태이다.[5]

북한 지도부의 개혁의지 미비

나진·선봉 자유경제무역지대는 오지에 설치되어 북한 내부경제와의 연관성

---

4) 「연합뉴스」, 1998. 9. 21.
5) 「연합뉴스」, 1999. 3. 24.

없이 해외경제와의 연관성을 중시하는 형태로 개발 계획이 입안되었기 때문에 처음부터 성공여부는 의문시되었다. 체제 내부의 개혁 없이 나진·선봉지대에만 철조망을 치고 외자를 유치하여 인프라를 건설하고, 공장을 짓는다는 것이 북한 지도부의 구상이었다. 투자유치 주요 대상국과 국교도 수립되지 않은 등 대외적 조건이 갖추어져 있지 않았음은 물론이고 대내적인 조건도 미비 되었다. 특히 북한 지도부의 나진·선봉지역에 대한 자본주의 바람에 대한 경계가 나진·선봉지대의 지속적 발전에 큰 악영향을 미쳤다.

자유화에 따른 주민들의 사회주의 사상 해이, 해외동포들과 남쪽 종교인들에 의한 무분별한 (적어도 북한 당국이 보기에는) 종교의 전파 등은 북한 지도부에게는 부정적으로 보였던 것으로 생각된다. 대북경협에 참여한 기업인들의 전언에 의하면 나진·선봉지대의 개방으로 인해 얻은 것보다 잃은 것이 훨씬 많았다는 것이 북한 지도부의 생각이라고 한다. 현대의 금강산관광 개발 사업에 비교해 볼 때 수익성이 크게 떨어지는 데다 오히려 자본주의 병폐만 증가하는 등의 부작용이 컸다는 것이다.[6]

1998년 말 나진·선봉지대를 방문했던 김경희 당경공업위원장(김정일의 여동생)이 광고입간판들이 김일성 주석의 동상보다 높게 치솟아 있어 수령의 존엄성을 훼손할 가능성이 있다는 이유로 철거를 지시했다. 이 사건은 몇 안 되는 외국기업의 상당한 불만을 초래한 것으로 알려졌으며 북한 당국의 개방정책의 일관성과 신뢰성을 크게 의심하게 하는 계기가 되었다.[7]

다. 북한의 나진·선봉지대 건설에 대한 재고 및 계획 수정

1998년 말 이후 나진·선봉지역에 진출한 외국기업들이 계약을 취소하거나 투자를 중단하는 사례가 속출했다. 또한 1998년 9월 이후 나진·선봉지대에 대한 외국기업들의 투자실적은 전무한 형편이다.[8] 북한은 나진·선봉에 외자를 유치하

---

6) 임을출, "최근 북한의 시장경제체제로의 이행 동향과 전망," 「통일경제」(1999.3), p. 85~89.
7) 임을출, "최근 북한의 시장경제 체제로의 이행 동향과 전망," p. 83.

기 위하여 지난 10년 동안 전 세계를 돌며 대대적인 홍보활동을 펴는 등 온갖 노력을 했다. 그러나 그 성과는 매우 미미하였다. 처음 계획상으로는 총투자규모 69억 8,900만 달러를 외자로 유치하는 것이었으나, 실제 계약된 액수는 10억 달러 수준이고, 실제로 투자가 집행된 것은 1억 달러에도 미치지 못하였다. 북한은 사업의 대부분을 외자도입에 의해 조달할 계획이었으나 구체적인 조달계획이 없었다. 외국투자유치에 필요한 인프라 건설은 외자유치국 정부가 내자나 차관도입을 통해 사전에 완료한 다음 외국의 민간자본을 유치했던 것이 관행인 점을 고려한다면 인프라 건설에 외국 민간자본을 유치한다는 것은 그 성공 가능성이 희박하다.[9] 인프라 건설도 제대로 안된 공단에 외자를 유치하기는 어려울 수밖에 없다.

이러한 상황에서 북한은 나진·선봉의 사업계획을 수정할 수밖에 없었다. 초기의 중·경공업 등 전 산업분야를 망라한 제조업과 금융·중개무역 기능을 갖춘 종합적 자유경제무역지대를 건설한다는 계획에서 단순히 무역 중계 및 관광거점 개발로 계획을 변화시켰다.[10] 나진·선봉지대에 대한 공단 건설계획은 사실상 폐기된 것으로 볼 수 있다. 북한은 이와 때를 같이 하여 나진·선봉지역 외자유치 관련 조직과 인원의 물갈이를 했다. 남쪽 기업인들과 접촉을 하거나 사업에 관여했던 북측 인사들이 거의 숙청되거나 자리가 바뀌었다고 한다. 나진·선봉에 과학기술대 설립을 추진하던 김진경 연변과학기술대 총장이 1998년 10월경 간첩활동 혐의로 한달 가까이 북한에 억류되기도 하였다. 두레마을 영농조합 등 이미 현지에 진출해 있던 단체나 기업들도 신규 사업계약을 맺어야 하는데 기존 협상 파트너들이 대부분 자리를 옮긴 이후 후속 반응이 없었다고 한다.[11]

---

8) 「연합뉴스」, 1999. 3. 24.
9) 배종렬, "북한의 자유경제무역지대 건설 현황과 과제," 「통일경제」(1995.1), p. 55.
10) 오승렬, 「북한 나진·선봉지대 현황 및 지대정책 전망」(통일연구원 통일정세분석 99-05, 1999.7), p. 22.
11) 임을출, "최근 북한의 시장경제 체제로의 이행 동향과 전망," p. 85.

3. IT산업과 새로운 경제전략

가. IT산업과 추격발전 전략 형성 배경

북한은 나진선봉자유무역특구에서 외부수혈 방식으로 경제난을 해소하고자 했던 전략이 실패한 이후 대내적 생산성 향상 방식에 눈을 돌렸다. 첨단기술 개발과 IT산업을 통한 경제회생 전략이 그것이다. 사회주의 국가들이 경제난에서 벗어나기 위하여 취하는 정책의 유형은 크게 세 가지로 나누어진다.[12] 첫째는 기술을 발전시키면 된다고 생각하는 방식이다. 소련의 브레즈네프 시대가 그러하였고, 고르바초프의 초기 페레스트로이카의 경제정책도 이와 같았다. 둘째는 사회주의 틀은 유지하되 제도를 개혁하면 된다고 생각하는 유형으로써 오늘날의 중국이 여기에 속한다고 볼 수 있다. 셋째는 인간의 사상을 바꾸면 된다고 생각하는 유형으로서 지금까지의 북한이 전형적인 예가 된다.

북한에서 최근 과학기술 중시 정책이 등장한 것은 사회주의경제의 역사적 경험에 비추어 보면 북한이 종전의 사상중시 유형에서 벗어나되 제도개혁 유형으로 나아가지 않고 오히려 사상중시 유형을 지속하면서 기술 중시 유형을 결합하는 방향으로 나아가고자 하고 있음을 의미한다.[13]

실제로 북한은 사상만을 중시하던 정책에서 기술 중시로 정책의 우선순위가 변화하고 있다. 그동안은 노동자들을 사상적으로 각성시킴으로써 노동생산성을 높이고자 했던 것이다. 천리마운동, 속도전 운동, 혁명과 건설의 주인은 인민대중이라는 주체사상 등이 그 이념적 도구로 사용되었다.

또한 체제위기시의 체제단속용으로 사상의 중요성이 우선시되었다. 북한은 사회주의권이 붕괴했던 1990년대 초기에는 체제 유지에 사활을 걸었다고 보아야 할 것이다. 실제로 북한 지도부는 지난 10여 년 동안 정권 유지에 최우선적인 관심을

---

12) 양문수, "김정일 시대 북한의 경제운용과 과학중시 정책," 「통일문제연구」, 제13권 1호 (2001), p. 193 참조.
13) 양문수, "김정일 시대 북한의 경제운용과 과학중시 정책," p. 194.

보였다. 체제 유지를 위하여 가장 중요한 과제는 사상 단속에 있는 것으로 인식하였다. 그러나 그러한 인식에 변화가 일고 있다.

북한이 2002년 7월에 시작한 7 · 1경제관리개선조치는 사상에 의존하던 생산성 향상의 전략이 실패하였음을 인식하고 변화를 도모한 조치로 볼 수 있다. 북한이 사상중시를 그대로 유지하면서 기술혁신을 통하여 경제의 효율성을 올리겠다는 이러한 인식은 IT산업을 육성하고자 하는 북한의 의도에서도 그대로 적용된다고 하겠다.

나. 북한의 IT산업 육성정책

북한의 정보기술 산업에 대한 관심은 1984년 김일성이 동구를 순방할 때 받은 충격과 관련이 있는 것으로 알려지고 있다. 그때 김일성은 각국의 정보기술 발전상을 보고 전자산업을 중심으로 한 첨단기술 분야의 중요성을 인식, 순방국가들과 각각 기술협력계약을 체결하고 실습생을 유럽 각국에 파견하여 기술을 익히도록 했다. 컴퓨터 관련 인재육성을 위하여 1985년에 4년제 컴퓨터 인력 양성 전문기관인 조선계산기단과대학을 설립하고 이어 1986년에는 프로그램 개발 전문기관인 평양정보센터를, 그리고 1990년에는 조선컴퓨터센터를 설립하였다.[14]

그러나 북한의 정보통신산업에 대한 본격적인 관심은 1998년 하반기부터 나타났다. 1998년 8월의 광명성 1호 시험발사가 큰 계기가 된 것으로 보인다. 해마다 신년사에 과학기술 분야에 대하여 한 문장 정도의 언급이 있었지만 1999년부터는 과학기술에 대한 인식이 근본적으로 달라지기 시작하였다. 이때의 과학기술은 추상적인 차원의 과학기술이 아니라 정보통신산업을 의미한다. 1999년 신년 공동사설은 과학기술에 대한 중요성을 다음과 같이 강조하였다.

> 과학기술은 강성대국 건설의 힘 있는 추동력이다. 조국의 부흥발전이 과학자 · 기술자들의 손에 달려있다. 과학자 · 기술자들은 우리의 기술, 우리의 힘으로 첫 인공지구

---

14) 박찬모, "북한의 정보기술과 남북협력," 「통일시론」, 1999년 봄호, p. 124.

위성을 쏘아올린 그 본때로 나라의 전반적 과학기술을 세계적 수준에 올려 세워야 한다. 온 나라에 과학을 중시하는 기풍을 세우고 도처에서 기술혁신의 불길이 세차게 타 번지게 해야 한다.[15]

과학기술에 대한 중시는 김정일이 1999년 1월 11일 신년 첫 현지지도로서 과학원을 방문하면서 새로운 국면을 맞게 되었다. 현지지도를 계기로 1999년 1월 16일 「로동신문」은 "과학중시 사상을 구현하여 강성대국의 앞길을 열어나가자"라는 제목의 사설을 발표하여 과학중시 정책을 '사상' 수준으로 격상하였다. 이 논설에서 북한은 "남이 한걸음 걸을 때 열 걸음, 백 걸음을 달려 과학기술발전에서 혁명적 전환을 이룩하는 바로 여기에 우리 조국과 민족의 부흥과 우리식 사회주의의 전도가 달려있다"고 주장하였다. 과학기술 발전을 통하여 단번에 도약함으로써 경제회생의 승부를 걸겠다는 생각의 편린을 볼 수 있다.

2000년 신년 공동사설에서는 사상, 총대, 과학기술을 강성대국 건설의 3대기둥이라고 지칭하였다. 또한 공동사설은 높은 혁명성에 과학기술이 뒷받침될 때 사회주의의 성공탑을 쌓을 수 있다고 지적하면서 "과학자, 기술자들을 사회적으로 내세워 주어야한다"고도 주장하였다. 과학중시 사상을 계기로 과학기술 테크노크라트에 대한 우대정책이 제시될 것임을 시사하였다.

2000년 5월에 김정일 위원장이 18년 만에 중국을 방문하여 중국의 실리콘 밸리인 베이징 소재 중관촌(中關村)을 방문한 이후 정책 방향은 점차 구체성을 띠어간 것으로 보인다. 바로 한 달 뒤에 남북정상회담을 하여 남한과의 관계를 일신하였고, 바로 또 한 달 뒤인 7월 4일에 「로동신문」, 「근로자」 공동논설을 내놓았다. 신년사에서나 공동사설 형식으로 국가의 정책을 발표하는 것이 상례인데 북한이 "과학중시 사상을 틀어쥐고 강성대국을 건설하자"라는 공동사설을 발표하고 과학기술이 혁명성 못지않게 중요하다는 것을 주장한 것은 매우 주목할 만한 인식의 변화로 보아야 할 것이다. 이 공동사설에서 북한은 "사회주의를 건설하는 데서 혁명성을 견지하는 것이 중요하다. 그러나 혁명성 하나만 가지고 혁명과 건설을 다

---

15) 「당보 · 군보 · 청년보 공동사설」, 1999. 1. 1.

그치던 때는 지나갔다. 높은 혁명성 더하기 과학기술, 이것이 사회주의를 성공에로 이끄는 지름길이다"[16]라고 주장했다.

2000년 8월 1일에는 조선로동당 창건 55돌에 즈음하여 발표한 조선로동당 중앙위원회 구호에서는 "인공지구위성 광명성1호를 쏴 올린 그 기세로 과학기술발전에서 세계적인 기술을 창조해나가자! 전자공학, 생물공학을 비롯한 과학기술의 첨단 분야를 빨리 발전시키며 전자자동화 공업과 컴퓨터공업 발전에 힘을 넣어 21세기 현대적인 공업을 창설하자!"라고 외쳤다.[17]

북한의 과학중시 정책은 2001년 이후 매우 적극적으로 추진되어 오고 있다. 1월 30일 인민문화궁전에서 조선과학기술총연맹 중앙위원회 28차전원회의 확대회의를 개최, 기존의 보수적인 자력갱생 방식에서 벗어나 신사고에 입각한 과학기술발전만이 경제회생을 가능하게 할 것이라는 현실적 상황인식 아래 과학기술의 개발과 개발된 과학기술의 현장 적용 및 보급 등 과학기술의 현실화를 도모하기 위한 방도들이 논의된 것으로 보인다. 2004년 신년공동사설에서도 "현 시대에는 경제, 과학분야가 나라의 국력을 담보하고 민족의 흥망성쇠를 결정짓는 주요 전선으로 되고있다"고 하면서 과학기술 발전을 통하여 국력을 다질 것을 강조하였다.[18]

북한의 IT산업 육성정책의 정치적 의미

북한이 IT산업을 주력산업으로 선택하여 경제발전의 승부를 걸겠다는 결단을 하는 데 영향을 미친 몇 가지 정치적 요인을 지적할 수 있다. 첫째, 북한은 체제 내에서 급작스러운 경제 개혁을 원하지 않으며 체제에 아무런 변화 없이도 경제를 재건할 수 있는 길이 IT산업이라고 생각하고 있는 듯하다.[19] 농업발전을 위해서는 농업의 소유 제도를 개선해야 하며, 노동집약적 산업인 경공업을 발전시키

---

16) "과학중시사상을 틀어쥐고 강성대국을 건설하자,"「로동신문」, 2000. 7. 4.

17) 「로동신문」, 2000. 8. 1.

18) 「당보 · 군보 · 청년보 공동사설」, 2004. 1. 1.

19) 양문수, "김정일시대 북한의 경제운용과 과학기술중시 정책" 참조.

기 위해서는 대규모의 지대에 특구를 건설하고, 다수의 노동자들을 자본주의 체제에 노출해야 하는 등의 개혁이 필요하다. 그러나 북한은 IT산업의 경우에는 소수의 선택된 엘리트들만을 기존의 체제 내에서 운용할 수 있다고 생각하고 있는 듯하다. IT산업은 소수의 전문기술자, 과학자를 중심으로 추진할 수 있는 산업이기 때문에 개방의 폭을 최소화하면서 추진할 수 있다는 점에서 북한의 정치적 상황에 적합한 산업이라고 생각하고 있다. 나진·선봉 등지에 경제특구를 설치하여 대규모의 주민들을 참여시킬 경우 외부의 개혁·개방 바람에 노출되는 것을 우려하고 있는 북한으로서는 IT산업이 바람직한 대안이 될 수도 있을 것이다. 북한 체제가 소수 엘리트 전위대에 의존하는 체제라는 특징을 고려할 때 소수의 전문 인력으로 추진할 수 있는 IT산업은 현재의 북한 체제에 가장 적합한 업종이라고 보고 있는 것이다. 이런 판단에서 북한은 IT산업이 최선의 업종이며 이를 통하여 단번도약(추격발전)하여 경제난을 해결하겠다는 희망을 가지고 있다.

둘째, 북한 지도부는 자원과 자본이 부족한 경제를 회생시키는 최선의 대안은 IT산업이라는 것으로 결론을 내린 것으로 보인다. 북한은 1990년대 나진선봉지대에 경제특구를 조성하여 외국의 자본을 유치하고자 노력하였지만 북한이 처한 국내외적 장애 때문에 실패했던 경험을 가지고 있다. 북한은 고급 두뇌의 창의적인 아이디어만 있으면 추진이 가능한 것이 IT산업이라고 보고 내부적인 역량을 IT산업에 집중하고 있다. 최근 북한의 적극적인 IT산업 캠페인과 중고등학교에 대한 IT교육 지원이 이를 잘 증명해 준다.

셋째, 북한은 전통산업으로는 경쟁력이 없으며 전통산업을 발전시켜 보려는 그동안의 노력도 실패하였으나 세계 경제도 IT산업에서는 아직 시작단계이기 때문에 북한의 기초과학 기술 분야에서의 경쟁력을 고려할 때 단기간에 세계 수준을 따라갈 수 있다고 보고 있는 듯하다. 더욱이 북한이 이미 몇 개 부문에서 세계적 수준에 도달한 바가 있기 때문에 자신감을 가지고 있다.

종합해보면 결국 북한의 과학기술 중시 정책과 IT산업의 육성 정책은 기존의 경제체제를 개혁·개방 하지 않으면서 경제성장의 효율성을 높여보자는 의도인 것으로 파악할 수 있다.

IT산업을 통한 '단번도약 전략'의 형성

2000년대 들어서 북한이 설정하고 있는 경제발전 전략은 정보기술 산업을 주력산업으로 하여 경제를 단번에 회생시키고, 나아가 강성대국 대열에 합류하겠다는 전략이다. 이것이 북한의 소위 '단번도약 전략'이다. 중국처럼 점진적으로 긴 시간이 걸리지도 않고 러시아와 같은 나라처럼 혼란과 시행착오를 겪지 않고 단번에 경제를 회생시킨다는 것은 확실히 새로운 사고임에는 틀림없으나 얼마만큼 성공 가능성이 있는지가 문제이다.

1980년대까지 북한에서 기술은 곧 기계제작 공업을 의미했는데 비하여 이제 북한에서 기술은 정보기술을 의미하는 양상으로 변모하고 있다. 중공업 우선전략이 폐기된 것은 아니지만 정보산업이 특화산업으로 강조되고 있는 셈이다. 김정일의 발언이라고 인용한 노동신문의 한 기사는 "20세기는 기계제 산업의 시대였다면 21세기는 정보산업의 시대로 될 것"[20]이라고 보도했다. 또한 북한은 "우리식 사회주의는 정보산업을 발전시키는 데서 결정적 우월성을 가지고 있다. … 우리사회에서는 정보산업의 발전은 근로자들을 어렵고 힘든 로동에서 해방할 수 있게 하며 정보산업이 가져다주는 혜택이 전적으로 인민들의 복리증진에 돌려지게 되므로 누구나 다 정보산업의 발전에 절실한 리해관계를 가지게된다"[21]고 하면서 정보산업에의 관심을 독려하고 있다.

북한이 전략적 주력산업으로써 첨단과학과 기술로 이루어진 정보기술 산업을 주력산업으로 선택하여 경제회생의 전략으로 추진할 것이라는 인식을 다음의 주장에서 알 수 있다.

자원이나 팔아먹고 관광업이나 해서 살아가려는 것은 나라와 민족의 부강발전을 그르치는 임시변통에 지나지 않는다. 진정으로 나라를 사랑하고 민족의 부흥을 바라는 사람에게는 과학기술 발전을 외면하는 일이 절대로 있을 수 없다.… 우리나라는 영토

---

20) "정론: 과학의 세기," 「로동신문」, 2001. 4. 20.
21) 정광복, "정보산업에서 우리식 사회주의의 결정적 우월성," 「로동신문」, 2001. 4. 29.

도 크지 않고 자원도 제한되어 있다. 만약 우리가 자원이나 캐서 팔아먹을 내기만 하면 남을 것은 빈 굴과 황폐화된 강산밖에 없게 될 것이다. 무슨 수를 써서라도 과학기술을 발전시켜서 거기에서 먹는 문제도 풀고 경제 강국도 건설해야 한다. 과학기술만이 자체로 살아 나가는 유일하게 옳은 길이라는 것, 이것이 우리가 간고한 투쟁에서 체득한 고귀한 진리이다.[22]

과학기술에 의거한 첨단산업의 발전만이 살 길이며 지금까지의 산업정책은 임시변통에 지나지 않는다는 인식이다. 이는 지난 10여 년 간의 체제유지를 위하여 안간힘을 쓰면서 농업, 경공업, 무역의 3대 제일주의, 금강산 관광업, 나진·선봉 자유경제무역지대 건설 등을 추진하면서 겪은 시행착오를 통해서 체득한 진리라는 것으로도 해석할 수 있다. 북한의 경제정책 방향이 어느 정도 드러나 있는 대목이다. 북한 지도부는 첨단산업을 통한 경제회생 전략이 불가능하지 않다는 것을 보여주기 위하여 "이미 사상도 견실하고 총대도 굳건하므로 이제 과학기술을 비약적으로 발전시키면 강성대국의 높은 영마루에 올라서게 된다"고 주장하였으며, "인류는 머지않아 주체의 강성대국, 과학기술 강국으로 빛을 뿌리는 사회주의 조선을 보게 될 것"이라고 자신감을 내보였다.[23]

오물쪼물 뜯어 맞추고 남의 꼬리를 따라가는 식으로서가 아니라 단번에 세계 최상의 것을 큼직큼직하게 들여앉히자는 것이 우리의 배심이다. 기존 관념에 사로잡혀 지난 시기의 진부한 관습과 유물들을 붙들고 앉아 있을 것이 아니라 대담하게 없앨 것은 없애버리고 무엇을 하나 해도 손색이 없게 해 놓아야 한다는 것이 우리의 본때이며 위력이다. 우리는 단번도약의 본때를 이미 맛보았다. 인공지구위성「광명성 1호」의 탄생도 그것이었고 토지정리의 천지개벽도 그것이었다. 고난의 시기 여기 저기 일어선 멋쟁이 공장들도 그것이었다.[24]

22) "과학중시 사상을 틀어쥐고 강성대국을 건설하자," 「로동신문」·「근로자」, 2000. 7. 4.
23) "과학중시 사상을 틀어쥐고 강성대국을 건설하자."
24) "정론: 더 용감하게, 더 빨리, 더 높이," 「로동신문」, 2001. 1. 7.

북한은 IT산업{{}} 육성이 단순히 전망 있는 새로운 업종으로써 뿐만 아니라 IT 산업을 통해서 단번에 경제난을 해결하겠다는 '단번도약'의 의지를 가지고 있는 듯하다. 중국처럼 농업개혁부터 시작해서 노동집약적인 경공업 발전 단계와 중화 학공업 발전 단계를 지나서 비로소 IT산업에 도달하는 전통산업의 발전단계를 거 치는 것이 아니라 이 모든 단계를 건너뛰어 바로 IT산업에 착수하겠다는 전략을 수립하였다고 볼 수 있다. 북한은 이러한 단번도약의 전략을 '새로운 사고'라고 생각하고 있는 듯하다. 북한은 이 단번도약이라는 전략을 생각해 내고는 살길이 생겼다고 매우 고무되어 있는 듯하다.

> 위대한 장군님께서 백두산의 눈보라 길과 천리 전선 길에서 무르익히시고 작성하신 21세기 조선의 전략은 명쾌하고 강위력하다. 선군정치로 우리의 정치, 군사적 기초를 천백배로 다지고 그 힘에 의거하여 최단기간 내에 강력한 국가경쟁력을 마련하여 21 세기 세계 경제강국의 대열에 위풍당당히 들어서자는 것이 위대한 장군님의 용단이고 명략이다. 이것은 속도에 있어서 빨치산 대오의 '일행천리' 전술이며 방법에 있어서 단번도약과 같은 통쾌하고 신묘한 지략이다.[25]

북한이 선택한 발전 전략은 중국처럼 농업과 공업 부문에서 자본주의 제도와 시장제도를 핵심으로 하는 제도개혁을 채택하여 점진적으로 경제를 회생하는 전 략이 아니라 첨단산업을 주력산업으로 하여 단번에 선진국으로 도약하겠다는 것 으로, 이는 바로 '지난날 다른 나라 식의 낡은 틀과 관례를 벗어난 우리 식'이라는 새로운 전략이라는 것이다.

다. 북한의 IT산업의 현황

북한의 정보기술 산업에 대한 선구자적인 연구를 한 박찬모 포항공대 교수에 의하면 북한에서 개발된 소프트웨어 제품은 매우 다양하고 수도 많아 모두 소개 하기가 어려울 정도이며 북한의 소프트웨어 산업은 상당한 수준에 도달하였으며, 세계적인 수준에 도달한 기술도 다수 있다고 한다.[26] 남한의 소프트웨어 업계 관계자들은 공통적으로 북한 소프트웨어 기술이 전반적으로 상당한 수준에 이르고 있으며 이것은 기초가 잘 되어있기 때문이라고 분석했다. 북한의 소프트웨어를 수입하는 남한의 기업인들은 "북한 소프트웨어 기술이 음성인식과 지문인식 분야에서는 세계적 수준에 이르렀으며, 전반적으로 남한의 중상급 정도 수준을 갖춘 것으로 보인다"고 평가했다. 북한의 조선컴퓨터센터가 자체 개발한 체질분류체계 소프트웨어 '금빛말3.0'을 남한에 수입하는 ㈜중원기업 회장은 북한 소프트웨어 기술은 매우 우수하며 손가락 지문과 경혈을 측정해 이를 자동으로 인식해 피검자의 체질을 알려주는 '금빛말3.0'은 남한의 한의학 관련자들이 탐을 내는 소프트웨어이고 한의학 관련 소프트웨어의 수준은 남한에 뒤지지 않는다고 평가하였다. 북한 소프트웨어 기술은 1990년대 중반 이후 비약적으로 발전한 것으로 알려졌다.

북한의 평양정보센터 및 김일성종합대학 정보센터를 방문하여 심층취재를 했던 전자신문 서현진 논설위원의 증언에 의하면 북한의 소프트웨어 개발 수준은 남한과 별 차이가 없을 정도라고 하였다. 이동전화나 PDA(개인휴대단말기)용 애플리케이션, 음성인식과 문자인식 도구 등은 오히려 남쪽보다 우수해보이기까지 했다고 주장하였다.[27]

2002년 중국 베이징(北京)에서 열린 '제1회 조선콤퓨터쏘프트웨어 전시회'에 다녀온 국내 한 소프드웨어 개발업체의 사장은 "북한의 정보기술(IT) 수준이 높지는 않으나 음성인식, 의료, 번역 등의 분야는 경쟁력이 있어 남북 소프트웨어 협력의 필요성이 높아졌다"고 말했다.

국회에서 열린 북한 소프트웨어 시연회에서 대북 협력사업을 하는 두 기업 삼성전자와 IMRI 관계자들은 북한의 음성·지문인식, 암호화, 에니메이션 부문은 세계적인 수준이라고 평가하였다.[28]

북한에서 IT기술 인력은 10만 명 정도 되는 것으로 추정되고 있다. 상위수준의 개발인력은 약 1천 명에 이르며, 국제수준급 컴퓨터 관련 전문가는 60여 명 정도

25) "정론: 더 용감하게, 더 빨리, 더 높이," 「로동신문」, 2001. 1. 7.
26) 박찬모, "북한의 정보기술과 남북협력," 「통일시론」, 1999년 봄호, p. 124.
27) www.etimesi.com/news/ 2001. 2. 14.
28) 「연합뉴스」, 2001. 1. 20.

로 추정된다고 한다.

소프트웨어를 개발하는 기관으로는 김일성종합대학, 평양전자계산기단과대학(1985년 설립), 국가과학원내 프로그램종합연구소, 평양정보센터(또는 평양프로그램센터, 1986년 설립), 조선컴퓨터센터(1990년 설립), 은별컴퓨터기술연구소(1995년 설립) 등이 있다.[29]

북한을 대표하는 소프트웨어로는 조선컴퓨터센터가 개발한 '음성인식 프로그램'、'지문인식 프로그램'과 체질분류 및 진단체계 프로그램인 '금빛말'(Golden Horse), 평양프로그램센터에서 개발한 한글문서편집 프로그램인 '창덕 6판', 은별컴퓨터기술연구소가 개발한 '은바둑'(Silver Baduk) 등이 있다. '금빛말'은 1994년 제네바 국제발명전시회에서 금메달을 받았으며, '음성인식 프로그램'과 '지문인식 프로그램'은 지난 1999년 중국에서 열린 세계컴퓨터박람회에 출품되어 뛰어난 기술력을 인정받았다. '은바둑'은 1998년과 1999년 일본에서 열린 세계컴퓨터바둑대회에서 2년 연속 1위를 차지하였다. 북한의 대표적인 문서편집프로그램은 '창덕'으로서 1986년 제1판이 나온 이후 개발이 거듭되어 최근 '창덕6판'이 출시되었다. 이 제품은 맞춤법과 띄어쓰기를 자동으로 수정해주는 기능도 갖추고 있다.[30]

그런데 이러한 기초기술에도 불구하고 실제 산업분야에서 볼 때 북한의 전산 및 정보화 수준이 매우 열악하다는 것은 잘 알려져 있다. 한국개발연구원(KDI)은 미국 비정부단체인 노틸러스연구소 피터 헤이스 소장의 보고서를 인용, "북한의 정보화 수준은 한마디로 제로에 가깝다"고 밝혔다.[31] 특히 인터넷 이용률과 전화 보급률, 개인용 컴퓨터 보급률은 '0' 수준에 가까우며 일부 정부기관의 교육부서, 정보통신 교육과정 등의 경우 전산화 수준이 다른 부문에 비해 상대적으로 높다. 북한이 지난 1986년 산업의 근대화를 위해 평양정보센터를 설립, 전산화에 의욕적으로 나섰으나 전산화 전환을 반대하는 행정관리자의 내부저항 등으로 정보통신 사회 구축에 실패했다. 북한에서 위성전화를 사용할 수 있고 평양에 인터넷 카

---

29) 자세한 내용은 박찬모 위의 글, pp. 132–35 참조.
30) 「연합뉴스」, 2001. 2. 11.
31) KDI, 「북한경제리뷰」, 2002년 10월호.

폐가 있으며 전자메일 서비스가 가능하다는 점 등을 들어 북한이 전산화되어 가고 있는 것으로 오판할 수 있으나 이는 극히 제한적인 수준이다.

헤이스 소장은 "북한이 전산화를 통해 경제발전을 이루려면 우선 부가가치가 높은 부문에 체계적인 통신망을 갖춰 정보를 원활하게 제공할 수 있는 틈새산업에 주력해야 하며 이를 통해 어느 정도 전산화를 달성한 뒤 북한 내 생산설비에 대한 구조조정을 벌여 정보화를 확산시켜 가야 한다"고 지적했다.

그러나 북한이 이미 개발한 IT 프로그램들은 세계적 수준은 아닐지라도 매우 다양한 분야에서 실용화된 수준으로까지 발전되었다는 점이다. 따라서 내부의 제도를 개선하고 국제관계가 개선되면 발전의 가능성이 매우 높다는 것을 알 수 있다. 프로그램 개발의 주체별로 개발된 프로그램들을 살펴보면 〈표 7-2〉과 같다.[32]

가능성과 한계

중국처럼 점진적으로 긴 시간이 걸리지도 않고 러시아와 같은 나라처럼 혼란과 시행착오를 겪지 않고 정보기술 산업을 주력산업으로 하여 경제를 단번에 회생하고, 나아가 강성대국 대열에 합류하겠다는 것은 확실히 새로운 사고임에는 틀림없다. 북한이 "자원이나 팔아먹고 관광업이나 해서 살아가려는 것은 나라와 민족의 부강발전을 그르치는 임시변통에 지나지 않는다"고 인식하고 IT산업 육성으로 새로운 정책방향을 잡은 것은 타당한 것으로 평가되고 있다.

그러나 북한이 IT산업을 육성시키기 위한 정책방향을 바로 잡고 있느냐에 대해서 의문이 많다. 첫째, 북한의 폐쇄주의적 노선의 기조가 변화하지 않은 상태에서 시도하는 IT산업의 한계는 명백하다. 북한은 국제사회의 인터넷 망에 노출되는 것을 피하기 위하여 국제 망에 연결되지 않은 인트라넷을 운용하면서 컴퓨터 소프트웨어를 개발하고 있다. 이것은 초기단계에서 실험적인 연구는 되겠지만 국제시장에서 경쟁력 있는 상품을 개발하기는 쉽지 않을 것이다. 정보통신과 가장 거리가 먼 국가에서 정보통신산업으로 승부를 걸겠다는 것은 모순이다. 일부 품목

---

32) 도표 자료의 출처는 박찬모, "북한의 IT 현황과 전망," 「통일과 국토」, 2001 가을호.

에 있어서 세계적 수준에 도달한 상품이 있는 것은 사실이나 이러한 제품들의 마케팅에 있어서의 한계를 극복하기는 쉽지 않을 것이다.

내부의 변화가 없기 때문에 외부의 변화도 순조롭지 않다. 국제사회는 아직도 북한을 의구심의 눈으로 보고 있다. 이것이 북한의 대내외적인 한계이다.

둘째, 북한이 추구하는 IT산업은 정보화산업과 거리가 먼 구상이라는 점이다. IT산업이 자본주의 국가에서 새로운 산업으로 부상되고 있는 것은 기존의 전통산업의 생산성을 높인다는 점에서 부가가치 창출의 효과가 있다. 이메일은 신속한 정보와 자료의 교류를 지원함으로써 시간과 노력을 절약하고, 전자상거래는 인건비, 시간, 공간의 비용을 절약하며, 은행전산망도 시간적, 공간적 비용을 절약하면서 기존 전통산업의 효율을 높이고 노동시장의 구조를 조정하는 등의 효과가 있는 것이다. 또한 자본주의에서 거대한 정보화의 시장을 움직이는 매개는 광고시장이다. 광고를 매개로 해서 인터넷 망에 무궁무진한 정보의 바다가 형성되고 있다. 그러나 북한의 경우는 정보화를 적용시킬 전통산업의 기초가 없다. 북한은 은행도 없고, 시장도 없으며, 광고도 없다.

북한 IT산업의 가장 큰 한계는 정보유통을 억제하는 정치적 한계이다. 또한 소프트웨어의 발달과 하드웨어의 발달이 상호작용하면서 한 부문의 발달이 다른 부문의 발달을 견인하는 방식으로 이루어지는데 북한에는 컴퓨터 하드웨어 산업이 대단히 낙후되어 있다.

북한이 추구하는 IT산업은 기존 전통산업을 정보화시켜 부가가치를 창출하는 방식이 아니라 단순히 소프트웨어를 개발하여 해외시장에 판매하는 것이 거의 전부라고 해도 과언이 아니다. 이러한 몇 가지 중요한 장애 때문에 북한의 IT산업을 통한 단번도약의 전략은 성공하기가 쉽지 않을 것이다. 북한에서 IT산업은 실질적인 수익을 내기보다는 북한의 경제난을 해결하여 줄 새로운 산업으로 부각하는 데 앞장서고 있는 김정일의 지도력을 부각하는 데 더 많이 활용되고 있다는 점도 간과할 수 없는 대목이다.

셋째, 북한의 IT산업의 발전을 가로막는 가장 중요한 요인은 미국 변수이다. 북한 IT산업의 성공 여부는 미국과의 관계에 달려있다고 해도 과언이 아닌데 북한은 미국으로부터 테러리스트국가로 분류되어 있기 때문에 IT산업 관련 기술의 도입에 있어서 바세나르협정에 규제를 받고 있으며 수출도 제재를 받고 있다. 특히 부시 행정부의 출범 이후 미국의 북한정책 때문에 북한의 경제발전은 차질을 빚고 있는 셈이다.

4. 신의주 특구 설치의 시행착오

나진·선봉 자유경제무역지대에서 참담한 실패를 경험한 북한은 보다 적극적인 자세로 신의주 특구계획을 발표하였다. 북한은 2002년 9월 22일 신의주를 홍콩과 같이 독자적 입법·사업·행정권을 가진 1국 2제의 자본주의적 특구로 개방했다. 그리고 북한인이 아닌 네덜란드 국적의 화교 출신인 양빈을 신의주 행정특구 장관으로 임명하였다.

신의주 특구 설치를 결정하게 된 배경은 크게 두 가지로 나누어 볼 수 있다. 첫째, 생산요소의 확보를 위한 것이다. 국내에서 만성적으로 부족한 생산요소를 외부에서 수혈 받고 동시에 과학기술과 경영기술의 도입 및 학습을 위한 것이다. 북한은 최근 자본도입, 기술도입, 시장개척에 매우 적극적인 태도를 보이고 있는데 특구를 통하여 이런 목적들을 실현하고자 하는 것이다.

신의주 행정특구에서 외화를 획득함으로써 초기 경제회생의 자금줄로 사용하고 점차 신의주에서 획득한 기술과 경영기법, 개혁개방의 실험을 북한의 본토로 확대할 것으로 전망할 수 있다. 물론 지금은 그러한 의도가 없을 수도 있지만 신의주 특구에서 성공을 거둔다면 나머지 지역으로 확대하는 것은 정해진 이치이다.

북한의 폐쇄적인 이미지를 일거에 개선하려는 의도도 포함되어 있는 것으로 보인다. 신의주 특구 발표를 통하여 매우 적극적인 개방의 이미지를 창출했다고 볼 수 있다. 신의주 특구에 뿐만 아니라 북한 당국에 대한 지원과 경제협력을 수반할 것으로 기대한 것으로 볼 수 있다. 신의주 특구의 설치는 북한이 명실상부하게 개방의 길에 나섰음을 보여주는 증거라고 볼 수 있다.

중국의 개혁 초기보다 과감한 개방이라고 평가될 만큼 북한 지도부의 선택은 매우 파격적이다. 나진선봉에서의 개혁·개방의 실험이 무참히 실패한 것을 교훈삼은 양 이번에는 매우 적극적으로 개방을 시작하였다.

이러한 특징은 신의주 기본법에 잘 나타나 있는데 독자적인 입법·행정·사법권을 특구가 독립적으로 행사하는 것으로 되어 있다. 기본법의 특징적인 내용의 하나는 사적 소유제도, 상속제도를 포함하고 있기 때문에 자본주의 시장제도를 도입하는 것이다.

북한의 신의주 행정특구의 특성을 잘 이해하기 위하여 북한이 모델로 삼은 홍콩의 행정특구와 비교하여 보는 것이 필요하다. 〈표 7-1〉에서 보는 대로 1국 양제를 표방하고 있는 홍콩의 경우와 매우 유사한 제도를 도입하고 있음을 알 수 있다. 다만 사회과학교육을 북한당국의 해당기관과 합의하여야 한다고 규정한 부분이 가장 큰 차이점의 하나이다. 북한 체제로부터 입법, 행정, 사법권을 독립시키겠다는 규정과 어떻게 조화를 이룰지 의문시되는 부분이다.

둘째로, 북한이 신의주 특구를 구상하게 된 계기는 김정일 위원장의 IT산업에 대한 관심에서 시작된 것으로 알려져 있다. 김정일 위원장이 2000년 5월 중국 베이징의 중관촌 IT산업단지를 방문하고 충격을 받고 다시 2001년 1월 중국 상하이 푸동지구를 방문하여 변하지 않은 것은 황하강 밖에 없다는 말을 남기고 돌아오는 길에 신의주를 들러서 신의주 IT단지 구상을 구체화했다는 것이다.

북한 지도부는 신의주를 국제적인 금융, 무역, 상업, 공업, 첨단과학, 오락, 관광지구로 꾸린다고 발표하였으나 IT산업 단지로 조성한다는 것이 우선적인 관심일 것이다. 김정일 위원장이 2001년 연초에 내 놓은 소위 '신사고' 개념의 핵심이 IT산업을 통하여 '단번도약' 하겠다는 구상이라는 것에서 알 수 있다.

그런데 북한의 이러한 야심 찬 계획 발표는 순식간에 무위로 돌아가고 말았다. 신의주를 자본주의적 특별행정구역으로 만들겠다는 계획은 자본주의 국가들의 지원과 협력이 필수적인데 그러한 지원과 협력을 전혀 얻지 못하였기 때문이다. 신의주 특구계획이 무위로 돌아가게 된 것은 중국의 지원을 얻지 못했기 때문이다. 나진·선봉 자유무역지대가 주로 일본 기업을 겨냥한 것인 반면, 신의주 특구는 중국 기업을 겨냥한 것으로 볼 수 있기 때문이다.

중국은 신의주 특구 장관으로 임명된 양빈을 부정부패 혐의로 체포하였다. 중국은 북한의 신의주 특구 계획에 반대해왔던 것으로 알려지고 있는데, 연변지역의 범죄자들이 신의주 무비자 입국제도를 활용하여 중국 범죄자의 도피처로 악용될 우려가 있기 때문이라는 평가도 있다. 결국 양빈이 중국 당국에 체포됨으로써 신의주 특구계획은 하루아침에 수포로 돌아가고 말았다.

북한이 신의주 특구를 가동하는 데 있어서 결정적인 또 하나의 변수는 미국이다. 신의주 특구를 IT산업 단지로 발전시키고자 하는 북한의 전략은 미국의 대북 경제제재와 테러지원국에 대한 규제조치 때문에 실행이 불가능하다. 미국이 테러지원국에 부과하고 있는 바세나르협정은 북한에도 적용되어 컴퓨터와 같은 IT산업의 기술과 기계를 이전하지 못하도록 규정하고 있다. 이 협정 때문에 남한도 일본도 북한의 IT산업 분야에 투자를 하지 못하도록 되어 있다. 뿐만 아니라 신의주 특구에서 생산된 상품은 해외시장에 수출되어야 하는데 테러지원국 딱지 때문에 세계최대의 시장인 미국 시장에 수출을 할 수 없는 상황에서 신의주 특구에 투자를 할 기업이 있을 지 의문이다.

따라서 미국이 북한에 대하여 가하고 있는 테러지원국이라는 낙인을 벗겨주지 않고, 북한과의 관계를 정상화하지 않는다면 북한의 신의주 구상은 성공하기 어렵다. 미국의 북한에 대한 정책이 바뀌어져서 북한이 신의주 특구를 활발히 발전시키는 데에는 시간이 걸릴 것으로 보인다.

북한이 신의주 특구 계획을 발표한지 한달 만인 2002년 10월 제2차 북한핵문제가 터졌다. 북한이 미국과의 관계 개선을 위해서 미국을 협상테이블로 끌어들일 목적으로 핵문제를 터뜨린 것으로 평가되기도 하지만 미국이 북한을 보는 전략은 다르기 때문에 북미 관계의 전망은 매우 불투명하다. 미국은 한반도에서 분단의 현상유지를 희망하지만, 북한은 미국의 그러한 전략 하에서는 경제를 회생하는 데 필수적인 대외적 지원을 얻기가 어렵기 때문이다.[33]

---

33) 이에 대한 자세한 논의는 제9장에서 이루어질 것이다.

<표 7-1> 신의주 특구 기본법과 홍콩특구 기본법 비교

	신의주 특구 기본법	홍콩 특구 기본법
지정시기	2002. 9	1997. 7
경제권한	자본주의제도 50년 보장, 토지 임대기간 연장 가능 명기, 사유재산권, 상속권 보장	자본주의제도 50년 보장, 연장 가능 불명기, 사유재산권, 상속권 보장
노동력 채용	국가가 특구 내 설치 기업에게 북한 노동력 활용하도록 함	언급 없음
입법 · 행정 · 사법권	독자적 권한 부여	독자적 권한 부여
외교권	중앙정부가 관할	중앙정부가 관할, 특구정부 국제회의 국제기구에 독자 참여가능
국방권	중앙정부에 있고, 필요시 군대 주둔시킬 수 있음	중앙정부에 있고, 특구에 주둔군 파견, 주둔군 경비 중앙정부 부담
행정 수장	행정장관	행정장관
치안유지	특구 정부가 전담하나, 주둔군에 치안 · 재해 구조 협조 요청 가능	특구 정부가 전담하나, 주둔군에 치안 · 재해 구조 협력 요청 가능
외국 정치조직의 활동 여부	다른 나라 정치조직의 활동 불허	외국 정치단체의 특구 내 정치활동 금지
특구와 중앙정부의 관계	명문 규정 없음	중국 각 성 · 자치구 특구 내 기구 설치 가능, 특구 정부 북경에 사무기구 설치 가능
교육	사회과학교육은 중앙정부의 해당기관과 합의하여 함	언급 없음
공용어	조선어	중국어, 영어

5. 7 · 1경제관리개선조치의 시행착오

배급제 폐지와 임금노동제 실시

북한의 대외관계가 교착되어 있기 때문에 경제난 회복에 진전이 없는 상황에서 대내적 개혁조치의 일환으로 나온 것이 7 · 1조치이다. 7 · 1경제관리개선조치는 노동생산성 향상을 위하여 배급제를 폐지하고 임금 노동제를 도입하는 것이 핵심적 내용이다.[34]

북한에서 생산수단의 사회주의적 개조가 완료되어 사회주의 명령계획경제체제로 전환된 1958년 이후 주민들의 생산성이 하락하자 북한 지도부의 숙원사업 중의 하나는 명령계획경제 체제하에서 수동적이고 무사안일주의로 변화된 주민들의 작업태도를 극복하고 노동동원을 효율화하려는 것이다.

북한의 두 지도자의 연설에서 가장 많이 강조된 것의 하나가 주민들과 간부들의 사업 작품에서의 형식주의, 요령주의, 이기주의, 무사안일주의, 본위주의를 질타하는 것이다.

> 일군들 속에서 사업을 눈가림식으로 실속 없이 하는 형식주의, 요령주의를 없애야 합니다. 사업에서 형식주의, 요령주의는 혁명의 주인다운 태도와 근본적으로 배치될 뿐 아니라 당과 혁명에 대한 불성실한 태도의 표현입니다. 사업을 형식적으로, 요령주의적으로 하는 사람은 겉치레로 발라맞추는데 버릇되고 건달풍에 물젖게 되며 나중에는 당을 속이는 것도 서슴지 않게 됩니다. 책임을 회피하고 발뺌을 하는 것과 같은 혁명가답지 못한 현상들도 철저히 없애야 합니다.[35]

---

34) 자세한 논의는 서재진, 「북한의 7 · 1경제관리개선 조치가 주민생활에 미칠 영향」, 『통일정세분석보고서 2002-5』 (서울: 통일연구원, 2002)를 참조할 것.

35) 김정일, "혁명발전의 요구에 맞게 간부들을 철저히 혁명화할 데 대하여, 조선로동당 중앙위원회 책임일군들과 한 담화 1994년 5월 24일," 『김정일 선집 13』 (평양: 조선로동당출판사, 1998), p. 405.

1970년대 주체사상은 '혁명과 건설의 주인은 인민대중'이라는 구호를 내세워 주민들의 주인의식과 책임의식을 고양하여 노동에서의 요령주의와 무책임한 태도를 극복하고자 하였으며 '사회주의적' 인간개조사업의 이론적 기초로 활용되었다. 천리마운동, 속도전, 대흥단 정신, 성강의 봉화 등 농업과 공업부문의 각종 구호들은 노동력 동원에서 박차를 가해서 생산성을 높이기 위한 것이다.

북한은 이제는 노동동원 방식을 기존의 이데올로기나 사상교양, 집단생활, 인간개조사업으로는 안된다는 것을 인식하고 화폐 및 물질적 인센티브제로 전환하고자 하는 것이다. 국가의 현물 및 무상 제공을 없애고 일한 만큼 보수를 받아서 시장에서 구매하도록 함으로써 국가의 사회주의적 사회보장제도를 최소화하거나 폐지하는 것이다. 노동보수제도가 과거에는 사회주의 사회보장제의 성격이 강했으나 이제는 자본주의와 유사한 임금노동제로 바뀐 것이다.

7·1경제관리개선조치의 핵심은 국가의 현물 및 무상 제공을 없애고 일한 만큼 임금을 받아서 생필품을 시장가격으로 구매하도록 함으로써 국가의 사회주의적 사회보장제도를 최소화 및 폐지하는 것이다. 일하지 않고도 국가에서 공짜로 배급받던 제도를 폐지한다는 것을 의미하며, 자본주의적 임금노동 제도와 유사한 방식의 노동보수제를 도입하는 것이다.

일을 많이 한 사람은 많이 받는다는 '능력급제'를 도입함으로써 '실리보장'이라는 개념 하에 화폐적 보상을 중심 제도로 도입하여 노동생산성 향상을 꾀하고 있다. 새로운 임금체계는 직급별로 기본급을 정하고 개인별로 노력하고 생산한 만큼의 성과급을 합하여 지급된다고 한다.

2001년 10월 분배의 평균주의 배제를 강조한 김정일의 지시내용은 다음과 같은 내용을 포함하고 있다.

  - 사회주의 노동생활의 기풍을 확립해 건달을 부리거나 놀고먹는 사람이 없도록 해야 하며, 근로자들의 생활을 안정 향상시켜야 한다.
  - 물질적 평가에 정치적 평가를 잘 결합시켜 노동량과 질이 높은 사람은 물질적·정치적으로 응당 평가를 받게 하며 분배에서 평균주의를 철저히 배제해야 한다.

– 현실의 변화발전에 따라 노동에 대한 새로운 평가, 분배방법을 연구 도입해서 사회
주의 노동보수제를 더욱 개선하고 완성시켜야 한다.
– 경제생활에서 공짜가 많은데 이런 것들을 정리해야 하고 무상공급, 국가보상 기타
혜택들도 검토해서 없을 것은 없애야 한다.

김정일 지시내용의 핵심은 지금까지 국가가 공짜로 주던 제도를 중단하겠다는
것이다. 지금까지 공짜로 먹여주고 열심히 일하도록 사상적으로 독려하던 제도가
작동하지 않음을 인식하고 제도를 개혁하겠다는 것이고, 놀고먹는 일이 없도록
하겠다는 것이며, 보수체계를 이념에서 물질로 개혁하는 것이며, 노력한 만큼 벌
어서 현금으로 구매하라는 것이다.

즉, 생계수단을 자기가 일한 만큼 받는 수입에 의존하도록 함으로써 노동윤리
에 대한 경각심을 갖도록 하고 노동생산성을 높이고자 하는 것이다.

이러한 분석에 유사한 관찰이 박재규 전통일부장관의 방북 조사에서 이루어졌
다. 2002년 9월 KBS 북한 합동연주회에 동행했던 박재규는 7·1경제관리개선조
치의 배경에 관심을 가지고 방북기간 동안 접촉인사들에 대한 집중적인 면담을
실시하고 대략 다음과 같은 내용의 분석결과를 발표하였다. 북한 관리들이 발언
한 내용을 종합하면 다음과 같다.[36]

북조선 성립 이후 인민들이 초기에는 열심히 일하였으나 점차 게을러졌다. 농민, 광
부, 어부 할 것 없이 모두 게을러졌다. 노동생산성이 아주 침체되었다. 매년 새해 시작
시에는 엄청난 목표를 설정하였으나 연말에는 모두 가짜 허위보고로 끝냈다. 일을 열
심히 한 사람과 안한 사람이 모두 똑같이 분배받았다. 생산성을 올리기 위한 조치가
이번의 조치이다. 이것이 북한의 병이다. 김정일의 명을 받아서 연구한 결과 채택된
조치가 7월1일의 경제관리개선조치이다.

---

36) 박재규, "6·29 서해사건 이후의 남북관계" (「통일IT포럼」 주최 세미나(2002.9.23, 프레스센터)에서 발표한 논문).

가격개혁과 암시장 통제

이번의 경제관리개선조치는 노동생산성을 높이는 것이 주된 목적이지만 동시에 가격개혁을 실시하여 공식경제를 정상화하고자 하는 의도도 가지고 있다. 국영시장의 공식가격을 암시장 가격으로 인상시킴으로써 공식경제의 상품이 암시장으로 유출되는 것을 막고자 하였다. 암시장을 중심으로 시장화 되어 가고 있는 북한의 실물경제를 다시 사회주의 계획경제로 복원하기 위한 조치인 셈이다.

그러나 북한의 이러한 의도는 실효를 거두지 못하고 있다. 상품의 공급이 부족하기 때문에 국영상점은 유명무실해졌고 암시장의 가격은 폭등하였으며 공장이 가동되지 않아 임금을 받지 못하는 노동자들은 암시장을 통하여 돈을 벌고 암시장에서 생필품을 구매해야 하는 상황이 심화된 것이다. 북한이 이번 가격개혁 조치 이후 대대적으로 암시장을 단속하고자 시도하였으나 얼마 지나지 않아서 단속은 유명무실해졌다. 오히려 암시장을 양성화하여 2003년 3월에는 종합시장을 설치하기에 이르렀다. 7·1조치는 암시장의 가격만 폭등시키고 공식경제의 정상화에는 효과가 없었다.

기업의 자율성 증대

김정일의 2001년 10월의 지시내용은 계획작성, 가격제정, 자재공급 전반에 걸친 것으로서, 계획작성에 있어서 전략적 중요성을 가진 지표는 국가계획위원회에서 계획하지만 나머지는 해당 기업소에서 하도록 지시함으로써 기업의 자율성을 증대하는 조치를 취하였다.

지방경제 부문은 공업총생산액이나 기본건설 투자액 등 중요지표를 제외한 세부지표들을 도·시·군 자체 실정에 맞게 계획하도록 지시하였다. 가격제정에서도 지방공업 생산품(주로 소비재)은 상급기관의 감독 아래 공장 자체로 결정할 수 있도록 하였다. 자재공급체계에서도 생산물의 일부분을 자재용 물자교류에 사용할 수 있게 했으며, '사회주의 물자교류시장' 을 허용하였다.[37]

---

37) 「조선신보」, 2002. 7. 26.

기업책임경영제도 일부 시험적으로 도입한 것으로 알려지고 있다. 재일본 총련 기관지 「조선신보」에 의하면 마그네샤클링카(마그네사이트를 고온에서 가공한 덩어리) 생산 수출업체인 조선마그네샤클링카총회사가 최근 생산에서 수출까지 업무를 일원화했다고 한다. 과거에는 마그네사이트 광석 채굴과 가공공장은 채취공업성이, 가공된 제품의 수송은 철도성이, 대외판매는 무역성 산하 무역회사가 맡아오던 것을 총회사가 모두 총괄해서 책임경영을 하도록 한 것이다.

여러 개의 부서로 나누어진 업무의 분업체계를 단일 기업 내부에서 총괄하도록 함으로써 업무의 효율성을 확대한다는 것으로 볼 수 있으며, 일원화된 생산공정 및 품질관리를 통하여 제품의 경쟁력을 확보할 수도 있는 것이다. 또한 판매대금 일부를 설비와 자재확충을 위해 전용할 수 있는 권리를 총회사에 부여하여 기업 단위의 창발성을 제고하겠다는 것으로 볼 수 있다.[38]

이러한 기업의 자율성 제고 조치는 각 기업이 주력 산품 외의 생산품을 생산하여 판매하고 수입금을 얻어서 종업원들의 임금을 지급하는 방식으로 발전되고 있다. 기업소들이 임야나 유휴지를 개간하여 농사를 짓는 경우도 매우 많다.

개인영농제의 시범 실시도 추진하고 있는 것으로 알려지고 있다. 함경북도 회령, 무산 등 일부지역에서 시범적으로 개인영농제를 실시하고 있으며, 지금까지 30-50평에 불과하던 개인 텃밭을 400평으로 확대한 것으로 전해진다. 북한 경제의 여러 분야에서 자율화가 진행되고 있는 것으로 판단할 수 있는 징후들이다.

중앙정부의 재정수입 확대

이번 조치의 또 하나의 효과는 그 동안 국가가 무료, 혹은 저렴한 가격으로 제공해오던 재화와 서비스의 종류를 최소화함으로써 국가의 재정적자를 줄이는 것이다. 집세와 교통비를 포함하여 모든 무료 또는 무료에 가까운 서비스를 유료로 전환하였고, 국경에 국가세무국을 설치하여 고액의 세금을 징수하고 있는데 이러한 조치들은 모두 재정수입을 크게 증대시키는 효과가 있다.

---

38) 「중앙일보」, 2002. 10. 10일자에서 재인용.

국가의 재정이 확보되어야 국영기업과 국가기관에 예산을 배정할 수 있고 강력한 중앙정부의 힘을 복원할 수 있게 되는 것이다. 조총련의 조선신보[39]가 "나라가 허리를 펼 수 있도록 하는 현명한 조치"라고 평가한 것으로 보아 이번 조치의 목적 가운데 하나는 국가재정 확충을 기도하는 것임을 알 수 있다.

7·1조치 이후 북한의 국가 기능은 급격히 변화되었다. 이전에는 북한주민들에게 생필품을 무료로 공급하던 기능을 주 임무로 하였다면 이제는 주민들의 자율적 생산에서 추출된 부가가치에 대하여 세금을 부과하고 징수하는 기능으로 바뀐 것으로 볼 수 있다.

7·1조치 이후 북한주민들의 노동에 대한 태도는 현저하게 달라졌다. 생산성만큼의 월급을 받도록 되어있기 때문에 더 많은 생산량을 달성하기 위하여 노력하는 방식으로 달라진 것이다. 이 사실은 북한을 방문한 사람들의 관찰에 의해서 확인되고 있다. 식당의 경우 종업원들은 바쁘게 움직이면서 더 나은 서비스를 제공하기 위하여 노력하고 있으며 선물상점의 종업원들은 하나라도 더 팔기 위하여 안간힘을 쓰는 모습이 뚜렷하다.

그러나 문제는 경제의 구조적인 측면에 있다. 전기, 연료, 원료의 공급이 제대로 되지 않기 때문에 공장 가동률이 현저하게 낮은 상황에서 노동자들은 일을 할수 없으며 일을 못하게 되자 임금을 받을 수 없게 된 것이다. 7·1조치의 기본 가정이 제대로 작동하지 못하는 것이다. 결국 물가는 대폭 올랐지만 임금은 없기 때문에 생활이 더욱 어려워진 것이다.

7·1조치는 내부의 생산성 향상을 위하여 취하여진 조치이지만 외부적으로 에너지와 원자재, 그리고 외화가 수혈되지 않으면 내부의 경제가 제대로 가동되지 못하여 실효성이 있을 수 없다. 북한은 경제난 해결을 위하여 아무리 안간힘을 쓰더라도 외부의 지원이나 협력이 없으면 별 성과가 없다는 사실을 확인한 셈이다.

북한이 2002년 10월에 다시 제2차 핵문제를 일으킨 것은 미국과의 관계 개선을 통한 자본주의 세계체제에의 재편입이 없이는 대내적인 개혁만으로는 경제난 해결이 불가능하다는 것을 인식하였기 때문인지도 모른다.

---

39) 「조선신보」, 2002. 7. 26.

6. 맺음말

북한은 사회주의권 붕괴 이후 지금까지 경제난 해소를 위하여 몇 가지 중요한
정책을 선택하여 추진했으나 자본주의세계체로부터 고립된 조건 속에서 여의치
못하고 시행착오를 거듭하고 있다. 북한이 경험한 일련의 시행착오의 원인은 경
제회생을 위하여 필요한 개혁 · 개방의 의지가 미약한 것이 가장 큰 문제이지만
국제사회의 지원을 얻지 못한 것이 큰 요인으로 작용하였던 측면도 제대로 지적
되어야 한다.

기존의 북한 변화에 관한 논의들은 주로 북한 지도부의 개혁 · 개방의 의지 미
약에만 초점을 맞추는 경향이 많았다. 북한 지도부의 개혁 · 개방 의지 부족은 중
요한 요인이지만 최근 북한의 실상을 이해하기 위해서는 북한 지도부의 태도만으
로는 설명할 수 없는 부분이 많다. 국제적 요인을 간과하고 있기 때문이다.

북한은 나진 · 선봉 자유경제무역지대를 설치하여 외자를 유치함으로써 내부
경제체제는 변화시키지 않고 경제를 회생시켜보고자 하였으나 외자유치총액이 1
억 달러에도 미치지 못하는 실패로 끝나고 말았다. 국제사회가 북한을 외면하였
기 때문이다. 나진 · 선봉 경제특구의 실험이 실패한 이후 북한이 대내적 부문에
서 새로운 생존전략으로 구상한 것이 과학기술의 적극적 개발과 IT산업 육성 전
략이다. 대내부문에서 생산성 향상을 통하여 경제를 회생시켜보고자 하는 전략인
것이다. 1999년 1월부터 '과학기술중시사상' 이라는 구호를 제시하여 기술 중시를
사상수준으로 격상시키고 있으며 2000년 신년공동사설은 과학기술을 강성대국
건설의 3대기둥으로까지 지위를 격상하기에 이르렀다.

또한 2002년에는 7 · 1경제관리개선 조치를 취하여 배급제를 폐지하고 임금노
동제에 유사한 임금배분체제를 도입하였으나 공급부문의 경제가 정상 가동하지
못하여 임금노동제 마저 파행을 면치 못하고 있다.

그리고 신의주 행정특구 설치를 발표하였으나 중국이 초대행정장관으로 임명
된 양빈을 중국 내 부정혐의로 체포함으로써 신의주 특구 설치령은 유명무실한
상태로 표류하고 있다.

〈표 7-2〉 국가과학원 프로그램종합연구실이 개발한 프로그램 제품 일부

명 칭	영어명칭	간 단 한 설 명
비둘기	DOVE	전자 회화집, 조-영, 영-조, 일-영, 영-일의 네가지 여행자용으로 기본 회화 1000여 문장에 기초함
글동무	Word-Mate	컴퓨터 게임을 통해 즐기면서 하는 조선어와 일본어 단어 학습용 소프트웨어 (조-일, 일-조)
매	Eagle	조선 문자 자동 인식 프로그램
무지개	Rainbow	컴퓨터 보조 일-영 번역 시스템
스터디 테트리스	Study Tetris	게임을 통하여 즐기면서 영어 단어나 물리 공식 등을 배울 수 있는 학습용 컴퓨터 게임
비지네스	Business	컴퓨터를 사용하여 영어로 비즈니스 편지를 작성하는 데 도움을 주는 전문가 시스템
망나니공 (청개구리1)	FreeBall (Tree-Frog 1)	지능개발용 컴퓨터 프로그램 시리즈. 브라운 운동을 하는 공을 잡아 가두는 게임
색맞추기 (청개구리2)	Colcon	채색된 네모들의 자리를 바꾸어서 색을 맞추는 지능 게임
요술상자 (청개구리3)	Magic Box	화면 중앙에 나타나는 채색된 박스를 가로, 세로, 혹은 대각선 방향으로 3개 이상 나열시키는 게임. 나열된 박스는 화면에서 사라짐
용(청개구리4)	DRAGON	화면상에서 자유로 왔다 갔다 하는 용을 울타리 안으로 잡아넣는 게임
요리-300	Foods-300	한국의 민속 음식 300여 종을 수록한 전자 요리집

자료: 박찬모, "북한의 IT 현황과 전망," 「통일과 국토」, 가을호 (서울: 한국토지공사, 2001).

<표 7-3> 평양정보센터가 개발한 프로그램 제품 일부

명 칭	영어명칭	간 단 한 설 명
창덕	Changdok	문서편집 프로그램. 조선어, 영어, 일본어, 한자, 러시아어 다국어 편집 기능
단군	Tangun	조선어 전처리 프로그램. 영문 윈도우 95상에서 조선어 입출력 가능
전자출판체계	DPT	조선어, 영어, 일본어, 한자병용의 전자출판체계
인식	Insik	조선어 자동인식 프로그램(인식률 95%)
고향	Gohyang	자료관리체계(DBMS)
들	Dul	2차원 컴퓨터 보조설계 지원 시스템
산악	Sanak	3차원 컴퓨터 보조 건축설계 지원 시스템
담징	Tamjing	조일기계번역 프로그램
체질과 식사		건강관리시스템
타자학교		어린이들이 조선어 및 영문타자를 재미있고 쉽게 배울 수 있는 프로그램

<표 7-4> 조선콤퓨터센터가 개발한 제품 일부

명 칭	영 어 명 칭	간 단 한 설 명
고려침구	KORYO Acupuncture	전통 고려의술 전문가시스템(Expert System). 침술을 통한 치료와 교육용
금빛말	Golden Horse	지문에 의한 체질분류 및 진단체계
종합의료봉사시스템	ISDM	고려의술체계에 따라 질병의 처방 및 치료에 활용 되는 시스템. 예진, 진단, 고려의술시스템으로 구성
지능출납체계	Intelligent Salesman	상점 판매용 POS(Point of Sales)시스템
모호-37	MOHO-37	광석의 선광처리를 위한 퍼지(Fuzzy) 컴퓨터 제어시스템
토성-6	Saturn-6	항공교통지휘 시스템으로 레이다 신호처리, 레이다 자료처리, 자료기록 및 재생시스템으로 구성
지문자물쇠	FVS-P	지문의 고유한 특성을 이용 개인을 확인하고 문 열 기 기능을 하는 시스템
해상교통지휘체계	MTCS-21A	선박 등 해상교통지휘 총괄에 사용되는 프로그램
조선어입력체계	WINK98	영문 혹은 일본어 윈도 상에서 우리글의 입출력을 가능케 함

〈표 7-5〉 은별 컴퓨터기술연구소가 개발한 프로그램 제품 일부

명 칭	영어명칭	간 단 한 설 명
은바둑	Silver Baduk	인공지능 알고리즘을 적용하여 개발된 컴퓨터 바둑 프로그램. 컴퓨터와 인간의 대국뿐 아니라 인터넷을 이용한 인간과 인간의 대국도 가능
태권도	Taekwondo	태권도의 기본자세 및 기본동작 훈련, 체력단련, 특수기술 및 호신술의 응용예 다수 수록
조선우표	Korean Stamps	1946년부터 1996년까지 발행된 3,700여종의 조선우표 수록. 연도별, 주제별로 검색가능
은장기	Silver Chess	컴퓨터 장기프로그램(일본장기, 군인장기, 서양체스 등 여러 종류가 있음)

〈표 7-6〉 김일성 종합대학이 개발한 프로그램 제품 일부

제 품	설 명
황룡2.0	3차원 컴퓨터 화상처리 소프트웨어
조선력사박물관	멀티미디어를 이용하여 조선역사박물관 탐방
혼자서 배울 수 있는 조선말	우리말을 독학 할 수 있는 프로그램
비룡	기밀자료 보호프로그램
조선장기	북한 내 컴퓨터 조선장기 시합에서 1등
조선력사 전자 편람	멀티미디어를 이용한 조선역사편람

〈표 7-7〉 DIGIKO 제품일부

제 품	설 명
보안프린터 (CP Driver)	인쇄물이나 FAX문서를 암호화하기 위해 프린트 이미지를 점(dot)패턴으로 변환 인식하는 소프트웨어
보안메일러 (Crypto Mailer)	암호화하여 전자메일을 안전하게 보낼 수 있게 하는 시스템
차세대화상관리소프트웨어 (SG Viewer)	화상관리에 최적한 고화질 멀티뷰어(Multi-Viewer), 저작권보호 등을 가능케 함
네트웨크 FAX서버 (CFAX Server)	인터넷시대에 최적한 상업 FAX서버
공사사진관리 소프트웨어 (DC Vision XML)	디지털사진 정보를 집중 관리하는 서버 응용 소프트웨어

지금까지 살펴본 대로, 북한은 1980년대 후반 사회주의권 붕괴 이후 소련과 동유럽사회주의 국가들과의 경제협력의 기반이 상실되어 경제상황이 급격히 악화된 이후 경제를 살리기 위하여 여러 가지 시도를 해보았지만 모두 시행착오로 끝나고 말았다. 나진-선봉자유경제무역지대, 신의주 특구, IT산업을 통한 단번도약전략 시도, 7·1경제관리개선조치 등의 조치들에서 어느 것 하나 제대로 성과를 얻은 것이 없다. 이들은 모두 북한만의 노력으로는 성과를 얻기 어렵다는 것을 보여준 사례들이다. 외부의 투자와 지원이 없이는 성공하기 어려웠다는 것을 보여준 것이다. 나진·선봉 자유경제무역지대의 추진과정에서 제1차 핵문제가 현안으로 걸려있었고 1994년 제네바합의 이후에는 미사일문제가 제기되어 미국과의 관계는 대결적 국면을 지속했기 때문에 군사모험주의 국가로 낙인이 찍힌 북한에 투자를 하려는 외국기업은 없었다.

신의주 특구에 대해서는 중국이 제동을 걸었다. 북한의 개혁·개방을 독려하던 중국도 자국의 이익에 부정적 영향을 미칠 것으로 판단했기 때문에 신의주 행정장관 양빈을 체포함으로써 신의주 특구 계획을 방해한 측면이 있다.

IT산업도 미국이 주도하는 바세나르협약 때문에 남한과 일본의 기업이 북한의 IT산업 진출에 관심이 있다고 하더라도 투자를 할 수 없었다.

7·1조치는 북한 사회주의체제의 근간을 바꾸는 과감한 조치였지만 외부로부터의 자본지원이 없는 한 내부적 개혁만으로는 성과가 없는 것으로 판명되었다.

결국 북한이 살길은 국제사회와의 관계개선뿐이라는 것을 알 수 있다. 제2차 북한핵문제의 돌출은 지난 10여 년간 북한의 경제정책이 실패한 데서 나온 국면전환의 외교게임으로 볼 수 있다. 미국과의 관계 개선이 없이는 어떠한 경제회생 조치도 무위로 돌아갈 수밖에 없다는 것을 인식한 북한 지도부가 미국과의 국교정상화를 도출해내기 위하여 벌이는 외교게임이 제2차 북한 핵문제인 것으로 볼 수 있다.

제8장
국제금융기구 가입의 진통 *

1. 문제제기

국제금융기구는 자본주의 국가들 간의 금융협력과 자본주의 세계체제에 편입하는 신생국들에 대한 금융지원을 목적으로 설립된 것이다. 또한 IMF(국제통화기금)와 IBRD(세계은행)은 사회주의 국가들의 개혁개방 과정에서 개발과 성장에 필요한 다양한 물적 및 기술적 자원의 원천이 되는 동시에 이들의 자본주의 세계경제 체제 편입에 필수적인 관문의 구실을 하였다. 이들 국제금융기구들은 계획경제 체제에서 자유시장 경제체제로 전환한 나라들에 대하여 시장경제가 제대로 운영될 수 있는 정책들을 고안하고 시장경제체제를 제도적으로 뒷받침하는 역할을 하였던 것이다.

북한이 자본주의 세계체제에 편입하기 위하여 필수적으로 거쳐야 하는 것이 국제금융기구에 가입하는 것이다. 단순히 회원자격을 얻는 것이 아니라 북한의 경제회생을 위한 외자를 위해서 필수적이다.

현재의 국제 경제질서 하에서 IMF, 세계은행, ADB(아시아 개발은행) 등 국제금융

* 서재진

기구로부터 경제전반에 대한 인정을 받기 전에는 대규모 민간투자가 힘든 상황임을 감안할 때 북한은 경제난 극복을 위해서는 이들 국제금융기구로부터의 지원이 불가피하다. 국제금융기구를 통한 간접적인 경제지원을 받음으로써 특정국가에 대한 경제적 대외 종속 가능성을 방지하고 북한 정치권력의 체제유지에 유리하다고 볼 수 있다.

특히 서방 민간기업의 경우 북한의 열악한 인프라, 열악한 기술수준, 국내구매력 부재 등을 감안하여 투자 필요성을 거의 느끼지 못하는 상황이다. 남한의 민간기업들이 민족적 정서 등을 고려하여 적극 투자할 가능성이 높지만 정치적으로 한계가 있다. 따라서 북한은 안정적 저리자금과 높은 수준의 기술을 제공받을 수 있는 국제금융기구에 관심이 크다.

또한 북한은 국제금융기구 가입을 통한 대외신인도 상승으로 민간투자자를 대규모로 유치할 수 있는 이점이 있다. 현실적으로 IMF를 비롯한 국제금융기구의 인정을 받지 못하는 나라에 쉽게 투자하는 민간기업들은 거의 없다.

특히 공단조성, 도로, 항만 구축, 제조업 활성화 등에는 외자 유치 없이는 자력으로 해결하기 어렵다. 북한이 외자유치를 위한 경제협력 파트너로 가장 선호하는 것이 국제금융기구이다. 각 국가의 정부는 정치적 논리에 의하여 움직일 수밖에 없고, 민간투자는 이익여부에 따라 투자를 결정하기 때문이다. 민간금융기관은 북한에 투자하면 수익을 얻을 수 있다는 보장이 필요하다.

2000년 4월 12일 한국은행이 발표한 「국제금융기구의 대북차관공여 가능 규모 추정」 보고서에 따르면 IMF, IBRD, ADB, 국제개발협회(IDA) 등 국제금융기구의 대북차관 공여 가능 규모는 25-45억 달러로 추정했다. 한국은행 보고서는 북한의 국가 특성을 소득수준 기준 빈곤국가, 경제체제 기준 잠재적 체제전환 국가, 소속지역 기준 아시아태평양국가로 요약하고 유사한 특성을 가진 다른 국가들에 대한 국제금융기구의 금융지원 실적을 토대로 이러한 수치를 산출했다. 한국은행 보고서는 국제금융기구가 북한의 잠재적 체제전환국가 특성을 중점적으로 고려할 경우 가능한 차관 공여 규모는 27억 달러, 소속지역 특성을 중점적으로 고려할 경우에는 35억 달러, 빈곤국가 특성을 중점적으로 고려할 경우에는 45억 달러 수준이 될 것이라고 추산했다. 또 27-45억 달러로는 북한이 경제개발을 추진하는 데 필요한 충분한 금액으로 볼 수 없기 때문에 부족분을 보충하기 위해 가능한 조

기에 많은 외국인 직접투자를 유치하는 것이 바람직하다고 지적하였다.[1]

북한은 1997년 2월 ADB 가입을 정식으로 신청하였으며, 1997년 9월에 IMF 조사단이, 1998년 2월에는 세계은행 조사단이 북한을 방문하였으나 아직 북한은 어느 국제금융기구에도 가입하지 못하고 있다.

그런데 세계은행의 경우 각종 프로젝트 선정(1-2년), 프로젝트 준비(1-3년), 프로젝트 평가(3-6개월), 융자협의(1-2개월), 융자집행 및 감독(6년) 등의 절차를 밟아야 한다.

따라서 국제금융기구의 대북차관 공여는 북한이 국제금융기구에 가입한 이후 약 5-7년이 지났을 때 현실적으로 이루어질 수 있다. 따라서 북한은 최대한 이른 시일 내에 국제금융기구에 가입하는 것이 필요하다.

북한의 자본주의 세계체제 편입의 조건을 이해하기 위해서는 북한과 국제금융 기구와의 관계가 어떠한 상황에 있는지를 살펴보는 것이 필요하다.

2. 국제금융기구의 특성

가. 국제금융기구의 개요

국제금융기구는 1944년 체결된 브레턴우즈협정에 따라 서방국가들이 국제 금융협력과 신생국들의 경제개발을 지원할 목적으로 설립된 기구들을 총칭한다. 국제 금 융 기 구 에 는 세 계 은 행 그 룹(World Bank Group)에 속 하 는 IBRD(International Bank for Reconstruction and Development; 세계은행), IDA, IFC와 이외에도 IMF(International Monetary Fund), ADB(Asian Development Bank) 등이 포함된다.

---

1) 「연합뉴스」, 2000. 4. 12.

IMF는 1946년에 설립되었으며 1947년 3월부터 IBRD와 함께 업무를 개시한 국제금융기구다. 이 두 기구를 총칭하여 브레턴우즈기구라고도 한다. 오늘날 IMF는 단기적 국제 수진난을 겪는 국가에 금융지원을 제공하는 역할을 주로 하고 있다. 2000년 현재 가맹국은 182개국이며, 본부는 미국 워싱턴에 있다. 총회·이사회·사무국과 그밖에 20개국 재무장관위원회, 잠정위원회, 개발위원회 등이 있다. 최고기관인 총회는 각 가맹국이 임명하는 대표 1인과 대리 1인으로 구성되며, 회의는 연차회의와 임시로 열리는 특별회의가 있다.

100억 달러로 출발해 여러 차례 증자를 통해 1970년 10월 30일부터 총액 289억 510만 달러가 되었다. 가맹국은 일정한 할당액에 따라 25%를 금으로, 75%를 자국 통화로 출자한다. 할당액은 가맹국의 요청에 따라 조정할 수 있으며, 이것은 각 가맹국이 IMF의 자금을 이용할 때 대출한도를 정하는 기준이 된다. 출자금은 SDR(Special Drawing Rights: 특별인출권)로 표시한다.

세계은행은 1944년 브레턴우즈협정(Bretton Woods Agreement)에 따라 1946년 유엔의 전문기관으로서, 제2차 세계대전 후 각국의 전쟁피해 복구와 개발을 위해 설립되어 주로 개발도상국에 대한 장기개발융자를 하고 있다.

주요 목적은 ①가맹국의 정부 또는 기업에 융자하여 경제·사회 발전에 기여하고, ②국제무역의 확대와 국제수지의 균형을 도모하며, ③저개발국(개발도상국)에 대하여 기술 원조를 제공한다. 자금은 가맹국에의 주식할당에 의한 자기자본, 특별준비금, 차입금(세계은행채의 발행으로 조달), 투자이윤 등으로 이루어지며 예금은 없다.

회원국은 1999년 현재 181개국(IMF 회원국은 자동가입)이며, 한국은 1955년에 가입하여 1970년 대표이사국으로 선임되었다. 제40차 총회는 IMF 총회와 합동으로 1985년 10월 서울에서 개최하였다. 기구는 총회·이사회 및 사무국이 있고 본부는 미국 워싱턴에 있다.

ADB는 1966년 아시아지역 빈곤국과 개발도상국의 지원을 위해 장기저리의 대출을 주임무로 하여 태동되었다. 필리핀 마닐라에 본부를 두고 한국을 비롯한 32개국이 참가해 창립되었다. 한국, 일본, 중국, 인도, 호주와 2000년에 가입한 투르메니스탄까지 아시아역내 43개국과 미국, 영국, 프랑스, 독일 등 역외 16개국 등 모두 59개 국가가 회원으로 참여하고 있다. ADB는 크게 총회와 이사회로 구분되는데 각 회원국의 재무장관이 수석대표로 총회를 구성하고, 이사회는 12개 주요 이사국 대표로 구성된다. 총회의 투표 및 의결권은 기본표와 출자액에 비례하는 비례투표권이 있다. 일본과 미국이 각각 13.05%로 최대 표를 지니고 있으며 중국은 5.59%, 인도 5.52%, 호주 5.05%의 투표권을 가지고 있고, 한국은 약 23억 2천만 달러를 출자약정, 4.4%로 8번째 많은 투표권을 가지고 있다. ADB 수권자본금은 약 480억 달러이다.

ADB는 1인당 국민소득 925달러 이하인 경우는 A그룹, 925달러 이상이고 채무상환능력이 취약한 국가는 B1그룹, 925달러 이상이고 어느 정도 채무 상환능력이 있는 국가는 B2그룹, 925달러 이상이고 채무상환능력이 충분히 있는 국가는 C그룹으로 분류하여 차별적인 지원을 하고 있다.

캄보디아, 라오스, 몰디브 등이 포함된 A그룹에는 이자부담이 일반자금(OCR)은 지원되지 않고 무이자에 가까운 아시아개발기금(ADF) 자금만 지원된다. ADF는 아시아 태평양 지역 저소득 가맹국에 대한 양허적 조건의 융자지원을 위해 1974년 ADB에 설치된 특별기금이다.

북한은 ADB 가입이 실현될 경우 A그룹 국가로 분류되어 ADF 자금을 35-40년의 장기로 지원받을 수 있을 전망이다. 북한과 비교하기에 가장 가까운 베트남의 경우 1993년부터 1996년까지 4년간 약 2-3억 달러씩 모두 10억 달러의 ADF 자금을 지원받았다.[2]

나. 국제금융기구의 사회주의 국가에 대한 정책

세계은행을 비롯한 국제금융기구의 정치적 성격에 관한 기존의 연구들을 참고할 필요가 있다.[3] 이들 연구들은 원조협상 과정에 관하여 분석하였는데 피원조국

---

2) 「연합뉴스」, 2000. 5. 7.

3) Teresa Hayter, *Aid as Imperialism* (Great Britain: Penguin, 1971); Cheryl Player, *The Debt Trap: The International Monetray Fund and the Third World* (New York: Monthly Review, 1974); Ronald Libby, "External Co-Optation of a Less Developed Country's Policy Making: The Case of Ghana, 1969-1972," *World Politics*, October 1976.

이 외국원조를 계속받기 위하여 조건을 부과하는 데 있어서 IMF와 IBRD의 역할을 잘 보여주고 있다. 세계은행을 포함한 국제금융기구는 다른 어떤 조직보다 외국원조를 정치적으로 구사한다는 것이다. 사회주의를 자본주의로 전환시키는 데는 개발원조를 주는 것보다 더 효과적인 방법은 없다는 것이다.[4] 세계은행의 개발원조는 무역자유화와 투자자유화를 일관되게 요구하고 있기 때문이다. 또한 세계은행을 비롯한 외국원조기관들은 외국 직접투자를 직·간접적으로 부추기고 있다.

외국원조기관은 원조거부라는 전략적 수단을 갖고 있기 때문에 외국원조는 피원조 국가에 대하여 강력한 강제력이 있다. 첫째, 개발원조는 국가주도의 발전유형을 억제하고 자본주의적 시장에 대한 구조적 종속을 심화시킨다. 또한 개발원조는 민간영역의 역할을 극대화하고 외국자본의 침투를 개방시키는 데 사용된다. 둘째, 외국원조는 국제자본이 침투하기 용이하게 하는 방식으로 피원조국의 자본주의 시장경제에 대한 편입을 촉진한다. 그래서 한 나라의 원조체제에 대한 관계는 그 나라가 자본주의 세계경제에 어떻게 편입되어 있는지에 대한 지표가 되는 것이다. 이마뉴엘 월러스타인이 지적한 바와 같이 제3세계국가들이 자본주의 세계경제에 편입되는 양식이 곧 그 나라의 경제발전 유형과 정권의 특성을 결정한다. 외국원조에 의존하는 것은 곧 제3세계 국가에게 자본주의체제를 발달시키는 데 기여한다.[5]

셋째, 피원조국이 원조제공 프로그램으로부터 채무를 지게 되면 채무를 갚기 위하여 외화를 획득해야 하기 때문에 수출 지향적 발전모델을 따르지 않을 수 없게 된다. 또한 외국원조 기관에 채무를 지게 되면 과거의 채무를 갚고 또 기존의 계획과 새로운 계획을 유지하기 위하여 더욱 많은 외국원조에 의존하게 된다.[6]

넷째, 외국원조는 투자영역이 고정되어 있다. 투자기관이 투자대상을 미리 결정해주는 것이다. 외국원조는 대체로 민간투자를 위한 수송, 전력, 통신 등의 인

---

4) David Baldwin, "The International Bank in Political Perspective," *World Politics* 18 (1965).
5) Robert Wood, "Foreign aid and the Capitalist State in Underdeveloped Countries," *Politics and Society*, vol. 10, no.1 (1980), pp. 5–6, 33.
6) Robert Wood, "Foreign aid and the Capitalist State in Underdeveloped Countries," p. 16.

프라 건설에 한정되는 경우가 많았다. 농업, 산업, 광업 등의 프로젝트에는 거의 주어지지 않는다.[7]

국제금융기관이 북한경제에 관여하게 되고 정상적인 감독기능을 하게 되면 민간부문도 확실히 북한투자에 더욱 편해질 것이다. 특히 IMF의 역할 중 중요한 것 가운데 하나는 각 나라들이 국내소득이나 국제수지 등 경제보고를 제대로 할 수 있도록 돕는 일이다.

민간부문도 투자를 위해서는 북한의 경제관련 수치나 통계 등이 공개되는 것을 매우 중요하게 생각하고 있는데 현재 북한의 자료나 수치는 전혀 공개되지 않고 있다.

세계은행이 지난 10년 동안 계획경제체제에서 자유시장 경제체제로 전환한 나라들을 볼 때 공통적으로 배운 교훈이 있다면 시장경제가 제대로 운영될 수 있는 정책들을 고안하고 시장경제체제를 제도적으로 뒷받침하는 일이다.

3. 북한과 국제금융기구의 관계

국제금융기구의 지원을 강력하게 필요로 하며 이를 희망하면서도 북한은 가입을 망설이고 있으며, 또한 이러한 북한의 우유부단한 자세가 국제사회의 불신을 사고 있어서 북한이 가입하고 싶어도 가입을 거부당하고 있는 측면도 있다. 그런데 오히려 부시 행정부 출범 이후 국제금융기구들은 북한의 가입을 거부하고 있다.

북한이 국제금융기구에 가입하지 않고 있는 이유는 두 가지로 요약할 수 있다. 무엇보다도 북한 스스로 가입을 기피해왔다. 국제금융기구에 가입하면 경제성장률, 물가 등 경제관련 통계를 공개해야 하기 때문이다. 자체 문제점을 국제사회에 그대로 드러내야 하므로 부담스러울 수밖에 없다.

---

7) Robert Wood, "Foreign aid and the Capitalist State in Underdeveloped Countries," p. 18.

아울러 IMF와 IBRD에 영향력을 행사하고 있는 미국과 ADB의 최대 주주국의 하나인 일본이 북한의 가입 전제조건으로 정치·군사적 변화를 요구하고 있는 점도 북한이 국제금융기구에 가입하지 못한 중요한 이유의 하나이다. 특히 미국은 북한을 테러지원국으로 지정하고 있어 국제금융기구 가입을 지지하지 않고 있으며, 일본은 일본인 납치문제, 미사일 발사 문제 등이 해결되지 않는다면 가입을 지지할 수 없다는 입장이다. 실제로 북한의 가입여부는 미국과 일본의 입장에 따라 판가름 나도록 되어 있다.

가. IMF

1997년 2월 북한이 ADB에 공식적으로 가입의사를 표명한 이래, 1997년 9월 6-13일에 북한의 초청에 따라 IMF 조사단이 평양을 최초로 방문하였다.

조사단의 방북목적이 북한의 경제상황을 파악하고 북한당국에 국제사회에서의 IMF역할과 IMF 가입에 따르는 책임에 대한 정보를 제공하는 것으로서 IMF 가입 등의 전제조건이 없는 단순한 조사목적의 방문이기는 하였지만 국제금융기구로서는 최초의 북한방문이었다는 점에서 시사하는 바가 매우 큰 사건이다.

IMF 조사단은 Ms. Kelly(팀장)와 Measures Keng, Thiamin 등 3인으로 구성되었다. IMF 조사단은 북한 재정부, 국가계획위원회, 중앙은행, 무역은행, 대외경제위원회, 농업위원회 등의 관료들과 협의를 가졌다. 또한 IMF 조사단은 북한에 대한 긴급구호와 개발활동에 참여하고 있는 평양과 북경주재 UN기구(UNDP, UNAIDED, UNCAP, LAO, WFP, FAD)의 대표들과도 접촉을 가졌으며, 공식적인 회의 외에도 농업 및 산업 인프라시설에 대한 현황을 파악하기 위하여 현지를 시찰하기도 하였다.

IMF 조사단은 북한을 방문한 뒤 보고서를 작성하여 1997년 11월 12일 IMF 상임위원회에 보고하였다. IMF 북한보고서[8]는 북한당국이 제출한 정보와 다른 자

---

8) 장형수·이창재·박영곤, 「통일대비 국제협력과제: 국제금융기구 활용방안을 중심으로」, pp. 117-126에 북한경제 실태에 관한 보고서의 일부가 수록되어 있음.

료에서 얻은 정보를 기초로 하여 작성한 것으로서 크게 새로운 내용을 담고 있지는 않으나 북한이 국제금융기구에 제출한 최초의 경제정보라는 점에서 의의가 있다.[9]

1997년 IMF 조사단이 북한을 방문한 뒤 작성하여 상임이사회에 제출한 IMF의 북한보고서는 북한 관료들 사이에서나 내부에서 책임의 구분이 너무나 명확하여 종합적인 자료가 부족하며 또한 IMF에 대한 인식 부족과 보안상의 이유로 민감하다고 생각되는 정보는 제공하기를 꺼려하는 경우가 많았기 때문에 자료수집에 어려움이 있었다는 점을 우회적으로 표현하고 있다. 결과적으로 많은 주요 경제지표들 특히 대외 및 금융부문에 대한 기초 자료들을 북한으로부터 얻을 수 없었다고 한다. 그러나 조사단의 비공식 보고에 따르면 보다 근본적인 이유는 아마도 북한이 이들 자료를 가지고 있지 못한 때문이라고 한다. 북한관리들은 여타 개발도상국과 마찬가지로 IMF가 요구하는 수준을 충족시킬만한 자료작성 능력과 경험이 없으며, 더욱이 자본주의사회를 이해하지 못하는 까닭에 여타 개발도상국보다 더욱 불리한 상황인 것이 사실이다.

비록 북한이 IMF/세계은행에 가입한다하더라도 기본적인 통계자료 작성 능력이 없는 경우에는 북한이 통계자료 공개라는 IMF 가입조건을 실질적으로 충족시킬 수가 없는 것이다. 이에 따라 IMF의 입장에서는 향후 사태진전을 대비하여 북한관리들을 대상으로 통계자료 작성을 위한 교육을 지원할 필요성이 있는 것이다.

한 가지 진전은 IMF 출장 팀의 북한 방문 시에 북한관료들이 가까운 미래에 훈련 및 기술지원을 받을 수 있도록 북한당국이 IMF에 요청하였다는 점이다. 교육훈련에 대해서 북한관료들은 IMF 본부에서의 워크샵 뿐 아니라 서방국에서의 장기간 (약 6개월) 동안의 훈련코스에 대해서도 관심을 보였다. 기술지원에 대해서는 재정부의 조직, 금융 및 경제통계의 집계, 중앙정부와 지방행정기구 간의 회계연결, 재정부 업무의 컴퓨터화에 대해 지원해줄 것을 언급하였다.[10]

문제는 북한이 IMF 가입에 대한 실상을 확인한 이후 IMF 가입을 망설이고 있

---

9) 장형수 · 이창재 · 박영곤, 「통일대비 국제협력과제: 국제금융기구 활용방안을 중심으로」, pp. 69–70.
10) 장형수 · 이창재 · 박영곤, 「통일대비 국제협력과제: 국제금융기구 활용방안을 중심으로」, p. 74.

다는 점이다. IMF는 2000년 9월 1일 동티모르와 함께 북한을 체코 프라하에서 열리는 2000년 IMF/세계은행 연차총회에 스페셜 게스트 자격으로 참가할 것을 요청하는 초청장을 UN 주재 북한대사관을 통해 북한 측에 전달한 바 있다. 스페셜 게스트란 IMF 가입 전에 회원국간에 안면을 익히고 IMF 현황을 파악할 수 있도록 초청하는 것이다. 초청장은 IMF 총재가 아닌 총재 비서실장 이름으로 보낸 것이어서 IMF 가입을 전제로 초청했다고 판단할 수는 없다. 그런데 이형철 유엔 주재 북한대사는 준비기간이 너무 짧아 참석할 수 없다고 총회 합동준비사무국에 통보하였다.

이처럼 북한이 IMF측의 연차대회 초청에 대해서 소극적인 자세를 보이는 것은 북한당국의 불안감 때문이다. 즉, IMF 가입 및 지원 이행조건으로서의 경제통계 자료 제출 및 개혁정책 추진에 대한 부담감 때문인 것으로 보이다.[11]

2001년 2월 27일부터 3월 4일까지 북한 경제사절단을 인솔하여 미국을 방문한 한성렬 외무성 부국장은 3월 2일 IMF와 IBRD 관계자와 면담 석상에서 재차 가입의사를 밝혔다. IBRD에 가입할 경우의 혜택, 차관과 같은 지원을 얻기 위한 절차, 두 기관 합동조사단의 북한 파견 등에 대하여 집중적인 질문을 했다.

그러나 부시 행정부가 출범한 2001년 회의에서는 오히려 북한은 참석을 거부당하였다. IMF와 세계은행은 2001년 9월 워싱턴에서 열리는 IMF-IBRD 연차총회에 북한을 특별초청대상으로 초청하지 않기로 한 것이다.

나. 세계은행(IBRD)

세계은행에 가입하기 위해서는 먼저 국제통화기금에 가입하는 반면 아시아개발은행의 경우는 유엔 아시아태평양 경제사회이사회(ESCAP) 회원국이 필수조건인데 북한은 이미 여기에 가입하였다.

IMF조사단이 1997년 9월 북한을 방문한 이후, 뱁슨(Bradley Babson) 세계은행 아시아태평양 담당 부총재 선임 자문역이 세계은행 대표로는 처음으로 1998년

---

11) 김성철, 「국제금융기구와 사회주의 개혁개방: 중국, 베트남 경험이 북한에 주는 함의」(서울: 통일연구원, 2001), p. 95.

2월 21일부터 28일까지 북한의 초청을 받아 방문하였다. 세계은행의 방문목적은 북한 재정부, 중앙은행, 무역은행 등에서 세계은행 가입조건을 포함한 세계은행 전반에 대한 설명회를 개최한 것으로서 IMF 조사단의 경우보다 더 비공식적인 성격이 강한 방문(courtesy visit)이었다.[12]

세계은행의 뱁슨 자문역도 그의 북한 방문 시에 북한당국이 IMF와 세계은행에의 가입조건중 하나인 경제전반에 대한 통계자료의 투명성에 대해서 아직 준비가 되어있지 않았다는 느낌을 받았다고 한다. 북한 경제 실무담당자들은 미시, 거시 등의 경제학에 대한 기본개념 조차도 이해하지 못하였으며, 서방외국인들을 상대해본 경험이 거의 없는 것으로 보인다고 하였다. 뱁슨 선임 자문역의 평가에 의하면, 베트남이 세계은행에 가입하기 이전의 경험에 비추어 볼 때, 현재 북한경제 관료들의 국제정세에 대한 이해도는 당시의 베트남보다 훨씬 뒤떨어진다고 한다. 따라서 현 단계에서 북한을 지원할 때 가장 시급한 과제는 북한 경제 관료들에게 경제학의 기본개념 등 기초적인 기술지원(technical assistance)을 제공하는 것이라고 뱁슨 자문역은 지적하였다.

세계은행은 1998년 2월 뱁슨 선임 자문역의 북한 방문 시에 주요 원조국의 자금지원 하에 신탁기금(Trust Fund)을 설립하고 유엔개발계획(UNDP)이 이를 운용하여 북한의 관료들을 훈련시키는 기술훈련 프로그램을 제안하였다. 이러한 기술지원 프로젝트에 대해 북한은 매우 적극적으로 의욕을 보였으나 실적은 미미한 편이다. 미국도 세계은행의 직접적인 자금지원이 이루어지지 않는 교육 프로그램에 대해서는 긍정적인 반응을 보이고 있다.

이에 따라 세계은행은 UNDP가 운용할 신탁기금을 조성하기 위하여 스웨덴, 덴마크, 네덜란드, 노르웨이로부터 약 2백만 달러의 자금지원 약정을 받았다. 구체적인 기술지원 방안으로 중국 상하이대학의 상하이 경제연구소에서 20-35명의 북한경제 관료들을 세계은행의 경제개발연구소(EDI: Economic Development Institute)에서 은퇴한 전문가들이 세계은행에서 예전에 중국 경제 관료들을 교육한 교재들을 활용하여 위탁 교육시키는 방안이었다. 교육프로그램

---

12) 장형수·이창재· 박영곤, 「통일대비 국제협력과제: 국제금융기구 활용방안을 중심으로」, p. 70.

은 국가경제관리 프로그램(national economic management program)으로써 거시경제정책에 관한 프로그램과 예산, 투자계획 등에 대한 교육을 포함할 예정이었다.[13]

북한보다는 세계은행 쪽이 양자간 관계 개선에 보다 적극적인 편이다. 세계은행은 북한이 요청하면 정식회원 가입 이전이라도 경제평가, 기술지원, 훈련지원 등에 대한 지원가능성을 피력하고 있다. 세계은행은 뱁슨 선임 자문역을 통하여 현재 UNDP 주관으로 진행 중인 북한의 경제 및 금융 분야 관리들의 서방국가(오스트레일리아)에서의 교육훈련에 대한 지원 확충과 경제체계의 전반적 상황조사 실시 가능성을 제시한 바 있다. 또한 세계은행의 업무, 정책, 운영절차, 가입에 관한 정보도 제공하였다. 세계은행은 이후에도 뱁슨 선임 자문역을 대북 채널로 가동하여 뉴욕의 북한대표부 이형철 대사와 비공식 접촉을 계속하였으나 북한의 미온적인 태도로 실적은 미미하다.[14]

이와 관련하여 세계은행은 북한 경제, 재정, 회계 관료들의 교육을 위한 프로그램을 조직하고 교육대상자들을 선정하기 위하여 북한에 1999년 2월 자문관을 파견하였다.[15]

북한은 UNDP 주관의 교육프로그램에도 상당한 관심을 표명하고 있을 뿐만 아니라 1998년 12월에는 미국 아시아재단이 주관하는 국제법 연구프로그램에도 참여하였다. 당초 IBRD와 UNDP는 북한의 적극적인 요청에 따라 재무성, 중앙은행, 무역성 등 경제부처의 중견 경제관리들을 대상으로 해외에서 시장경제교육을 실시하기로 했다. 이 프로그램에 따라 매년 30여명의 관리를 미국, 싱가포르, 호주, 말레이시아 등에 파견해 해외현장학습을 시킬 예정이었다. 교육내용도 자본주의 시장경제의 기본원리인 수요공급의 원칙, 사유재산의 개념을 비롯해 국제회계기준, 통계처리방법, 외국인투자 유치방법 등 자본주의 국가와의 거래에서 필수적인 내용으로 돼 있다. 시장경제교육에 대해 "자본주의 나라들과 상대해야 하

---

13) 장형수 · 이창재 · 박영곤, 「통일대비 국제협력과제: 국제금융기구 활용방안을 중심으로」, p. 75.
14) 김성철, 「국제금융기구와 사회주의 개혁개방: 중국, 베트남 경험이 북한에 주는 함의」, p. 96.
15) 장형수, 이창재, 박영곤, 「통일대비 국제협력과제: 국제금융기구 활용방안을 중심으로」, p. 77.

는 현상인식에 따른 현실적 대응"이라는 북측 설명으로 미루어 보아도 그들의 학습 열기를 충분히 읽을 수 있다.

이처럼 북한과 국제금융기구와의 관계가 무르익어 가던 중 1999년 2월 북한은 새로운 제안을 하였다. 당시까지 북한관리의 교육프로그램 장소로서 논의되고 있던 상하이 대신 평양을 북한 측에서 제시하고 나온 것이다. 또한 교육 인원도 30명으로 제안하였고, 교육기간을 약 7주간으로 하고 시기도 빠르면 빠를수록 좋다고 제안하였다. 그리고 북한은 세계은행에 대해서 북한 고위관료의 아시아 주요국(싱가포르, 호주, 말레이시아)에 대한 study tour를 조직해 줄 것을 요청하였다.

그러나 북한은 돌연 평양 교육일정을 취소하였다. 세계은행(IBRD)과 유엔개발계획(UNDP)은 최근 북한의 중견 경제관리를 대상으로 1999년 4월부터 평양에서 실시할 예정이던 시장경제교육이 북한 측의 갑작스러운 거부로 모두 취소되었다고 확인했다. 북한체제의 경직성이 새삼 확인된 셈이다.

처음에 상당한 열의를 보였던 북한이 갑자기 포기하게 된 이면을 보면 남북한의 미묘한 경쟁관계 내지 우월감이 작용한 측면이 있다. IBRD와 UNDP의 교육대표단이 신청한 방북 비자를 북한당국이 왜 거부했는지에 대해서 공식적으로 발표된 것은 없다. 하지만 남한 언론에서 북한이 자본주의 교육을 받는 것처럼 보도한 것이 비자 거부의 주된 이유라는 것이다. 게다가 남한당국에서 시장교육 프로그램에 참가하는 방안을 검토한다는 보도까지 나오자 북한 측은 극도의 불쾌감을 나타냈다고 한다.[16]

북한의 인식변화와 관련하여 또 하나 주목할 에피소드는 1997년 9월 IMF 조사단이 방북하였을 때 북한은 북한경제의 어려움이 단순히 자연재해에 기인한다고 주장하였던 반면에, 1998년 2월 세계은행의 뱁슨 선임자문위원이 방문하였을 때는 북한경제난의 주요 원인이 소비에트시스템 붕괴에 따른 해외보조금 유입 급감이었음을 처음으로 인정하였다는 것이다. 이에 따라 북한관료들은 농업발전에 가장 큰 관심을 보이고 있으며 북한농업개발을 위한 주요 식량원조국 회의인 농업컨퍼런스(Thematic Roundtable Meeting on Agricultural Recovery and

---

16) 「연합뉴스」, 1999. 4. 30.

Environmental Protection in the DPRK)가 UNDP 주관으로 1998년 5월 27-28일 스위스 제네바에서 열리는 등 북한이 국제사회와의 관계를 개선하려는 노력은 여러 가지로 나타났다.

제네바 농업컨퍼런스는 북한이 개발 원조를 국제사회에 요청한 최초의 회의로서 그 의미가 크다. 한편으로는 국제사회에서 북한에 대한 계속되는 식량지원에 대해 원조국들은 지쳐있으며, 원조국들은 북한의 근본적인 농업개혁을 요구하고 있다.

세계은행은 제네바 컨퍼런스에서 농업부문에 대한 연구 이전에 북한경제 전체에 대한 종합연구가 선결되어야 한다고 제의하였다. 이에 따라 세계은행은 북한의 요청이 있는 경우 북한경제 전반에 대한 종합보고서를 작성해주겠다는 의사를 1998년 5월 북한 측에 전달하였다. 그러나 북한은 아직까지 공식적인 반응을 보이지 않았다.[17]

다. ADB

북한이 지난 1990년에 가입 가능성을 처음으로 타진한 이후 1997년 2월 ADB 가입을 공식적으로 표명했으나 아직까지 성사시키지 못하고 있다.

북한은 IMF나 세계은행보다는 ADB 가입을 선호하고 있는 것으로 보인다. 북한이 국제금융기구들 중에서 특히 ADB의 회원 가입에 집착하는 이유는 가입과 이에 따른 금융지원이 상대적으로 용이하다고 판단하고 있기 때문인 것으로 보인다.

IMF와 세계은행이 강력한 구조조정이나 제도개혁을 요구하는 것과는 달리 ADB는 캄보디아, 라오스 등 개발도상국의 빈곤문제 해결 지원에 중점을 두고 있는 것으로 보인다. 따라서 경제체제 변화를 수반하지 않는 외부재원으로서 ADB가 북한에 더 유리하다.[18]

북한은 IMF와 세계은행이 강력한 구조조정이나 제도개혁을 요구하는 것과는

---

17) 장형수, 이창재, 박영곤, 「통일대비 국제협력과제: 국제금융기구 활용방안을 중심으로」, pp. 80-82.
18) 김성철, 「국제금융기구와 사회주의 개혁개방: 중국, 베트남 경험이 북한에 주는 함의」, p. 98.

달리 ADB는 캄보디아, 라오스 등 개발도상국의 빈곤문제 해결 지원에 중점을 두고 있다고 판단하고, 경제체제 변화를 수반하지 않는 외부재원으로서 ADB를 상대적으로 선호하고 있는 것으로 보인다.[19]

북한은 개발자금 조달을 위해 자신들이 유엔대표부를 통해 세계은행 가입을 타진했으나 세계은행 가입의 선행조건이 IMF 가입이며 동시에 모든 공식통계의 공개와 연례적인 정책협의가 수반되는 것이라는 점을 알게 되면서 이를 일단 포기하고 우선 이 같은 조건이 붙지 않은 ADB 가입을 추진하기로 방침을 정한 것으로 알려졌다.

또한 북한의 회원가입을 지지하는 한국의 ADB내 투표권(4.4%)이 IMF(0.55%)에 비해 상대적으로 높고, 한국이 타 회원국으로부터 지지 유도를 위하여 ADB에서의 역할분담을 제안하는 등 적극적 노력을 기울이고 있기 때문이다.

뱁슨 자문관은 "북한이 국제금융기관 진출을 위하여 ADB에 먼저 가입하려는 전략을 사용하려는 것 같은데 미국이나 일본은 이를 환영하는 입장이 아니다"며 미국과 일본의 지지가 관건이라는 점을 강조하였다.

ADB에 가입하기 위해서는 아태경제사회위원회(ESCAP)의 회원국이고 기존 회원들의 동의를 얻어야 한다. 북한이 회원국으로 가입하기 위해서는 12개 이사국의 합의를 거쳐 총회에서 55개 회원국(역내 39, 역외 16) 3분의 2 이상의 찬성과 함께 총지분율 4분의 3 이상의 지지가 필요한데, 미국과 일본은 각각 13.5%의 지분을 가지고 있다. 북한은 1993년부터 ADB 가입의사를 밝혀왔으나 총출자액 중 나란히 15%의 지분을 보유하고 있는 미국과 일본의 반대로 아직 가입하지 못하고 있다.

북한은 미국과 일본이 북한의 ADB 가입을 반대하는 것은 '불합리' 하다고 비난했다. 조선중앙통신은 2000년 5월 11일 미·일 양국이 5월 7일 태국에서 열린 제33차 ADB 총회에서 '테러지원국'으로 지정되어있다는 이유로 북한의 ADB 가입을 반대한 것에 대하여 이같이 주장하였다.

조선중앙통신은 미국이 북한을 테러지원국으로 지정한 것은 북미회담에서 양

---

19) 김성철, 「국제금융기구와 사회주의 개혁개방: 중국, 베트남 경험이 북한에 주는 함의」, p. 98.

보를 얻어내고 국제적으로 고립시키기 위한 데서 비롯된 것이라며, 미국의 주장에는 반박할 필요도 없지만 미국의 전략에 맹목적으로 추종하여 ADB 가입을 반대한 일본의 외교에는 문제가 있다고 주장하였다. 중앙통신은 일본의 이러한 외교자세는 북한과의 관계 개선 주장이 위선에 불과하며 북한을 경제적으로 압살하고 고립시키기 위한 적대정책에 아무런 변화가 없다는 것을 보여주고 있다고 말했다.

1997년 2월 북한이 ADB 가입을 신청했을 때 일본정부는 북한이 ADB에 공식적으로 가입신청을 할 경우 '신중히 검토 한다'는 입장을 내세워 사실상 조기가입에 반대하는 입장을 보였다.[20] ADB 회원국 중 최대 출자비율을 유지하고 있는 일본이 북한 가입 거부방침을 정함으로써 북한의 가입은 곤란하게 되었다.

일본정부가 북한의 ADB 가입에 신중한 방침을 세운 것은 대외채무를 변제하지 않는 등 국제금융기구를 이용하는데 아직 북한의 신용도에 문제가 있으며, 또한 북한 공작원에 의한 일본인 납치의혹, 북한에 거주하고 있는 일본인처 인권문제, 북한의 마약밀수 사건 등도 북한의 ADB 가입을 반대하는 이유가 되기도 했다.[21]

북한의 ADB 접근 노력은 최근까지 지속되었다. 북한은 2000년 5월 7일 태국에서 개최된 제33차 ADB 연차총회에서 가입을 시도하였다. 그러나 미국은 북한이 테러지원국이라는 이유로 가입을 반대하였다. 이에 대하여 북한은 미국이 자신을 국제적으로 고립시키려고 있다고 비난한 바 있다. 또한 2001년 5월 하와이에서 개최된 제34차 ADB 연차총회에 옵서버 자격으로 참가할 가능성도 있었으나 미국의 반대로 무산되고 말았다. ADB 최대출자국으로 거부권을 보유한 미국은 미-북한 간 핵무기와 미사일 개발 등 안보문제가 걸려있다는 이유로 북한의 ADB 가입을 반대하고 있다. 당시 미국 국무부가 2001년 5월 1일 발표한 연례테러보고서에서 북한을 비롯하여 쿠바, 이란, 이라크, 리비아, 수단, 시리아 등을 계속 테러지원국으로 지정하였다.[22]

---

20) 「연합뉴스」, 1997. 5. 9.

21) 「요미우리신문」, 1997. 5. 8.

22) 김성철, 「국제금융기구와 사회주의 개혁개방: 중국, 베트남 경험이 북한에 주는 함의」, p. 97.

북한은 2000년 9월 시점에서 ADB 가입을 재추진했으나 북한의 미사일 개발 계획에 대한 우려를 버리지 못하는 미국과 일본에 의해 거부당했다. 일본은 국교 정상화 교섭의 일부로만 북한의 ADB 가입을 지지할 것이라고 미야자와 기이치 당시 일본 대장상이 밝혔다(2000년 9월 9일).

세계은행의 브래들리 밥슨 북한경제 자문관은 2000년 9월 16일 미국의 자유아시아방송(RFA)과의 회견에서 북한이 ADB 가입 의사를 밝힌 적은 있지만 세계은행, IMF에는 아직 가입 의사를 밝힌 바가 없다면서 북한의 국제금융기구 가입은 무엇보다도 북한이 미국의 테러지원국 명단에서 제외되는 것이 선결과제라고 지적했다.

4. 북한의 국제금융기구 가입에 대한 한국정부의 입장

한국 정부의 지원 없이는 북한의 국제금융기구 가입이 성사되기 어려운 것이 사실이다. 한국 정부는 1991년부터 이미 여러 차례 IMF · 세계은행 · ADB 총회에서 북한의 국제금융기구 가입에 찬성한다는 의향을 밝힌 적이 있다.

한국정부는 1991년 IMF 총회에서 이용만 당시 재무장관이 기조연설을 통하여 북한의 IMF 가입을 반대하지 않는다고 밝힌 데 이어 1997년 4월 필리핀에서 열린 ADB 총회에서는 강경식 부총리 겸 재정경제원 장관이 북한의 ADB 가입도 적극 지원하겠다고 선언했었다.

2000년 8월 전철환 한국은행 총재는 스리랑카 콜롬보에서 열린 동남아, 뉴질랜드, 호주 중앙은행기구 총재회의에 참석, 북한의 경제안정은 한반도 문제에 국한되는 것이 아니며 동남아와 태평양, 나아가 세계평화와 경제발전에 기여한다는 점에서 각국이 북한의 국제금융 기구 가입을 지원해 달라고 요청하였다.[23]

---

23) 「연합뉴스」, 2000. 8. 27.

김대중 정부는 2001년 우리 외교의 중점 방향을 북한의 개혁개방에 둔다는 목표 하에 북한의 국제사회와의 수교중재, 국제금융기구 가입 등을 적극 추진키로 목표를 설정한 바 있다. 정부는 남북정상회담 이후 가속화되고 있는 북한의 개혁개방을 촉진시킴으로써 북한의 국제사회 진출을 촉진하는 한편 중단기적으로 북미관계 개선을 통하여 북한이 미국의 테러지원국 명단에서 해제될 수 있도록 적극 지원하고 있다.

북한이 국제사회에 가입하게 되면 남북관계 개선을 촉진하는 면도 있다. 북한이 ADB 자금을 지원받을 경우 ADB의 규정상 해당프로젝트는 공개입찰에 붙여야 하고 사업의 진행과정을 ADB가 계속 모니터링하게 된다. 이 과정에서 ADB 직원들의 자유로운 해당국가 입출국이 보장되어야 한다. ADB 관계자들은 북한 내 프로젝트에는 현지 사정을 가장 잘 아는 한국기업들이 참여할 가능성이 높은데다가 ADB에는 한국국적의 직원이 30여명이나 근무하고 있어 이들이 해당사업의 점검요원으로 북한을 드나들 가능성이 높다. 이러한 과정을 통해 남북한 간에 인력, 물자, 정보의 교류가 자연스럽게 활성화될 수 있는 계기가 마련된다는 것이다.[24]

5. 맺음말

북한이 내부 주민들에게는 국제금융기구의 차관 및 원조제공에 대하여 "제국주의의 지배와 약탈의 도구"라며 거부감을 심어주고 있지만 실제는 국제금융기구의 지원을 고대하고 있다. 그러나 국제금융기구의 지원을 받기 위해서는 국제금융기구에 회원으로 가입이 먼저 이루어져야 한다.

북한이 국제금융기구에 가입하지 못하고 있는 원인은 북한과 국제금융기구의

---

24) 「연합뉴스」, 1997. 4. 6.

양자관계에서 드러난 대로, IMF와 세계은행에 대해서는 북한이 자료 제공의 기피와 국제금융기구의 정책개입을 우려하여 북한 스스로 기피하는 측면이 많다는 점이 지적되었다. ADB와의 관계에서는 역으로 북한은 가입을 강력히 희망하지만, 미국과 일본의 반대 때문에 성사되지 못하고 있는 셈이다.

결국 문제는 북한 내부에서 준비되어 있지도 않으며, 미국과 일본이 허용하지도 않는 것이다. 이 두 가지 문제는 모두 다 쉽게 해결되기 어려운 변수들이다.

북한이 국제금융기구에 가입한다는 것은 이러한 기구들의 '게임의 법칙'을 따른다는 것을 의미하기도 하는데 '게임의 법칙'이란 국가경제 관련 통계자료와 수치 등을 공개하고 정기적으로 IMF나 세계은행에 의해 심사받는 것을 의미한다.[25] 오랫동안 고립 속에 지냈던 북한에게 이것은 커다란 결정이 아닐 수 없다. 가장 큰 문제가 국제금융기구에 반드시 가입하겠다는 북한의 의지이다. 북한은 경제개혁이라는 말을 싫어하지만 북한경제 체제가 제대로 작동하지 않고 있다는 것은 현실이다. 경제문제를 해결하고 국제경제 체제로 진입하기 위하여 결단을 내리지 않으면 국제금융기구에 가입할 수 없게 되어 있다.[26] 북한이 IMF, 세계은행, ADB 등의 국제금융기구에 가입하기 위해서는 북한의 입장에서는 까다로울 수도 있는 가입조건을 충족시켜야 한다. 먼저 북한은 IMF에 가입하게 되면 북한의 모든 거시 및 미시 경제통계를 IMF에 제공해야 하며, 세계은행에도 사회보장제도, 교육, 건강 등 사회지표를 정기적으로 제공해야 함은 물론 외채 통계도 국제기준에 맞게 제출하여야 한다.

또한 본격적인 자금지원을 받기 위해서는 IMF, 세계은행과 협의하여 거시경제 전반을 포함한 구조조정 프로그램을 실시해야 한다. 또한 이러한 가입조건을 준수하겠다는 의사를 이들 국제금융기구에 공식적으로 전달하여야 하는 의무가 있다.

그러나 북한은 국제적으로 신뢰할만한 통계자료를 작성하지 못하고 있으며 통계자료가 대외에 개방될 경우 자신의 체제유지에 장애가 된다는 판단을 하고 있

---

25) 브래들리 밥슨, RFA 방송과의 인터뷰, 2000. 9. 16.
26) 브래들리 밥슨, RFA 방송과의 인터뷰, 2000. 9. 16.

는 것으로 보인다. 더욱이 IMF 정책협의회에 응하게 되면 각종 경제정책을 이 기구가 요구하는 수준으로 개혁해야 하기 때문에 북한이 이를 수용할지는 미지수라고 할 수 있다.

둘째는 북한이 세계은행에 가입하기 위해서는 최대 주주국인 미국, 일본과의 관계 개선이 선행되어야 한다. 특히 미국의 테러지원국 명단에서 삭제되어야 한다. IMF의 쿼타는 2차대전 전승국인 미국, 영국, 프랑스가 상당부분을 차지하고 있어 결국 북한이 IMF에 가입하려면 이들 선진국들의 지지가 절대적인 요인이라고 할 수 있다.

북한과 국제금융기구와의 관계는 북한이 경제난을 해결하기 위하여 반드시 국제금융기구의 지원을 받겠다는 의지와 북미관계와 북일관계 등 한반도를 둘러싼 주변 환경에 의하여 결정될 사안이다.

북한은 현재 선군정치라는 구호 하에 기존체제의 유지를 통하여 경제난을 해결하겠다는 전략을 취하고 있는 것으로 보인다. 북한이 대부분의 EU 국가들과의 수교를 성사시키는 등 대외적으로 적극적인 측면도 있으나 대내적으로는 개혁·개방으로 전환하고 있다는 징후가 없다. 이러한 징후로 본다면 북한이 국제금융기구에 가입하기 위하여 국제금융기구의 가입조건을 충족시키기 위하여 내부체제를 개방할 의지를 기대하기는 어려울 것으로 보인다.

또한 북한의 국제금융기구 가입을 위해서는 무엇보다 북미관계가 개선되어야 한다. IMF나 IBRD 등 미국이 최대 지분을 갖고 차관 제공에 영향력을 행사하는 기구들은 아직 북한에 문호를 개방하지 않고 있다.

북한이 1973년 WHO, 1979년에 UNDP에 이어 1986년에 UNICEF와 WFP에 가입했음에도 불구하고 이들 기구가 1990년대 중반에 식량난을 겪는 북한에 대하여 소극적인 태도를 보인 것은 북·미관계가 불편했기 때문이라는 분석이다.

빌 클린턴 전 미국대통령의 평양방문이 거론되던 2000년까지만 해도 대두되었던 북한의 IMF 및 IBRD 가입 전망이 부시 행정부의 출범 이후 북미관계가 악화되자 주춤거리고 있다.

미국은 미사일이나 핵 등 이 두 문제에 있어서 만족할 만한 약속을 받아내지 않고는 국제금융기구를 통한 대북 경제지원을 늘이려고 하지 않을 것이다. 법적인 문제도 있다. 미국 국내법에 따르면 북한이 테러지원국 명단에서 제외되지 않으면 미국이 대북지원을 원한다 하더라도 미 재무부의 지원이 테러지원국가를 지원하는 데 사용할 수 없도록 되어 있다. 테러지원국 명단에서 북한이 제외되지 않는 한 정치적으로 미국이 북한을 지원하려해도 재무부의 재원이 사용될 수 없는 것이다.[27] 이러한 상황을 고려할 때 부시 정부 하에서 북미관계를 개선하고 북한이 미국의 지지를 받아서 국제금융기구의 지원을 받는 것은 사실상 불가능한 셈이다.

---

27) 브래들린 밥슨, RFA 방송과의 인터뷰, 2000. 9. 16.

제9장
북한의 자본주의 세계체제에의 편입 시도와 핵문제 *

1. 문제 제기

1980년대 말 사회주의권의 붕괴는 곧 사회주의 국가들의 자본주의 세계체제로의 편입을 의미하였다. 중국이 개혁·개방이라는 이름으로 자본주의체제로 이행하였고, 소련은 페레스트로이카라는 이름으로 개혁·개방을 추진하다가 소비에트 연방이 해체되는 진통을 겪었으며 결국 공산당의 간판을 내리고 자본주의체제로 전환하였다.

소련, 동구 국가들이 일시에 체제변화를 하거나 붕괴함으로써 당시까지 경제협력의 파트너를 모두 상실한 북한은 체제 존망의 위기 상황에 빠졌다. 과거의 정치·경제적 지원국이 소멸했기 때문이다. 북한이 받은 충격은 이루 말할 수 없었다. 자력갱생이라는 구호에도 불구하고 북한이 소련, 동유럽 사회주의 국가들과 맺고 있었던 경제협력관계는 북한 경제에 매우 큰 비중을 차지하고 있었기 때문이다. 실제로 사회주의권의 붕괴 이후 북한은 대외적으로 고립되었고 그 결과 경제의 대외적 기반도 붕괴하였다. 1990년대 초에 북한이 급격한 경제난을 맞게 된

* 서재진

것은 바로 여기에 기인한다.

북한도 소멸된 사회주의진영을 대체할 경제협력의 파트너로서 자본주의 권에 재편입하는 것 외에는 대안이 없었다. 즉, 사회주의권이 없어진 상황에서 북한이 취해야 할 당면한 정책 과제는 자본주의 국가들과 관계를 개선하여 경제협력 관계를 새로 창출하는 것이었다. 대외적 차원에서 북한이 선택한 경제회생 전략 가운데 하나는 일본을 비롯한 서방 자본주의 국가와 수교를 추진하는 것이었다. 북한은 일본과의 수교를 경제적으로 정치적으로 자본주의체제에 편입하는 첫 관문으로 판단한 듯하다. 북한이 선택한 이러한 생존전략이 어떻게 전개되었으며 세계체제의 논리가 어떻게 작용하였는지를 살펴보고자 한다.

2. 일본과의 수교 시도와 제1차 북한핵문제 돌출의 배경

가. 일본과의 수교 시도

북한이 사회주의권 붕괴 직후 가장 적극적으로 추진한 대외정책은 일본과의 수교 협상이었다. 북한은 일본과의 수교를 국제고립 탈피 및 경제문제 해결을 위한 마스터카드로 선택했던 것으로 보인다. 일본으로부터 50억 달러 규모의 식민지배 배상금을 획득할 수 있고 자본과 기술을 도입할 수 있는 것으로 판단했던 듯하다. 소련으로부터의 사실상의 경제원조 중단과 중국의 원조 제한 등으로 인한 경제적 어려움을 경제대국인 일본과의 관계정상화를 통해 해결하고자 한 것이다. 또한 대일관계 정상화가 대미관계 개선을 촉진시킬 수 있을 것으로 판단했기 때문인 것으로 보인다.

일본으로서는 한반도 주변 4강 중에서 가장 먼저 북한에 대한 접근을 시도한 국가이다. 일본에게 북한은 지정학적으로 중국 및 러시아에 이르는 교두보로서 대단히 중요한 조건을 갖추고 있다.

1990년 9월 28일 북한과 일본 간에 '3당 공동선언'이 있은 후 1991년 1월 30일

평양에서 제1차 북일 수교회담에 이어 1992년 11월까지 8차에 걸친 회담을 통하여 수교문제가 상당한 정도로 진전되었다. 당시 북일관계 개선을 위해 해결되어야 할 현안은 일본의 전후 보상 문제와 북한의 핵사찰 문제였다.

한국은 일본에 대하여 대북한 수교를 위한 5개 항목의 조건을 제시하였으며, 미국도 유사한 요구를 하였다. 가령, 대북한 교섭에서 한국과의 충분한 협의를 할 것, 남북대화의 진전을 고려하여 교섭을 진행할 것, 북한의 핵안전협정 체결을 요구할 것, 대북한 경협이 북한의 군사력증강에 연결되지 않도록 할 것, 북한의 개방을 유도하는 방향에서 수교를 추진할 것 등이다.

북한은 일본과의 수교협상과 병행하여 대남정책에서도 획기적인 변화를 보였다. 1989년 2월 28일-1990년 7월 26일 사이에 8차례의 예비회담과 2차례의 실무대표접촉을 통해 쌍방 총리를 수석대표로 하는 고위급회담을 개최하여 남북 간의 정치군사적 대결 해소와 다각적인 교류·협력 실시 문제를 협의할 것에 합의한 이후 1990년 9월-1992년 9월까지 8차례의 고위급회담을 지속하면서 남북 간에 기본합의서 채택, 부속합의서 채택까지 한 바 있다.

북한이 대남정책을 급선회한 배경에는 몇 가지 이유가 있다. 첫째, 한국정부가 일본이 북한과 수교하기 위해서는 북일관계 개선에 병행하여 남북관계 개선이 이루어져야 한다는 조건을 달았기 때문이다. 이를 충족하기 위하여 일본이 북한으로 하여금 남한에 접근하도록 요구한 측면이 있다고 보아야 할 것이다. 둘째, 북한이 남북합의서를 채택하게 된 배경은 불가침조약에 비중을 두었기 때문인 것으로 보인다. 제1차 남북고위급회담(1990.9.4-7)에서 '하나의 조선' 정책을 내세워 상호체제인정 및 교류 협력을 반대하였던 북한은 1990년 12월(11-14일)의 3차고위급회담에서 「불가침선언」채택을 강경하게 주장하였으며[1], 「기본합의서」채택 발표를 통해 남북공존을 모색했던 것이다. 동시에 북한은 남한에 대해 1991년 5월 3일 고려연방제 통일방안에서 남북한 정부가 각각 외교와 군사권을 관할토록 하는 수정안을 제시함으로써 한민족공동체 통일방안의 일부를 수용하는 유연성도 보였다.

셋째, 북한은 1991년 1월의 걸프전에서 보여준 미국의 실제적인 대이라크 군사

---

1) 통일원, 「통일백서 1992」(서울: 통일원, 1992), p. 151.

공격과, 그해 4월 북한 핵시설에 대한 미국의 '예방폭격론'이 '120일 시나리오'로 구체화된 사실이 드러나자 전쟁 발발을 실제상황으로 받아들이고 대외정책의 전환을 서둘러 추진한 것으로 보인다. 북한의 대외정책에서 가장 뚜렷한 변화의 하나가 바로 유엔 가입이다. 북한은 그동안 고수해 왔던 '하나의 조선' 정책을 사실상 포기하고 독립의석으로 UN에 가입하였다. 또한 미국에 대해서 1990년 5월 24일 소위 '단계적 군축안'을 제시한 북한은 1991년 4월 단계적 철수의 첫단계 조치가 시작되는 시점을 미군철수로 간주하겠다고 하였다.

북한의 이러한 대외 대남정책 변화의 직접적인 동기의 하나는 북한이 걸프전쟁에서 크게 두 가지 사실에 충격을 받았기 때문으로 보인다. 첫째는, 미 군사력이 이라크의 군사력을 무력화시킬 정도로 대단한 위력을 지니고 있다는 것과, 둘째는 사담후세인이 정권을 유지하기 위해 결국 미국과 국제원자력기구(IAEA)에 협력할 수밖에 없었다는 사실이다. 북한은 이러한 위력을 가진 미국의 대북한 정책이 전쟁을 불사할 만큼 매우 강경한 것으로 인식함으로써 대미 대남접근에 변화를 보인 것으로 판단된다.

이로써 북한은 일본과는 수교회담을 추진했으며, 남한과는 기본합의서를 채택하고 이를 이행하기 위한 3개의 공동위원회를 구성하여 가동할 정도로 관계를 진전시키고 있었다. 한반도에 탈냉전의 기류가 완연하였다.

바로 이 시점에서 1992년 11월 미국이 북한의 핵개발 의혹을 제기하였다. 북한 핵문제가 제기되자 남북관계는 다시 냉전시대의 원점으로 돌아갔고, 북한과 일본 간의 수교문제도 원점으로 되돌아갔다. 오히려 북한과 일본 간에는 국교수립 관련 기본문제, 일본인 납치문제, 식민지 시대 보상 문제 등 여러 가지 복잡한 양자 간의 문제도 많지만, 북·일 수교는 단순히 북한과 일본 간의 문제가 아니라 미국의 동북아에서의 이해관계와 남북관계의 국제정치적 맥락에서 해결될 수 있는 문제로 발전되었다.

나. 제1차 핵문제 제기 배경과 미국의 MD계획

단기·중기적인 차원에서 미국의 대북정책과 한반도 정책에 영향을 미친 중요한 요인의 하나가 미국의 MD계획이다. MD계획에 대한 분석이 이루어져야 최근의 미국의 대북정책의 배경을 이해할 수 있을 것으로 보인다. 북한의 핵개발 의혹이 제기된 시점과 미국의 MD계획 추진의 전환점이 시기적으로 일치하고 있다는 점에서 논의를 시작할 수 있다.

1983년부터 레이건 정부에 의하여 추진되던 전략방위구상(SDI, Strategic Defense Initiative; 일명 스타워즈 계획)이 MD계획의 전신이다. 즉, SDI가 축소 조정된 것이 MD계획이다. SDI는 기술적 타당성과 엄청난 소요 비용 때문에 미국 내에서도 처음부터 비판이 많았다. 특히 소련 말기에 SDI의 타겟이었던 소련이 대대적인 핵감축계획을 발표함으로써 소련으로부터 핵공격을 받을 가능성이 미약해짐에 따라 SDI계획은 위기에 몰렸었다.[2] 그런데 SDI계획을 지속하게 한 핵심적 사건이 1991년 1월의 걸프전쟁 이었다. 걸프전쟁에서 이라크가 이스라엘과 사우디아라비아 및 다국적군에게 스커드 미사일을 발사하자 미국은 소련의 미사일 공격으로부터의 방어개념에서 시작된 '별들의 전쟁' 계획의 중점 추진목표를 이라크를 비롯한 제3세계의 공격에 대한 방어 쪽으로 방향을 수정하게 되었다. 걸프전쟁을 통하여 미사일 방어 계획의 필요성이 새롭게 부각되었을 뿐만 아니라 패트리어트 미사일의 위력과 기술적 타당성도 인정받게 된 것이다. 이를 통하여 패트리어트 미사일보다 더욱 성능이 우수한 요격미사일을 개발하여야 한다는 미국 국방 책임자들과 군수산업체의 오랜 주장이 설득력을 얻을 수 있게 되었다. 이 결과 나온 것이 '제한공격으로부터의 세계적 방어'(Global Ptotection Against Limited Strikes; GPALS)라는 새로운 개념이며 SDI의 일부로 제시된 것이다.[3] 이 당시 GPALS는 SDI에 대한 비판을 비켜가기 위하여 나온 새로운 개념인 것으로 이해되기도 하였다.[4]

GPALS는 해외 주둔 미군과 동아시아 동맹국을 보호하기 위한 계획인 전역(戰域) 미사일방위(Theater Missile Defence, 또는 TMD), 미국의 본토를 방어하는

---

2) 「연합뉴스」, 1991. 10. 7.

3) 「연합뉴스」, 1991. 7. 6.

4) 「연합뉴스」, 1992. 1. 31.

국가미사일방어(NMD), 우주공간에서 감지해서 요격하는 지구미사일방어(GMD) 등 3단계로 추진될 계획이었다. GPALS도 우주기지의 방어무기(GMD)를 포함하고 있었기 때문에 SDI와 마찬가지로 스타워즈로 통용되었다.[5]

그런데 1991년 말 소연방이 해체됨에 따라 SDI와 GPALS는 새로운 문제에 봉착했다. 소련 붕괴 이후 타겟이 실질적으로 사라지자 SDI 계획이 비용, 기술 문제, 효용성의 측면에서 사업지속성에 대한 타당성 논란이 더욱 거세어진 것이다. 결국 클린턴 정부는 출범과 동시에 1993년 5월 SDI를 폐기한다고 선언하고 축소된 형태의 미사일방어계획으로 변경하였다.[6] SDI계획이 폐기됨에 따라 GPALS 계획 중에서도 GMD를 제외한 TMD와 NMD로 축소되어 추진되었다.[7]

이 중에서 TMD가 먼저 추진되었는데 그 까닭은 패트리어트 미사일의 개량형이라고 할 수 있는 THAAD(Theater High-Altitude Area Defense, 전역고고도방어) 요격미사일 개발 계획이 기술적으로 많이 진척되었고 실전배치가 가능하기 때문에 가장 논란이 적은 분야이며 부시1세 행정부와 민주당이 지배하는 의회로부터도 모두 지지를 받았기 때문이었다.[8]

미국의 TMD에 가속도를 붙인 것은 1992년 11월 북한이 핵무기를 개발하고 있다는 의혹이 제기된 것과 1993년 5월 노동 1호 미사일을 시험 발사한 사건이다. 뿐만 아니라 이 사건을 계기로 북한의 장거리 미사일에 위협을 느낀 일본을 TMD에 끌어들일 수 있게 됨으로써 미국의 미사일계획은 새로운 추진력을 얻게 되었다. 미국과 일본은 1993년 9월 27일 북한의 노동 1호 미사일에 대응하기 위한 TMD 실무회담을 가졌다. 미국이 일본에게 TMD에의 참여를 종용하기 위한 회담이었다.

미국은 1990년대 후반기에 공화당이 주도하는 의회의 압력으로 NMD도 동시에 추진하게 되었다. SDI 계획은 클린턴 정부에서 공식적으로 폐기했지만 TMD

5) 「연합뉴스」, 1991. 10. 24.
6) 「연합뉴스」, 1993. 5. 14.
7) TMD 및 NMD에 대한 종합적인 분석은 전성훈, 「미·일의 TMD 구상과 한국의 전략적 선택」 (서울: 통일연구원, 2000)을 참조할 것.
8) 「연합뉴스」, 1992. 8. 6.

와 NMD계획은 클린턴 정부 아래에서 추진되었다. 공화당이 우세한 클린턴 정부 아래서 미국 상원은 1999년 3월 17일 북한의 미사일 위협 등에 대처하기 위하여 NMD 구축을 결의하였다. "기술적으로 가능해지는 대로 즉각 배치 한다"는 내용의 법안을 표결에 부쳐 찬성 97표, 반대 3표의 압도적 다수로 통과시켰다. 하원은 이 법안을 그 다음날 표결에 부쳐 찬성 317표, 반대 105표로 통과시킴으로써 NMD계획은 사실상 확정되었다.

클린턴 정부에서 NMD계획이 의회를 통과하게 된 데는 몇 가지 상황적 변수도 작용하였다. 첫째가 북한의 1998년 8월 대포동 1호 발사이다. 둘째, 북한의 대포동 1호 발사와 더불어 일본이 미국의 TMD 참여 요청에 호응하였기 때문이다. 일본은 미국의 요청에도 불구하고 거액의 투자비용 때문에 TMD 참여를 꺼려오다가 북한이 다단계 로켓을 발사한 이후 TMD 참여를 결정하였다. 셋째, 1999년 초 중국이 미국의 에너지부 산하 연구소에서 다탄두 핵무기 제조에 필요한 기술을 빼내어 갔다는 논란도 NMD계획안이 미국 의회를 통과할 수 있는 분위기를 조성하는 데 일조한 것으로 지적되고 있다.[9] 그런데 몇 차례의 NMD 미사일 요격실험이 실패하게 되자 클린턴 대통령이 최종 결정을 차기 정부로 이양하였다. 부시행정부가 출범하자마자 MD계획을 추진한 이유가 이러한 맥락에서다.

미국이 미사일방어계획을 지속적으로 추진하는 이유는 첫째, 미국 국방당국에게는 첨단기술에 근거한 차세대 무기의 개발 및 실전 배치로서 의미가 있으며, 또 한편으로는 미국 군수산업체에게는 사활을 건 자기재생산의 프로젝트이기 때문이다. 요격미사일과 레이더장치 분야에서 패트리어트 메이커인 마틴 마리에타사를 비롯하여 맥도널 더글러스, 록히드, 제너럴 일렉트릭, 웨스팅하우스 등 25개사가 치열한 수주 경쟁을 벌이고 있다.[10]

이러한 맥락에서 볼 때 미국 현 부시정부의 MD계획은 1983년부터 추진되던 미사일 방어계획의 일환이며 TMD와 NMD가 통합된 개념인 것이다.

MD계획을 구체화하는 시점에서 북한이 1998년 8월 대포동 1호 미사일을 발사

---

9) 「연합뉴스」, 1999. 3. 19.
10) 「연합뉴스」, 1999. 3. 31.

함에 따라 미국 MD의 대상국으로서 위치가 더욱 확고해진 것이다. 소련이 붕괴한 이후 미국은 MD계획의 대상국을 북한이라고 주장하고 있다. 1999년 11월 5일 미국의 월터 스로우컴 미국 국방부차관이 국제전략연구소(CSIS)에서 행한 연설에서 미국은 향후 15년 동안 북한의 대륙간탄도미사일(ICBM) 위협에 직면할 가능성이 가장 높은 것으로 전망하고 있다면서 이에 대응하기 위하여 1단계로 2005년까지 알래스카에 NMD체제를 구축할 것이라고 발언하였다. 그는 1단계 NMD체제는 "기초적 침투장비에 의해 운반되는 북한의 ICBM 탄두 수십 개가 발사되는 것에 대응, 미 50개주 전역을 방어할 능력을 갖추게 될 것"이라고 강조하였다. 2단계 NMD체제는 2011년까지 요격미사일과 기지, 유도 레이더 등의 추가 배치 및 SBIS(우주배치 적외선 센서), 저궤도 인공위성 배열 등이 포함된다고 그는 말했다. 그는 1단계 NMD체제는 2001년에 착공할 필요가 있다고 발언했다.[11]

북한 핵문제가 미국에 의하여 제기된 시점이 소련 붕괴 이후 SDI의 타겟을 상실한 시점과 일치한다는 점, 그리고 미국 국방당국자들이 미국의 NMD 구축의 명분을 북한의 위협에서 찾고 있다는 점을 주목해야 할 것이다. 북한의 제1차 핵문제와 이후의 제2차 핵문제는 미국 군사전략의 명분 확보용으로 활용된 측면이 많다는 점을 지적할 필요가 있다.

다. 제1차 북핵문제 돌출 이후의 북·미관계

일본과의 수교교섭이 1992년 11월 미국이 제기한 북한 핵문제로 말미암아 중단된 이후 북한은 미국과의 관계 개선에 매달렸다. 북한 생존의 열쇠를 미국이 쥐고 있다고 인식한 것으로 보인다. 또한 세계 질서의 헤게모니는 미국이 장악하고 있기 때문에 미국을 통하지 않고는 일본과의 수교도 불가능하다고 판단한 듯하다. 북한은 미국에 의하여 제기된 핵개발 의혹을 미국과의 협상 수단으로 활용하였다. 당시의 현안은 북한의 핵개발 의혹을 확인하기 위한 핵사찰 문제였다. IAEA(국제원자력기구)가 북한에 대한 임시·일반사찰을 실시(1992.5-1993.2)한

---

11) 「연합뉴스」, 1999. 11 .6.

결과 북한 측이 IAEA에 제출한 최초보고서와 사찰 결과 간에 중대한 불일치가 발견되고 이를 해소하기 위해 IAEA는 북한에 대하여 특별사찰을 요구하였다. 북한은 이에 대하여 미국이 IAEA를 움직여 북한을 압살하려한다고 비난하면서 1993년 3월 12일 NPT(핵비확산조약) 탈퇴를 선언함으로써 핵문제를 수단으로 핵비확산을 추구하는 초강대국 미국과 직접 상대할 수 있는 기회로 활용하였다. 북한은 미국과의 협상을 통하여 체제보장과 경제지원을 얻고자 하였다.[12] 북한은 핵문제를 오히려 미국과의 관계 개선을 위한 협상카드로 활용한 것이다. 1년 반여만의 긴 협상 끝에 1994년 10월 21일의 미북 제네바 합의서가 도출되어 북한은 미국과의 관계 개선의 길을 열었다. 제네바합의의 내용은 다음과 같다.

ㅇ 미합중국(이하 미국의 호칭) 대표단과 조선민주주의인민공화국(이하 북한으로 호칭) 대표단은 1994. 9. 23.부터 10. 21.까지 제네바에서 한반도 핵문제의 전반적 해결을 위한 협상을 가졌다.

ㅇ 양측은 비핵화된 한반도의 평화와 안전을 확보하기 위해서는 1994. 8. 12. 미국과 북한 간의 합의 발표문에 포함된 목표의 달성과 1993. 6. 11. 미국과 북한 간 공동발표문 상의 원칙과 준수가 중요함을 재확인하였다.

ㅇ 양측은 핵문제 해결을 위해 다음과 같은 조치들을 취하기로 결정하였다.

1. 양측은 북한의 흑연감속 원자로 및 관련시설을 경수로 원자로발전소로 대체하기 위해 협력한다.

1) 미국 대통령의 1994. 10. 20.자 보장서한에 의거하여 미국은 2003년을 목표시한으로 총발전용량 약2,000MWe의 경수로를 북한에 제공하기 위한 조치를 주선할 책임을 진다.

 - 미국은 북한에 제공할 경수로의 재정조달 및 공급을 담당할 국제 콘소시엄을 미국의 주도 하에 구성한다.

 - 미국은 동 국제 콘소시엄을 대표하여 경수로 사업을 위한 북한과의 주 접촉선 역

12) 통일연구원, 「통일환경과 남북관계, 1993~1994」(서울: 통일연구원, 1993).

할을 수행한다.

- 미국은 국제 콘소시엄을 대표하여 본 합의문 서명 후 6개월 내에 북한과 경수로 제공을 위한 공급 계약을 체결할 수 있도록 최선의 노력을 경주한다. 계약 관련 협의는 본 합의문 서명 후 가능한 조속한 시일 내 개시한다.

- 필요한 경우 미국과 북한은 핵에너지의 평화적 이용 분야에 있어서의 협력을 위한 양자협정을 체결한다.

2) 1994. 10. 20.자 대체에너지 제공 관련 미국의 보장서한에 의거 미국은 국제 콘소시엄을 대표하여 북한의 흑연감속원자로 동결에 따라 상실될 에너지를 첫번째 경수로 완공 시까지 보전하기 위한 조치를 주선한다.

- 대체에너지는 난방과 전력생산을 위해 중유로 공급된다.

- 중유의 공급은 본 합의문 서명 후 3개월 내 개시되고 양측간 합의된 공급일정 에 따라 연간 50만 톤 규모까지 공급된다.

3) 경수로 및 대체에너지 제공에 대한 보장서한 접수 즉시 북한은 흑연감속원자로 및 관련 시설을 동결하고 궁극적으로 이를 해체한다.

- 북한의 흑연감속원자로 및 관련 시설의 동결은 본 합의문서 후 1개월 내 완전 이행된다. 동 1개월 동안 및 전체 동결기간 중 IAEA가 이러한 동결 상태를 감시하는 것이 허용되며, 이를 위해 북한은 IAEA에 대해 전적인 협력을 제공한다.

- 북한의 흑연감속원자로 및 관련 시설의 해체는 경수로 사업이 완료될 때 완료 된다.

- 미국과 북한은 5MWe 실험용 원자로에서 추출된 사용 후 연료봉을 경수로 건설기간 동안 안전하게 보관하고 북한 내에서 재처리하지 않는 안전한 방법으로 동 연료가 처리될 수 있는 방안을 강구하기 위해 상호 협력한다.

4) 본 합의 후 가능한 조속한 시일 내에 미국과 북한의 전문가들은 두 종류의 전문가 협의를 가진다.

- 한쪽의 협의에서 전문가들은 대체에너지와 흑연감속원자로의 경수로로의 대체와 관련된 문제를 협의한다.

- 다른 한쪽의 협의에서 전문가들은 사용 후 연료 보관 및 궁극적 처리를 위한 구체적 조치를 협의한다.

2. 양측은 정치적, 경제적 관계의 완전 정상화를 추구한다.
   1) 합의 후 3개월 내 양측은 통신 및 금융거래에 대한 제한을 포함한 무역 및 투자
   제한을 완화시켜 나아간다.
   2) 양측은 전문가급 협의를 통해 영사 및 여타 기술적 문제가 해결된 후에 쌍방의
   수도에 연락사무소를 개설한다.
   3) 미국과 북한은 상호 관심사항에 대한 진전이 이루어짐에 따라 양국관계를 대사
   급으로까지 격상시켜 나아간다.

3. 양측은 핵이 없는 한반도의 평화와 안전을 위해 함께 노력한다.
   1) 미국은 북한에 대한 핵무기를 불위협 또는 불사용에 관한 공식 보장을 제공한다.
   2) 북한은 한반도 비핵화공동선언을 이행하기 위한 조치를 일관성 있게 취한다.
   3) 본 합의문이 대화를 촉진하는 분위기를 조성해 나아가는 데 도움을 줄 것이기 때
   문에 북한은 남북대화에 착수한다.

4. 양측은 국제적 핵비확산 체제 강화를 위해 함께 노력한다.
   1) 북한은 핵비확산조약(NPT) 당사국으로 잔류하며 동 조약상의 안전조치협정 이
   행을 허용한다.
   2) 경수로 제공을 위한 계약 체결 즉시 동결 대상이 아닌 시설에 대하여 북한과
   IAEA간 안전조치 협정에 따라 임시 및 일반사찰이 재개된다. 경수로 공급계약
   체결시까지 안전조치의 연속성을 위해 IAEA가 요청하는 사찰은 동결 대상이 아
   닌 시설에서 계속된다.
   3) 경수로 사업의 상당 부분이 완료될 때, 그러나 주요 핵심 부품의 인도 이전에 북
   한은 북한 내 모든 핵물질에 관한 최초보고서의 정확성과 완전성을 검증하는 것
   과 관련하여 IAEA와의 협의를 거쳐 IAEA가 필요하다고 판단하는 모든 조치를
   취하는 것을 포함하여 IAEA 안전조치협정(INFCIRC/403)을 완전히 이행한다.

조선민주주의 인민공화국 수석대표 외교부 제1부부장 강석주
미합중국 수석대표 미합중국 본부대사 로버트 갈루치

합의내용에서 가장 눈여겨 보아야 할 부분은 제2항의 양국 관계의 완전 정상화에 관한 것이다. 미국은 경수로 건설비용을 한국과 일본이 부담함으로써 재정 부담이 없이 북한의 핵개발 포기와 특별사찰 수용이라는 성과를 거두었지만, 북한은 핵문제를 카드로 하여 미국과의 관계개선을 노렸다.

제네바합의 이후 미국의 대북제재가 어느 정도 완화되는 등 관계 개선에 진전이 있었지만 북한도 군부의 반대로 미국과의 관계 개선을 망설이고, 미국도 공화당의 제동 때문에 북한이 원하는 관계 개선과 경제제재 완화를 해주지 못하였기 때문에 결국 북미관계는 별 성과 없이 표류하다가 미사일 문제로 다시 교착상태에 빠지고 말았다.

미국은 북한을 MTCR(미사일기술통제체제)에 가입시켜 미사일 개발을 통제한다는 명분으로 1996년 4월 20일 북한과 첫 협상을 시작하였다. 그러나 북한은 미사일 개발이 북한의 안보를 위한 자위권 차원의 문제라고 주장하면서 미국과의 평화협정 체결 및 주한미군 철수 등 미국의 군사적 위협 제거를 전제조건으로 내세우고 미사일 수출에 대한 과도한 대가를 요구하였다.[13]

1998년 8월에는 금창리에 핵시설로 추정되는 지하시설이 건설되고 있다는 의혹이 제기되고, 동년 8월 31일에 대포동 1호 미사일이 발사됨으로써 북한과 미국 관계는 새로운 경색국면으로 후퇴하였다. 북한은 금창리 지하 의혹시설 사찰 대가로 100만 톤의 식량지원을 요구하였고, 미사일 개발 중단 대가로 연간 10억 달러씩 3년간 30억 달러의 보상을 요구하였다.

금창리 핵의혹 시설은 식량 60만 톤을 지원받고 사찰을 허용함으로써 일단락되었지만 미사일 문제는 미해결 상태로 북미관계의 핵심적 현안으로 남아 있었다. 미국은 윌리엄 페리 전 국방장관을 대북정책 조정관에 임명하여 소위 페리보고서를 작성하여 제네바 합의서 체제를 수정하였다. 1999년 9월 15일 미의회에 제출된 페리보고서의 핵심은 북한이 핵개발과 미사일 개발을 포기하면 관계 개선에 응할 수 있으나 미사일 개발 포기에 대한 물질적 보상은 하지 않겠다는 것이다. 북한은 미사일 개발에 대한 미국의 요구는 주권 침해행위라면서 포기할 의사가

---

13) 통일연구원, 「통일환경과 남북관계, 1997-1998」, p. 51.

없다고 응수하였지만 결국 1999년 9월 북·미 베를린 회담에서 북한은 미사일 시험발사를 유예하는 대신 미국은 대북한 경제제재를 부분해제하기로 합의하였다. 그러나 북한은 미사일 시험 발사는 유예하고 있으나 수출은 지속함으로써 문제의 핵심은 해결되지 않은 채 미결로 남겨져 있다.

3. 2000년 이후 남북관계 개선을 통한 북미관계 개선시도

미국이 북한을 볼모로 MD계획을 추진하고 있는데 반하여 북한은 미국과 관계 개선을 위하여 핵무기와 미사일 개발계획을 협상의 수단으로 사용한 것은 아이러니가 아닐 수 없다. 약자인 북한이 실패할 수밖에 없는 구도였다. 결국, 북한은 지난 10년 동안 고수했던 통미봉남 전략, 핵과 미사일을 위협수단으로 한 벼랑끝 전술로 특징지어지는 대외정책으로는 미국과의 관계에 아무런 진전이 없다는 것을 인식하고 새로운 발상의 전환이 필요하다고 인식한 듯하다. 2000년 들어서 북한은 새로운 전략을 모색한 것으로 보인다. 수정된 전략의 하나가 대남정책의 변화이다.

대남정책을 변화하게 된 데에는 몇 가지 중요한 요인이 더 있다. 첫째, 북한이 남북관계 개선에 임한 배경은 중국과 러시아가 미국의 MD계획에 빌미를 주지 않기 위하여 북한을 설득했기 때문인 것으로 보인다. 즉 북한으로 하여금 미사일 개발을 포기하고 동시에 남북관계를 개선하도록 설득한 것이다. 북한이 미사일 개발을 포기하고 한반도에서 남북화해와 평화 분위기가 무르익을 경우 미국의 MD 추진의 명분이 약화될 것으로 평가된 것이다.

이러한 판단의 근거로는 남북정상회담 전후에 중국, 러시아, 북한 간에 역사적이라 할 만한 일련의 정상회담이 이루어졌다는 사실에서 찾을 수 있다. 남북정상회담(2000년 6월 13-15일) 바로 직전인 5월 29-31일에 김정일이 16년 만에 처음으로 중국을 방문하였으며, 정상회담 직후인 7월 19-20일에는 푸틴 러시아 대통령이 소련 사상 처음으로 북한을 방문하였다. 푸틴 대통령은 김정일로부터 북한의 인공위성을 국제사회가 대신 발사해 주는 조건으로 미사일 개발을 포기하겠다는 약속을 받아내었고 이를 그 다음날에 있은 오키나와 G-7 정상회담에서 공개하였다.

북한을 중심으로 이루어진 일련의 정상회담이 이루어진 배경에는 동북아 역학관계를 결정하는 중요한 사안이 있었기 때문이며, 그 사안의 중심에는 미국의 미사일 방어계획에 대응하는 중국과 러시아의 입김이 있었던 것이다. 중국과 러시아가 북한에 대하여 미사일을 포기할 것을 권유했던 것으로 볼 수 있다.

둘째, 북한이 남한으로부터의 경제지원을 기대하였기 때문이다. 금강산 관광사업을 통하여 경화를 벌고 있었고, 남한이 베를린 선언을 통하여 많은 대북지원을 약속해놓고 있었던 상황이었다.

셋째, 남북관계의 개선 없이는 미국이 북한을 상대해주지 않는 것으로 인식했기 때문이다. 워싱턴으로 가기 위해서는 서울을 거쳐서 가야한다는 것을 깨달은 것이다. 그런 점에서 본다면 남북정상회담 이후 북한의 일련의 대남 유화책은 미국을 의식한 대남 평화공세이며, 미국으로 가기 위한 남한 거쳐 가기의 의도가 많다고 보아야 할 것이다.

실제로, 북한은 남북정상회담이 성공적으로 끝나자 2000년 10월 10일 조명록 군총정치국장을 미국에 특사로 보내어 "조미관계의 성격을 근본적으로 바꾸겠다"는 김정일 위원장의 메시지를 전달했고 그 의지의 표현으로 당시의 북미관계의 현안이었던 미사일문제에 대한 새로운 해법을 제시하였다. 북·미 간의 최대의 현안은 단연 북한의 미사일문제였고 미국이 북한의 제안에 적극 호응한 것을 고려한다면 조명록 특사가 가지고 간 김정일 위원장의 친서에 미사일문제에 있어서 미국에게 매우 만족스러운 해법을 제시했다는 것으로 풀이할 수 있다. 그 해법이란 웬디 셔먼 당시 미국의 대북정책조정관이 조명록과 클린턴의 회담이 끝난 뒤 가진 기자회견에서 김정일 위원장이 푸틴 러시아 대통령에게 제안한 '인공위성 발사 지원 시 미사일개발 중단용의' 문제도 논의했음을 밝힌 것에서 드러났다.

문제는 체제생존권과 자주권의 최후의 보루로써 결코 포기할 수 없을 것이라고 알려진 미사일 문제에 북한이 왜 태도를 바꾸었느냐 하는 의문이다. 무엇보다도 페리 프로세스로 알려진 미국의 대북정책에 북한이 굴복한 것으로 보아야 할 것이다. 페리보고서의 핵심은 북한의 미사일 수출중단 및 개발 중단에 대하여 물질적 보상은 하지 않으며 단지 북한이 스스로 포기할 경우 경제제재 완화와 관계 개선을 해줄 수 있다는 단호한 입장이었다. 미사일을 협상카드로 해서 경제지원과 관계 개선까지 얻어내겠다던 북한으로서는 기존의 전략으로는 미국으로부터 얻어낼 것이 별로 없다는 데서 매우 고심하고 있었다. 미국의 페리 프로세스가 주효한 셈이다.

북한은 미사일 개발계획을 포기하고 미국과 수교를 선택하였다. 조명록의 방미가 소기의 목적을 달성하여 북한과 미국사이에 공동코뮈니케가 발표되었다. 핵심 내용은 북한과 미국사이에 적대관계를 청산하고 새로운 관계를 수립하기 위하여 쌍방이 모든 노력을 다할 것이라는 공약을 확인한 것이다.[14]

북한과 클린턴 행정부 사이에 이러한 진전이 있었지만 곧 부시행정부의 출범과

---

14) 북-미 공동코뮈니케 전문: 조선민주주의인민공화국 국방위원회 김정일 위원장의 특사인 국방위원회 제1부위원장 조명록 차수가 2000년 10월 9일부터 12일까지 미합중국을 방문하였다. 방문기간 국방위원회 김정일 위원장께서 보내시는 친서와 조미관계에 대한 그의 의사를 조명록 특사가 미합중국 클린턴 대통령에게 직접 전달하였다. 조명록 특사와 일행은 매들린 올브라이트 국무장관과 윌리엄 코언 국방장관을 비롯한 미행정부의 고위관리들을 만나 공동의 관심사로 되는 문제들에 대하여 폭넓은 의견 교환을 진행하였다.

쌍방은 조선민주주의인민공화국과 미합중국 사이의 관계를 전면적으로 개선시킬 수 있는 새로운 기회들이 조성된 데 대하여 심도 있게 검토하였다.

회담들은 진지하고 건설적이며 실무적인 분위기 속에서 진행되었으며 이 과정을 통하여 서로의 관심사들에 대하여 더 잘 이해 할 수 있게 되었다.

조선민주주의인민공화국과 미합중국은 역사적인 북남 최고위급 상봉에 의하여 조선반도에 환경이 변화되었다는 것을 인정하면서 아시아·태평양지역의 평화와 안전을 강화하는 데 이롭게 두 나라 사이의 쌍무관계를 근본적으로 개선하는 조치들을 취하기로 결정하였다.

이와 관련하여 쌍방은 조선반도에서 긴장상태를 완화하고 1953년의 정전협정을 공고한 평화보장체계로 바꾸어 조선전쟁을 공식 종식시키는 데서 4자회담 등 여러 가지 방도들이 있다는 데 대하여 견해를 같이하였다.

조선민주주의인민공화국측과 미합중국 측은 관계를 개선하는 것이 국가들 사이의 관계에서 자연스러운 목표로 되며 관계 개선이 21세기에 두 나라 인민들에게 다같이 이익으로 되는 동시에 조선반도와 아시아·태평양지역의 평화와 안전도 보장하게 될 것이라고 인정하면서 쌍무관계에서 새로운 방향을 취할 용의가 있다고 선언하였다.

첫 중대조치로서 쌍방은 그 어느 정부도 타방에 대하여 적대적 의사를 가지지 않을 것이라고 선언하고 앞으로 과거의 적대감에서 벗어난 새로운 관계를 수립하기 위하여 모든 노력을 다할 것이라는 공약을 확인하였다.

쌍방은 1993년 6월 11일부 조·미 공동성명에 지적되고 1994년 10월 21일부 기본합의문에 재확인된 원칙들에 기초하여 불신을 해소하고 호상(상호) 신뢰를 이룩하며 주요 관심사들을 건설적으로 다루어 나갈 수 있는 분위기를 유지하기 위하여 노력하기로 합의하였다.

이와 관련하여 쌍방은 두 나라 사이의 관계가 자주권에 대한 호상 존중과 내정불간섭의 원칙에 기초하여야 한다는

더불어 북미 관계는 다시 악화되었다. 부시행정부가 출범하면서부터 북한에 대하여 강경책으로 선회하였기 때문이다.

것을 재확언하면서 쌍무적 및 다무적 공간을 통한 외교적 접촉을 정상적으로 유지하는 것이 유익하다는 데 대하여 유의하였다.

쌍방은 호혜적인 경제협조와 교류를 발전시키기 위하여 협력하기로 합의하였다. 쌍방은 두 나라 인민들에게 유익하고 동북아시아 전반에서의 경제적 협조를 확대하는 데 유리한 환경을 마련하는 데 기여하게 될 무역 및 상업 가능성들을 탐구하기 위하여 가까운 시일 안에 경제 무역 전문가들의 호상 방문을 실현하는 문제를 토의하였다.

쌍방은 미사일 문제의 해결이 조·미 관계의 근본적인 개선과 아시아·태평양지역에서의 평화와 안전에 중요한 기여를 할 것이라는 데 대하여 견해를 같이 하였다. 조선민주주의인민공화국측은 새로운 관계 구축을 위한 또 하나의 노력으로 미사일 문제와 관련한 회담이 계속되는 동안에는 모든 장거리 미사일을 발사하지 않을 것이라는 데 대하여 미국 측에 통보하였다.

조선민주주의인민공화국과 미합중국은 기본합의문에 따르는 자기들의 의무를 완전히 이행하기 위한 공약과 노력을 배가할 것을 확약하면서 이렇게 하는 것이 조선반도의 비핵평화와 안전을 이룩하는 데 중요하다는 것을 굳게 확언하였다.

이를 위하여 쌍방은 기본합의문에 따르는 의무 이행을 보다 명백히 할 데 대하여 견해를 같이 하였다.

이와 관련하여 쌍방은 금창리 지하 시설에 대한 접근이 미국의 우려를 해소하는 데 유익하였다는 데 대하여 유의하였다.

쌍방은 최근연간 공동의 관심사로 되는 인도주의 분야에서 협조사업이 시작되었다는 데 대하여 유의하였다.

조선민주주의인민공화국측은 미합중국이 식량 및 의약품 지원분야에서 조선민주주의인민공화국의 인도주의적 수요를 충족시키는 데 의의 있는 기여를 한 데 대하여 사의를 표하였다.

미합중국측은 조선민주주의인민공화국이 조선 전쟁시기에 실종된 미군 병사들의 유골을 발굴하는데 협조하여준 데 대하여 사의를 표하였으며 쌍방은 실종자들의 행처를 가능한 최대로 조사, 확인하는 사업을 신속히 전진시키기 위하여 노력하기로 합의하였다.

쌍방은 이상의 문제들과 기타 인도주의 문제들을 토의하기 위한 접촉을 계속 하기로 합의하였다.

쌍방은 2000년 10월 6일 공동성명에 지적된 바와 같이 테러를 반대하는 국제적 노력을 지지 고무하기로 합의하였다.

조명록 특사는 역사적인 북남 최고위급 상봉 결과를 비롯하여 최근 몇 개월 사이의 북남대화 상황에 대하여 미국 측에 통보하였다.

미합중국측은 현행 북남대화의 계속적인 전진과 성과 그리고 안보 대화의 강화를 포함한 북남 사이의 화해와 협조를 강화하기 위한 발기(의견이나 제안)들의 실현을 위하여 모든 적절한 방법으로 협조할 자기의 확고한 공약을 표명하였다.

조명록 특사는 클린턴 대통령과 미국 인민이 방문 기간 따뜻한 환대를 베풀어준 데 대하여 사의를 표하였다.

조선민주주의인민공화국 국방위원회 김정일 위원장께 클린턴 대통령의 의사를 직접 전달하며 미합중국 대통령의 방문을 준비하기 위하여 매들린 올브라이트 국무장관이 가까운 시일에 조선민주주의 인민공화국을 방문하기로 합의하였다.

2000년 10월 12일 워싱턴

4. 북한의 새로운 경제회생 전략과 미국과의 관계 개선의 필요성 증대

부시행정부가 출범하면서 MD계획을 추진하기 위하여 소련과의 ABM을 폐기하는 등 중국 및 소련과 마찰을 일으키고 북한에 대해서는 대화를 단절하였다.

북한은 미국과의 관계 개선이 여의치 않자 일련의 내부적인 개혁과 개방을 실시하여 경제난을 해결하는 조치를 취하였다. 신의주 행정특구의 발표와 7·1경제관리개선조치가 그 사례이다. 1990년대 초기에는 내부체제는 손대지 않고, 나진선봉경제특구 건설 등을 통하여 자본을 외부로부터 수혈하여 경제의 회생을 시도하였지만, 2000년대에 들어서 2002년의 7·1경제관리개선조치와 신의주 특구 등의 사례는 내부체제를 개혁하면서까지 경제난 해결의 의지를 보이는 경우이다.

북한의 경제난 해결의 의지가 가장 강력하게 드러난 정책적 조치가 7·1경제관리개선조치이다. 7·1조치는 무상에 가까운 가격으로 주던 배급제와 국가의 사회보장 서비스제를 대부분 폐지한 것이다. 북한은 기존의 사회주의 사회보장제도와 주체사상 등의 이념 동원에 의한 노동생산성 향상을 도모하였으나 실패한 것으로 판단하고 7·1조치라는 획기적인 변화를 시도하였다. 2002년의 7·1경제관리개선 조치는 생산성만큼의 임금을 지불하고 임금으로 시장가격의 상품을 구매하도록 하는 제도를 도입함으로써 사실상 자본주의의 본질인 임금 노동제를 도입한 것이다. 북한 사회주의의 가장 중요한 특징의 하나가 배급제라고 본다면 7·1경제관리개선조치는 배급제를 폐지함으로써 북한식 사회주의체제의 근간을 변화시킨 셈이다.[15]

북한의 생존전략 시도 중에서 둘째로 지적할 수 있는 것은 신의주 행정특구의 추진 시도이다. 신의주라는 하나의 도시에 완전한 자본주의 제도를 이식하고자 하였던 것이다. 한정된 도시에 한한 것이기는 하지만 북한 지도부의 경제난 극복의 의지를 보여주는 대목이다.

---

15) 서재진, 「북한의 7·1경제관리 개선조치가 주민생활에 미칠 영향」(서울: 통일연구원, 2002).

2002년 9월 22일에는 신의주를 홍콩과 같이 독자적 입법·사업·행정권을 가진 1국 2제의 자본주의적 특구로 개방했다. 그리고 북한인이 아닌 네덜란드국적의 화교를 신의주행정구 장관으로 임명하였다.

중국의 개혁 초기보다 과감한 개방이라고 평가될 만큼 북한 지도부의 선택은 매우 파격적이다. 지난 10년 전 나진·선봉에서의 개혁·개방의 실험이 무참히 실패한 것을 교훈삼은 양 이번에는 매우 적극적으로 개방을 시작하였다.

신의주 행정구에서 외화를 획득함으로써 초기 경제회생의 자금줄로 사용하고 점차 신의주에서 성공한 개혁개방의 실험을 북한의 본토로 확대할 것으로 전망할 수 있다.

북한이 신의주 특구를 구상하게 된 계기는 김정일 위원장의 IT산업에 대한 관심에서 시작된 것으로 알려져 있다. 김정일 위원장이 2000년 5월 중국 베이징의 중관촌 IT산업단지를 방문하고 충격을 받고 다시 2001년 1월 중국 상하이 푸동지구를 방문하여 "변하지 않은 것은 황하강 밖에 없다"는 말을 남기기도 하였으며, 중국에서 돌아오는 길에 신의주에 들러서 신의주 IT단지 구상을 구체화했다는 것이다.

북한 지도부는 신의주를 국제적인 금융, 무역, 상업, 공업, 첨단과학, 오락, 관광지구로 꾸린다고 발표하였으나 IT산업단지로 조성한다는 것이 우선적인 관심일 것이다. 김정일 위원장이 2001년 연초에 내 놓은 소위 '신사고' 개념의 핵심이 IT산업을 통하여 '단번도약' 하겠다는 구상이라는 것에서 알 수 있다.

개성공단도 남한의 기업을 유치하되 남한에 관리의 전권을 위임하는 방식이기 때문에 북한에 미칠 여파가 큰 사업인데 이를 수용한 것은 북한의 변화의 폭을 실증하는 사례들이다.

셋째로 지적할 수 있는 북한의 생존전략 변화는 IT산업을 통한 '단번도약' 전략이다. 전통산업을 통한 경제회생은 체제의 대규모 개혁과 개방이 불가피한 바, 소수의 전문인력 양성으로 외화를 획득할 수 있는 IT산업을 특화산업으로 선택하였다. 최소한의 개혁과 개방으로 경제난을 타개하고자 하는 전략인 것이다.[16]

이러한 조치들은 모두 미국과의 관계 개선이 없이는 성공을 기대하기가 어려운

---

16) 양문수, "김정일 시대 북한의 경제운용과 과학중시 정책," 「통일문제연구」, 제13권 1호 (2001), p. 193 참조.

사안들이다. 북한이 신의주 특구를 가동하는 데 있어서 가장 큰 변수가 미국이다. 미국이 테러지원국에 부과하고 있는 바세나르협정은 북한에도 적용되어 컴퓨터와 같은 IT산업의 기술과 기계를 이전하지 못하도록 규정하고 있다. 이 협정 때문에 남한과 일본도 북한에 IT산업 분야에 투자를 하지 못하도록 되어 있다. 뿐만 아니라 신의주 특구에서 생산된 상품은 해외시장에 수출되어야 하는데 테러지원국 딱지 때문에 세계최대의 시장인 미국 시장에 수출을 할 수 없는 상황이다.

따라서 미국이 북한에 대하여 가하고 있는 테러지원국이라는 낙인을 벗겨주지 않고, 북한과의 관계를 정상화하지 않는다면 북한의 경제회생 전략은 성공하기 어렵다. 김정일 위원장은 남한 언론인 사장단과의 면담에서 "미국이 우리에게 덮어씌운 테러국가 고깔만 벗겨주면 그냥 (미국과) 수교합니다"라고 발언한 적이 있다. 북한에게 다급한 것은 테러지원국으로부터 벗어나고 미국과 수교하는 것임을 알 수 있다. 북한이 미국과의 관계 개선에 집착하는 이유가 바로 여기에 있다.

5. 부시 행정부의 출범과 제2차 핵문제의 제기

가. 부시 행정부의 대북정책의 변화

클린턴 행정부하의 미국의 대북정책은 '포용정책'으로 불려졌고 대화를 통하여 북한의 핵문제와 미사일문제를 풀어간다는 입장이었다. 그리고 클린턴 정부 말기에 조명록 특사 파견 시 발표한 북한과의 공동 코뮈니케는 양국 간에 적대관계를 청산하고 관계를 정상화하기 위하여 노력한다는 데 합의하였다.

그런데 부시 행정부는 클린턴 행정부의 대북정책을 전면 수정하였다. 부시 행정부의 대북정책은 전임 클린턴 행정부의 대북정책에 대한 반작용인 동시에 김대중 정부의 한국의 대북정책에 대한 반작용이라고도 볼 수 있을 것이다. 북한에 대한 부시 행정부의 정책 변화를 네 시기로 나누어 볼 수 있다.

출범직후 시기 : 부시 행정부는 출범부터 북한에 대한 불신 및 거부감을 표출하며 강경정책을 추진하였다. 미국의 북한에 대한 포용정책의 퇴출이라고 볼 수 있다. 클린턴 정부의 대북정책은 북한에 대한 포용정책으로 특징 지워졌는데 북한을 포용함으로써 북한의 개혁·개방을 유도하고 남북 간에 점진적 화해를 주도하여 북한을 소프트랜딩 시키는 데 이바지한다는 목표에 기초해 있었다.[17]

그런데 부시 행정부는 이전 클린턴 행정부의 대북 포용정책을 근본적으로 수정하였다. 부시 행정부의 출범 초기에 발간된 미국 NIC(국가정보회의) 한 보고서의 서론에 그 기관의 입장이 잘 드러나 있다. 보고서에 의하면 북한이 국제사회의 경제지원을 얻고 정치적 인정을 받으면 북한에 대한 미국의 영향력이 감소할 것이라고 평가하고, 미국은 대북 포용정책을 폐기해야 한다고 주장하였다. 또한 남한과 중국(과 일본) 등의 다른 나라들이 북한과 관계를 개선하면 미국이 북한을 통제할 수 있는 능력은 감소할 것으로 보았다. 가장 중요한 것은 북한에 대하여 미국이 포용정책을 추진한다면 이것은 지난 50년간 북한을 주요 적대국이자 군사적 위협국이라고 보아왔던 미국의 안보 패러다임이 무너지는 것이 되며, 주한미군 주둔의 명분을 약화시키며, 미국적 가치에 도전하는 나라에 원조를 주고 협상을 추구하면 미국적 가치와 규범을 훼손한다고 보았다.[18]

---

17) 클린턴 행정부가 대북 포용정책을 추진한 배경에 대하여 다른 평가도 있다. 가령, 미국은 북한이 조만간 붕괴할 것이라고 전제하고 군사적 수단 등 비용이 많이 드는 정책보다는 붕괴를 기다리는 안전한 정책으로서 포용정책을 추진하였다는 것이다.

18) The conferees generally believe that the United States probably will see its influence reduced somewhat as North Korea – while still focused on the US connection – seeks military security, economic assistance, and political recognition from a broader range of international players. The ability of the United States to control the pace of the engagement process probably will decline as South Korea, China, and others improve their relations with Pyongyang. The specialists assess that North Korea's engagement increasingly challenges the US security paradigm of the past 50 years that has viewed North Korea as a major enemy and military threat. It complicates the existing rationale for the US military presence in Northeast Asia and challenges US values and norms as US policy provides aid and pursues negotiations with a regime that affronts many US-backed norms. Because of the multifaced and complicated array of US policy issues related to engagement with North Korea, several specialists favor a senior US policy coordinator for North Korea; others oppose such a step as unneeded in the current context. (US National Intelligencr Council, "North Korea's Engagement: Perspective, Outlook, and Implication: Conference Report" (May 2001), p. 6.

NIC의 이 입장은 지금까지의 부시 행정부의 대북정책과 유사하다는 점에서 이 문건의 주장을 중시할 필요가 있다.

이런 맥락에서 본다면 부시 행정부의 대북 강경책은 클린턴 정부의 북한에 대한 접근법을 근본적으로 수정한 셈이 되는 것이다. 부시 행정부는 클린턴 정부의 대북정책을 이어받을 의도가 없으며, 미국이 빠른 시일 안에 북한과의 미사일 회담에 나서지 않을 것임을 밝히기도 하였다.

부시 행정부 출범부터 북한에 대하여 강경노선으로 전환한 것에 대하여 두 가지 해석이 있다. 하나는 클린턴 정부의 대북포용정책이 실패하였다고 판단하고 북한을 압박하여 항복을 받아내고 북한을 붕괴시키기 위한 전략이라고 보는 입장이며, 다른 하나는 탈냉전 이후 미국의 일방주의적 세계지배전략의 차원에서 추진되는 미사일방어(MD)계획을 추진하기 위하여 필요한 명분 쌓기에 북한의 미사일개발계획을 활용한다는 시각이다. 클린턴 정부말기에는 북미 간에 미사일문제 해법에 관한 접근이 이루어졌는 데 반하여, 부시 행정부는 북한지도부를 맹비난함으로써 대화 자체를 배제시켰다. 대신 MD계획을 강력히 추진하기 시작하였던 것이다.

부시 행정부가 북한에 대한 포용정책을 폐기했다는 측면을 감안한다면 첫 번째 시각이 옳으며, 미국이 소련과의 ABM을 폐기하고 소련 및 중국과 알력을 빚으면서 MD계획을 적극적으로 추진한 것을 감안하면 두 번째 입장도 타당하다. 그런 점에서 미국의 대북정책의 변화는 위의 두 가지의 다목적적인 것으로 볼 수 있다.

9·11테러사건 이후 시기 : 북한을 테러지원국으로 규정하고 있는 미국은 부시 정권 초기부터 추진했던 북한에 대한 강경정책을 9·11테러사건을 계기로 더 강화하였다. 테러사건이 있은 이듬해 2002년 연두 국정연설에서 부시대통령은 북한, 이란, 이라크를 '악의 축'으로 규정하였다. 또 9·11테러사건 이후 변화된 미국의 대외정책이 2002년 9월에 발표한 '국가안보전략'에 반영되어있는데, 북한은 미국의 새 국가안보전략의 주요 우려국으로 지목되었다.

앞서 인용된 NIC 보고서의 입장과 이후 부시 행정부의 대북 태도로 볼 때 '북한 미사일 문제 해결'보다는 '북한 미사일문제 이용'에 더 관심이 많았던 것으로 평가할 수 있다. 김대중 대통령이 부시대통령의 취임직후에 미국을 방문하여 대북정책의 변화를 설득하였으나 실패한 것은 미국의 이러한 의도 때문인 것으로 볼 수 있다.

9·11테러가 발생한 것은 북한에 대한 미국의 이러한 입장을 강화하는 쪽으로 작용하였다. 미국은 북한을 포함한 몇 개의 아랍국을 '악의 축'이라고 규정하고 테러전쟁의 대상으로 지목한 것이다.

이라크전쟁 시기 : 이라크전쟁을 준비하던 시점에서 미국은 북한이 또 핵무기를 개발하고 있다고 제2차 핵문제를 제기하였다. 9·11테러 사건 이후 미국의 가장 큰 관심이 대테러전쟁인 것은 잘 알려져 있으며 아프카니스탄 공격 이후 이라크에 대한 전쟁이 미국의 가장 큰 관심사였다는 것도 사실이다. 유엔안보리의 반대에도 불구하고 전쟁을 감행한 것을 보면 미국이 이라크전쟁에 필요한 명분확보에 얼마나 집착하고 대비 했는지를 알 수 있다. 대테러전쟁이 대아랍국 전쟁이라는 비난을 피하기 위하여 북한을 테러와의 전쟁의 대상에 포함시켰다는 지적이 바로 이러한 맥락에서 나온 것이다. 대테러전쟁 수행에 필요한 명분으로 북한의 '악의 축' 이미지가 이용된 셈이다.

미국이 이라크전쟁을 준비하고 있는 동안 북한의 핵개발 의혹이 미국에 의하여 제기된 데는 북한이 핵개발을 추진하고 있었던 것이 북핵사태의 1차적 원인이지만, 북한 핵개발의 정보를 가지고 있던 미국이 2002년 10월이라는 시점에서 문제를 터뜨린 것은 이라크전쟁을 위한 국제환경 조성하고자 하는 의도와 관련이 있다고 볼 수 있다.

이 시기는 또한 남한에서 대통령선거 1달 전이라는 시점이다. 북한으로 하여금 핵무기를 개발하고 있다는 사실을 시인하게 함으로써 남한에서 대선의 향방에 영향을 미칠 수 있는 사안이기도 하며, 동시에 새로 출범한 정부의 대북정책의 방향에 영향을 미칠 수 있는 사안이기도 하다.

미국의 제2차 북핵문제 시기 : 2002년 10월에 불거진 제2차 핵문제도 남북관계가 급진전되고 있었고 일본-북한관계가 새로운 변화를 모색하는 시점에서 제기되었다. 워싱턴포스트지의 보도에 의하면[19] 제2차핵문제는 2002년 10월 제임스 켈리 미 국무부의 차관보가 평양을 방문하였을 때 미국 백악관 국가안보회의 지시에 따라 작성된 문안을 북한측에 그대로 읽어서 전달함으로써 시작되었는 데 전달한 내용인즉 북한에 비밀 고농축우라늄핵개발(HEU) 계획이 있다는 사실을 들이대는 내용이라고 한다.

북한의 HEU 계획을 미국이 포착한 것은 클린턴 정부 말기였다. 이 정보를 가지고 있던 부시 행정부가 북한의 HEU 보유문제를 공식적으로 문제삼기로 내부적으로 결정하고 한·일 양국에 통보한 것은 그로부터 훨씬 전인 8월 28일께였다. 그 시점은 8월 25-26일 다사카 히토시 일본 아시아대양주 국장이 평양에서 일본-북한 외무성 국장급 회의를 갖고 북-일정상회담 개최를 전격 합의하고 고이즈미 총리가 8월 27일 아미티지 미국 국방부부장관에게 그 사실을 통보한 이튿날이다.[20]

이러한 사실을 두고 볼 때 제2차 핵문제도 미국이 선택한 시점에서 미국에 의하여 제기된 것이다. 남북관계의 진전과 북일관계의 진전을 저지할 수 있는 시점임과 동시에 북한이 핵 게임을 벌이면서 군사적 긴장을 고조시켜주는 것은 미국의 대테러전쟁의 국제적 명분 조성에 도움이되는 소재이기도 하였던 것으로 볼 수 있다. 북한이 생존전략으로 선택한 핵무기 개발 게임이 미국의 전략에 잘 활용된 것이다.

미국이 제2차 북핵문제를 제기한 배경을 좀더 구체적으로 살펴보자. 당시는 사상 처음으로 일본 총리가 북한을 방문하여 국교정상화 문제를 타진하였고, 북한은 일본 고이즈미 총리를 평양에 초청한 자리에서 일본인 납치사실을 사과함으로써 북한과 일본 관계가 매우 급속한 진전을 이루고 있었다. 이리하여 한반도에서의 탈냉전의 상황이 급속히 전개된 것이다. 이에 대한 미국의 반응은 매우 신경질적인 것이었다. 고이즈미의 평양 방문은 미국에 대한 외교 쿠데타였다고 평가되었다. 미국의 장악 하에 있을 것으로 기대되는 일본의 대북정책이 급변하여 독자

---

19) Glenn Kessler, "U.S. Has a Shifting Script on N. Korea," Washington Post, December 7, 2003.
20) 「연합뉴스」, 2004. 2. 1.

노선을 선언한 것으로 보이기 때문이다.

　고이즈미 일본총리가 북한을 방문하여 김정일 위원장과 정상회담을 하고 있던 2002년 9월 17일 당일에 미국 국방장관은 북한이 이미 핵을 보유하고 있다고 발언하였다. 그리고 이어서 9월 20일에 발표한 미국의 '국가안보전략' 보고서에서 이라크와 함께 북한을 '불량국가'로 지목했다. 이렇게 남북관계와 북·일관계가 급진전되는 상황에서 미국은 제임스 켈리 국무부 차관보를 특사로 평양에 파견하여 북한이 핵무기를 개발하고 있다는 증거 자료를 제시한 것이다. 미국은 북한의 핵개발 의혹이라는 카드를 사용하여 한반도에서의 해빙의 상황 진전을 막는 결과를 낳았다. 1992년과 그 10년 후인 2002년에 두 번에 걸쳐 하필 남북관계가 급진전되고 북─일 간에 수교협상을 할 시점에서 미국에 의해 북한 핵문제가 제기된 것이다. 미국의 북한에 대한 강경정책이 어떠한 의도에서 나온 것인지를 보여주는 대목이다.

나. 제2차 북핵문제의 본질

　북한의 핵 게임은 미국과의 협상을 위한 전략이라는 가설과 실제로 핵을 보유하기 위한 전략이라는 두 가지 가설이 있을 수 있고, 두 가지 모두라는 견해도 있다. 안보전략적 차원에서는 핵무기 개발프로그램을 단순히 협상카드로만 보는 데는 문제가 있을 수 있으며 북한이 협상카드에 무게를 두고 있다고 하더라도 얼마만한 대가와 교환할 수 있을지는 여전히 의문이고, 북한의 안보전략상 핵무기 개발카드는 여전히 유효하다고 보아야 한다는 입장도 있다.

　북한이 2002년 10월 북한을 방문한 미국 켈리 차관보에게 핵개발 문제에 대하여 과거처럼 NCND 정책을 취하지 않고 핵을 개발하고 있다고 시인한 것은 핵을 보유하기 위한 것이라기보다는 핵을 미국과의 관계 개선을 위한 협상카드로 사용하고 있다는 것을 시사하는 강력한 증거가 된다. 핵을 개발하기로 계획한 국가가 핵을 개발 중이라는 시인을 한다는 것은 비현실적이기 때문이다. 그런 점에서 본다면 북한의 의도는 미국과의 대화에 더 무게가 있는 것으로 보인다. 제임스 켈리 미국 특사가 북한을 방문했을 때 북한은 핵무기를 개발하고 있다는 사실을 시인

함과 동시에 북한의 핵문제, 미사일문제, 재래식 무기 등 모든 안보관련 문제와 미국이 북한에 대하여 가하고 있는 경제제재 문제를 일괄타결하자는 대화제의를 하였던 것으로 알려지고 있다.

이에 대하여 미국은 북한이 핵무기 개발을 시인했다는 사실만 강조하고 있기 때문에 북한의 의중이 왜곡된 채로 국제사회에 파장을 미치고 있다. 북한의 진정한 의도는 북한이 핵무기 포기, 미사일개발 포기, 심지어는 재래식 무기 감축까지를 포함하여 미국이 우려하고 있는 군사문제를 양보할 테니 미국이 북한에 대하여 가하고 있는 제재와 적대정책을 중단하라고 요구한 것으로 알려지고 있다.

2003년 1월 11일부터 3일 동안 한성렬 유엔주재 북한 차석대사 등 북한 외교관 2명과 만나 북핵 위기 해소 방안 등을 논의한 리처드슨 주지사는 북한 외교관들이 북한은 핵무기를 만들지 않을 것이며 그들의 핵 프로그램의 일부를 규명하는 것에 관해 협상할 준비가 돼 있다고 주장한 바 있다.[21] 특히 이 자리에서 북한은 부시대통령의 평양 방문을 초청한 것으로 알려졌다. 북한의 이러한 행위는 핵문제에 대한 북한의 전략을 미국에 정확히 전달하는 데는 성공하였지만 미국의 대북정책의 본질을 잘못 이해하고 있는 증거로도 볼 수 있다.

북한이 동결된 핵시설을 재가동하여 즉각 플루토늄을 추출하기 시작한 것이 아니라 플루토늄 추출을 위한 단계를 차례로 밟고 있는 것도 미국을 대화에 끌어들이기 위한 압력용이라는 가설을 지원하는 것으로 볼 수 있다.

또한 2003년 4월 북경에서 열린 3자회담에서 북한은 미국에게 북미 간의 관계 개선이 이루어지면 핵을 포기한다는 내용의 포괄적 협상안을 제의하였다. 이후에 이루어진 제1차 및 제2차 6자회담에서도 북한은 핵을 폐기하되 이에 대한 보상이 동시에 이루어지는 동시행동원칙을 주장하였고 미국은 북한이 무조건 핵을 먼저 포기해야 한다고 맞섰다.

북한이 대가를 전제로 핵을 포기하겠다는 입장은 여러차례 설득력있게 표명되었다. 미하원 군사위 조사개발소위원회 위원장 커트 웰든 공화당 위원 일행은 2003년 6월초 북한을 방문하여 백남순 외무상, 강석주 제1부상, 김영남 최고인

---

21) 「연합뉴스」, 2003. 1. 13.

민회의 상임위원장 등을 만나 나눈 대화내용을 6월 25일 미국 해리티지재단이 주최한 '한미동맹 50주년' 기념 만찬행사에서 공개하였다. 내용의 요지는 북한 지도부 인사들이 "미국이 우리와의 불가침조약에 서명하면 우리는 핵무기와 핵 프로그램을 철회하겠다, 그것이 핵심이다"라고 말했다는 것이다. 북한은 또 "김 정일 정권의 인정과 대화만이 핵문제를 해결할 수 있으며 그때까지 핵억지력을 발전시키겠다, 우리가 억지력을 가지려는 것은 부시 행정부 내의 강경파들과 이 라크전쟁과 관련이 있다, 이라크전쟁을 통하여 배운 교훈은 만일 억지력이 없으 면 스스로를 방어하지 못 한다"고 주장하였다고 한다.[22] 북한의 요구를 들어주지 않으면 핵무기를 개발하겠다는 것인데, 북한이 전달하고자 하는 실제의 뜻은 북 한의 요구를 들어주면 핵무기개발을 포기하겠다는 것이다. 2000년 10월 12일 북한과 미국 간의 공동코뮤니케는 북한이 미국에게 무엇을 원하는지, 제2차 핵 문제를 일으킨 배경이 어디에 있는지를 가장 잘 설명하는 역사적 문서이다. 이 문서의 핵심은 미국의 북한에 대한 적대정책의 종식과 관계정상화를 요구한 것 이다.

2003년 12월 16일 이근 북한 외무성 부국장이 미국 국가정책센터에 보낸 문건 도 북한의 의중을 잘 드러내 준다. 이 문건은 미국이 대조선적대시정책을 근본적 으로 전환하면 북한은 핵억제력을 포기할 수 있다고 주장했다.

요약하면, 북한이 핵개발 게임을 벌이는 주된 이유는 당면한 경제난 해결에 긴 요한 자본 및 기술도입을 위해서 미국과의 국교정상화가 긴요한 바, 이를 위한 협 상카드로 활용하고 있다고 보는 것이 현실적이다.[23]

22) 「중앙일보」, 2003. 6. 27.
23) Selig Harrison, "북한 핵위기해소하기," *KISON Newsletter*, No. 511 (July 22, 2003).

6. 미국의 대북정책과 북한의 좌절

북한은 국제사회에 편입하여 국제사회의 금융지원이나 기술지원을 받지 않고서는 경제난을 해결하기 어렵기 때문에 북한을 고립시키고 있는 미국의 현상유지 전략을 깨뜨리기를 희망하는 것이다. 그에 반해서 미국은 한반도에서 현상유지 (status quo)를 목표로 하고 있기 때문에 이를 위하여 북한이 '악의 축'과 같은 냉전적 이미지를 유지한 채로 미국의 경계의 대상으로 남아있기를 위하는 것으로 보인다.

미국이 북핵문제를 다자간대화의 틀로 넘긴 것은 중국의 힘을 빌어서 핵문제를 해결하겠다는 의도도 있지만, 북핵문제 해결을 중국에 떠넘김으로써 북·미 간의 직접거래는 피하고 북한이 희망하는 북·미 관계 개선을 지연하겠다는 전략으로도 볼 수 있을 것이다.

북한이 원하는 것은 북미 간의 직접대화를 통하여 북한에 가하고 있는 미국의 경제제재를 해제하고, 테러지원국이라는 딱지를 떼고 국교정상화를 하자는 것이다. 그런데 미국은 북한과 직접대화를 기피하고 중국이 앞장서서 북한의 핵무기 개발을 막아주기를 희망하는 것이다.

클린턴 행정부의 백악관 안보보좌관을 지낸 새뮤얼 버거 Stone Bridge International회장과 로버트 갈루치 전국무부 차관보가 뉴스위크지 공동기고문에서 2003년의 북경 3자회담에 대하여 북한핵을 중국이 대신 해결하도록 하는 방안이라고 비판한 바 있다.[24]

핵문제를 중국이 책임지고 해결한 이후에도 미국은 북한의 미사일문제, 재래식 무기, 인권문제 등 다른 문제를 제기하여 북한의 발목을 계속해서 잡겠다는 것으로 볼 수 있다. 이러한 입장은 제임스 켈리 동아태차관보가 2003년 3월 12일 미국 상원의원 대외관계위원회에서 행한 연설에서 잘 드러나 있다. 켈리 차관보는 북한이 핵을 완전히 폐기하면 북미 간의 새로운 관계에 관한 포괄적 대화를 추진

---

24) *News Week*, May 12, 2003.

할 준비가 되어 있지만, 완전히 포용적 관계를 맺기 위해서는(즉, 국교정상화를 위해서는) 북한이 인권, 테러지원국 문제 해소, 미사일문제, 재래식 무기 문제 등에 관한 문제를 해결해야 한다고 지적하였다.[25]

미국이 의도적으로 핵문제 해결을 지연하고 있다는 비판이 미국의 의회에서도 나오고 있다. 미국 상원 외교위원회 민주당 간사인 조셉 바이든(Joseph Biden) 의원은 지난 2004년 1월 29일 조지타운대학에서 열린 군축협회 회의 연설에서 부시 행정부의 대북협상 태도를 '위험한 지연전술'(dangerous delay)이라고 비판하면서 진지한 대북협상을 촉구하였다. 브루스 커밍스 시카고대교수와 로버트 갈루치 전 미국 국무부차관보도 클린턴 행정부 말기에 북한의 농축 우라늄 프로그램 징후를 포착했다고 밝힌 바 있듯이 부시 행정부는 북한 핵개발 사실을 시의적절하게 한반도와 동북아 상황진전에 제어카드로 활용하고 있음을 알 수 있다.

이런 맥락에서 본다면 핵문제 해결 이후에도 미국의 대북정책에서 관계 개선의 돌파구를 찾기는 어려운 것으로 보인다. 미국은 북미관계 개선을 촉진하기 보다는 지연하여 동북아에서 냉전의 구도가 지속되기를 바라는 것이 아닌가 하는 의구심이 든다.

---

25) While we will not dole out "rewards" to convince North Korea to live up to its existing obligations, we and the international community as a whole remain prepared to pursue a comprehensive dialogue about a fundamentally different relationship with that country, once it eliminates its nuclear weapons program in a verifiable and irreversible manner and comes into compliance with its international obligations.
Of course, for full engagement, North Korea will need to change its behavior on human rights, address the issues underlying its appearance on the State Department list of states sponsoring terrorism, eliminate its illegal weapons of mass destruction programs, cease the proliferation of missiles ad missile-related technology, and adopt a less provocative conventional force disposition.

7. 맺음말 : 자본주의 세계체제에의 편입을 위한 북한의 선택

핵문제를 통하여 북한이 원하는 것은 미국과 직접대화의 기회를 갖고 관계 개선을 얻어내고자 하는 데 있다는 것은 이제 이론의 여지가 없다. 그러나 미국이 북한과 대화하여 핵문제를 해결하는 것은 원하지만 북한과의 관계 개선을 추진할 의도가 없다는 것을 북한은 알게 되었을 것이다. 미국의 입장이 확고하다는 것을 확인하였다면 이제는 핵문제로 말미암아 만신창이가 된 북한의 이미지를 추스르고 차선의 목표라도 얻는 수준에서 핵문제의 매듭을 짓는 수밖에 없어졌다. 중국도 미국과의 관계 개선을 시도한지 7년만에 성사되었다. 북한이 핵무기 개발 카드 하나로 미국과의 국교정상화를 바란다는 것은 자유주의 국제사회의 규범에 비추어볼 때 너무 성급한 욕심이다.

북한이 추구해야 할 차선의 목표란 북한이 다자회담에 참여하여 핵개발 포기의사를 밝혀서 체제를 보장받고 경제지원을 받는 것이다. 처음에 핵문제를 제기할 때 희망하였던 미국과의 관계 개선은 얻지 못하지만, 차선의 것은 얻을 수 있는 것이다.

이것은 중국을 만족시킬 것이고, 남한을 만족시킬 것이며, 일본과 러시아도 만족시킬 것이다. 6자회담에 참여한 4개국이 북한 핵문제가 해결된 것으로 주장한다면 미국으로서도 달리 반대할 명분이 없어진다. 북한으로서는 잃은 것도 많지만 새로운 것을 얻는 성과도 거둘 것이다.

그런데 만일, 정말로 북한이 6자회담에서 협상을 결렬시키고 핵을 보유하는 수순을 밟는다면 이것은 북한에게 최악의 결과가 될 것이며, 남한에게도 매우 나쁜 영향을 미칠 것이다. 만일 북한이 핵을 보유하게 된다면 가장 노발대발할 나라가 중국이다. 중국은 북한의 핵보유를 절대로 용인하지 않을 것이다. 핵을 보유하는 북한을 지켜보기보다는 무슨 수를 쓰더라도 북한이 핵을 보유하지 못하게 하고 말 것이다. 신의주 특구 장관으로 임명된 양빈을 체포한 것만 보아도 중국은 국익에 어긋날 때는 즉각 행동을 취한다는 것을 보여준 적이 있다. 북한은 김정일이 핵보유를 고집한다면 김정일의 퇴진도 고려하고 있는 것으로 시사한 적도 있다. 이미 보도된 대로 미국은 북한 핵문제 해결을 중국에게 떠넘겨 놓고 있으며 중국은 북한핵 문제에 매우 적극적인 자세를 보이고 있다. 중국은 북한 핵을 저지하지 못하면 일본과 대만이 핵무장하게 될 것을 우려하고 있기 때문이다. 중국이 북한에 대하여 경제지원을 하지 않는다거나 관계를 단절하는 날에는 북한은 아무리 많은 핵을 가지고 있어도 잃는 것이 더 많다. 엄청나게 많은 핵을 가진 소련도 핵을 사용하지 못하고 붕괴하고 말았다.

북한이 핵을 보유한다면 남북관계도 경색되고 말 것이다. 북한의 핵무장에 격분한 남한 국민들은 북한이 핵을 폐기할 때까지 대북포용정책에 반기를 들 것이다. 남북한은 신냉전의 국면으로 치닫게 될 것이다. 남한도 단기적인 시각에서의 남북관계 개선을 포기하고 북한의 핵을 포기시키기 위하여 모든 수단을 강구하게 될 것이다. 길고 먼 핵폐기 협상이 전개될 것인데 북한은 이를 견뎌낼 힘이 있을지 의문이다.

북한이 핵을 보유했을 경우에 무슨 소득이 있는가? 핵을 가진 북한은 일본이나 미국에 이용당하면서 오히려 철저하게 고사당하고 말 것이다. 그리고 중국은 핵을 가진 북한 정권을 붕괴시키는 것만이 문제의 해결책이라고 인식하고 대북정책을 전면 수정하게 될 것이다. 범을 피하려다가 호랑이 굴로 들어간다는 말이 있듯이 북한은 핵무기를 가지면 체제를 지킬 수 있을 것이라고 생각할지 모르지만 핵을 가지면 이처럼 붕괴의 길을 자초하는 것이다.

오히려 북한이 6자회담에서 동시행동원칙을 고집하지 말고 먼저 핵개발 포기를 선언하여 경제지원과 체제 보장을 받으면 북한은 가장 큰 이득을 얻는다. 기존의 동북아 지정학적 구도 하에서는 북한이 핵을 가지지 않는 한 붕괴되기를 바라는 나라는 없는 것 같다. 한반도 주변 국가들은 한반도의 현상유지를 원하고 있기 때문이다. 이 시점에서 북한의 선택이 실로 중요하다. 북한이 핵을 보유하는 것으로 선택하게 되면 북한은 아무것도 얻지 못하고 고사당하는 수순에 접어들 것이며, 북한이 6자회담에서 핵문제를 마무리하는 수순에 접어들게 되면 북한은 국제사회의 일원으로 참여하게 되고 많은 경제적 이득을 얻게 될 것이다.

북한이 경제난을 해결하기 위하여 가야할 길은 국제사회 또는 자본주의 세계체제에 재편입하는 것이다. 국제사회란 남한은 물론이고 중국, 일본, 미국을 포함한 핵문제 당사국이다. 핵개발 게임을 조속히 폐기하고 이들 국가와 관계 개선을 서두르는 것이 북한이 선택해야 할 길이다.

제10장
결 론 : 북한의 미래 *

1. 북한이 걸어온 길

지금까지 세계체제이론의 시각에서 북한체제의 형성과 변화가 외부적 요인에 의해서 어떠한 영향을 받았는지를 중심으로 살펴보았다. 앞에서 살펴본 대로 북한은 자력갱생이나 주체사상과 같은 구호에도 불구하고 실제는 외부의 영향을 크게 받고 있었음을 알 수 있다. 김일성이 북한의 최고지도자로 된 것은 김일성의 자력에 의한 것이 아니라 스탈린의 한반도 지배전략의 차원에서 스탈린에 의하여 선발되어 옹립된 것이었다. 다른 사람이 아닌 김일성이 선발되었다는 것은 김일성의 능력으로 간주될 수 있지만 김일성이 북한 정권의 수립을 주도하여 집권한 것은 결코 아니다. 북한 정권 초기의 정권수립의 과정은 소련의 한반도 지배 프로그램에 의하여 추진된 것이며 김일성은 피동적인 하수인에 불과하였다.

소련에서 1953년 스탈린 사망 이후 수정주의 바람이 불면서 소련과 북한의 관계가 소원해 질 때 중국은 한국전쟁에 참전하여 북한에 긴밀하게 영향을 미치는 나라로 부상하였다. 중국이 직접, 간접으로 북한에 영향력을 행사하였을 뿐만 아

---

* 서재진

니라 중국이 실험하던 사회주의 심화의 방식을 북한이 답습하는 등 중국의 영향이 커졌다. 북한의 군중노선에 의한 노동동원, 농업협동화 등의 경제적 모델들은 중국에서 따온 것으로 볼 수 있다. 중국에서 문화대혁명 시기 모택동사상 숭배가 고조되었던 당시 북한은 1966년 10월에 제2차 당대표자대회를 개최하여 김일성에 대한 숭배를 강조하였으며 1967년부터 수령제로 이행하였다. 중국에서의 문화대혁명이 사회주의적 사상개조를 위하여 홍위병을 활용하였던 것을 모방하여 북한에서는 '3대혁명소조' 라는 형식으로 대학생들을 동원하여 사상개조를 전개하였다. 또한 1966년부터 전개된 중국의 문화대혁명의 지도이념이 모택동사상인데 모택동사상의 핵심인 인간의 의식개조 사상을 북한이 주체사상으로 수정 · 발전시킨 것으로 볼 수 있다. 즉, 1972년 황장엽의 주도로 수정되어진 북한의 주체사상은 "혁명과 건설의 주인은 인민대중"이라는 명제를 내세워 인민대중이 책임의식을 가지고 생산성을 높이도록 독려하기 위한 의식개조이론이었던 것이다.

이처럼 소련과 중국이 북한에 미친 영향은 매우 크다. 소련과 중국의 힘에 영향을 받기도 하고 북한이 소련과 중국의 모델을 따라 배우는 등 간접적 영향을 받기도 하였다. 북한은 지속적으로 소련과 중국의 영향권에서 자유롭지 못했다.

북한이 소련과 중국의 영향으로부터 벗어나기 위하여 주체사상과 자주노선을 주창하였다고 주장하지만 사실과 다른 점이 많다. 북한이 주도적으로 소련과 중국으로부터 자주노선을 선택한 것이 아니라 소련과 중국에 다가갈 수 없었던 데에 기인한 측면이 많다. 소련이 흐루시쵸프의 주도하에 수정주의로 치달으면서 개인숭배를 비판하였고 소련의 위성국가들에서 소스탈린들을 제거하는 상황 속에서 김일성은 자신의 권력을 지키기 위하여 주체노선이라는 명분 하에 소련과의 관계를 단절하고자 하였다. 또한 중국의 문화대혁명기에는 중국의 홍위병들의 분노가 북한의 주민에게 전파되는 것을 막기 위하여 중국과의 관계를 단절하기도 하였다. 김일성은 소련과 중국에서 전개되는 정치적 격변이 북한에 확산되면 김일성 자신의 권력유지에 부정적 영향을 미칠 것을 우려하여 관계를 단절한 셈이다. 소련과 중국에 가까이 갈 수 없었기 때문에 거리를 둔 것이지 주체사상의 이념적 명분에 입각하여 자주노선을 추구한 것은 아니다. 즉, 자발적 자력갱생이 아니라 강요된 자력갱생이었다.

북한이 자력갱생의 기조 하에서 외부와의 관계에서 자본주의 세계체제에 편입되어있는 나라들보다는 대외적으로 덜 의존적이었던 것은 사실이다. 가령, 북한은 분명히 남한보다는 대외적으로 덜 의존적이었다. 그러나 덜 의존적이었다는 것이 반드시 더 바람직하다고는 볼 수 없다. 북한은 외부와의 관계에 덜 의존하였고 폐쇄주의를 고수했기 때문에 경제 발전이 더욱 후진적이었다. 북한이 자력갱생의 기조 하에 차단과 단절로 특징지어지는 폐쇄주의 노선을 추구하는 동안에 북한의 경제는 빈사상태에 빠졌다. 북한 경제난의 원인이 폐쇄주의 노선을 추구했다는 사실에만 기인하는 것은 아니지만 다른 사회주의 국가들이 경제난을 해소하는 대안으로써 개방정책을 선택하여 자본주의 세계체제에 편입하였다는 점을 고려한다면 북한의 경제난의 핵심원인의 하나는 폐쇄주의에 근거한 자력갱생 경제발전 전략이다.

다른 사회주의 국가들이 자본주의로 이행하는 상황을 북한은 체제위기적 상황으로 인식하였다. 남한과 대치하고 있는 북한의 경우 사회주의에서 자본주의로 이행한다는 것은 곧 체제의 붕괴를 의미한다고 생각하였을 가능성이 높다.

북한은 체제위기의 상황에서 몇 가지 시행착오의 단계를 겪어왔다. 북한은 사회주의권이 붕괴한 것은 체제내부에서 사상적 해이가 발생한 데 원인이 있다고 인식하였다. 그래서 북한은 사상의 순결성만 지키면 체제를 고수할 수 있다고 판단하고 사회통제를 더욱 강화하였다. 이러한 대응책이 시행착오임을 인식한 북한은 21세기에 들어서야 비로서 경제 살리기에 눈을 돌렸다. 경제를 살리지 못하면 사상도 지킬 수 없을 것이라는 판단을 하게 된 것이다. 그러나 경제 살리기 방법은 너무 소극적이었다. 체제는 변화시키지 않고 외부에서 자본을 수입하기만 하면 된다는 생각으로 나진·선봉지역에 자유경제특구를 설치하기도 하였다. 그러나 내부 체제의 변화가 없는 경제특구는 실패하고 말았다.

북한은 이제 외부수혈을 받기 위해서는 체제 내부를 변화시켜야 한다는 인식을 하게 된 것으로 보인다. 2002년의 7·1경제관리개선조치는 그런 맥락에서 이해할 수 있다. 시행착오를 거듭하면서 북한은 점진적으로 변화하고 있는 셈이다.

2. 북한이 가야할 길

북한체제의 형성과 변화는 외적 요인과 내적 요인의 상호작용에 의하여 이루어진 것이 사실이지만 이 책에서 강조하고자 하였던 것은 세계체제의 영향이 북한이 걸어온 궤적을 더 많이 설명하며 더 결정적이었다는 점이다. 북한에 대한 이 명제는 중국과 소련, 동구 국가들의 경우와 다르지 않다. 사회주의 국가들은 공통적으로 자본주의 세계체제로부터 이탈된 이후 경제봉쇄를 당해왔고, 자본주의 세계체제로부터의 경제봉쇄와 스스로의 정치적 요구에 의한 외부와의 단절의 결과 경제는 고사(枯死)당하고 말았다. 경제봉쇄로 인한 경제난을 타파하기 위하여 사회주의 국가들은 결국 자본주의체제에 재편입하여 자본주의체제로 이행하였다. 소련은 해체되었고 소련의 후신인 러시아가 자본주의 국가로 전변되었다. 중국도 자본주의 국가로 이행하였다. 과거의 동유럽 사회주의 국가들은 이제 대부분이 EU에 가입함으로써 서방사회의 일원이 되기에 이르렀다. 즉, 사회주의 국가들은 공통적으로 자본주의로부터의 이탈, 고립, 재편입의 길을 걸었다.

다른 사회주의 국가의 경우와 마찬가지로 북한이 자본주의 세계체제에 재편입해야 하는 가장 큰 이유는 경제적 문제에 있다. 다른 사회주의 국가들이 모두 붕괴하거나 자본주의로 이행한 조건 속에서 북한만이 사회주의적 자력갱생 경제체제를 유지하기는 현실적으로 불가능하다. 북한 혼자만이 사회주의 국가의 섬으로 남아 있기가 어렵다. 무엇보다도 경제난이 사회주의 체제의 존속 자체를 위협하고 있기 때문이다. 다른 사회주의 국가들이 자본주의 세계체제에 편입하지 않을 수 없었듯이 북한도 자본주의체제에 편입하지 않을 수 없는 상황에 처해있다. 경제난을 극복하기 위해서는 그것이 유일한 수단이기 때문이다. 자본주의 세계체제에의 재편입 외에는 대안이 없다. 지난 10여 년 간의 북한의 행보는 자본주의 세계체제에의 재편입을 위한 정책들의 시행착오라고 볼 수 있다. 외적요인의 현실적 힘을 인정하고 내적 요인이 적응해가는 과정이다.

그런데 소련과 중국은 매우 적극적으로 개방과 개혁을 추진하여 자본주의체제로 이행한 것에 반하여 북한의 경우는 아직은 그렇지 않다. 북한은 아직 사회주의

체제 자체를 자본주의체제로 이행하고자 하는 것은 아니다. 북한은 중국이나 소련처럼 체제 자체를 자본주의로 전환하고자 하는 것이 아니라 사회주의체제는 유지하면서 자본주의 국가들과 국교 관계를 형성하고자 하는 것이다. 북한이 원하는 것은 미국을 비롯한 자본주의 국가들과 국교관계를 수립하여 교역관계를 갖는 것이다. 그렇게 함으로써 경제적 협력을 통하여 경제난을 극복하고자 하는 것이다.

북한이 자본주의 국가들과 국교를 수립하여 교역관계를 갖기를 원하지만 사회주의체제 자체는 유지하고자 하는 데는 문제가 있다. 자본주의 국가들과 교역관계와 경제협력 관계를 형성하여 경제적 효율성을 얻기 위해서는 북한체제가 자본주의 국가들과 협력할 수 있는 내부적 토대를 갖추어야 하는 것이다. 북한에 투자를 하는 기업은 자본주의인데 북한체제는 사회주의 제도를 그대로 유지하고 있다면 경제협력 자체가 불가능하기 때문에 투자를 할 자본주의 기업이 없을 것이다.

다행스럽게도 북한은 이러한 것을 의식한 듯 변화를 시도하고 있다. 북한이 자본주의 국가들과 경제적인 관계를 형성하기 위해서 필요한 체제의 내부 정비를 부분적이나마 추진하고 있는 중이다. 7·1경제관리개선조치는 이러한 점에서 의미가 있다. 가령, 북한은 7·1조치를 통하여 임금제도의 정비를 실시하였다. 자본주의 기업을 북한에 유치하기 위해서는 자본주의체제의 작동원리인 임금노동제도(wage labor system)가 불가피하기 때문이다. 임금노동제도가 필요한 이유는 자본주의기업에 종사하는 북한의 근로자들이 자본주의 기업에서 요구하는 방식의 노동의 태도를 가져야 하기 때문이다. 과거와 같은 정액 배급제도로는 자본주의 기업을 북한에 유치하기가 어렵다.

시장제도의 일부 요소도 도입되었다. 북한은 2003년 3월 이후 암시장을 양성화하고 공산품까지 판매를 허용하여 '종합시장' 제도를 도입하였다. 임금노동제가 작동하는 한 시장제도의 도입도 불가피하기 때문이다.

중국이 아직도 사회주의 국가의 헌법적 기조를 유지하고 있으면서 자본주의적 경제체제를 도입하였듯이 북한도 사회주의의 기틀을 유지하면서도 자본주의 국가와 경제적 협력관계를 맺기 위해서는 내부체제 개혁을 적극 추진해야 한다.

3. 북한이 갈 것으로 보이는 길

북한이 자본주의 세계체제에 재편입하는 것이 불가피한 선택이며 북한이 가야 할 길이지만 그렇게 순조롭게 갈 것 같지는 않다. 그 길을 가로막는 두 가지 주요 장애가 있다. 대내적 장애와 대외적 장애이다. 체제 내부 요인으로서는 개인숭배를 위하여 역사와 현실을 왜곡했던 것이 탄로 날 것을 우려하여 개방을 기피하고 있다는 점이다. 이것이 지난 10여 년 동안 북한의 정책 방향을 지배하여 왔다. 개혁과 개방이 체제붕괴의 판도라의 상자라고 인식한 것이다. 그런데 경제상황이 악화됨에 따라 북한 지도부의 인식이 조금씩 바뀌고 있다. 이제는 어느 정도의 개혁과 개방을 감수하지 않고는 경제를 살리기 어려우며, 경제를 살리지 않으면 정권을 지키기가 어렵다고 판단하고 있는 것으로 보인다.

북한의 자본주의 편입을 가로막는 또 하나의 장애는 대외적 요인이다. 북한이 개방하기를 희망한다고 해서 개방할 수 있는 것이 아니다. 북한의 행보에 대하여 주변 국가들의 이해관계가 복잡하게 얽혀있기 때문이다. 북한이 2002년 신의주 행정특구 계획을 발표하고 양빈을 초대장관으로 임명하였을 때 중국이 즉각 양빈을 체포하였다. 신의주 특구는 중국의 이익에 반하기 때문인 것으로 분석되고 있다. 북한의 개혁·개방을 적극 설득하고 있는 것으로 알려진 중국이 자국의 이익에 반하는 방향의 북한의 변화에는 냉정히 제동을 건 것이다.

또 하나의 중요한 나라가 미국이다. 북한이 자본주의체제에 편입하기를 원한다고 하더라도 자본주의 세계체제의 종주국인 미국이 이를 허용하고 초대를 하여야 가능한 일이다. 중국과 소련의 경우 세계체제에의 재편입은 미국의 안보적·경제적 '필요에 따른 초대'에 의한 방식이었다. 냉전시기에 미국에 적대적이었던 소련과 중국이 자본주의 세계체제에 재편입한다는 의미는 두 가지였다. 첫째, 중국과의 수교는 소련을 견제하기 위한 것이었다. 둘째, 중국과 소련이 자본주의화 된다는 것은 미국의 상품시장이 확대된다는 것을 의미하였다. 그래서 미국은 중국과 소련을 환영하며 초대하였다.

북한에 대해서도 클린턴 행정부의 미국은 북한을 세계체제에 초대하고자 하였다. 당시 미국은 다른 사회주의 국가와 마찬가지로 북한도 곧 붕괴할 것으로 판단하고 북한에 대한 단기적인 관리방안으로 대북포용정책을 추진한 것으로 알려지고 있다. 그에 반해 북한은 미국의 접근을 화평연변의 전술로 보고 호응하기를 기피하였다. 북한 지도부는 당시에 너무나 폐쇄적이고 보수적이었다.

그런데 부시 행정부의 미국은 다르다. 부시 행정부의 미국은 당분간 만이라도 한반도의 현상(status quo)를 유지하는 데 관심이 더 큰 것으로 보인다. 한반도의 status quo란 남북한이 분단된 상황이 유지되는 것을 의미한다. 남북한의 분단이 지속되기 위해서는 북한이 변화하지 않고 현상을 유지하여야 한다. 테러지원국 또는 불량국가(rogue state)로 그대로 남아있어야 하는 것이다.

북한의 정상국가로의 변화는 미국의 대한반도 정책과 주한미군의 운용에 큰 변화를 수반하기 때문이다. 북한이 정상적인 국가가 되어 남침의 위협이 없어지면 주한미군의 역할 변화 및 지위변화를 수반하게 되며, 미국의 대한반도 정책이 전면 재조정되는 것이 불가피해진다. 그러한 맥락에서 부시 행정부는 북한을 악의 축으로 규정하고 대화와 협상을 기피하였다. 클린턴 행정부 때에는 북한이 대화를 기피하였다면 부시 행정부 때에는 미국이 대화를 기피하고 있는 측면이 있다.

북한이 자본주의 세계체제에 재편입하는 것은 미국에게는 한반도의 현상유지(status quo)가 타파되는 것을 의미한다고 본다면, 현재의 북미 간의 현안인 북한 핵문제가 해결되기만 하면 북미관계가 해결될 것으로 볼 수 없다. 미국은 핵문제 해결 이후 여러 가지 다른 쟁점들을 제기할 가능성이 높다. 북한의 인권문제도 주요 현안으로 부각하여 문제 삼을 가능성이 높기 때문이다. 미국의 부시 행정부는 출범 직후부터 미국북한인권위원회(US Committee for Human Rights in North Korea)를 설치하여 북한의 인권문제를 조사하고 있다. 미국의 국제종교자유위원회는 이미 북한의 인권관련 보고서를 발표한 바 있다.

북한은 미국 부시 행정부의 한반도 현상유지 정책의 덫에 걸려 있는 셈이다. 북한이 미국의 덫에서 빠져나오기 위해서는 훨씬 더 적극적인 개혁·개방을 선행하지 않으면 안된다. 미국이 북한에 대하여 악의 축이라는 멍에를 정당화할 수 없을 정도로, 세계를 놀라게 할 정도로 변신하지 않으면 안된다. 즉, 미국이 북한에 대하여 걸고 있는 악의 축 또는 불량국가의 이미지에서 벗어나기 위해서는 북한으로서는 핵문제, 미사일문제, 재래식무기, 인권문제 등 미국이 북한에 대하여 제기하고 있는 문제들을 주도적으로 해소하여야 한다.

그런데 북한이 이들 문제들을 모두 해소한다면 북한지도부로서는 무장해제당하는 것으로 인식하여 정권과 체제의 안보를 안심할 수 없을 것으로 보인다. 이것이 북한의 딜레마이다. 북한은 이 딜레마에서 벗어나는 데 시간이 더 걸릴 것으로 보인다. 김정일 정권 당대에 이러한 적극적인 행보를 할 수 있을지가 의문이다. 북한 당국 자체가 적극적으로 개혁·개방을 하지 않을뿐더러 미국이 북한으로 하여금 적극적으로 개혁·개방하여 정상적인 국가로 되려는 노력에 일정한 속도조절을 하고 있기 때문이다. 그래서 북한은 망하지도 않겠지만 적극적으로 개혁·개방을 하는 변신을 하지도 않을 것이다. 주변국가들의 현상유지 정책이 지속되는 한 북한은 붕괴하지도 않겠지만, 현상을 탈피하여 정상적인 국가로 국제사회에 참여하는 것도 하기가 어려울 것이다.

북한의 미래는 북한의 선택보다는 국제사회의 정책에 의하여 더 많은 영향을 받는 셈이다. 북한 당국의 선택과 국제사회의 이해관계가 상호작용하여 북한이 지금까지 지탱해온 방식인 그럭저럭 버티기 (muddling thru)의 방식이 앞으로도 당분간 지속될 것으로 볼 수 있다.

제2장

- Gorbachev, Mikhail. Perestroika: *New Thinking for Our Country and the World* (New York: Harper & Row. 1987), 고명식 역. 1988. 「페레스트로이카」. 서울: 시사영어사.
- 김교환. 2001. "미국의 신보수주의." 「계간사상」. 2001년 가을호.
- Brucan, Silviu. 1987. *World Socialism at the Crossroads. An Insider's View.* New York: Praeger, 이선희 역. 1990. 「기로에 선 사회주의」. 서울: 푸른산.
- 안병영. 1986. "동구제국의 역사적 형성: 전후 공산화과정." 안병영 오세철 공편.「동구제국의 역사적 형성」. 서울: 박영사.
- 오진룡. 2003.5.27. "이라크전쟁에 대한 중국의 입장." 자유기업원.
- 이춘근. 2003.5.30. "미국 국력의 실체."「Opinion Leaders' Digest」. 자유기업원.
- 채인택. "바뀌는 세계 석유 지도." 「중앙일보」. 2003.6.27.
- Edward Hallett Carr. 나남편집부 역. 1983. 「러시아 혁명: 레닌에서 스탈린까지. 1917–1929」. 서울: 나남출판사.
- 한상진 유팔무 역. 1990. 「유럽의 교훈과 제3세계」. 서울: 나남, Dieter Senghaas. 1982. *Von Europa Lernen: Entwicklungsgeschichitliche Betrachtungen.* Frankfurt: edition suhrkamp.

- Aganbegyan, Abel. 1988. *The Economic Challenge of Perestroika.* Bloomington and Indianapolis: Indiana University Press.
- Arbatov, Georgi and Willem Oltmans. 1983. *The Soviet Viewpoint.* London: Zed Books
- Brus, W. and K. Laski. 1989. *From Marx to the Market.* New York: Oxford University Press.
- Brooks, Stephen G. and William C. Wohlforth. July/Aug. 2002. "American Primacy in Perspective." *Foreign Affairs.*
- Carter, Ralph G. 2003. "Leadership at Risk: The Peril of Unilateralism." *PS. vol.36. no.1.*
- Congressional Research Service. November 29. 1994. "Korea: Procedural and Jurisdictional Questions Regarding Possible Nomalization of Relations with North Korea." Washington. D.C.: the Library of Congress.
- Etzold, Thomas and John Lewis Gaddis. eds. 1978. *Containment: Documents on American Policy and Strategy. 1945–1950* (New York: Columbia University Press.

- Fitzpatrick, Sheila. 1982. *The Russian Revolution, 1917-1932.* New York: Oxford University Press.
- Frank, Andre Gunder. 1985. "The political challenge of socialism." *paper presented at Round Table.*
- Ikenberry, G. John. September/October 2002. "American Imperial Ambition." *Foreign Affairs.*
- Johnson, Loch K. Jan 2003. "Introduction: A New Foreign Policy for a Fragmented World." *PS.* vol. 36. no.1
- Kornai, Janos. 1992. The Socialist System. Princeton: Princeton University Press.
- Kolakowski, Lezek. 1992. "Mind and Body: Ideology and Economy in the Collapse of Communism." in Kazimierz Poznanski. *Constructing Capitalism.* Oxford: Westview Press.
- Lamton, David. June 4. 2003. "China: Fed Up with North Korea" Washington Post.
- Sherman, Howard J. March 1990. "The Second Soviet Revolution or the Transition from Statism to Socialism." *Monthly Review.*
- Snyder, Jack. October 1989. "Soviet Economic Crisis: The Most Immediate Stumbling Block and the Next Step." *Monthly Review.*
- Sik, Ota. 1991. "Socialism: Theory and Practice." in Ota Sik. ed. *Socialism Today?: The Changing Meaning of Socialism.* New York: St. Martin Press.
- Sweezy, Paul. 1989. "U.S. Imperialism in the 1990s." *Monthly Review,* vol 41, no. 5.
- Wallerstein. 1979. *The Politics of the World-Economy.* New York: Cambridge University Press.

제3장

- 국토통일원. 1996.「북한경제통계집」. 서울: 통일원.
- 극동문제연구소. 1989.「소련·동유럽총람」. 서울: 극동문제연구소.
- 김남식. 1977.「북한 3대혁명소조운동 분석」. 서울: 북한연구소.
- 김병로. 1994.「주체사상의 내면화 실태」. 서울: 민족통일연구원.
- 김일성. 1970. "당단체를 튼튼히 꾸리며 당의 경제정책을 관철할데 대하여." 김일성 편.「사
- 회주의 경제관리문제에 대하여」. 제1권. 평양: 조선로동당출판사.
- ＿＿＿, 1970.「사회주의 경제관리 문제에 대하여」. 제1권. 평양: 조선로동당출판사.

- ____, "조선로동당 제4차대회에서 한 중앙위원회사업총화보고." 「사회주의 경제관리 문제에 대하여」. 제2권.
- 나탈리아 바자노바 저. 양준용 역. 1992. 「기로에 선 북한경제-대외경협을 통해 본 실상」. 서울: 한국경제신문사.
- 당정책해설도서편집부. 1982. 「위대한수령 김일성동지의 로작 용어사전」. 평양: 과학. 백과사전출판사.
- Dobb, M. 임휘철 역. 1989. 「소련경제사」. 서울: 형성사.
- 라종일 편. 1991. 「증언으로본 한국전쟁」. 서울: 예진.
- 리기영. 1952.1.17. 「쏘베트신보에 대한 조쏘문화협회 각급단체들의 리용정형 보고서」.
- 박명림. 1996. 「한국전쟁의 발발과 기원」. 서울: 나남.
- 박태호. 1985. 「조선민주주의인민공화국 대외관계사」. 제1권. 평양: 사회과학출판사.
- 박형중. 1994. 「북한적 현상의 연구」. 서울: 연구사.
- 백준기. 2001. "소련의 한반도 안정화 정책의 기원과 전개". 서대숙 편. 「한국과 러시아 관계: 평가와 전망」. 서울: 경남대학교 극동문제연구소.
- 사회과학원 역사연구소 편. 1981. 「조선전사」. 제29권. 평양: 과학. 백과사전출판사.
- 송두율. 1988년 12월호. "북한사회를 어떻게 볼 것인가." 「사회와 사상」.
- 양호민. 1984. 「3대혁명소조운동과 김정일의 권력기반 구축」. 서울: 북한연구소.
- 이용권. 2001. "한국전쟁기 소련의 역할." 서대숙 편. 「한국과 러시아 관계: 평가와 전망」. 서울: 경남대학교 극동문제연구소.
- 이종석. 2000. 「북한-중국관계: 1945-2000」. 서울: 중심.
- 이해주. 1983. 「한일비교경제사론-공업화의 역사적 전개와 그 특질비교-」. 서울: 비봉출판사.
- 와다 하루끼. 1999. "북한에서 소련군정과 국가형성." 「제2차 세계대전후 열강의 점령정책과 분단국의 독립 · 통일」. 서울: 건국대학교출판부.
- 외무부. 1995. 「미국의 대북한 경제제재 완화조치 설명자료」. 서울: 외무부.
- 찰스 암스트롱. 1999. "북한문화의 형성. 1945-1950." 「현대북한연구」. 제2권 1호. 서울: 경남대 북한대학원.
- 현대조선문제강좌 편집위원회. 1988. 「북한의 경제: 사회주의 조선의 경제」. 광주: 도서출판 광주.

- 「위대한수령 김일성동지의 로작 용어사전」. 평양: 과학. 백과사전출판사. 1982.
- 「조선 대백과 사전」. 평양: 백과사전출판사. 2000.
- 「정로」. 1945.11.14.

- 「조소문화」. 1946. No.1.
- "쏘베트신보 사업에 대하여"「조선로동당중앙위원회 상무위원회 13차회의 결정서」. 1954.8.19.
- 조선민주주의인민공화국 문화선전성. 1952.「1951년도 발행 쏘베트신보에 대하여」.

- ①Cumings, B. 鄭敬謨·林哲譯. 1989.「朝鮮戰爭の起源 第1卷」. 東京: シアレヒム社

- Department of State. January 20. 1995. *Easing Economic Sanctions against North Korea.* Washington D.C.: Department of State.
- Kornai, Janos. 1992. The Socialist System. Princeton: Princeton University Press.
- Office of Foreign Assets Control. *North Korea: What you need to know about the U.S. Embargo.* http://www.ustreas.gov/treasury/services/fac/fac.html.
- Marglin, S. A. and J. S. Schor (eds.). 1991. *The Golden Age of Capitalism.* Oxford: Clarendon.

- 木村光彦. 1999.「北朝鮮の經齊: 起源·形成·崩壞」. 東京: 創文社
- 安秉直·金洛年. 1997. "韓國における經齊成長とその歷史的條件."「鹿兒島經大論集」. 第38卷. 第2號
- 堀和生. 1990. "1930年代朝鮮工業化の再生産條件." 中村哲他編「朝鮮近代の經齊構造」. 東京: 日本評論社
- 解力夫. 1993.「朝鮮戰爭實錄」. 上卷. 北京: 世界知識出版社
- 柴成文. 1989.「板門店談判」. 北京: 解放軍出版社
- 聶榮臻. 1984.「聶榮臻回顧錄」. 下卷. 北京: 解放軍出版社
- 裴堅章 主編 1994.「中華人民共和國外交史. 1949-1956」. 北京: 世界知識出版社
- 彭德懷傳 編寫組 1995.「彭德懷傳」. 北京: 當代中國出版社
- 裴堅章 主編 「中華人民共和國外交史」.
- 國家統計局. 1989.「中國統計年鑑」. 北京: 中國統計出版社
- 何沁 主編 1997.「中華人民共和國史」. 北京: 高等敎育出版社
- 楊君實.「現代化與中國共産主義」.
- 趙聰. 1971.「文革歷程述略」. 第一卷. 香港: 友聯硏究所.

- Г.П. Черников 1992. *Предприниматель: кто он?* Москва: Международни ые отношения

- Ф.С. Весельков. 1991. Нужная рыночная экономика. *Введение в рыночн ую экономику*. СПб: Издательство СПбГУ.
- ГАрф(러시아연방국립문서보관소).
- РГАСПИ(러시아국립사회정치사문서보관소)
- Освободительная миссия на Востоке(극동의 해방사절단). М. 1976. с.200

제4장

- 경남대학교극동문제연구소. 1979. 「북한무역론」.
- 「경제사전 1」. 1985. 평양: 사회과학출판사.
- 「경제사전 2」. 1985. 평양: 사회과학출판사.
- 「김일성 저작선집 1」. 평양: 조선로동당출판사.
- 「김일성 저작선집 6」. 평양: 조선로동당출판사.
- 「김일성저작집 44」. 평양: 조선로동당출판사.
- 통일부. 2000. 「북한개요」.

- 小牧輝夫. 1986. "社會主義中進國 北朝鮮." 小牧輝夫編 「朝鮮半島 - 開放化する東アジアと 南北對話」. 東京: アジア經濟研究所.
- 玉城素. 1983. "北朝鮮經濟の現狀 と問題點" 三谷靜夫編「朝鮮半島の政治經濟構造」. 東京: 日本國際問題研究所.
- 室岡鐵夫. 1993. "對外經濟政策の緩慢な轉換" 玉城素 · 渡邊利夫編「北朝鮮 - 崩落かサバイ バルか」. 東京: サイマル出版會.
- 宮塚利雄. 1993. "合弁事業 の新たな展開." 玉城素 · 渡邊利夫編「北朝鮮 - 崩落かサバイバ ルか」. 東京: サイマ ル出版會.

제5장

- 김동원. 1992. "사회주의권의 개혁과 북한의 대외경제정책의 변화." 「사회주의개혁과 북한」. 서울: 고려대학교 아세아문제연구소.
- 김성철. 조한범 외. 2001. 「북한경제전환 모형: 사회주의 국가의 경험이 주는 함의」. 서울: 통 일연구원.

- 김용호. 1993. "북한의 투자개방조치." 「주요국제문제분석」. 서울: 외교안보연구원.
- 김일평. 2001. 「세기의 갈림길에서」. 서울: 교수신문.
- 신상진. 1992. 「중국의 개혁·개방 현황과 전망: 북한의 중국식 개혁·개방 수용 가능성과 관련」. 서울: 민족통일연구원.
- Shirk, Susan L. 최완규 역. 1993. 「중국경제개혁의 정치적 논리」. 서울: 경남대학교출판부.
- 조한범. 2001. 「체제전환기 러시아의 사회상 연구」. 서울: 통일연구원.

- 「동아일보」. 1993.5.30.
- 「로동신문」. 1999.6.1.
- 「로동신문」. 2001.1.9.
- 「人民日報」. 1989.11.13.
- 「人民日報」. 1991.8.26.
- 「人民日報」. 1999.6.5.
- 「人民日報」. 2000.6.2.
- "자유의 기치따라 사회주의 길로 나가는 것은 역사의 흐름이다." 「로동신문」. 1991.8.20.
- "21세기는 거창한 전변의 세기, 창조의 세기이다." 「로동신문」. 2001.1.4

- 尹慶耀. 1984. 8. "中共的經濟改革與蘇聯的新經濟政策." 「問題與研究」. 第23卷 第11期.
- 廣碧華. 1992.3. "鄧小平的開放戰略." 「廣角鏡」. 1992年 3月號.
- 石祝三. 楊良表. 劉海. "實行改革開放必須堅決打擊經濟犯罪." 「人民日報」. 1991.11.11.
- 張良 編. 2001. 「中國六四眞相」. 香港: 明鏡出版社.
- 劉祖熙. 1995. 「東歐劇變的根源與敎訓」. 北京: 東方出版社.
- "中國永遠不允許別國干涉內政." 1993. 「鄧小平文選」. 第3卷. 北京: 人民出版社.
- 張雅君. 1991. 11. "蘇聯變局對中共的衝擊:危機效應的分析." 「中國大陸研究」. 第34卷 第11期.
- 段若非. "堅持人民民主專政 反對和防止和平演變." 「人民日報」. 1991.6.5.
- 「新華社」. 1981.11.27.
- 劉金質. 楊准生 主編. 1995. 「中國對朝鮮和韓國政策文件滙編」. 제5권. 北京: 中國社會科學出版社.
- 「鄧小平思想年譜. 1975-1997」. 1998. 北京: 中央文獻出版社.
- 湯應武. 1998. 「抉擇: 1978年以來中國改革的歷程」. 北京: 經濟日報出版社.
- "參觀浦東開發區, 面對變化發感慨: 金正日密訪上海." 「環球時報」. 2001.1.23.

- Cheng, Chu-yuan. November 1991. "Mainland China's Modernization and

Economic Reform: Process. Colin Mackerras et. al. 1994. *China Since 1978: Reform, Modernization and 'Socialism with Chinese Characteristics'*. New York: St. Martin's Press.

- Epstein, Edward J. "Corruption and the Three Arbitraries." *China News Analysis*. No. 1457.
- Garver, John W. March 1993. "The Chinese Communist Communist Party and the Collapse of Soviet Communism." *The China Quarterly*. No. 133.
- Rona-Tas, Akos. 1994. "The first shall be last? Entreprenureship and communist caders in the transition from socialism." *AJS*. Vol. 100. No. 1.

제6장

- 고재남. 1997. "러시아의 대북한 정책변화와 남북관계." 「통일경제」. NO. 8. 서울: 현대경제 사회연구원.
- 김석진. 2002. "북일수교가 북한경제에 미치는 영향."
- 박석삼. 1999. "국제금융기구의 대북 차관 공여 가능 규모 추정." 한국은행.
- 신상진. "북핵에 대한 중국의 입장." 「월간조선」. 2003년 2월호.
- 연현식. 1996. "러시아의 대 동북아 정책." 「슬라보학보」. 제11권 2호.
- 하마시타 다께시 저. 하세봉 외 공역. 1997. 「홍콩」. 신서원.
- 「LG주간경제」. 2002.9.25.

- 신상진. "중국공산당의 대변혁." 「세계일보」. 2002.11.21.

- 「鄧小平文選」. 第3卷.
- "社會主義必須擺脫貧窮." 「鄧小平文選」. 第3卷.
- "貿易大國的地位已經確立." 「人民日報」. 2001.7.5.
- 劉新華. 秦儀. "中國的石油安全及戰略對策." 「現代國際關係」. 2002年 第12期. 2002.12.
- "中國加緊建立自己的戰略石油儲備." 「人民日報」. 2003.2.3.
- 楊明偉. 1998.4. "比金子還貴重的友情: 周恩來與金日成." 瞭望. 1998年 第17期.

- Anthony, Ted. "China Weighs Options on Iraq, N. Korea." *The Washingtonpost*. February 14. 2003.

- Harada, Chikahito. 1997. "Russia and north-east Asia". *Adelphi Paper* 310.
- Zaitsev, Valery. 1997. 10. "러시아의 동아시아 정책: 우선권의 변화." *Current situation in northeast Asia and Korea-Russia cooperation*. The 7th IFANS-IMEMO *conference*.
- Zhebin, A . 1995. "Russia and Korean unification." *Asian Perspective*. Vol. 19. No 2.
- www.fmprc.cn/chn/35130.html. 검색일: 2002.11.11.
- www.wenweipo.com/news.phtml?news-id=CH0211190070&cat 검색일: 2002.11.19.

제7장

- 고르바쵸프. 1986. 「소비에트 연방 공산당 제27차 당대회에 대한 소비에트 연방 공산당 중앙 위원회의 정치보고」 (Political Report of the CPSU Central Committee to the 27th Congress of the Communist Party of the Soviet Union). Moscow: Novosti Press Agency Publishing House.
- 김성환 옮김. 1990. 「사회주의의 미래와 과학기술 혁명」. 푸른산.
- 김정일. 1994.5.24. "혁명발전의 요구에 맞게 간부들을 철저히 혁명화할데 대하여." 조선로동당 중앙위원회 책임일군들과 한 담화.
- 대외경제협력추진위원회. 1993. 「황금의 삼각주: 라진·선봉 투자대상 안내」. 평양: 대외경제협력추진위원회.
- 도요엔지니어링과 싱와물산. 1996.9. 「나진·선봉 자유경제무역지대 개발 기본구상」.
- 리동준. 1992. 「경제관리업무자동화체계」. 평양: 과학백과사전종합출판사.
- 박재규. 2002.9.23. "6.29 서해사건 이후의 남북관계." 「통일IT포럼」 주최 세미나. 프레스센터에서 발표한 논문.
- 박찬모. 1999년 봄호. "북한의 정보기술과 남북협력." 「통일시론」.
- 박찬모. 2001 가을호. "북한의 IT 현황과 전망." 「통일과 국토」.
- 배종렬. 1995.1. "북한의 자유경제무역지대 건설 현황과 과제." 「통일경제」.
- 서재진. 2002. 「북한의 7·1경제관리개선 조치가 주민생활에 미칠 영향」. 통일정세분석보고서 2002-5. 통일연구원.
- 양문수. 2000. "북한경제개발의 역사적 구조: 외연적 성장의 내부구조를 중심으로." 「북한연구학회보」. 제4권 2호.
- 양문수. 2001. "김정일 시대 북한의 경제운용과 과학중시 정책." 「통일문제연구」. 제13권 1호.
- 오승렬. 1999.7. 「북한 나진·선봉지대 현황 및 지대정책 전망」. 통일연구원 통일정세분석 99-05.

- 이찬우. 1996.10. "나진·선봉지대 투자포럼의 결과와 전망." 「통일경제」.
- 임을출. 1999.3. "최근 북한의 시장경제체제로의 이행 동향과 전망." 「통일경제」.
- 「김정일 선집 13권」. 조선로동당출판사. 1998
- 「당보·군보·청년보 공동사설」. 1999.1.1.
- 「당보·군보·청년보 공동사설」. 2004.1.1.
- 「로동신문」. 2000.8.1.
- 「연합뉴스」. 1998.9.21.
- 「연합뉴스」. 1999.3.24.
- 「연합뉴스」. 2001.1.20.
- 「연합뉴스」. 2001.2.11.
- 「조선신보」. 2002.7.26.
- 「중앙일보」. 2002.10.10일자에서 재인용.
- "과학중시 사상을 틀어쥐고 강성대국을 건설하자." 「로동신문」·「근로자」. 2000.7.4.
- 정광복. "정보산업에서 우리식 사회주의의 결정적 우월성." 「로동신문」. 2001.4.29.
- "정론: 과학의 세기." 「로동신문」. 2001.4.20.
- "정론: 더 용감하게. 더 빨리. 더 높이." 「로동신문」. 2001.1.7.
- KDI. 「북한경제리뷰」. 2002년 10월호.

- Abtopob, K. 1989. *Fundamentals of Scientific Management of Socialist Economy.* Moscow: Progress Publishers.
- Anchishkin, Alexander. 1987. *Science. Technology. and the Economy.* Moscow: Progress.
- Gorbachev, Mikhail. March 10. 1986. "Political Report of the CPSU Central Committee to the 27th Congress of the CPSU," *New Times. Moscow*

- www.etimesi.com/news/ 2001.2.14.

제8장

- 김성철. 2001. 「국제금융기구와 사회주의 개혁개방: 중국. 베트남 경험이 북한에 주는 함의」. 통일연구원.
- 장형수. 이창재. 박영곤. 「통일대비 국제협력과제: 국제금융기구 활용방안을 중심으로」.

- 브래들리 밥슨. RFA 방송과의 인터뷰. 2000. 9. 16.
- 「연합뉴스」. 1997.4.6.
- 「연합뉴스」. 1997.5.9.
- 「연합뉴스」. 1999.4.30.
- 「연합뉴스」. 2000.4.12.
- 「연합뉴스」. 2000.8.27.
- 「요미우리신문」. 1997.5.8.

- Baldwin, David. 1965. "The International Bank in Political Perspective." *World Politics* 18.
- Wood, Robert. 1980. "Foreign aid and the Capitalist State in Underdeveloped Countries." *Politics and Society*. vol. 10. no.1.

제9장

- "북-미 공동코뮈니케 전문." 2000.10.12.
- 서재진. 2000. 「북한의 7·1경제관리 개선조치가 주민생활에 미칠 영향」. 서울: 통일연구원.
- 양문수. 2001. "김정일 시대 북한의 경제운용과 과학중시 정책." 「통일문제연구」. 제13권 1호.
- 전성훈. 2000. 「미·일의 TMD 구상과 한국의 전략적 선택」. 서울: 통일연구원.
- 통일원. 1992. 「통일백서 1992」. 서울: 통일원.
- 통일연구원. 1993. 「통일환경과 남북관계. 1993-1994」. 서울: 통일연구원.
- 통일연구원. 1997. 「통일환경과 남북관계. 1997-1998」. 서울: 통일연구원.
- Harrison, Selig. July 22. 2003. "북한 핵위기해소하기." KISON Newsletter. No. 511.

- 「연합뉴스」. 1991.7.6.
- 「연합뉴스」. 1991.10.7.
- 「연합뉴스」. 1991.10.24.
- 「연합뉴스」. 1992.1.31.
- 「연합뉴스」. 1992.8.6.
- 「연합뉴스」. 1993.5.14.
- 「연합뉴스」. 1999.3.19.
- 「연합뉴스」. 1999.3.31.

- 「연합뉴스」. 1999.11.6.
- 「연합뉴스」. 2003.1.13.
- 「중앙일보」. 2003.6.27.

- Frank, Andre Gunder. 1985. "The Political Challenge of Socialism." paper presented at Round Table.
- Luke, Tim. Fall 1989. "The Other 'Global Warming' : the Impact of Perestroica on the U.S." Telos. no. 81.
- MacEwan, Arthur. February 1989. "International Trade and Economic Instability." *Monthly Review.*
- US National Intelligencr Counci, May 2001. "North Korea's Engagement: Perspective, Outlook, and Implication: Conference Report."

- *LA Times.* October 18. 2002.
- *News Week.* May 12. 2003.
- *The Washington Post.* March 5. 2003.